楚系簡帛中字形與音義關係研究

陳斯鵬 著

（修訂本）

中西書局

修訂本自序

　　這本小書的初版於 2011 年 3 月由中國社會科學出版社印行，到去年剛好十年的版權合同期滿。承蒙中西書局青眼，邀約授權該社再版，我想這既是一部學術書的榮幸，也是作者的榮幸。

　　本書初版以來，得到學術界的許多肯定與鼓勵。我們也欣喜地看到，基於出土文獻、寫本文獻的漢語字詞關係的研究，在這短短十年間，湧現出一大批的成果，蔚爲大觀，業已成爲一個學術熱點。如果說本書在其中能夠起到一塊小小問路石和鋪路石的作用，那便是她的莫大榮光。此刻，我自然更加感念裘錫圭師當年極具前瞻性的指導了。

　　此次修訂再版，主要做了如下幾個方面的工作：第一，訂正初版中的排印錯誤，修正個別正文和引文的疏誤；第二，以"【修訂本按：……】"的形式增加了一些按語，對一些需要補充說明的問題，尤其是近年新出材料引起的新認識等，作簡單的交代；第三，附錄近年新作論文三篇，因三文均涉及新出清華簡中若干重要字詞關係的考辨；第四，編製本書所涉及的字詞和術語的索引，以便讀者檢索。限於時間精力，未能作大的增改，敬請讀者諒解，並希望繼續得到大家的指正。

　　陳哲君協助補字和替換圖片，並通讀全書，提出若干修訂意見；石小力君多年前即據初版做了一份字詞索引的初稿，謹在此一併致謝。

　　我還要特別將此書獻給已在天國團聚的父親母親。

陳斯鵬

2022 年 9 月 26 日於番禺南村之卓廬

目　錄

緒　論

一、關於漢語字詞關係研究

在中國傳統語文學中，"字"和"詞"（印歐語言的 word）這兩個概念往往是混而不分的。這跟漢字與漢語本身的特點有關。至清儒戴震、段玉裁、王筠、高郵王氏父子、陳澧等人，才逐漸有了語言本於聲音，先於文字而生的明確認識，從而將字、詞分開的。現代語言學告訴我們，文字是記錄語言的符號系統。可是，直至今日，我們的一些漢字、漢語研究中，仍然存在着混淆文字和語言兩個層面的偏誤現象（日常語言中以字爲詞則可不論）。我們認爲，要切實地釐清文字和語言這兩個層面，有一項重要的工作需要去做，那就是對漢字字形和它們所代表的漢語中的語言成分之間的關係作細緻的考辨分析。

漢語字詞關係的研究在傳統語文學中已見萌芽，如"A 讀爲 B"、"A 爲 B 之假"之類的表述，實質上就等於說，A 字形表示的是通常由 B 字形表示的那個詞。但類似這樣的訓詁實踐，還不能算是自覺的字詞關係研究。在現代的漢語言文字學著作中，對字詞關係作專門論述的，據我們有限的見識所及，似乎也相當地少。

在這方面，裘錫圭先生的《文字學概要》[①]可以說是一個例外，該書對漢語字詞關係給予了高度的關注。該書的第十二章題爲"字形跟音義的錯綜關係"，用了不小的篇幅，專門討論"一形多音義"和"一詞多形"的問題，對字形與其所表示的詞之間複雜關係的具體表現及其成因，作了十分精辟而充分的論述。該書的其他章節，如第九章"假借"、第十章"異體字、

---

① 　裘錫圭《文字學概要》，商務印書館，1988 年 8 月。

同形字、同義換讀”和第十一章“文字的分化和合併”，也都是十分强調從字詞關係的角度來探討文字學上的一些重要命題的。在衆多的文字學理論著作中，裘著在這一點上表現出較爲鮮明的特色。這樣的研究方法，最明顯的效果就是使“字”和“詞”的界限得以更加明確地區分，從而使我們更加科學準確地把握各種複雜用字現象的實質。

另外一位比較重視漢語字詞關係研究的文字學家是李運富先生。他就相關問題先後發表過多篇論文，主要的有《論漢語字詞形義關係的表述》、《論漢字職能的變化》、《論漢字的記錄功能（上、下）》、《論出土文本字詞關係的考證與表述》①，也有不少貢獻，如將字詞關係概括爲“本用”、“兼用”和“借用”等，即頗有參考價值。

近幾年出版的一些詞彙學著作也開始重視字詞關係的問題，如張聯榮先生的《古漢語詞義論》②第三章“古漢語中字和詞的關係”，蔣紹愚先生的《古漢語詞彙綱要》③第七章“詞彙與文字的關係”，葛本儀先生主編的《漢語詞彙學》④第二編第三章“字與詞素”等，均設專章討論，各有所得。具體觀點當然無法在這裏作評述，但總體上似未能超越上述裘著的有關內容。特別值得注意的是，由於學術背景和著述目的的差異，張、蔣、葛諸著比起裘著來，稍側重於對詞彙（主要是詞義）的關注，而對於字形尤其是古文字形的使用情況的關注就顯得欠缺一些。

應該承認，漢語字詞關係的研究還處於初步的階段，大量的基礎性調查研究尚未開展。我們所說的基礎性研究，指的是針對歷代語料作專書、斷代或分域的研究。漢語字詞關係是一個動態的系統，也是一個立體的

---

① 李運富《論漢語字詞形義關係的表述》，載《湖北民族學院學報》1997 年第 4 期；《論漢字職能的變化》，載《古漢語研究》2001 年第 4 期；《論漢字的記錄功能（上、下）》，載《徐州師範大學學報》2003 年第 1、4 期；《論出土文本字詞關係的考證與表述》，載《古漢語研究》2005 年第 2 期。上述李先生諸文後俱收入所著《漢字漢語論稿》，學苑出版社，2008 年 1 月。

② 張聯榮《古漢語詞義論》，北京大學出版社，2000 年 5 月。

③ 蔣紹愚《古漢語詞彙綱要》，商務印書館，2005 年 9 月。

④ 葛本儀主編《漢語詞彙學》，山東大學出版社，2003 年 8 月。

系統,在不同的時代和空間都可能會有不同的表現。所以,只有對各時代的代表性語料中的字詞關係有較細緻的調研之後,我們才可能對有關現象和規律作出更細化、深化的探索,才可能從整體上更好地把握漢語字詞關係的發展史。上述裴著實際上已經很注意以歷時眼光來研究字詞關係的問題了,但某些具體的歷時論述仍稍嫌不夠具體,這一方面固然受制於概論性著作的體例,另一方面恐怕也與學界相關基礎性研究薄弱不無關係。至於其他著作,這方面的不足就顯得更加明顯了。

漢語字詞關係史的研究,需要先從具有代表性的語料入手,奠定若干基點。對於那些有實物文字資料的時代,應該重點考察實物文字資料,因爲它們未經後人轉寫傳抄,能反映當時的用字實際。

本書準備以戰國楚系簡帛文獻作爲考察對象,對其中的字詞關係作一番比較全面的探索,希望能爲整個漢語字詞關係史的研究貢獻幾塊基石。

二、關於楚系簡帛及其字詞關係研究

之所以選擇楚系簡帛,是因爲它確實有着較强的代表性。首先是時代明確,都是戰國之物,而戰國正是漢語和漢字發展史上一個關鍵的時期;其次是地域明確,都是楚地之物,而楚地在語言文字方面也有一定的特色;再次是内容豐富,既有文章著述,又有實用性文字記錄,性質較爲全面;復次是總字數多,爲戰國他系文字資料所無法比擬。

楚系簡帛是近幾十年來出土文獻研究的一個熱點和重點,特別是20世紀90年代以來,隨着包山、郭店、上博等批楚簡資料的公布,研討尤爲活躍。諸項研究之中,當然以釋字爲先,特別是古文字學界的學者們,多致力於文本的釋讀。文本的釋讀,不僅要解決文字的隸釋問題,而且要論證文字的音義,也就是要弄清楚字形所表示的語言中的詞或語素,所以實際上時時會觸及字詞關係的問題。學術界在具體的文字釋讀方面已經積累了相當豐碩的成果,這爲我們進一步考察其中錯綜複雜的字詞關係創造了良好的條件。

　　實際上，楚系簡帛中字詞之間的複雜關係已引起一些學者的注意。例如董琨先生的《楚系簡帛文字形用問題》①、張連航先生的《郭店楚簡古本〈老子〉所反映的語言現象》②，就從不同的角度對若干用字現象作了分析和解釋。邱德修先生《上博楚簡〈容成氏〉注釋考證》③第五章第五節"一字多用與數字一用"，實際上討論了一字形表多音義和一音義用多字形的情況，唯範圍局限於《容成氏》一篇。有的學者則集中討論某一類用字情況，如李天虹先生《楚簡文字形體混同、混訛舉例》④；陳偉武先生的《戰國秦漢同形字論綱》⑤所論也包括楚系簡帛在內。另外，上述李運富先生的《論出土文本字詞關係的考證與表述》也較多涉及楚系簡帛的材料，而且表現出較强的理論意識。但是，比較系統和全面地考察、描寫和分析楚系簡帛字詞關係的著作則尚未出現。正是因爲這個基礎性的研究工作開展尚不充分，直接影響到有關論述的科學性。另外，上述論著在某些概念和理論認識上也存在着可以討論的餘地。

三、關於本項研究的若干說明

　　我們在本書中所使用的"楚系簡帛"一語，乃是沿用學術界約定俗成的稱法，範圍包括戰國時代楚國的竹簡和帛書，以及風格與楚國文字相近的出自曾國的竹簡（具體材料清單見後）。對其中占主體部分的楚國竹簡，我們也沿用學界的習慣叫法稱作"楚簡"。近年，馮勝君先生因爲注意到這些竹簡文字中有不少是帶有他系文字特點的，對"楚簡"這一叫法提

---

① 董琨《楚系簡帛文字形用問題》，載《康樂集——曾憲通教授七十壽慶論文集》，中山大學出版社，2006年1月。

② 張連航《郭店楚簡古本〈老子〉所反映的語言現象》，載《康樂集——曾憲通教授七十壽慶論文集》，中山大學出版社，2006年1月。

③ 邱德修《上博楚簡〈容成氏〉注釋考證》，臺灣古籍出版社有限公司，2003年10月。

④ 李天虹《楚簡文字形體混同、混訛舉例》，載《江漢考古》2005年第3期。

⑤ 陳偉武《戰國秦漢同形字論綱》，載《于省吾教授百年誕辰紀念文集》，吉林大學出版社，1996年9月。

出質疑①。這一討論本身是有意義的。但正如馮先生所承認的，那些帶有他系文字特點的簡文都應是楚人所抄寫的，其中包含相當的楚系因素自是不言而喻，而且事實也正如此，況且楚系與他系之間的對立本來就不是絕對的②，所以我們覺得所有出自楚地楚人之手的這些竹簡文字，有其共性存在，仍可作爲一個整體來看待。從這一角度講，"楚簡"之稱仍可適用。至於由他系因素造成的内部差異，我們在一些章節中會加以具體指出。

書名不用"字詞關係"的字眼，而是採用"字形與音義關係"這樣的表述，這一方面是考慮到傳統語文學中"字"往往可以包括多種異體，而且"字"的概念在某些時候不太容易與現代語言學中"詞"的概念截然釐清。我們所說的"字形"，指的是具有形體區別意義的書寫單位，形構不同（包括結構方式不同、構件及其數量的不同等）的異體字一般視作不同字形，這與傳統語文學的"字"略有區別；同時，不考慮那些不影響形構的筆畫增減、偏旁移位、筆畫形態變化及書寫風格等因素，所以，本書所謂"字形"，也不是對每個具體形體的稱呼。另一方面，不言"詞"而言"音義"，則主要是考慮到漢語自身的特點。漢語缺乏形態變化，不同語法功能既極少在語音形式上體現，更難以在書寫形式上反映。由此帶來的詞類劃分問題、詞的同一性問題的論爭持續多年，頗多分歧。比如，"一人有慶"和"其儀一也"中的"一"，"愛親尊賢"和"親執畚耜"中的"親"，語法功能不同，究竟算一個詞，還是兩個詞，可能就會有爭議。像這類情況，我們是當作一個整體來看待的，爲免與現代語言學上的"詞"的概念相糾纏，故稱"音義"。"音義"這個概念是有較大伸縮性的，既可用以指稱比"詞"大的單位，也可指稱比"詞"小的單位，如語素，或者某部分詞義，甚至是語境義。本書多數情況下是使用其較大的義涵的，但在某些專題，如第七章的第二節第（二）小節和第八章，也用其較小的義涵。從這一點來看，題目上用"音義"

① 馮勝君《有關戰國竹簡國別問題的一些前提性討論》，《古文字研究》第二十六輯，中華書局，2006 年 11 月。

② 參李運富《戰國文字"地域特點"質疑》，《中國社會科學》1997 年第 3 期。

也要比用"詞"來得恰當。當然，在行文之中，有時爲了照顧表達習慣，也仍會沿用"字詞關係"等叫法，則非別有深意。

爲了明確字形和音義的區別，本書參照裘錫圭先生《文字學概要》的做法，用"{　}"標明音義。

本書所考察的材料主要爲如下諸項：

(1) 楚帛書。見《楚帛書》（饒宗頤、曾憲通編著，中華書局香港分局，1985 年 9 月），簡稱《帛書》"。

(2) 曾侯乙墓竹簡。見《曾侯乙墓》（湖北省博物館編，文物出版社，1989 年 7 月），簡稱《曾侯》"。

(3) 仰天湖楚簡。見《長沙仰天湖出土楚簡研究》（史樹青著，群聯出版社，1955 年 6 月），簡稱《仰天》"。

(4) 信陽楚簡。見《信陽楚墓》（河南省文物研究所編，文物出版社，1986 年 3 月），簡稱《信陽》"。

(5) 包山楚簡。見《包山楚簡》（湖北省荆沙鐵路考古隊編，文物出版社，1991 年 10 月），簡稱《包山》"。

(6) 望山楚簡。見《望山楚簡》（湖北省文物考古研究所、北京大學中文系編，中華書局，1995 年 6 月），簡稱《望山》"。

(7) 郭店楚簡。見《郭店楚墓竹簡》（荆門市博物館編，文物出版社，1998 年 5 月），簡稱《郭店》"。

(8) 九店楚簡。見《九店楚簡》（湖北省文物考古研究所、北京大學中文系編，中華書局，2000 年 5 月），簡稱《九店》"。

(9) 新蔡楚簡。見《新蔡葛陵楚墓》（河南省文物考古研究所編，大象出版社，2003 年 10 月），簡稱《新蔡》"。

(10) 上博楚簡（一）。見《上海博物館藏戰國楚竹書（一）》（馬承源主編，上海古籍出版社，2001 年 11 月），簡稱《上一》"。

(11) 上博楚簡（二）。見《上海博物館藏戰國楚竹書（二）》（馬承源主編，上海古籍出版社，2002 年 12 月），簡稱《上二》"。

(12) 上博楚簡（三）。見《上海博物館藏戰國楚竹書（三）》（馬承源主編,上海古籍出版社,2003 年 12 月),簡稱"《上三》"。

(13) 上博楚簡(四)。見《上海博物館藏戰國楚竹書(四)》(馬承源主
編,上海古籍出版社,2004 年 12 月),簡稱"《上四》"。

(14) 上博楚簡(五)。見《上海博物館藏戰國楚竹書(五)》(馬承源主
編,上海古籍出版社,2005 年 12 月),簡稱"《上五》"。

(15) 上博楚簡(六)。見《上海博物館藏戰國楚竹書(六)》(馬承源主
編,上海古籍出版社,2007 年 7 月),簡稱"《上六》"。

(16) 上博楚簡(七)。見《上海博物館藏戰國楚竹書(七)》(馬承源主
編,上海古籍出版社,2008 年 12 月),簡稱"《上七》"。

本書中凡是有作定量統計的地方,均以上列 16 項爲限。

簡帛分篇及編號悉據上列諸書。郭店楚簡和上博楚簡中的篇名,一
般參照原書所擬定者取其二字爲簡稱,如郭店楚簡《老子》甲本作"《郭
店·老甲》",上博楚簡(一)《孔子詩論》作"《上一·詩論》",以能彼此相區
別爲原則,詳細的對照表見書後所附《郭店楚簡、上博楚簡篇名簡稱表》。

其他一些零散的或未系統公布的楚簡材料,則在舉例時斟酌採用,隨
文注明。

本書引用楚系簡帛及其他古文字資料文例時,除討論對象及其他有
必要用嚴格釋文者外,儘量用寬式。因多涉及古字,爲避免一些繁簡轉換
造成的誤解,本書以繁體字排印,特此說明。

第一章
楚系簡帛中字形與音義對應關係概論

第一節　一字形對應一音義

從造字的角度看，一個字形最初應該是爲某一音義而造的。從實際使用情況來看，儘管由於種種原因，一個字形未必只對應一音義（而且也未必對應其最初所爲造的音義，詳下），但一字形對應一音義的情況通常還是占多數的。當然，在不同時期的語料中，其所占的比例可能會有所不同。

楚系簡帛文字資料給人一般的印象是，大量存在通假現象，一個字形常常可以表示幾個不同的音同或音近的詞。這確實是一方面的事實，但通過考察，不難發現一字形對應一音義的現象仍屬多數。比如數目字"一"到"十"記詞情況如下表所示：

字形	一	二	三	四	五			六	七		八	九	十
音義	{一}	{二}	{三}	{四}	{五}	行伍{伍}	姓氏{伍}	{六}	{七}	蟋蟀{蟋}	{八}	{九}	{十}
頻度	905	447	212	152	154	1	14	129	37	1	88	136	104

從上表可知，在這 10 個數目字中有 8 個字形只對應一音義，它們是"一"、"二"、"三"、"四"、"六"、"八"、"九"和"十"，分别僅對應數詞{一}、{二}……{十}，一對一所占比例爲 80%。《包山》91 和 146 有用爲人名的"六"，我們認爲應是以數字或排行爲名，所以仍作數詞{六}看待。另外，"弌"表示{一}，"弍"表示{二}，"厽"表示{三}，"亖"表示{四}等，在目前所

看到的楚系簡帛文獻中也沒有例外，它們也屬於一字形對應一音義的情況。

再看看"上"、"下"等 10 個常見字形的情況：

字形	上	下	左	右		前	逡	東		西	南	北		
音義	{上}	{下}	{左}	{右}	{左}	{前}	{後}	{東}	{簡}	{西}	{南}	{北}	{背}	{邶}
頻度	139	203	90	111	2	20	53	83	4	56	44	63	1	1

"逡"爲"後"之異體，楚系簡帛目前尚未見"後"字形。表中 10 個字形中除了"右"、"東"、"北"外，其餘 7 個均只表示一音義，比例達 70％。其中"右"有 2 例代表{左}者(分別見於《包山》207 和《上七·吳命》1)，實爲偶然筆誤所造成。楚系文字中{左}除了記作從"工"的"左"外，還常從"口"作 🖐 (可隸定作"右"，以與"右"相區別)，與"右"之作 🖐 ，十分近似，不同只在上面手形的方向，所以書手偶爾不留意將手形寫反，本該作"右"之處錯成"右"。如果不計這個別偶誤的"右"，則上表 10 個字形對應一音義的比例也可達 80％了。另外，像"東"字形之表{簡}，實際上是因形近而被當作"東"字形使用，從而讀作{簡}的(詳見第二章第四節)，這種情形也是不多見的。

我們還曾經對楚系簡帛中人部(以"人"爲意符)的字的記詞情況作過粗略的考察，結果發現，在 90 餘個字形中，可以認定只對應一音義者在 70 個左右，可見一字形對應一音義的比例也是接近 80％的。具體的例子就不一一列舉了。

楚簡中有不少單頻字形，不論其所記之詞是否已被考定，都無疑應歸入一字形對應一詞的行列。

一字形對應一音義是從閱讀的角度提出的原則性要求，因爲只有各個字形所表示的詞或語素相對單一而穩定，迅速而正確的閱讀才成爲可能。相反地，如果任意一字形都可以對應不同的音義，勢必會給書面閱讀和信息交流帶來極大麻煩。楚系簡帛中確實存在比較複雜的用字現象，但一字形對應一音義的大原則還是存在的。

第二節　一音義對應一字形

　　從理論上講,語言中的一個詞或語素應該對應一個書面記錄形式。這在拼音文字中是比較容易實現的,但對於漢字這樣的"意音文字"①來說,卻比較難辦。因爲作爲詞或語素的記錄形式的字形,只要在"意"和"音"兩方面,甚至在其中一方面(通常是"音"方面,也有極個別是"意"方面)與所表示的詞或語素相合即可,所以存在多種可能性。儘管如此,由於要適應寫字記詞的明確性和簡單化要求,在特定時空範圍內,一音義對應一字形的情況往往也占較高的比例。在楚系簡帛文獻中亦然。例如,我們統計了自{甲}至{癸}10個天干詞的字形使用情況,如下表所示:

音義	{甲}	{乙}	{丙}	{丁}	{戊}	{己}	{庚}	{辛}	{壬}	{癸}
字形	甲	乙	酉	丁	戊	己	庚	辛	壬	癸
頻度	49	86	45	33	63	114	20	84	55	59

楚系簡帛中表示天干{丙}均用"酉"字形,未見作"丙"者,"酉"爲"丙"之繁形。表中各詞始終都使用一個固定的字形,一音義對應一字形的比例高達100%。需要說明的是,不少天干字用在人名中,例如"桯甲"(《包山》124)、"陳乙"(《包山》228)、"蔡酉"(《包山》31)、"鄺酉"(《包山》183)、"競丁"(《包山》81)、"武丁"(《郭店·窮達》4)、"邵戊"(《包山》124)、"盤己"(《包山》150)、"蔡己"(《包山》183)、"宋庚"(《包山》7)、"周庚"(《包山》114)、"青辛"(《包山》31)、"黃辛"(《包山》109)、"周壬"(《包山》29)、"文壬"(《包山》42)、"義癸"(《包山》92)等,我們都直接作天干詞處理。《上七·君人》中有人名"范戊"(凡4見),有學者疑讀爲{茂}②,證據似不充

---

① 關於漢字性質的問題,請參閱裘錫圭《文字學概要》第二章"漢字的性質",商務印書館,1988年8月。

② 復旦大學出土文獻與古文字研究中心研究生讀書會《〈上博七·君人者何必安哉〉校讀》,復旦大學出土文獻與古文字研究中心網站,2008年12月31日。

分，我們認爲仍看作以天干詞命名爲妥。

　　我們又調查了楚系簡帛中{日}、{月}等 10 個關於自然物的詞，將它們對應字形的情況列表如下：

音義	{日}	{月}	{山}	{水}	{川}	{谷}	{江}	{海}		{土}	{丘}	
字形	日	月	山	水	川	浴	江	海	晦	土	丘	坥
頻度	461	357	43	31	25	13	8	21	1	34	39	6

其中只有{海}和{丘}對應 2 個字形，一音義對應一字形的比例達到 80％。楚系簡帛山谷之{谷}均作"浴"，爲"谷"加"水"旁而成，不必視爲沐浴字之假。{海}作"海"，爲"海"之異體，作"晦"（"晦"之異體）者屬假借。{丘}之作"坥"，乃"丘"益"土"旁而成，與"浴"情形相類。

　　又如上文提到的{上}、{下}等 10 個跟方位有關的詞，其中除{上}又可作"走"，{左}又可作"右"，並偶因筆誤作"右"，{後}又可作"遑"、"句"、"后"之外，其他 7 個詞都始終只用一個字形，一對一比例爲 70％。而就{一}至{十}10 個數字詞來看，除去{一}、{二}、{三}、{四}4 個有不同表示字形的，一音義對應一字形的比例也有 60％。

　　另外，據我們統計，有不少常用詞，儘管出現的頻率很高，但也是始終只用一個字形。比如否定詞{不}出現 1 322 次，均用"不"字形表示；{人}一共出現 684 次，無一例外地用"人"這個字形；等等。更不用說大量的低頻詞了。

　　大體而言，楚系簡帛中一音義用一字形的現象還是占多數的。

第三節　一字形對應多音義和一音義對應多字形

　　由於異體字和假借字的大量存在，加上還有其他一些更爲特殊的情況，楚系簡帛中一字形表多音義和一音義用多字形的現象十分引人注目。對此，我們將在第二、三章中作專門論述。所以，這裏先簡單列舉幾組例子，以見一斑。

　　一字形對應二或三個音義之例不勝枚舉，我們不妨看看一對四以上的例子。譬如"或"字，在楚系簡帛中至少可以對應 4 個詞，其對應{或}的如：

　　　　或生於內，或生於外。　　　　　　　　　　（《郭店·語一》23）

　　　　故爲政者，或論之，或兼之，或由中出，或設之外。

　　　　　　　　　　　　　　　　　　　　　　　　（《郭店·尊德》30）

其對應{又}的如：

　　　　陰之數客或（又）執僕之兄勁，而久不爲斷。　　（《包山》135 反）

　　　　湯或（又）從而攻之，降自鳴條之遂，以伐高神之門。

　　　　　　　　　　　　　　　　　　　　　　　　（《上二·容成》40）

　　　　出則或（又）入，終則或（又）始，至則或（又）反。

　　　　　　　　　　　　　　　　　　　　　　　　（《上七·凡甲》25）

字又可表示{國}，如：

　　　　《詩》云：誰秉或（國）【成】。　　　　　　（《上一·緇衣》5）

　　　　有德行，四或（國）順之。　　　　　　　　（《上一·緇衣》7）

字還可以表{惑}：

　　　　治樂和哀，民不可或（惑）也。　　　　　　（《郭店·尊德》31）

　　　　則君不疑其臣，臣不或（惑）於君。　　　　（《上一·緇衣》2）

　　以上四種讀法是比較明確的。此外，"或"還可能可讀{有}，如《九店》五六 28："以祭、大事、聚衆，必或亂之。"李家浩先生引《禮記·祭義》"庶或饗之"鄭注"或，猶有也"爲釋①，以"有"訓"或"，甚是。筆者頗疑"或"即可直接讀爲{有}。楚帛書乙篇："毋弗或敬，唯天作福，神則各之。"陳偉武先生指出"或敬"即"有敬"②，這個"或"也似可直接讀{有}。又，《上三·亙先》有一哲學範疇寫作"或"，如云："或非或，無謂或；有非有，無謂有；生

---

① 湖北省文物考古研究所、北京大學中文系編《九店楚簡》，85 頁，中華書局，2000 年 5 月。

② 陳偉武《楚系簡帛釋讀掇瑣》，《古文字研究》第二十四輯，361 頁，中華書局，2002 年 7 月。

非生,無謂生。"(簡6)不少學者主張讀爲{域}。如果讀{有}和讀{域}可以肯定下來,那麼,"或"對應的詞就有6個之多了。

再看"靑"字形(楚文字"青"恆加羨符"口"繁化作"靑"),就目前所見,至少對應{青}、{請}、{情}、{清}、{靜}、{精}6個詞,文例如下:

{青}　緅與靑(青)錦之紩囊七。　　　　　　　　　　(《信陽》2·12)

　　　一靑(青)緅緌組。　　　　　　　　　　　　　(《信陽》2·15)

　　　捍蔽之靑(青)木、赤木、黃木、白木、黑木之精。(《帛書》甲篇)

{請}　道亦其字也,靑(請)問①其名。　　　　　　　(《郭店·太一》10)

　　　使役百官而月靑(請)之。　　　　　　　　　　(《上二·容成》3)

　　　逆勞其大夫,且靑(請)其行。　　　　　　　　(《上七·吳命》4)

{情}　始者近靑(情),終者近義。　　　　　　　　　(《郭店·性自》3)

　　　苟有其靑(情),雖未之爲,斯人信之矣。　　　(《郭店·性自》51)

{清}　賓客,靑(清)廟之文也。　　　　　　　　　　(《郭店·語一》88)

{靜}　我好靑(靜)而民自正。　　　　　　　　　　　(《郭店·老甲》32)

{精}　靑(精)知,略而行之。　　　　　　　　　　　(《上一·緇衣》19)

一音義對應多個字形的,相對於一字形對應多音義來說,似乎還要表現得突出一些。這裏也只列舉兩組實例。

一是{疑},至少有6個對應字形,分別是"吳"、"惥"、"悲"、"矣"、"惢"、"頪"。例如:

"吳"　君民而不驕,卒王天下而不吳(疑)。　　　　(《郭店·唐虞》18)

"惥"　上人惥(疑)則百姓惑。　　　　　　　　　　(《上一·緇衣》3)

　　　此以迹者不惑,而遠者不惥(疑)。　　　　　(《上一·緇衣》22)

"悲"　臥〈怃〉生於性,悲(疑)生於怃,北(背)生於悲(疑)。

　　　　　　　　　　　　　　　　　　　　　　(《郭店·語二》36～37)

"矣"　可學也而不可矣(疑)也。　　　　　　　　　(《郭店·尊德》19)

___

① "問"字本作"昏",鄭剛先生認爲"青昏"應讀作"青冥",說詳所著《楚簡道家文獻辨證》,76～79頁,汕頭大學出版社,2004年3月。

是故矣(疑)陣敗,矣(疑)戰死。　　　　　(《上四·曹沫》44)

"㕟"　此以迩者不惑,而遠者不㕟(疑)。　　　(《郭店·緇衣》43)

小人樂則㕟(疑),憂則昏。　　　　　(《上二·從乙》3)

是以君子向方知道,不可以㕟(疑)臨。　(《上六·慎子》6)

"頰"　九四:猷余,大有得,毋頰(疑),朋坎適。　(《上三·周易》14)

【修訂本按:清華簡壹《皇門》11{疑}作"俟",清華簡柒《越公其事》57{疑}作"睽",是新見的對應字形。】

　　二是{慎},至少有"言"、"誣"、"訢"、"譆"、"斳"、"譆"、"緐"7個對應字形①。文例如下:

"言"　言(慎),慮之方也,然而其過不惡。　　(《上一·性情》39)

人不言(慎),斯有過,信矣。　　　(《上一·性情》39~40)

"誣"　君子誣(慎)其【獨也】。　　　　　(《郭店·五行》17)

"訢"　臨事之紀,訢(慎)終如始。　　　　(《郭店·老甲》11)

訢(慎)爾出話,敬爾威儀。　　　　(《郭店·緇衣》30)

"譆"　君如親率,不可不譆(慎)。　　(《上四·曹沫》27+48②)

宮室汙池,各譆(慎)其度,毋失其道。　(《上五·三德》12)

"斳"　斳(慎),仁之方也,然而其過不惡。　(《郭店·性自》49)

所以成死也,不可不斳(慎)也。　　(《上三·中弓》23)

"譆"　能爲一,然後能爲君子,譆(慎)其獨也。　(《郭店·五行》16)

《牆有茨》,譆(慎)密而不知言。　　(《上一·詩論》28)

"緐"　口生敬,口生詬,緐(慎)之口口。　　(《上七·武王》7)

【修訂本按:清華簡新見{慎}的對應字形尚有"昏"(《清拾壹·五紀》

---

① 《郭店·語一》46 有字作 ,一般認爲同《說文》"慎"字古文之作 ,在簡文中讀爲{慎}。然"慎"字古文從"火"、從"日"(詳劉樂賢《釋〈說文〉古文慎字》,《考古與文物》1993 年第 4 期),而郭店簡該字則明顯是從"亦"、從"日",與古文"慎"恐非一字。詳參楊澤生《戰國竹書研究》,92~95 頁,中山大學出版社,2009 年 12 月。

② 此處簡文的編聯,見拙著《簡帛文獻與文學考論》,107 頁,中山大學出版社,2007 年12 月。

52、87)、"逝"(《清叁·周公之琴舞》5)、"竊"(《清捌·治邦之道》13)、"怨"
(《清伍·厚父》7、10)、"憇"(《清玖·治政之道》4)、"繫"(《清叁·說命
〔中〕》2、《說命〔下〕》8)等。】

第四節　完全對應和部分對應

　　完全對應指的是一個字形只對應某一音義,同時該音義也只對應此
一字形,即字形與音義之間的對應關係是唯一而且雙向的。例如,楚系簡
帛中的"口"這個字形共出現 16 次,無一例外地用來記錄{口}這個詞,同
時{口}也沒有其他表示形式,始終用"口";又如{山}這個詞一共出現 41
次,均使用字形"山",而"山"也不記錄其他的詞,只用以表示{山},字形與
音義的這種關係就可以稱爲完全對應。以圖式表達如下:

　　　"口" = {口}　　　"山" = {山}

　　上文講到,楚系簡帛中"一字形對應一音義"和"一音義對應一字形"
的情況都占較高的比例,但是,同時滿足這兩方面條件的就要少得多。也
就是說,字形和音義完全對應的情況要遠較前面兩種爲少。以上面舉過
的幾組例子來檢驗一下,便可明瞭。例如,"一"至"十"10 個字形,除
"五"、"七"之外,有 8 個只對應一詞(相應的數詞);反過來,{一}至{十}10
個詞中,除{一}至{四}外,有 6 個只對應一字形(相應的數字);而綜合起
來,在 10 組之中完全對應的則只剩下 4 組了,它們分別是:"六" = {六},
"八" = {八},"九" = {九},"十" = {十}。

　　又如"上"、"下"等 10 個字形中只對應一音義的有 7 個,相應的
{上}、{下}等 10 個音義中只對應一字形的也有 7 個之多,但結合來看,
一一對應的也只有 4 組了,即:"下" = {下},"前" = {前},"西" = {西},
"南" = {南}。

　　又如{甲}、{乙}等 10 個天干詞,雖然均只對應一字形,但相應的 10
個字形的記詞情形又有所不同。如"甲"除了表示天干{甲},還記錄鎧甲
之{甲},如《曾侯》130:"匹馬素甲,紫市之縢。"二者實爲不同的詞。"丁"
除表天干{丁},還可讀作{當},如《上七·鄭甲》5:"毋敢丁(當)門而出。"

"戊"另可讀爲牡牝之{牡},如《郭店·老甲》34:"未知牝戊(牡)之合,脂(朘)①怒,精之至也。""己"另可表自己之{己},如《郭店·語三》5:"不義而加諸己,弗受也。"與天干{己}也屬不同的詞。"庚"另可讀爲賡續之{賡},如《上六·愼子》2:"矢强以庚(賡)志。""癸"又讀作揆度之{揆},見《上七·凡甲》23:"仰而視之,坿(俯)而癸(揆)之②。"所以,完全對應的也只有 4 組,即:"乙"={乙},"酉"={丙},"辛"={辛},"壬"={壬}。

再如{日}、{月}等 10 個關於自然物的詞,對應一字形者有 8 個之多,但這 8 個詞相應的字形中,又有 3 個可被用來記錄別的音義。具體地說,"川"還可表{順},如《上五·三德》17:"知天足以川(順)時。""浴"還可表{俗},如《上五·弟子》2:"延陵季子,其天民也乎?生而不因其浴(俗)。""土"還記錄杜絕之{杜},如《上七·君甲》4:"侯子三人,一人土(杜)門而不出。"於是,完全對應的便只有 5 組,分別是:"日"={日},"月"={月},"山"={山},"水"={水},"江"={江}。

可見,完全對應的比例確實並不很高。

當然,從絕對數量上來說,完全對應的例子還是不少的,其中有許多屬於漢語的基本詞彙,除上邊提及的,還有如:"心"={心},"王"={王},"父"={父},"衆"={衆},"金"={金},"木"={木},等等。

字形與音義非完全對應的情況,我們稱之爲部分對應。部分對應又可以分爲單向的和雙向的兩種情形。有時候一個字形只對應某一音義,但該音義卻不只對應此一字形;有時候某一個音義只對應一字形,但該字形卻不只對應此一音義。比如,楚簡中"一"字形對應數詞{一},而{一}除用"一"表示外,還用"弌"、"罷"等字形;又如{者}這個詞對應字形"者",而"者"除表示{者}外,還經常用來記錄{諸},有時還表示{都}。這種關係可以簡單圖表如下:

---

① "脂(朘)"之釋讀,詳郭永秉《由〈凡物流形〉"脂"字寫法推測郭店〈老子〉甲組與"朘"相當之字應爲"脂"字變體》,復旦大學出土文獻與古文字研究中心網站,2008 年 12 月 31 日。

② "坿"字原簡稍訛,整理者釋"任",誤。"癸(揆)"之釋讀,見劉剛《讀簡雜記·上博七》,復旦大學出土文獻與古文字研究中心網站,2009 年 1 月 5 日。

　　　　"一"<{一}　　　{者}<"者"

我們可以說,"一"是{一}的部分對應字形,{者}是"者"的部分對應音義。這就是單向的部分對應。這類例子還可以舉出不少來,比如:"必"<{必}({必}又用"北"),"體"<{體}({體}又用"膿"、"傭"、"豐"等),"欲"<{欲}({欲}又用"慾"、"忿"、"忩"、"谷"等);{或}<"或"("或"又記{國}、{惑}、{又}等),{勿}<"勿"("勿"又用來記{物}),{在}<"才"("才"又用以表示{哉}等),等等。

　　雙向的部分對應要比單向的部分對應複雜一些。一字形可以用來表示兩個以上的音義,同時其所表示的音義中的一個或多個又不只使用該字形;或者反過來,一音義可用兩個以上的字形記錄,同時這些字形中的一個或多個又不只用來表示該音義。在這種情況下,直接發生關聯的每一對"字形—音義"就形成雙向的部分對應。舉例來說,楚系簡帛中字形"箮"既可以表示執誰的{執}(如《郭店・老甲》35:"名與身箮〔執〕親?"),又可以表示深篤的{篤}(《郭店・五行》33:"親而箮〔篤〕之,愛也。"),還可以表示歲熟的{熟}(《上四・柬大》13:"我何爲,歲焉箮〔熟〕?"),和建築之{築}(《郭店・窮達》4:"☐釋板箮〔築〕而佐天子,遇武丁也。"),而執誰的{執}除了用"箮"字形之外,也用"竺"來記錄(《郭店・老甲》9～10:"竺〔執〕能濁以靜,將徐清。"),那麼,"箮"和{執}就形成雙向的部分對應,可以用下面的圖式來表達:

　　　　"箮"≷{執}

這就意味着"箮"是{執}的部分對應字形,同時{執}也是"箮"的部分對應音義。

　　有時候,多重部分對應的相互交織,形成一個較大的"字形—音義"關係網,複雜而有趣。仍沿着剛才的綫索考察,深篤的{篤}除了用"箮"外,也用"竺"(《上二・容成》9:"履地戴天,竺〔篤〕義與信。")、"簋"(《上一・性情》33:"簋〔篤〕,仁之方也。")和"篿"(《上一・性情》24:"非之而不可惡者,篿〔篤〕於仁者也。")來記錄。所以,"箮"與{篤}也形成雙向的部分對應。圖表如下:

　　　　"箮"≷{篤}

　　歲熟的{熟}未發現其他記錄形式,故與"箮"屬單向的部分對應,即:

　　　　{熟}<"箮"

　　建築之{築}除了用"箮"之外,還可記作"竺"(《九店》五六 13 下:"凡建日,大吉,利以取妻,祭祀,竺〔築〕室。")、"篊"(《帛書》丙篇:"可以出師、篊〔築〕邑。"又:"不可以篊〔築〕室。")、"篁"(《上二‧容成》38:"篁〔築〕爲璿室,坅〔飾〕爲瑤臺,立爲玉門。")等。所以,"篖"與{築}形成雙向部分對應,即:

　　　　"篖"≷{築}

而據上所述,又可判斷"竺"分別與{埶}、{篤}、{築}構成雙向的部分對應關係,圖示如下:

　　　　"竺"≷{埶}　　　"竺"≷{篤}　　　"竺"≷{築}

"鷟"和"鼀"因未發現{篤}之外的其他讀法,故分別與{篤}形成單向部分對應關係,即:

　　　　"鷟"<{篤}　　　"鼀"<{篤}

"篊"和"篁"則未見{築}之外的其他讀法,故分別與{築}構成單向的部分對應,圖示如下:

　　　　"篊"<{築}　　　"篁"<{築}

這樣,便形成了一個網狀的陣容:

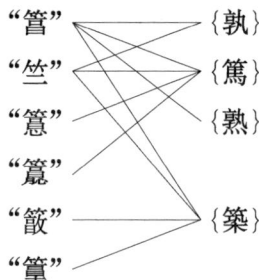

```
"篖"           {埶}
"竺"           {篤}
"鷟"           {熟}
"鼀"
"篊"           {築}
"篁"
```

【修訂本按:新出楚簡中{篤}或作"笕"(《清柒‧越公其事》14)、"挈"(《安一‧詩經》109),{築}或作"坙"(《清壹‧金縢》13、《清叁‧說命〔上〕》2、《清叁‧周公之琴舞》13),均是新見的字詞關係。】

　　下面再看一個複雜一些的"字形—音義"關係網。楚簡"昏"字形,可以表示日昏之{昏},以及其引申義昏亂、昏淫的{昏}[①],如:

---

① 在《說文》中,此引申義有專字"惛",楚簡中也有時使用"惛"字形(例見下),但在古書中表示這類義項,仍多作"昏",且沿用至今,{惛}似未真正從{昏}中分化出來,所以本書暫將它們作一詞看待。當然,必欲分出,亦未嘗不可。

庚申之昏以起辛酉之日禱之。　　　　　　　　（《新蔡》甲三 109）

甲戌之昏以起乙亥之日薦之。　　　　　　　　（《新蔡》甲三 119）

民多利器，而邦滋昏。　　　　　　　　　　　（《郭店·老甲》30）

昏昏不寧，求其所生。　　　　　　　　　　　（《上三·亙先》3）

又可表示婚媾之｛婚｝，如：

【匪】寇昏（婚）媾，往，遇雨則吉。　　　　　（《上三·周易》34）

又常用來記｛聞｝和｛問｝，如：

昏（聞）舜孝，知其能養天下之老也。　　（《郭店·唐虞》22～23）

昏（聞）道反己，修身者也。　　　　　　　　（《郭店·性自》56）

嚮者吾昏（問）忠臣於子思。　　　　　　　　（《郭店·魯穆》3）

孔子曰：善，而昏（問）之也。　　　　　　　（《上二·子羔》9）

還用以記岷山之｛岷｝：

起師以伐昏（岷）山氏。　　　　　　　　　　（《上二·容成》38）

又可表示冒昧之｛昧｝：

或昏（昧）死言：僕見牌之寒也，以告君王。①　（《上四·昭王》8）

所以，｛昏｝、｛聞｝、｛問｝、｛岷｝和｛昧｝都是"昏"的部分對應音義。

而｛昏｝除用"昏"外，還用"惛"、"緍"、"歂"、"愍"、"惃"，如：

樂欲懌而有志，憂欲斂而勿惛（昏），怒欲盈而毋暴。

（《郭店·性自》64）

今君之貪惛（昏）苛匿……　　　　　　　　　（《上六·競公》6）

六親不和，焉有孝慈。邦家緍（昏）亂，焉有正臣。

（《郭店·老丙》3）

小人樂則疑，憂則歂（昏），怒則勮，懼則背，恥則犯。

（《上二·從乙》3）

---

① 本例的釋讀，參看陳劍《上博竹書〈昭王與龔之脽〉和〈柬大王泊旱〉讀後記》，"簡帛研究"網站，2005 年 2 月 15 日。

小人樂則疑，憂則戁（昏）。　　　　　　　　　（《上二·從乙》3）

教以權謀，則民淫悶（昏）遠禮無親仁。① 　　　（《郭店·尊德》16）

又﹛聞﹜除用"昏"外，還用"聑"、"窘"、"聟"、"矞"，如：

視之不足見，聽之不足聑（聞）。 　　　　　　　　（《郭店·老丙》5）

人苟有言，必聑（聞）其聲。 　　　　　　　　　　（《郭店·緇衣》40）

"五至"既窘（聞）之矣。 　　　　　　　　　　　　（《上二·民之》5）

聟（聞）君子道，聰也；聟（聞）而知之，聖也。 　（《郭店·五行》26）

吾矞（聞）爲臣者必使君得志於己。 　　　　　　　（《上五·姑成》5）

又﹛問﹜除用"昏"外，還用"聑"、"窘"，如：

吾欲與齊戰，聑（問）陣奚如？ 　　　　　　　　　（《上四·曹沫》13）

敢窘（問）何謂"五至"？ 　　　　　　　　　　　　（《上二·民之》3）

又﹛昧﹜除作"昏"外，又可記作"昧"：

父母有疾，……時昧攻禜，行祝於五祀，豈必有益？君子以成
其孝。 　　　　　　　　　　　　　　　　　　　　（《上四·內豊》8）

可見，"昏"爲﹛昏﹜、﹛聞﹜、﹛問﹜、﹛昧﹜等音義的部分對應字形。

而再從字形的角度來看，"縉"除表﹛昏﹜外，還可以記﹛縉﹜，如：

王言如絲，其出如縉②；王言如索，其出如綍。

　　　　　　　　　　　　　　　　　　　　　　　（《郭店·緇衣》29～30）

"聑"既可表﹛聞﹜，也可表﹛問﹜、﹛昏﹜；"窘"記﹛聞﹜，也記﹛問﹜。

其間關係可以圖示如下：

---

① 本例的釋讀，參看宋華強《郭店簡補遺（二則）》，"簡帛研究"網站，2004 年 6 月
13 日。

② 《上一·緇衣》"縉"字同。"縉"字之釋，參看荊門市博物館編《郭店楚墓竹簡》，135 頁
注釋〔七四〕"裘按"。

"昏"　　　　　　{昏}
"惛"　　　　　　{婚}
"緡"　　　　　　{聞}
"聵"
"慁"　　　　　　{問}
"悃"　　　　　　{岷}
"窴"
"督"　　　　　　{昒}
"聵"　　　　　　{緡}
"昒"

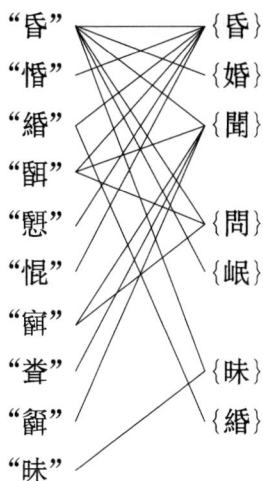

而分解出來,這裏邊其實包含了19對部分對應關係,包括10對雙向的和9對單向的,它們分別是:"昏"≧{昏},"昏"≧{聞},"昏"≧{問},"昏"≧{昒},"緡"≧{昏},"聵"≧{昏},"聵"≧{聞},"聵"≧{問},"窴"≧{聞},"窴"≧{問};"惛"<{昏},"慁"<{昏},"悃"<{昏},"督"<{聞},"聵"<{聞},"昒"<{昒},{婚}<"昏",{緡}<"緡",{岷}<"昏"。

更大的"字形—音義"關係網還可以找出一些。比如"芷"字,通常表示{止}:

故知足不辱,知芷(止)不殆。　　　　　　　　　　　　(《郭店·老甲》36)

能進之爲君子,弗能進也,各芷(止)於其里。　(《郭店·五行》42)

尔必芷(止)小人,小人將訝寇。　　　　　　　　　(《上四·昭王》2)

晷天芷(止)達①,乃上下騰傳。　　　　　　　　　　(《帛書》甲篇)

同時,也可以表示{之},以及{侍}、{待}、{等}:

亦既見芷(之),亦既覲芷(之)。　　　　　　　　　(《郭店·五行》10)

凡畜群臣,貴賤同芷(之)②,祿毋背。　　　　　　(《上四·曹沫》21)

---

① 此例"芷達"之釋,參看拙著《簡帛文獻與文學考論》,4~5頁,中山大學出版社,2007年12月。

② 此例"芷"字,整理者讀"待",陳劍先生讀"等"(《上博竹書〈曹沫之陳〉新編釋文(稿)》,"簡帛研究"網站,2005年2月12日)。私意以爲,不若讀"之"。簡文意謂:凡畜群臣,不論貴賤都一樣,不能違背其所應得之爵祿。

出入坓（侍）王，自荊层之月以就集歲之荊层之月，盡集歲，躬身尚無有咎？　　　　　　　　　　　（《包山》228）

凡人雖有性，心亡正志，坓（待）物而後作。　（《上一·性情》1）

貴貴，其坓（等）尊賢，義也。　　　　　　　（《郭店·五行》35）

而{止}除用“坓”外，也用“止”：

得其人則舉焉，不得其人則止也。　　　（《郭店·六德》48）

物各止於其所。　　　　　　　　　　　（《郭店·語一》105）

{之}除用“坓”外，主要的還是用“之”：

命攻解於漸木位，且徙其尻而桓之。　　　　　（《包山》250）

道恆亡爲也，侯王能守之，而萬物將自化。　（《郭店·老甲》13）

{侍}除了用“坓”外，還用“寺”、“時”等，例如：

出入寺（侍）王。　　　　　　　　　　　　（《包山》234）

出入峕（侍）王。　　　　　　　　　　　　（《包山》216）

{待}除了用“坓”外，也用“寺”和“時”：

寺（待）悅而後行，寺（待）習而後奠。　　（《上一·性情》1）

君子強行，以峕（待）名之至也。　　　　　（《上二·從乙》5）

“寺”又不僅表{侍}和{待}，還可用來記錄{詩}、{時}、{夷}等，例如：

《寺（詩）》云：成王之孚，下土之式。　　　（《郭店·緇衣》13）

寺（時）也，文王受命矣。　　　　　　　　（《上一·詩論》2）

未有日月，四神相代，乃坓（止）以爲歲，是惟四寺（時）。

（《帛書》甲篇）

管寺（夷）吾拘囚束縛。　　　　　　　　　（《郭店·窮達》6）

“時”所記錄的詞則尚有{詩}、{時}、{志}等，如：

善哉！商也，將可學峕（詩）矣。　　　　　（《上二·民之》8）

命無峕（時），事必有期，則賊。　　　　　（《上二·從甲》15）

士有志於君子道謂之恃(志)士。　　　　　　　　　《郭店·五行》7)

而{詩}除了用"寺"、"時"外,又對應"詩"、"峕"、"峕"、"志"、"時"、"恃"等
字形①,例如:

詩,所以會古今之恃(志)。　　　　　　　　　　《郭店·語一》38)

峕(詩)、書、禮、樂,其始出也皆生於【人】。　　《上一·性情》8)

《峕(詩)》云:儀型文王,萬邦作孚。　　　　　　《上一·緇衣》1)

子夏曰:無聲之樂,無體之禮,無服之喪,何志(詩)是逗?

《上二·民之》7~8)

時(詩),有爲爲之也。　　　　　　　　　　　　《郭店·性自》16)

虞恃(詩)曰:大明不出,萬物均誇。　　　　　　《郭店·唐虞》27)

{時}也同時有幾個對應字形,"寺"、"時"而外,尚有"峕"、"時"、"蓍":

天地四峕(時)之事不修。　　　　　　　　　　　《上二·容成》36)

是故太一藏於水,行於時。　　　　　　　　　　《郭店·太一》6)

行之而蓍(時),德也。　　　　　　　　　　　　《郭店·五行》27)

人名"夷吾"中的{夷}應是安夷之意,這個{夷}還可以用"逗"來表示,如:

是以建言有之:明道如孛,逗(夷)道如纇。

《郭店·老乙》10＋殘20②)

{志}③除用"時"外,還使用"志"、"峕"、"峕"、"等"、"簉"等字形,例如:

此以生不可敓志,死不可敓名。　　　　　　　　《郭店·緇衣》38)

故君子多聞,質而守之;多志,質而親之。

《郭店·緇衣》38~39)

---

① 另外,《上二·民之》1有字作👹,從文例看,似乎只能表示{詩},但字形未能確釋,暫
且不論。

② 此處簡文的拼接,參李家浩《關於郭店〈老子〉乙組一支殘簡的拼讀》,《中國文物報》
(總649期),1998年10月28日,第3版。

③ 心志之{志}、識志之{志}、書志之{志}等意義均有明顯關聯,所以作一音義看待。或
以爲識志之{志}應讀爲{識},實恐未必。

多旹(志)，質而親之。　　　　　　　　　　　　　　《上一·緇衣》19)

吾以《萬覃》得祇初之旹(志)①。　　　　　　　　　　《上一·詩論》16)

可以有治邦，周等(志)是存②。　　　　　　　　　　《上四·曹沫》41)

鄦尹傑駐從郢以此等(志)來③。　　　　　　　　　　《包山》132 反)

爲上可望而知也，爲下可頪而簹(志)也。　　《郭店·緇衣》3～4)

而"志"不但可表{詩}和{志}，而且可以表示仗恃之{恃}，如：

萬物作而弗始也，爲而弗志(恃)也，成而弗居。

《郭店·老甲》17)

"遅"除表{夷}外，還記錄{遲}：

且志事少遅(遲)得。　　　　　　　　　　　　　　《包山》198)

遅(遲)有悔。　　　　　　　　　　　　　　　　《上三·周易》14)

同時，{遲}又不單對應"遅"，而且對應"尼"、"犀"等字形，例如：

無聲之樂，威儀尼尼(遲遲)。　　　　　　　　　《上二·民之》8)

其樂安而犀(遲)。　　　　　　　　　　　　　　《上一·詩論》2)

可是，"尼"又可以記錄逮逮的{逮}和鳲鳩之{鳲}：

無體之禮，威儀尼尼(逮逮)。　　　　　　　　　《上二·民之》11)

《尼(鳲)鳩》，吾信之。　　　　　　　　　　　　《上一·詩論》21)

"犀"又可用來表示愷悌之{悌}(下稱{悌₁})：

愷犀(悌)君子，民之父母。　　　　　　　　　　《上四·曹沫》21～22)

{悌₁}還用"佛"字形來記錄：

---

① 參廖名春《上海博物館藏〈詩論〉簡校釋札記》，所著《出土簡帛叢考》，64 頁，湖北教育
出版社，2004 年 2 月。

② 《左傳》文公二年："周志有之：勇則害上。"孔穎達疏："志者，記也。"同書襄公二十五
年："志有之：言以足志。文以足言。"杜預注："志，古書。"

③ 《大戴禮記·誥志》："誥志無荒，以會民義。"孔廣森《補注》引楊簡曰："志者，所以記庶
事之書志。"

　　愷俤(悌)君子，民之父母。　　　　　　　　　　　　　（《上二·民之》1）

　　愷俤(悌)君子，若玉若英。　　　　　　　　　　　　　（《上四·逸詩》1）

又可寫作"弟"：

　　愷弟(悌)①君子□□。　　　　　　　　　　　　　　　　（《信陽》1·11）

而"俤"又常被用來表示兄弟之{弟}，例如：

　　舉禱兄俤(弟)無後者。　　　　　　　　　　　　　　　　（《包山》227）

　　太子朝君，君之母俤(弟)是相。　　　　　　　　　　　（《上二·昔者》1）

"弟"除表{悌₁}外，也經常表示兄弟之{弟}，如：

　　睧至從父兄弟不可證。　　　　　　　　　　　　　　　　（《包山》138 反）

　　齊牡麻絰，爲昆弟也，爲妻亦然。　　　　　　　　　　（《郭店·六德》28）

又可記錄{弟}的派生詞孝悌之{悌}（下稱{悌₂}）：

　　故先王之教民也，始於孝弟(悌)。　　　　　　　（《郭店·六德》39～40）

　　聞舜弟(悌)，知其能事天下之長也。　　　　　　　（《郭店·唐虞》23）

而{悌₂}又記作"㢸"：

　　昔者仲尼箷徒三人，㢸(悌)徒五人，芃贅之徒□

　　　　　　　　　　　　　　　　　　　　　　　　　　（《上五·君子》10）

　　根據以上所列，一共可以得到 45 個"字形—音義"部分對應組，其中有 30 組是雙向的部分對應，15 組屬於單向部分對應，具體情況爲："屮" ≳{止}，"屮"≳{之}，"屮"≳{侍}，"屮"≳{待}，"寺"≳{侍}，"寺"≳{待}，"寺"≳{詩}，"寺"≳{時}，"寺"≳{夷}，"時"≳{侍}，"時"≳{待}，"時"≳{詩}，"時"≳{時}，"時"≳{志}，"昔"≳{詩}，"昔"≳{志}，"時"≳{時}，"時"≳{詩}，"志"≳{詩}，"志"≳{志}，"遅"≳{夷}，"遅"≳{遲}，"㞋"≳{遲}，"犀"≳{遲}，"犀"≳{悌₁}，"俤"≳{悌₁}，"俤"≳{弟}，"弟"≳

────────────────

① 信陽簡此例"弟"字，從照片看確只存"弟"形，但該簡左邊略有損削，也不能完全排除"弟"形左邊本來還有筆畫的可能。

{悌₁},"弟"≧{弟},"弟"≧{悌₂};{等}<"旹","之"<{之},"止"<{止},"詩"<{詩},"旹"<{詩},{恃}<"志","時"<{詩},"旹"<{時},"峕"<{時},"旹"<{志},"等"<{志},"等"<{志},{逮}<"弖",{鳲}<"弖","弟"<{悌₂}。

　　這 45 個字形與音義的關係組縱橫交錯,形成一個很大的網狀結構,可以圖示如下:

左	右
"旹"	{止}
"之"	{之}
"止"	{侍}
"寺"	{等}
"時"	{詩}
"詩"	{時}
"旹"	{待}
"峕"	{夷}
"志"	{志}
"時"	{恃}
"陟"	{遲}
"旹"	{逮}
"嶅"	{鳲}
"辵"	{悌₁}
"旹"	{弟}
"等"	{悌₂}
"等"	
"弖"	
"犀"	
"佛"	
"弟"	
"弟"	

第五節　本用對應和他用對應

本用對應指的是字形與其所代表的音義在理據上相一致，也即該字形本來就是爲表示該音義而造的。他用對應是指字形和它所對應的音義在理據上不一致，也即該字形本來非爲表示該音義而造。

先看看本用對應的例子：

"口"—{口}：口惠而實弗從，君子弗言尔。　　　（《郭店・忠信》5）

"耳"—{耳}：耳目鼻口手足六者，心之役也。　　（《郭店・五行》45）

"犬"—{犬}：舉禱宮行，一白犬，酒飤。　　　　　（《包山》229）

"本"—{本}：見其美，必欲反其本。　　　　（《上一・詩論》16）

"末"—{末}：非從末流者之貴，窮源反本者之貴。（《郭店・成之》14）

"𠂇"—{終}：戒之毋驕，慎𠂇（終）保勞。　　　（《上三・彭祖》3）

"樖"—{拔}：善建者不樖（拔）。　　　　　　（《郭店・老乙》15）

"迬"—{動}：孰能宓以迬（動）者，將徐生。　　（《郭店・老甲》10）

"戗"—{陣}：不和於舍，不可以出戗（陣）；不和於戗（陣），不可以戰。

（《上四・曹沫》19）

"悥"—{圖}：毋以小謀敗大悥（圖）。　　　（《郭店・緇衣》22～23）

"𢍰"—{庶}：𢍰（庶）民知敬之事鬼也，不知刑與德。

（《上二・魯邦》2）

"矛"—{務}：肥從有司之後，一不知民矛（務）之安在。

（《上五・季庚》1）

"𠂇"字，《說文》以爲"終"之古文。楚簡原形作 𠂇，西周金文作 ⬛（不其簋），以二點標示絲之兩端，應是爲終端、終結之{終}而造的字形。"樖"以雙手拔木會意，當是爲{拔}這個詞而造的。"迬"字從辵、主聲，"主"、"重"上古聲韻俱近，"迬"當是爲記運動之{動}而造的字形①。"戗"字從

①　參看荆門市博物館編《楚墓竹簡郭店》，114 頁注釋〔二七〕"裘按"；拙作《讀郭店楚墓竹簡札記（10 則）》，《中山大學學報論叢》1999 年第 6 期，144 頁。

戈、申聲，用來表示戰陣之{陣}。"煮"字從心、者聲，乃爲記錄圖謀之{圖}而造①。"桼"從禾、石聲，用來表示衆庶之{庶}；通常用"庶"來記衆庶之{庶}，實屬假借。"矛"字從力、矛聲，當爲勞務、事務之{務}而設，"矛"、"務"爲簡繁異體。

他用對應最主要的是假借，也即用來記錄某詞的字形，在意義上與該詞無關，而是自有其本義，它所以被用來記錄該詞，只是取其讀音與該詞相同或相近。漢字的使用，從開始就存在假借現象，而且有不少一直沿用到現代。戰國楚系簡帛文獻中既有大量繼承自前代的假借用法，同時又有不少新的假借現象出現，造成了他用對應普遍存在的局面。例如：

"自"—{自}：小人信以刀自傷。　　　　　　　　　　（《包山》144）

"佳"—{惟}：晉冬旨滄，小民亦佳（惟）日怨。　　　（《郭店·緇衣》10）

"女"—{如}：女（如）舜在今之世則何若？　　　　　（《上二·子羔》8）

"云"—{云}：《大夏》云：白珪之石，尚可磨也；此言之砧，不可爲也。

　　　　　　　　　　　　　　　　　　　　　　　　（《郭店·緇衣》35～36）

"亦"—{亦}：以見邦君，不吉，亦無咎。　　　　　　（《九店》五六 29）

"必"—{必}：四方有敗，必先知之。　　　　　　　　（《上二·民之》2）

"肘"—{導}：故君子之蒞民也，身服善以先之，敬慎以肘（肘—導）之。

　　　　　　　　　　　　　　　　　　　　　　　　　　（《郭店·成之》3）

"莫"—{莫}：堯以天下讓於賢者，天下之賢者莫之能受也。

　　　　　　　　　　　　　　　　　　　　　　　　　　（《上二·容成》10）

"剴"—{豈}：唯君子能好其匹，小人剴（豈）能好其匹。

　　　　　　　　　　　　　　　　　　　　　　　　　　（《郭店·緇衣》42）

"矣"—{矣}：上苟倡之，則民鮮不從矣（矣）。　　　（《郭店·成之》9）

"堣"—{遇}：舜耕於歷山，匋笥於河區，立而爲天子，堣（遇）堯也。

　　　　　　　　　　　　　　　　　　　　　　　　（《郭店·窮達》2～3）

"畬"—{貌}：行欲勇而必至，畬（貌）欲壯而毋枲。（《郭店·性自》63）

---

① 說詳拙作《楚簡"圖"字補釋》，《康樂集——曾憲通教授七十壽慶論文集》，中山大學出版社，2006 年 1 月。

“必”字楚簡作🔲，與西周金文之作🔲（南宮鐘）一脈相承，本以兩點表指戈柲，乃爲記{柲}而造①。“必”之用表必然之{必}，實是出於假借。“𡥩”字原形爲🔲，以指示符號指明肘部之所在，爲“肘”字初文，簡文借用以表教導之{導}②。“𢗎”字從心、矣聲，實爲疑慮之{疑}而造，用以表示語氣助詞{矣}屬假借。“𡩅”爲“廟”字異體，本爲記宗廟之{廟}而作，音假以表{貌}。

他用對應除了音同音近的假借之外，還有其他一些情形。譬如，有些字形時常被當作和它近似的另一個字形來使用，從而使它在具體語境中對應的是本該由那個形近字記錄的詞。例如“亟”本爲恆常之“恆”的初文，本用對應的音義應是{恆}，但因爲它的形體跟“亟”很相近，所以，楚簡中“亟”字形常被當作“亟”使用，如《郭店・魯穆》3～4：“亟（亟）稱其君之惡者，可謂忠臣矣。”又同篇5～6：“亟（亟）稱其君之惡者，未之有也。”③這樣便形成了“亟”與{亟}的他用對應。這種現象，實際上是一種形體上的假借。筆誤也會造成他用對應，如上文講到的{左}之作“右”之類，但那是偶然現象，與形體上的假借有本質區別。

另外，有時候一個字形被用來記錄一個和它的本用對應詞意義相同而讀音不同的詞。例如，《郭店・緇衣》10有“晉冬旨滄”（傳世本和上博本“滄”均作“寒”），不少學者認爲“滄”應讀爲{寒}，這是正確的。楚人“滄”不讀其本音，而讀如“寒”。“滄”本爲記滄寒之{滄}而造，而卻被用來記錄{滄}的同義詞{寒}，於是形成一種特別的他用對應。這種現象，學術界或稱之爲“義同換讀”、“同義換讀”④，實際上不妨看作一種意義上的假借。詳細討論見第二章第三節。

---

① 參看裘錫圭《釋“柲”》，《裘錫圭自選集》，河南教育出版社，1994年7月。
② 說詳李天虹《釋郭店竹簡〈成之聞之〉篇中的“肘”》，《古文字研究》第二十二輯，中華書局，2000年7月。此字也有學者主張讀“守”，如何琳儀《郭店竹簡選釋》（《文物研究》總第12輯，1999年12月）等。但結合上下文考量，仍以讀“導”爲優。即如讀“守”，同樣屬於他用對應。
③ 此二例的釋讀，說見陳偉《郭店楚簡別釋》，《江漢考古》1998年第4期。
④ 參看裘錫圭《文字學概要》，219～222頁，商務印書館，1988年8月。

　　從字形的角度看,有的字形只有它的本用對應的音義,如"三"表{四},"本"表{本},"日"表{日},"月"表{月},等等。有的字形既有本用對應音義,也有他用對應音義。如"昏"之表示{昏}屬於本用,而表示{聞}或{問}則屬他用。"㠯"既表示本用對應音義{疑},同時記錄他用對應音義{矣}。"宙"的本用對應音義爲{廟}(如《上一·詩論》5:"敬宗宙〔廟〕之禮,以爲其本。")而它又因假借而對應{貌}。有的字形則只見有他用對應音義。例如"戊"本象斧鉞之形,用來表示天干詞{戊},或者牡牝之{牡},都是他用。"午"爲"杵"之象形初文,在楚系簡帛中都借用來記錄地支詞{午}。又如"自"本爲鼻子的象形,被用來表示自己的{自},或者從自之{自}(如《上一·詩論》7:"有命自天,命此文王。"),都應屬他用。"隹"本象鳥形,無論它表助詞{惟},還是連詞{雖}(如《上一·緇衣》23:"人隹〔雖〕曰不利,吾弗信之矣。"),抑或代詞{誰}(《郭店·緇衣》8"隹〔誰〕秉國成,不自爲貞,卒勞百姓。"),均非本用。

　　從音義的角度看,有的詞或語素只有本用對應的字形,如上文舉到的{下}、{右}、{前}、{口}、{山}、{心}、{日}、{月}等,它們對應的字形只有一個,而且是本用字形。有些詞雖然不止對應一個字形,但那些字形卻都可以看作它的本用字形。例如,{道}在楚系簡帛中既用"道",又用"衍",如《郭店·老甲》22:"天大,地大,道大,王亦大。"又同篇13:"衍(道)恆無爲也,侯王能守之,而萬物將自化。""道"從辵、首聲,"衍"從人在行中會意,用以表{道},均爲本用。有些詞既有其本用對應字形,也有他用對應字形。例如{一}用"一"、"弌",又用"罷",如《郭店·五行》16:"淑人君子,其儀罷(一)也。""罷"的來源及其造字本義目前尚不清楚,但它非爲{一}而造大概沒有問題。又如{遇},有用其本用字形"遇"的,如《上三·周易》38:"遇雨如霧①,有厲,无咎。"《上四·昭王》6:"僕遇脽將取車,被襦衣。"又借用"堣",還借用"禺",如《上五·三德》4:"如反之,必禺(遇)凶殃。"再如{貌},或用"佼",如《郭店·五行》32:"顏色容佼(貌),溫變也。""佼"從

---

① "霧"字之釋,參看拙作《楚簡〈周易〉初讀記》,"孔子2000"網站,2004年4月25日;周波《楚文字中的"雺"》,"簡帛研究"網站,2004年4月29日。

人、爻聲，當爲容貌之{貌}的本用對應字形，而{貌}又可假“峹”來記錄。有的詞則只有他用對應字形。例如{亦}都是借用“腋”之初文“亦”爲之。又如云曰之{云}，除借用“雲”的初文“云”外，又常借“員”表示，如《郭店·緇衣》13：“《詩》員(云)：成王之孚，下土之式。”無論“云”或“員”，都屬{云}之他用對應字形。另如{者}或{諸}之用“者”，{不}之用“不”，均屬此例。大體而言，虛詞多數如此。

在分別本用對應和他用對應時，要注意從楚系簡帛實際出發，避免過分拘泥於後世的字書或文獻。比如楚簡中書籍(有時特指《書》)、書錄之{書}寫作“箸”，如《包山》139 反：“命漾上之職獄爲陰人舒勁盟，其所命於此箸(書)之中以爲證。”《郭店·性自》16：“箸(書)，有爲言之也。”《包山》8：“司馬徒箸(書)之。”楚簡之“箸”，從竹、者聲，從“竹”者，可能是表示簡册的屬性，也可能是表示筆的屬性，應該是爲記錄{書}而造的。所以不必認爲是《説文》訓“飯攲”的“箸”字被借用來記{書}。類似的情况有{願}之作“忨”(《説文》有訓“貪”之“忨”)，{怨}之作“悁”(《説文》有訓“忿”之“悁”)，{僞}之作“憍”(《字彙》有訓“譎”之“憍”)，寬厚之{寬}作“愋”(《方言》卷十二有訓“知”之“愋”)，匹夫之{匹}作“佖”(《説文》有訓“威儀”之“佖”)，等等。

第六節　習用對應和非習用對應

一字形所對應的多種音義，其出現的頻率往往是不平衡的；一音義所對應的多個字形亦然。它們中常有某個或某些出現比例明顯高於其他，處於優勢地位。這種較高比例的對應關係，我們稱爲習用對應，相反地，那些比例較低的對應關係，我們稱爲非習用對應。

如上文舉到過的“五”字形，對應三個音義：數詞{五}、行伍之{伍}和姓氏之{伍}，三者比例是 154∶1∶14，顯然數詞{五}就是“五”的習用對應音義，或者説是“五”的習用讀法；而其他兩個就是“五”的非習用對應音義，或者説是“五”的非習用讀法。同理，{七}是“七”的習用讀法，{蟋}則是它的非習用讀法；{東}是“東”的習用讀法，{簡}則是它的非習用讀法；

﹛北﹜是"北"的習用讀法，﹛背﹜、﹛邶﹜則是它的非習用讀法。

又如﹛海﹜對應有兩個字形："洢"和"晦"，其比例是 21∶1，顯然，"洢"就是﹛海﹜的習用字形，"晦"則是它的非習用字形。同理，"丘"就是﹛丘﹜的習用字形，而"㖈"則是它的非習用字形。

區分習用對應與非習用對應，對於把握楚系簡帛用字記詞的特點和具體文例的釋讀，都有較爲重要的意義。關於習用對應問題的深入討論，詳見本書第四章。

　　　※　※　※　※　※　※　※　※　※　※　※

以上從幾個方面粗略地論述了楚系簡帛中字形與詞的諸種對應關係。從中可以得出如下幾點主要認識：第一，只有一種讀法的字形和只用一個字形的音義，都是占多數的；第二，一字形表多音義和一音義用多字形的現象較爲普遍；第三，字形與其所表示的音義之間存在着完全對應和部分對應、本用對應和他用對應、習用對應和非習用對應等多種關係類型；第四，字形與音義之間通過多重對應，形成許多縱橫交錯的關係鏈鎖和網絡。以上諸項，可見楚系簡帛用字記詞之概貌。對於其中一些主要的方面我們將在下面的一些章節中作進一步的描述和闡釋。

第二章

楚系簡帛中的一字形表多音義現象

第一節　由假借造成的一字形表多音義

由於假借而造成的一字形表多音義又可以分爲兩種不同的情形。下面分而述之。

(一) 一個字形旣有其本用對應音義,同時又被假借來表示另外的音同或音近的詞,這樣就形成了一字形表多音義的局面

我們在第一章中談到的一些例子即屬於此類。譬如"或",本爲邦域、邦國義而造,《說文》云:"或,邦也。"所以它表邦國之{國}屬本用,同時它又被假借來表示{或}、{又}、{惑}等詞,這樣就形成一對多現象。又如"青(青)",從"丹"、"生"聲,加"口"符爲繁飾,本爲丹青之{青}而造,在楚簡中它旣有本用對應詞{青},又假借爲{請}、{情}、{清}、{靜}、{精}等,於是也變成一對多了。又如"管",《說文》云:"厚也。从亯、竹聲。讀若篤。"據此,"管"即爲表厚篤之{篤}而造。但在楚簡中"管"除了記錄{篤}外,還用來表示{孰}、{熟}、{築}等詞,則是音假的結果。另如"昏"之對應多詞,是因爲它旣記錄本用詞{昏},又記錄假借詞{聞}、{問}、{岷}、{昧}等。這些均是相類似的情形。

楚系簡帛中這種情況並不少見,下面我們再通過幾組實例來加以說明。

例(1)　戎——{戎}、{農}

"戎"字早期寫作、![字形](大盂鼎,《集成》

---

① 《集成》爲《殷周金文集成》(中國社會科學院考古研究所編,中華書局,1984~1994年)的簡稱,下同。

2837)，從“戈”，從“盾”之象形初文(《說文》謂從“甲”，乃據秦篆立說)，會兵戎之意，爲表{戎}而造。楚簡承襲之，作(《上六·用曰》14)、(《上三·周易》38)等形。其用作{戎}者有：

䣄牧之三匹駒騮，戎路。　　　　(《曾侯》179)

惕號，莫夜有戎，勿恤。　　　　(《上三·周易》38)

克獵戎事，以員四戔。　　　　(《上六·用曰》14)

但此外“戎”還可以記錄農人、農穡之{農}，例如：

戎(農)夫務食，不强耕，糧弗足矣。　　　　(《郭店·成之》13)

至老丘，有戎(農)植其槈而歌焉。　　　　(《上五·弟子》20)

倉頡氏、軒轅氏、神戎(農)氏，……皆不授其子而授賢。

(《上二·容成》1)

“戎”屬日紐冬部，“農”在泥紐冬部，古音極近，古書即有相通之例。如《韓詩外傳》卷九“孔子與子路子貢顔淵游於戎山之上”，《說苑·指武》“戎”作“農”。上揭簡文以“戎”表{農}，顯係出於假借。

例(2)　晦——{晦}、{畮}、{海}

楚系簡帛有“晦”字，從“日”、“母”聲，應是“晦”之異體，爲明晦之{晦}的本用字形。楚簡中“晦”正有表{晦}者，如：

先有晦(晦)，焉有明。　　　　(《上三·亙先》9)

顔色深晦(晦)，而志行𣈅(顯)明。不及壘焚而正固。

(《上五·鬼神》8)

“晦”又可表示田畮之{畮}，如：

堯於是乎爲車十有五乘，以三從舜於畎晦(畮)之中。

(《上二·容成》14)

在楚帛書中，“晦”還可以記錄江海的{海}：

山陵不衛，乃命山川四晦(海)。　　　　(《帛書》甲篇)

傳世文獻{晦}作"晦"，或作"歆"，{海}作"海"，楚系簡帛以"晦"爲之，乃是古音近同而相假借。

例(3)　免——{冕}、{免}、{勉}

"免"字西周金文作（免簋，《集成》4240），楚簡承襲之作（《包山》53）、（《郭店·唐虞》7）、（《上一·緇衣》13）。字象人戴冠冕之形，本當爲冠冕之{冕}而造。今本《說文》有"冕"無"免"，云："冕，大夫以上冠也，邃延垂瑬紞纊。从冃、免聲。古者黃帝初作冕。絻，冕或从糸。"實則"冕"、"絻"俱爲"免"之累增字。

楚簡"免"有表示本用對應詞{冕}者，例如：

　　孝，仁之免（冕）也。　　　　　　　　　　　　（《郭店·唐虞》7）

整理者云："在本句中，'免'借作'冕'。"①讀{冕}是，言"借"則是從後世用字習慣出發，似是而非。"冕"位於人的頭頂，引申之可喻指首要，與"冠"的情況相類。簡文"孝，仁之冕也"，猶言"孝，仁之冠也"，意思是：孝，是仁的首要表現。

後世文獻習慣用"免"字形來表示解免之{免}，但這其實應是一種假借用法。楚簡也有此用法，如：

　　教之以政，齊之以刑，則民有免心。　　　　　　（《上一·緇衣》13）

"免"字今本作"遯"。陳佩芬先生注云："《史記·樂書》'免席而請'，張守節正義：'免猶避也。'……'遯'與'免'義近。"②其說近是。《論語·爲政》有類似表述作："道之以政，齊之以刑，民免而無恥。"孔安國注："免，苟免。"又定州漢簡本《論語·雍也》："人生之也直，亡生也幸而免也。"③

①　荊門市博物館《郭店楚墓竹簡》，159 頁，文物出版社，1998 年 5 月。
②　陳佩芬《〈紂衣〉釋文考釋》，馬承源主編《上海博物館藏戰國楚竹書（一）》，189 頁，上海古籍出版社，2001 年 11 月。
③　此句今本作："人之生也直，罔之生也幸而免。"疑有誤。說詳拙文《定州漢簡〈論語〉校讀舉例》，《簡帛研究二○○一》，廣西師範大學出版社，2001 年 9 月。

"免"也是苟免之意,可相比證。郭店本相應的字作"勉"的古體,也讀爲{免}。

楚簡"免"字形還可以用來表示勸勉之{勉},例如:

> 觀《賚》、《武》,則齊如也斯作;觀《韶》、《夏》,則免(勉)如也斯僉
> (儉)。　　　　　　　　　　　　　　　　　　　(《郭店·性自》25~26)

諸家多讀"免"爲{勉},可從。"勉"字以"免"爲聲符,音同可通。以"免"表{勉}也屬假借。

例(4)　即——{即}、{次}、{節}

"即"字從"皀"、從"卩",取象於人屈膝即食,"卩"兼表聲。本爲即就之{即}而造。楚簡"即"作本用音義的如:

> 文王崩,武王即位。　　　　　　　　　　　　(《上二·容成》49)
> 九四:不克訟,復即命,愈,安貞吉。　　　　　(《上三·周易》5)
> 夫子曰:"言即至矣,雖吾子勿問,固將以告。"
>
> 　　　　　　　　　　　　　　　　　　　　(《上五·季趄》2+7)

同時,"即"還可記錄位次、次第之{次},例如:

> 其居即(次)也久,其反善復始也慎。　　(《郭店·性自》26~27)
> 大上下知有之,其即(次)親譽之。　　　(《郭店·老丙》1)
> 成德者,吾敓而代之;其即(次),吾伐而代之。
>
> 　　　　　　　　　　　　　　　　　　　　(《上二·容成》50)

古音"即"在清紐脂部,"次"在精紐質部,聲紐相近而韻部對轉,可以通假。古書已見例證,如《書·康誥》"義刑義殺勿庸以次",《荀子·致士》等引"次"作"即"。

"即"還可以讀爲{節},如:

> 禮,因人之情而爲之即(節)文者也。　　(《郭店·語一》31+97)
> 觀其先後而逆順之,體其宜而即(節)文之。　(《郭店·性自》17)

善其即（節），好其容，樂其道，悅其教，是以敬焉。

（《郭店・性自》21）

　　制法即（節）刑。　　　　　　　　　　　　　　（《上六・用曰》14）

“即”爲“節”之聲符，故假“即”表｛節｝，音理無礙。

　　例（5）　逡——｛後｝、｛厚｝、｛后｝

　　《說文》“後”字古文作“逡”，古文字從“彳”從“辵”往往無別，“逡”爲“後”字異體。楚簡“逡”字形常見，一般記錄前後的｛後｝，爲本用讀法。略舉數例如下：

津梁爭舟，其先也不若其逡（後）也。　　　　（《郭店・成之》35）

使雍也從於宰夫之逡（後）。　　　　　　　　（《上三・中弓》4）

吾植立經行，遠慮圖逡（後）。　　　　　　　（《上五・姑成》7）

舉禱兄弟無逡（後）者邵良……　　　　　　　（《包山》227）

聖人之在民前也，以身逡（後）之。　　　　　（《郭店・老甲》3）

寔死無子，其弟番黠逡（後）之。　　　　　　（《包山》151）

　　除此之外，還有一些“逡”是被假借來表示別的詞的。如：

魯陽公以楚師逡城鄭之歲……　　　　　　　　（《包山》2）

此屬大事紀年之文，相同的紀年又見於《包山》4 號簡。對於“逡”字，整理者引《呂氏春秋・長見》“知古則可知後”注“來也”爲釋[1]。劉樂賢先生指出，此“來”乃“後來”或“未來”之“來”，而非“到來”或“來去”之來，與簡文文意不合。他認爲“逡”應讀爲“厚”，訓爲“大”，“厚城”是大規模築城的意思[2]。這種解釋是合理的。誠如劉先生所指出，“厚城鄭”的文例與新蔡楚簡的“大城茲方”、《左傳》昭公十二年的“大城陳、蔡、不羹”、《漢書・賈山傳》的“厚築其外”等相類似。包山簡“魯陽公以楚師逡城鄭”，據李學勤

---

①　湖北省荊沙鐵路考古隊《包山楚簡》，39 頁，文物出版社，1991 年 10 月。

②　劉樂賢《讀包山楚簡札記》，《第四屆國際中國古文字學研討會論文集》，香港中文大學中文系，2003 年 10 月。

先生考證，與楚魯陽文君伐韓保鄭有關，其事發生在公元前 394 年，簡文屬追記①。其說可從。但他認爲“遶”應指後軍而言，則不確。

此外，楚簡“遶”還可讀爲君后之{后}。如：

　　《頌》，塝德也。多言遶，其樂安而遲，其歌紳而蓩(?)，其思深而遠。　　　　　　　　　　　　　　　　（《上一·詩論》2）

其中“多言遶”之“遶”，馬承源先生認爲“是指文王武王之後”②，范毓周先生解爲“遲緩”③，廖名春先生、孟蓬生先生則讀作“厚”④，竊謂均有未安。劉信芳先生訓“後”爲“後繼者”，解釋說，“《頌》多言及後人承繼先王功烈之事”⑤，也頗覺迂曲。拙見以爲“後”應讀爲{后}，{后}義爲君王，這樣“多言后”就正好點出了《頌》在內容上的特點。考之今傳毛詩三《頌》，基本上都是稱頌帝王功德之辭，《周頌》、《魯頌》頌后稷、大王、文、武、成、康、魯侯，《商頌》頌成湯，此所謂“多言后”⑥。

讀{厚}與{后}均是“遶”的假借用法。

例(6)　它——{蛇}、{它}、{施}

《說文》云：“它，虫也。从虫而長，象冤曲垂尾形。上古艸居患它，故相問無它乎。凡它之屬皆从它。蛇，它或从虫。”驗之古文字字形，“它”確爲“蛇”之象形初文。楚簡“它”仍被用來表示本用音義{蛇}：

　　含德之厚者，比於赤子，蚰蠆蟲它(蛇)弗螫，攫鳥猛獸弗扣。

　　　　　　　　　　　　　　　　　　　　　　（《郭店·老甲》33）

---

① 李學勤《論包山楚簡魯陽公城鄭》，《清華大學學報》2004 年第 3 期。

② 馬承源主編《上海博物館藏戰國楚竹書（一）》，127 頁，上海古籍出版社，2001 年11 月。

③ 范毓周《上海博物館藏〈詩論〉第二簡的釋讀問題》，《東南文化》2002 年第 7 期，72 頁。

④ 廖名春《上海博物館藏〈詩論〉簡校釋札記》，所著《出土簡帛叢考》，77 頁，湖北教育出版社，2004 年 2 月；孟蓬生：《〈詩論〉字義疏證》，廖名春編《新出楚簡與儒學思想國際學術研討會論文集》，123 頁，2002 年 3 月。

⑤ 劉信芳《孔子詩論述學》，116 頁，安徽大學出版社，2003 年 1 月。

⑥ 參拙文《上海博物館藏戰國竹簡〈詩論〉解詁》，《考古與文物》2007 年第 6 期。

南方之旗以它(蛇),中正之旗以熊。　(《上二·容成》20～21)

傳世文獻"它"多用來表示它别之{它},楚簡亦有其例:

壬午,鄭它人。　(《包山》164)

初六:有孚,比之,无咎。有孚盈缶,終來有它吉。

(《上三·周易》9)

吾毋有它,正公事,雖死,焉逃之?　(《上五·苦成》5)

以陳邦非它也,先王妯(?)娄(?)大配之邑。　(《上七·吴命》8)

包山簡"它人"爲人名。今民俗有之,如小孩生辰與家人相克,則取名"别人"等以示疏遠,來祈合家平安。"它人"之名或亦此俗之反映。

它别之{它}與蛇義看不出有何聯繫,應是"它"的假借用法。

"它"還可音假以記録施及之{施},如:

無聲之樂,它(施)及孫子;無體之禮,塞于四海。

(《上二·民之》12)

無體之禮,威儀翼翼;無服[之]喪,它(施)及四國。

(《上二·民之》13)

古音"施"在書紐歌部,"它"在透紐歌部,音近可通。《説文》分析"施"字從"也"得聲,但從古文字來看,"施"之聲符本即是"它",而非"也"[①],所以,用"它"來記{施}在語音上是完全合適的。

例(7)　言——{言}、{焉}、{然}、{愆}

"言"字,《説文》分析爲"从口、辛聲",歷來多無異議。而姚孝遂先生則認爲:"言之初形从舌,加一於上,示言出於舌,爲指事字。"[②]姚説是有道理的,但似不能排除造字之初即有意識讓舌形與指事符號"一"合成"辛"以充聲符的可能性。無論如何,"言"字形即爲表言語之{言}而造,是沒有疑問的。

---

① 參看湯餘惠主編《戰國文字編》,466頁"施"字條,福建人民出版社,2001年12月。

② 于省吾主編《甲骨文字詁林》,697頁,中華書局,1996年5月。

楚系簡帛"言"字頗常見,絕大多數都是記錄{言}的,略舉數例如下:

臧奠言之少師。　　　　　　　　　　　　　　　(《包山》160)

未言而信,有美情者也。　　　　　　　　　　(《郭店·性自》51)

言之而不義,口勿言也。　　　　　　　　　　(《上五·君子》1～2)

凡成日,大吉,利以結言。　　　　　　　　　　(《九店》五六 21 下)

昔者君子有言曰:戰與刑人,君子之墜德也。(《郭店·成之》6)

教以言,則民訏以寡信。　　　　　　　　　　(《郭店·尊德》15)

往言傷人,來言傷己。　　　　　　　　　　　(《郭店·語四》2)

教書三歲,教言三歲。　　　　　　　　　　　(《信陽》1·29)

"言"還偶爾可用來記錄語氣詞{焉},如:

男女,卞(辨)生言(焉);父子,親生言(焉);君臣,義生言(焉)。

(《郭店·六德》33～34)

這幾個"言",原整理者無說。陳偉先生、劉釗先生都主張讀爲{焉}①,甚是。

"言"又可表{然},例如:

毋曰何傷,禍將長;毋曰惡害,禍將大;毋曰何殘,禍將言(然)。

(《上七·武王》8～9)

戊行年七十矣,言(然)不敢畢(憚)身,君人者何必安哉!

(《上七·君甲》8,《君乙》8 同文)

上揭《武王》文,《大戴禮記》相應文字作:"毋曰胡殘,其禍將然。毋曰胡害,其禍將大。毋曰胡傷,其禍將長。"可證簡文"言"應讀{然}無疑。《君甲》文,復旦大學的同仁援《武王》之例讀"言"爲{然}②,也可信。當然,此二處之{然}意義並不等同,前者義爲"本然、自然、成然",後者義爲"然

①　陳偉《郭店竹書別釋》,129 頁,湖北教育出版社,2002 年 12 月;劉釗《郭店楚簡校釋》,118 頁,福建人民出版社,2003 年 12 月。

②　復旦大學出土文獻與古文字研究中心研究生讀書會《〈上博七·君人者何必安哉〉校讀》,復旦大學出土文獻與古文字研究中心網站,2008 年 12 月 31 日。

而", 但後義應該是前義的引申虛化, 故這裏作同一音義看待。

"言"還有一種較特別的用法, 見於《上三·周易》:

> 九二: 乳(需)①于沙。小有言, 終吉。　　　　(《上三·周易》2)

> 初六: 不出御事, 小有言, 終吉。　　　　　　(《上三·周易》4)

分別在今本《周易》的《需》卦和《訟》卦, 今本"言"字同。孔穎達疏《需》卦云: "雖小有責讓之言, 而終得其吉也。"將"言"作如字解, 似嫌牽強。聞一多先生指出文例上"言"與"吉"相對, 認爲應讀作愆尤之{愆}②。揆諸文義, 實屬可信。據《說文》, "言"從"辛"聲, 而"辛""讀若愆", 所以讀"言"爲{愆}亦甚合音理。除此二例外, 聞先生還指出《明夷》初九之"主人有言"、《震》上六之"婚媾有言"等的"言"均應讀{愆}, 也是可從的③。

在新蔡簡中"言"字也有與《周易》相同的用法:

> □□, 是以謂之有言, 其兆無咎。　　　　　　(《新蔡》零 232)

> □先小有言慼也, 不爲憖。君將有志成也。　(《新蔡》甲三 10)

從内容看, 當是卜筮的占驗之辭, 語境正與《周易》類似, "言"也應讀{愆}。"言(愆)慼"爲近義連文。

"言"讀爲{焉}、{然}、{愆}, 均屬假借。

例(8)　莫——{暮}、{莫}、{蕐}、{慕}

"莫"爲"暮"字初文, 本爲日暮之{暮}而造。《說文·茻部》: "莫, 日且

---

① 【修訂本按: 此字本書初版釋"犟(伺)", 今改從釋"乳(需)"之說。參陳爻《竹書〈周易〉需卦卦名之字試解》, "簡帛研究"網站, 2004 年 4 月 29 日; 李零《讀上博楚簡〈周易〉》, 《中國歷史文物》2006 年第 4 期; 趙平安《釋戰國文字中的"乳"字》, 《金文釋讀與文明探索》, 上海古籍出版社, 2011 年 10 月。】

② 聞一多《周易義證類纂》, 《聞一多全集》(10), 249～251 頁, 湖北人民出版社, 1993 年 12 月。

③ 但聞先生將《漸》初六"小子厲, 有言不終"也視同此例, 則恐非是。竊謂"有言不終"當與《困》的"有言不信", 和《夬》九四的"聞言不信"(今本)、"聞言不終"(上博本)等結構相類, "言"應讀如字, 且不宜點斷。

冥也。从日在茻中。”又《夕部》：“夕，莫也。”在楚系簡帛中“莫”正有本用
的實例，如：

> 惕號，莫（暮）夜有戎，勿恤。　　　　　　　　　　（《上三·周易》38）

此外，“莫”還被假借來記錄否定詞{莫}、毛皮義之{鞤}和慕習、思慕
之{慕}等音義。“莫”字表{莫}之例較多，比如：

> 以其不爭也，故天下莫能與之爭。　　　　　　　　（《郭店·老甲》5）
> 心曰唯，莫敢不唯；諾，莫敢不諾。　　　　　　　（《郭店·五行》45）
> 堯以天下讓於賢者，天下之賢者莫之能受也。
> 　　　　　　　　　　　　　　　　　　　　　　（《上二·容成》10）
> 倉，莫得。　　　　　　　　　　　　　　　　　　　（《帛書》丙篇）

楚簡“莫”字表{鞤}的如：

> 貍莫之家，紫韋之𣶒，皆𦃃。　　　　　　　　　　　（《望山》2·6）

李家浩先生說：“八號簡作‘貍貘’，當指貍皮。”[1]“貍莫”、“貍貘”也見於曾
侯乙墓竹簡。裘錫圭、李家浩二先生說：“‘貍貘’之‘貘’，簡文多寫作
‘氁’，6號簡寫作‘莫’。簡文除了‘貍氁’之外，還有‘虎氁’、‘貂氁’、‘豻
氁’等，據文意似指貍皮、虎皮、貂皮、豻皮。”陳偉武先生進而論曰：

> 以“貍貘”爲貍皮甚是。楚簡以作“氁（毭）”爲常，當是表毛皮之
> 專字。從毛從革古可互作，“毭”當即後代之“鞤”，《集韻》：“鞊鞤，皮
> 也。”曾侯乙簡“鞍”字或作“毿”（4號簡），裘、李兩位先生注：“‘毿’或
> ‘鞍’從‘安’聲，疑並當讀爲‘鞍’。”“毭”作“莫”作“鞤”者假其音，且
> “鞤”當是受“鯉”、“豻”、“鼦（貂）”之類化而從鼠。漢字中幕指帷幕，
> 毭、鞤指毛皮，膜指肉間胲膜，均爲覆蓋物，音近義通，字屬同源。[2]

---

① 湖北省文物考古研究所、北京大學中文系《望山楚簡》，118頁注〔三〇〕，中華書局，
　　1995年。

② 陳偉武《說“貘”及其相關諸字》，《古文字研究》第二十五輯，252頁，中華書局，2004年
　　10月。

　　按，此說甚是。"莫"於此確假借爲皮毛義之{鞤}。誠如陳先生所言，曾侯乙簡中已有專爲毛皮義而造的"氆"字，所以也可以說"莫"假爲{氆}。但需要指出的是，此{氆}與後世指毛緞、毛衫的"氆"不一定有關。

　　楚簡"莫"字記錄{慕}者見於如下文例：

　　　　及其博長而厚大也，則聖人不可由與埤之。此以民皆有性，而聖人不可莫(慕)也。　　　　　　　　　　　　　　　　　　(《郭店·成之》28)

裘錫圭先生云："疑'莫'或可讀爲'慕'。"①郭沂先生從之，並據《說文》訓"習"，謂"聖人之性之高，天就之也，非可學習"②。按，此說甚有道理。{慕}本有慕習、慕效之義。見諸《說文》外，書證頗多，如《三國志·蜀書·董和傳》："苟能慕元直之十一，幼宰之殷勤，有忠於國，則亮可以少過矣。"《北齊書·河南王高孝瑜傳》："武成幸其第，見而悅之，故盛興後園之玩，於是貴賤慕斅，處處營造。"《宋書·謝靈運傳論》："是以一世之士，各相慕習，原其飈流所始，莫不同祖《風》、《騷》。"均是其例。慕習、慕效義與思慕義相因，故{慕}又常表思慕。《楚辭·九章·懷沙》："湯禹久遠兮，邈而不可慕。"王逸注："慕，思也。"《孟子·萬章上》："人少則慕父母。"趙岐注："慕，思慕也。"簡文"而聖人不可莫(慕)也"，可以理解爲聖人的境界不是一般人所能慕習而得的；也可以理解爲聖人的境界不是一般人所可思慕企及的。或讀"莫"爲"懗"(訓勉)、"募"、"俟"者，似均不可取。

　　例(9)　夏——{作}、{胙}、{怍}、{籍}

　　"乍"字早期古文字寫作ㄩ、ㄥ、ㄋ等形③，曾憲通先生指出，"乍"字本從耒形取象，本義爲以耒起土，引申而爲耕作、農作之作④。其說至確。"乍"即"作"之初文，"夏"則是"乍"加"又"旁而成的繁體("乍"兼表聲)，

----

①　荊門市博物館《郭店楚墓竹簡》，170頁注釋〔二八〕"裘按"，文物出版社，1998年5月。
②　郭沂《郭店楚簡〈天降大常〉(〈成之聞之〉)篇疏證》，《孔子研究》1998年第3期，65頁。
③　參看中國科學院考古研究所編輯《甲骨文編》，498頁，中華書局，1965年9月。
④　曾憲通《"作"字探源——兼談耒字的流變》，見所著《古文字與出土文獻叢考》，中山大學出版社，2005年1月；原載《古文字研究》第十九輯，中華書局，1992年8月。

"作"之異體。所以,"复"的本用對應詞是{作}。楚簡"复"表{作}之例較多。如:

> 萬物方复(作),居以須復也。　　　　　　　　　(《郭店·老甲》24)
>
> 待物而後复(作),待悅而後行。　　　　　　　(《郭店·性自》1)
>
> 詩云:儀型文王,萬邦复(作)孚。　　　　　　(《上一·緇衣》1)
>
> 民有餘食,無求不得,民乃實①,驕態始复(作)。
> 　　　　　　　　　　　　　　　　　　　(《上二·容成》29)
>
> 敵邦交地不可以先复(作)怨。　　　(《上四·曹沫》14＋17)

但"复"字除了表{作}外,還可以記錄胙肉之{胙},例如:

> 東周之客鄾経歸复(胙)於葴郢之歲,遠栾之月癸卯之日。
> 　　　　　　　　　　　　　　　　　　　　　　(《包山》207)
>
> 東周之客鄾経歸复(胙)葴郢之歲,爨月丙辰之日。(《包山》225)

又可以表示階阼之{阼},例如:

> 君袀襬而立於复(阼),一宮之人不勝其敬。
> 　　　　　　　　　　　　　　　　　　　(《郭店·成之》7~8)

上揭簡文中"复"讀作{阼}是裘錫圭先生的意見②,正確可從。

"复"字還可以表示稅籍之{籍}。試看下例:

> 湯乃專(博)爲正(征)复(籍),以正(征)關市,民乃宜怨,虐疾
> 始生。　　　　　　　　　　　　　　　　　(《上二·容成》36)

李零先生釋"正复"云:"即'征籍',是抽稅的意思。案:中山王方壺'籍斂中則庶民附','籍'作'复'。"③按,讀"正复"爲"征籍"可從。"籍"古可訓

---

① "實"字原釋"賽",此據林素清先生說改釋,參所著《楚簡文字叢釋(二則)》,"中國古文字研究會第十六屆年會暨國際學術研討會"論文,廣州,2006年11月。

② 參荊門市博物館《郭店楚墓竹簡》,169頁注釋〔七〕"裘按",文物出版社,1998年5月。

③ 馬承源主編《上海博物館藏戰國楚竹書(二)》,278頁,上海古籍出版社,2002年12月。

"稅"，《左傳》襄公二十五年："賦車籍馬。"孔穎達疏："賦與籍俱是稅也。"《管子·國蓄》："租籍者，所以彊求也。租稅者，所慮而請也。"尹知章注："在工商曰租籍；在農曰租稅。""正籍"之語數見於《管子》。如《管子·輕重甲》："請使州有一掌，里有積五窌。民無以與正籍者，予之長假；死而不葬者，予之長度。"又："請以令使賀獻、出正籍者必以金，金坐長而百倍。"又《輕重乙》："故租籍，君之所宜得也。正籍者，君之所强求也。亡君廢其所宜得而斂其所强求，故下怨上而令不行。"于省吾先生云："正應讀作征。征籍與上文租籍對文。"①其說甚是。"征"、"籍"爲近義連文。簡文"正（征）复（籍）"可與《管子》"正（征）籍"合證。"籍"之本義爲簿籍，《說文》云："籍，簿書也。从竹、耤聲。"其表稅籍義的理據舊有二種解釋。一種認爲是簿籍義的引申，一種認爲其音義受自"借"。《漢書·賈山傳》："昔者，周蓋千八百國，以九州之民養千八百國之君，用民之力不過歲三日，什一而籍，君有餘財，民有餘力，而頌聲作。"師古注曰："什一，謂十分之中公取一也。籍，借也，謂借人力也。一曰爲簿籍而稅之。"乃兩說並陳。但無論取哪一說，簡文以"复"表稅籍之｛籍｝都只能看作一種假借用法。

"复"、"胙"、"阼"都是以"乍"爲聲符的，古音極近，"复"可讀｛胙｝、｛阼｝自然沒有問題。"乍"、"昔"二聲系古音相近，常可通用②，所以"复"之讀｛籍｝也可無疑。

（二）一個字形沒有本用對應音義，但被假借來表示兩個以上的音同或音近的詞，也形成一字形表多音義的局面

我們在第一章中也已經提及過這方面的例子。比如，"戊"被假借來記錄天干詞｛戊｝和牡牝之｛牡｝，"隹"被假借來記錄助詞｛惟｝和連詞｛雖｝、代詞｛誰｝，即屬此類。這種現象也較爲普遍，下面再列舉幾組實例。

---

① 于省吾《雙劍誃諸子新證》，69 頁，中華書局，1962 年 8 月。

② 參看曾憲通《"作"字探源——兼談未字的流變》，所著《古文字與出土文獻叢考》，14 頁，中山大學出版社，2005 年 1 月。

例(1)　巳——{巳}、{已₁}、{已₂}

"巳"字甲骨文作𢀶,金文作𢀶,《說文》以爲蛇之象形。其表地支{巳}當屬假借用法。這種用法自商周文字至於今日,沿用不斷。楚簡中用例如:

> 辛巳之日,不以所死於其州者之居處名族致命,阼門有敗。

> 　　　　　　　　　　　　　　　　　　　　　　　　(《包山》32)

> 癸巳,正陽正佐𡥀戠,喜君之人瞽妄。　　　　　(《包山》178)

> ☑歸玉東大王。己巳内齋。　　　　　　　　　(《望山》1·106)

> 凡是戊辰以會己巳禱之。　　　　　　　　　(《新蔡》甲一 10)

漢語中有表示已止、已然等意思的{已},也有句末語氣助詞{已},二者在意義上似乎難以繫聯得上,所以,我們用{已₁}代表前者,{已₂}代表後者,以示區別。楚簡中"巳"字既可記錄{已₁},也可記錄{已₂}。記錄{已₁}的如:

> 疾一瘥一巳(已),至九月有良間。　　　　(《新蔡》甲一 22)

> 君王之病將從今日以巳(已)。　　　　　(《上四·東大》22)

> 齊景公疥且瘧,逾歲不巳(已)。　　　　　(《上六·競公》1)

> 禹乃五讓以天下之賢者,不得巳(已),然後敢受之。

> 　　　　　　　　　　　　　　　　　(《上二·容成》17~18)

> 苟無大害,少枉,納之可也,巳(已)則勿復言也。

> 　　　　　　　　　　　　　　　　　　(《郭店·性自》61)

> 善者果而巳(已),不以取强。　　　　　(《郭店·老甲》7)

> 大臣之不親也,則忠敬不足,而富貴巳(已)過也。

> 　　　　　　　　　　　　　　　　　　(《郭店·緇衣》20)

> 后稷既巳(已)受命,乃飤於野,宿於野。　(《上二·容成》28)

上揭《新蔡》甲一 22"巳"字原整理者誤釋爲"也",何琳儀先生改釋"巳"①,解釋爲疾病的"消失",顯然即讀爲{已₁},董珊先生則逕釋

---

① 何琳儀《新蔡竹簡選釋(上、下)》,《安徽大學學報(哲學社會科學版)》2004 年第 3 期,
　1~11 頁;原載"簡帛研究"網站,2003 年 12 月 7 日。

"巳"①。何琳儀先生並指出,與《新蔡》甲一 22 文例略同的甲三 284 中,"巳"字也被整理者誤釋爲"也"。陳偉先生又舉出《廣雅·釋詁》"巳,愈也",《呂氏春秋·至忠》高誘注"巳猶愈也"等訓詁材料予以支持②。按,諸家說是。其實,新蔡簡中另有三處用法相同的"巳"字,分別見於甲三 96、甲三 110 和零 339,也被整理者誤釋爲"也",張勝波先生已正確改釋爲"巳"③。"巳"表{巳₁},{巳₁}的基本意義爲止,引申爲已然;而病之止,則猶言病愈,故"巳"可訓爲"愈"。

"巳"字表{巳₂}的例子如:

> 皆知善,此其不善巳(巳)。　　　　　　　　　　(《郭店·老甲》15)
> 遺(將)其所愛,必曰吾奚舍之,賓贈是巳(巳)。　(《上一·詩論》27)
> 今天下君子旣可知巳(巳)。　　　　　　　　　(《上四·曹沫》4)
> □旣皆告且禱巳(巳)。　　　　　　　　　　　(《新蔡》甲三 138)

上揭新蔡甲三 138"巳"字,整理者也誤釋"也",張勝波先生已予以糾正④。整理者在"告"字下點斷,亦誤。

{巳₁}和{巳₂}後世文獻均用"巳"字表示。"巳"字其實就是從"巳"字分化出來的,但分化的時代較晚。裘錫圭先生說:"漢代人除有時借'以'表{巳}外,都以'巳'表{巳},漢碑中屢見其例,如孔龢碑'事巳即去'。"又說:"後來用在'巳'字左上角留缺口的辦法,分化出了專用的'已'字(《說文》無'已')。"⑤其說甚是。按,《說文》云:"巳,巳也。四月陽气巳出,陰气巳藏,萬物見,成文章,故巳爲蛇。象形。"其說解即以"巳"爲已然之{巳}。在我們目前所看到的漢代以前的實物文字資料中,無論是{巳₁}還

---

① 董珊《新蔡楚簡所見的"顓頊"與"雎漳"》,"簡帛研究"網站,2003 年 12 月 7 日。
② 陳偉《讀新蔡簡札記(四則)》,《康樂集——曾憲通教授七十壽慶論文集》,80 頁,中山大學出版社,2006 年 1 月。
③ 張勝波《新蔡葛陵楚墓竹簡文字編》,146 頁,吉林大學碩士學位論文(導師:吳振武教授),2006 年 4 月。
④ 張勝波《新蔡葛陵楚墓竹簡文字編》,146 頁,吉林大學碩士學位論文(導師:吳振武教授),2006 年 4 月。
⑤ 裘錫圭《文字學概要》,226 頁,商務印書館,1988 年 8 月。

是{已₂},均用"巳"字表示,未見"已"字形,說明"已"字形的出現很可能是楷書階段的事。{巳}、{已₁}、{已₂}等詞古代讀音極近,所以都可以假借同一字形"巳"來記錄①。

例(2)　考——{考}、{巧}、{孝}

《說文》云:"考,老也。从老省、丂聲。"楚簡中"考"字尚未發現用爲考老之{考},但可用爲考究、考索之{考},例如:

先聖與後聖,考後而歸先,教民大順之道也。

(《郭店‧唐虞》5~6)

裘錫圭先生對上引文句的含義有詳細論證,他認爲"考後"的意思與《荀子》的"法後王"相當②。其說甚是。以"考"表考究、考索之{考},和後世的習慣相一致,但其實是一種假借用法。考究之{考}的本用對應字形應該是"攷",《說文》云:"攷,敏也。从攴、丂聲。"考究義當爲敏擊義之引申。"考"、"攷"二字聲符相同,大徐音俱"苦浩切",古音相同,故"考"字可假借來記錄本當用"攷"表示的{考}。

"考"字又因音近被借以表工巧之{巧},如:

《少弁》、《考(巧)言》則言讒人之害也。　　(《上一‧詩論》8)

《書‧金縢》:"予仁若考,能多材多藝,能事鬼神。""予仁若考",《史記‧魯

---

① 《郭店‧成之》39~40:"是故君子慎六位以祀天常。"整理者讀"巳"爲"祀"。陳偉先生《郭店楚簡〈六德〉諸篇零釋》(《武漢大學學報》1999 年第 5 期)讀"已",訓成;崔永東先生《讀郭店楚簡〈成之聞之〉與〈老子〉札記》(《簡帛研究二○○一》,廣西教育出版社,2001 年 9 月)謂"巳"即"已","已"通"以",訓用;顏世鉉先生《郭店楚簡散論(一)》(《郭店楚簡國際學術研討會論文集》,湖北人民出版社,2000 年 5 月)讀"翼",訓敬;李學勤先生《試說郭店簡〈成之聞之〉兩章》(《煙臺大學學報》2000 年第 4 期)疑讀"似",訓象。筆者傾向於顏世鉉先生的說法,若此說成立,則"巳"尚可假借來記錄表敬義的{翼}。

② 裘錫圭《讀〈郭店楚墓竹簡〉札記三則》,見所著《中國出土古文獻十講》,復旦大學出版社,2004 年 12 月;原載《上海博物館集刊》第九期,上海書畫出版社,2002 年 12 月。

世家》作"旦巧"。清儒王念孫、俞樾均指出"考"當讀爲{巧}①,可與簡文相印證。

　　"考"字在楚簡中還可以記錄孝順之{孝},比如：

　　　　豈必有益,君子以成其考(孝)。　　　　　　　　　(《上四·內豊》8)

　　　　考(孝)子事父母以食,惡美下之。　　　　　　　(《上四·內豊》9)

此二"考"字,整理者均逕釋作"孝",顯然是在字形上失察了。實當釋"考"而讀{孝}②。"考"溪母幽部,"孝"曉母幽部,古音極近,故可借"考"爲{孝}。

　　【修訂本按：新出清華簡壹《皇門》13 有"祖考",清華簡拾《四告》4 有"文考","考"均爲本用。又,{考}、{孝}不但音近,義也相關,未嘗不可視爲同源分化。如此,則"考"字之表多個音義,存在多種原因,可歸入本章第五節的舉例。】

　　例(3)　我——{我}、{義}、{儀}

　　"我"字甲骨文作𢦏、𢦏(《甲骨文編》495 頁),早期金文作𢦏、𢦏(《金文編》831 頁),林澐先生認爲是一種刃部有齒的斧鉞形兵器的象形,即《詩·小雅·伐木》"既破我斧,又缺我錡"之"錡"的初文③,可以信從。《說文》："我,施身自謂也。或說：我,頃頓也。從戈、從𠂔。𠂔,或說：古垂字。一曰：古殺字。"分析"我"字本義及結構均不正確。楚簡"我"字承商周文字,多作𢦏形(《上一·緇衣》10),簡化從"戈"形,但仍有偶作𢦏(《上四·采風》1)者,猶見斧鉞形之迹。

　　"我"早在商代甲骨文中即已假借以表第一人稱代詞{我},楚簡中此讀法常見。例如：

　　　　我無爲而民自化,我好靜而民自正,我欲不欲而民自樸。

　　　　　　　　　　　　　　　　　　　　　　　(《郭店·老甲》32)

---

①　參顧頡剛、劉起釪《尚書校釋譯論》,第三冊,1228～1229 頁,中華書局,2005 年 4 月。
②　拙文《初讀上博竹書"(四)文字小記》,"簡帛研究"網站,2005 年 3 月 6 日。
③　林澐《說戚、我》,《古文字研究》第十七輯,中華書局,1989 年 6 月。

《詩》云：彼求我則，如不我得，執我仇仇，亦不我力。

(《郭店‧緇衣》18～19)

非我血氣之親，畜我如其子弟。　　　(《郭店‧六德》15～16)

我既見，我弗由聖。　　　　　　　　　(《上一‧緇衣》11)

人之兵不砥礪，我兵必砥礪。人之甲不堅，我甲必堅。

(《上四‧曹沫》38～39)

如我得免，後之人何若？　　　　　　(《上六‧鄭壽》6)

　“我”還可用來表示仁義之{義}，也應是假借用法。例如：

尊賢遺親，我(義)而未仁也。　　　　(《郭店‧唐虞》9)

仁生於人，我(義)生於道。　　　　　(《郭店‧語一》22)

不我(義)而加諸己，弗受也。　　　　(《郭店‧語三》4～5)

傳世文獻中{義}的通用記錄字形“義”正從“我”得聲，所以借“我”表{義}，音理甚通。

　“我”又可記錄威儀之{儀}，如：

【無】體之禮，威我(儀)遲遲。　　　　(《上二‧民之》11)

無體之禮，威我(儀)翼翼。　　　　　(《上二‧民之》13)

傳世文獻中{儀}的通用記錄字形“儀”以“我”爲基本聲符，所以也得以通假。

　　例(4)　癹——{發}、{廢}、{伐}、{綍}

　《說文》云：“癹，以足蹋夷艸。从址、从殳。《春秋傳》曰：癹夷蘊崇之。”“癹”字甲骨文作 [圖]①，從“址”、從“殳”，楚系簡帛作 [圖]（《上四‧東大》16）、[圖]（《帛書》乙篇），繁化爲從二“址”，夷艸之義似不明顯。或說“癹”爲“撥”之初文②，似可備一說。“癹”字在楚系簡帛中多見，無論從舊訓，還是看作“撥”之初文，都未發現其本用之例。其中有讀

---

① 劉釗、洪颺、張新俊《新甲骨文編》，85頁，福建人民出版社，2009年5月。

② 參何琳儀《戰國古文字典》，952頁，中華書局，1998年9月。

作｛發｝者，如：

既癹（發）𥸥，將以廷。　　　　　　　　（《包山》85 反）

既癹（發）𥸥，廷疋昜之酷官之客。　　　（《包山》125 反）

形於中，癹（發）於色。　　　　　　　　（《郭店・成之》24）

癹（發）駔蹜四疆，四疆皆熟。　　　　　（《上四・柬大》16）

若網之未癹（發），而自嘉樂。　　　　　（《上六・用曰》11）

“癹”爲“發”之聲符，以“癹”來記録本該由“發”表示的｛發｝，顯然是假借用法。“發𥸥”一語包山簡常見，｛發｝除假“癹”爲之外，正有用本字“發”的，作𤼲(80)、𤼲(150 反)等形。

　　“癹”還可假借表｛廢｝，例如：

故大道癹（廢），焉有仁義。　　　　　　（《郭店・老丙》23）

肩毋癹（廢）、毋詹（檐）①。　　　　　　（《上五・君子》7）

外內不癹（廢），可因於民者，其祝史之爲其君祝説。

　　　　　　　　　　　　　　　　　　　（《上五・競公》5）

山陵其癹（廢），有淵厥渴（竭）②。　　　（《帛書》乙篇）

三極癹（廢），四興（繩）鼠。　　　　　　（《帛書》乙篇）

　　“癹”偶或記録矜伐之｛伐｝：

果而弗癹（伐），果而弗驕，果而弗矜，是謂果而不强。

　　　　　　　　　　　　　　　　　　　（《郭店・老甲》7）

“癹”、“伐”古音極近，故可通。楚簡攻伐之｛伐｝或作“戝”，從“戈”、“癹”聲，見《上五・鮑叔》8：“是歲也，晉人戝（伐）齊。”可爲參證。【修訂本按：

---

① “詹（檐）”之釋讀，參劉釗《上博五・君子爲禮〉釋字一則》，武漢大學“簡帛網”，2007年 7 月 23 日。

② 【修訂本按：此字初版從楊澤生先生説釋“浧（泟）”，今改從楊鵬樺、王磊先生釋，説詳楊鵬樺《楚帛書“有淵厥渴”考》，《第七屆中國文字發展論壇論文集》，中國文字博物館，2019 年 5 月；王磊《楚帛書“渴”字考》，《戰國文字研究》第一輯，安徽大學出版社，2019 年 9 月。】

安大簡二《仲尼》13"癹"用爲矜伐之{伐}，與《郭店・老甲》7同。】

楚簡"癹"還見於遣策：

一軒正車：鞴牛之革鞏，絓絹之純；其移紛秋之經，纂純；紫癹，紛約；紫靰(鞥)鞅。　　　　　　　　　　　　　　(《包山》牘1)

紫癹，白金之交，黃叏(緶)組。　　　　　　　　　　(《望山》2・19)

從文例看，"癹"應指車上的某種配件或飾物。包山簡類似語境中"癹"或省"又"作，見簡268、271、272等。整理者讀爲"弼"、"蔽"，謂指車後禦風塵的圍屏①。但簡文"癹"與靰鞅並舉，如解作車蔽則稍嫌不類。故劉信芳先生改讀爲引車索之{紼}②，應較爲可信。正如劉先生所指出，{紼}古書或寫作"撥"，見《禮記・檀弓下》"哀公欲投撥"等，"撥"從"癹"聲，可證"癹"、"紼"音通。

例(5)　　亦──{亦}、{夜}、{赦}、{液}

"亦"字本從象正面立人形的"大"，以兩點指示人形的腋下部位，實爲表{腋}而造。但"亦"很早即被假借來記錄虛詞{亦}，楚簡亦然，略舉數例如次：

以見邦君，不吉，亦無咎。　　　　　　　　　　(《九店》五六29)

天大，地大，道大，王亦大。　　　　　　　　　(《郭店・老甲》22)

悅其人，必好其所爲。惡其人者亦然。　　　　　(《上一・詩論》24)

其心變，則其聲亦然。　　　　　　　　　　　　(《上一・性情》20)

鄰邦之君無道，則亦不可不修政而善於民，不然無以取之。

　　　　　　　　　　　　　　　　　　　　　(《上四・曹沫》6)

此爲"亦"的常用讀法。

但楚簡中"亦"又可用來記錄{夜}，例如：

旣爲金桎，又爲酒池，諁(厚)樂於酒。尃(溥)亦(夜)以爲瑾

---

①　湖北省荊沙鐵路考古隊《包山楚簡》，64～65頁，文物出版社，1991年10月。

②　劉信芳《包山楚簡解詁》，295頁，藝文印書館，2003年1月。

（淫），不聽其邦之政。　　　　　　　　　　　　　（《上二·容成》45）

爲{夜}而造的“夜”字即以“亦”爲聲符，可證二字古音極近，可以通假是沒有問題的。

此外，“亦”還可表示赦免的{赦}，如：

有小罪而亦（赦）之，匿也。　　　　　　　　　　（《郭店·五行》38）

有小罪而弗亦（赦）也，不辯於道也。　　　　　　（《郭店·五行》39）

“亦”屬喻紐鐸部，“赦”屬書紐鐸部，古音相近，故可假“亦”表{赦}。《說文·攴部》：“赦，置也。从攴、赤聲。赦，赦或从亦。”“赦”之或體“赦”從“亦”，實是從“亦”聲，可相印證。

新蔡簡中，“亦”字還見如下用例：

疥不出，今亦豊出，而不良有間。　　　　　　　　（甲二 28）

亦豊出，而不良☐　　　　　　　　　　　　　　（甲三 101、94）

難出，今亦少☐　　　　　　　　　　　　　　　（甲三 135）

整理者讀“亦”爲{腋}，讀“豊”爲{體}，如其說可從，則這裏的“亦”屬於本用了。但這種讀法顯然是難以講通的。宋華强先生曾提出“今亦”爲近義詞連用，表示將然；“豊”讀爲{屢}，訓“疾”、“亟”[①]。後又改讀“亦”爲{夜}[②]。似仍不甚順適。結合語境，筆者猜測或許可讀爲{液}，指疥瘡的膿液。如此讀可信，則楚簡“亦”字形又多了一個假借讀法了。

　　　例（6）　变——{辯}、{辨}、{緶}、{偏}

楚簡“变”字寫作☐（《郭店·老甲》1）、☐（《郭店·成之》32）、☐（《上二·容成》16），與《說文》“鞭”字古文作☐者相合，實均由西周金文“鞭”字☐（九年衛鼎）、☐（散氏盤）、☐（儼匜“便”字所從）等形演變而來，本爲以

---

① 宋華强《新蔡楚簡的初步研究》，235 頁，北京大學博士學位論文（導師：李家浩教授），2007 年 5 月。

② 宋華强《新蔡葛陵楚簡初探》，394 頁，武漢大學出版社，2010 年 3 月。

手執鞭之形,應爲記錄{鞭}這個詞而造①。但在楚簡中,"夊"字未見用表{鞭}者,而是被假借來記錄跟{鞭}讀音相近的辯說之{辯}、分辨之{辨}、交枲義之{緶}和偏正之{偏}等詞。{鞭}與{辯}、{辨}、{緶}、{偏},上古音都屬元部唇音,讀音極爲接近。

"夊"表{辯}的有:

> 教以夊(辯)說,則民勢陵長貴以妄。　　(《郭店・尊德》13～14)

"夊"記{辨}的例如:

> 絕智弃夊(辨),民利百倍。　　　　　　　　(《郭店・老甲》1)
> 制爲君臣之義,圖爲父子之親,分爲夫婦之夊(辨)。
>
> (《郭店・成之》31～32)
> 旣受命,作爲六律六呂,夊(辨)爲五音,以定男女之聲。
>
> (《上二・容成》30＋16)②
> 禹然後始爲之號旗,以夊(辨)其左右,使民毋惑。
>
> (《上二・容成》20)

---

① 參看張桂光《古文字考釋四則》,所著《古文字論集》,中華書局,2004 年 10 月,原載《華南師院學報》1982 年第 4 期;季旭昇《讀郭店楚墓竹簡札記:卞、絕爲棄作、民復季子》,《中國文字》新廿四期,藝文印書館,1998 年 12 月;裘錫圭《以郭店〈老子〉爲例談談古文字考釋》,《中國哲學》第二十一輯,遼寧教育出版社,2000 年 1 月。

又,對於楚簡此字,現在一般依據其作 𢼸 的形體隸定爲"夊",本書暫採用這種隸定。但有的論著將它分析爲"從又、卞聲",見上舉季旭昇先生文,以及邱德修先生《上博楚簡〈容成氏〉注釋考證》(314 頁,臺灣古籍出版有限公司,2003 年 10 月)等,則恐有欠準確。因爲"卞"字雖見於今本《尚書》、《左傳》等書,但《說文》及先秦古文字均無之,古文字中單作 𠂇 形者,只不過是上加羨筆的"下"字,不能釋"卞"。我們倒是有理由懷疑後來所謂的"卞"字,是截取了作 𢼸 形的"鞭"字初文的上部,並襲取{鞭}的讀音而分化出來的。這一猜測是否符合事實,有待進一步的研究。【修訂本按:此說不確。"卞"字出現於東漢,是由"弁"字 兂 一類寫法演變分化出來的。說詳魏宜輝、李雨萌《"卞"字構形補議》,《語言科學》待刊。】

② 此處簡文編聯及"呂"字之釋,見陳劍《上博楚簡〈容成氏〉與古史傳說》,"'中國南方文明'學術研討會——慶祝'中研院'歷史語言研究所成立七十五周年"論文,臺北,2003 年 12 月。

皋陶旣已受命，乃<u>克</u>（辨）陰陽之氣，而聽其訟獄。

（《上二·容成》29）

上揭《郭店·老甲》"絕智弃<u>克</u>"的"<u>克</u>"，諸家多讀爲辯說之{辯}，或讀謫言之{論}，或訓作治理，或訓爭鬥①，皆不甚妥帖。黎廣基先生認爲應讀分辨之{辨}，並指出"智"與"辨"是一對相關的概念②，實較諸說爲勝。"辨"實質上也就是一種"智"。今本老子此句作"絕聖棄智"，"聖"之義爲明，正與明辨之"辨"相合。當然，{辨}和{辯}此二詞本屬同源，古書中"辨"、"辯"二字也常通作，所以"絕智弃<u>克</u>"的"<u>克</u>"轉寫作"辯"也未嘗不可，只是不應作辯說義來理解。

　　"<u>克</u>"讀爲{緶}主要見於望山二號楚墓所出遣策中，例如：

其并櫝，丹厚縱之緥，黃<u>克</u>（緶）組之纘三十。　　（《望山》2·2）

丹厚縱之兩童，黃<u>克</u>（緶）組之賢十又八。　　（《望山》2·6～7）

朱德熙、裘錫圭、李家浩三位先生指出字在此當讀"緶"，"緶"與"編"、"辮"音義皆近③。按之文義，應可信從。《說文·糸部》云："緶，交枲也。一曰：緁衣也。从糸、便聲。"段注："交絲爲辮，交枲爲緶。""黃緶組"蓋指黃色麻編組帶。

　　"<u>克</u>"讀爲{偏}者見於下例：

是以<u>克</u>（偏）將軍居左，上將軍居右，言以喪禮居之也。

（《郭店·老丙》8～9）

此例有今本相對照，讀{偏}無疑。"偏將軍"與"上將軍"相對言。過去或謂"偏將軍"、"上將軍"云云爲後人注疏之竄入《老子》正文，現在看來恐怕是不對的。

---

① 詳見郭鵬飛《郭店楚簡〈老子〉"絕智棄卞"解》，《華學》第七輯，中山大學出版社，2004年12月。

② 黎廣基《郭店老子叢考》，香港大學碩士學位論文，2003年。此據上注郭鵬飛文所引。

③ 湖北省文物考古研究所、北京大學中文系《望山楚簡》，116頁考釋〔一六〕，中華書局，1995年。

例(7)　弋——{代}、{式}、{試}、{忒}、{弑}

"弋"字《說文》云:"橜也。象折木衺銳著形。"甲骨文作 ♦、♦(《新甲骨文編》687 頁),早期金文作 ♦(《金文編》815 頁),裘錫圭先生指出字象下端很尖的柲狀物,爲橜杙之{杙}的本字①。在楚系簡帛中,"弋"未見本用讀法,但卻被假借來表示{代}、{式}、{試}、{忒}、{弑}等多種音義。其表{代}者如:

　　昔三弋(代)之明王之有天下者,莫之舍也,而自(?)取之,民皆以爲義。　　　　　　　　　　　　　　　　　(《上二·從甲》1)

　　三弋(代)之陣皆存,或以克,或以亡。　　　(《上四·曹沫》14)

　　成德者,吾敓而弋(代)之;其次,吾伐而弋(代)之。

　　　　　　　　　　　　　　　　　　　　　(《上二·容成》50)

　　殷人之所以弋(代)之,觀其容,聽其言。　　(《上五·鮑叔》1~2)

　　四神相弋(代),乃止以爲歲。　　　　　　　(《帛書》甲篇)

名詞義的世代、朝代之{代}和動詞義的替代之{代},是密切相關的,應作同一音義看待。{代}的本用字形"代"從"弋"聲,故"弋"可借表{代}。據裘錫圭先生的研究,商代甲骨卜辭中的"弋"多數代表動詞,往往位於兩個人名或國族名之間,很可能應讀爲替代的{代};《書·多士》"非我小國敢弋殷命"的"弋"也很可能應讀{代}②。其說甚是。"代"字後起,蓋{代}義初假"弋"爲之,後來才益"人"旁爲造本字③。

"弋"記錄{式}者如:

①　裘錫圭《釋"柲"(附:釋"弋")》,《裘錫圭自選集》,河南教育出版社,1994 年 7 月;原載《古文字研究》第三輯,中華書局,1980 年 11 月。

②　裘錫圭《釋"柲"(附:釋"弋")》,《裘錫圭自選集》,河南教育出版社,1994 年 7 月;原載《古文字研究》第三輯,中華書局,1980 年 11 月。

③　從目前所知材料看,"代"字始見於東周。參湯餘惠主編《戰國文字編》,557 頁,福建人民出版社,2001 年 12 月。楚簡中已見用"代"表{代}之例,如《上五·季庚》14:"且夫戲今之先人世三代之傳史,豈敢不以其先人之傳志告?"

《詩》云：成王之孚，下土之弋（式）。　　　　（《郭店·緇衣》13）

上揭《緇衣》例有今本對照，讀{式}無疑。《說文》："式，法也。从工、弋聲。"此例正用法式之義。上博本作"式"，從土、弋聲，爲"式"之異體。另外，《郭店·唐虞》有幾個訛寫成"戈"形的"弋"，如簡 9："古者虞舜篤事瞽瞍，乃戈〈弋〉其孝；忠事帝堯，乃戈〈弋〉其臣。"簡 17："今之戈〈弋〉於德者，未……"李零先生均讀爲"戴"①，周鳳五先生則均讀爲"式"，但謂簡 9二"式"用爲虛詞，簡 17 之"式"則爲效法②。竊謂讀"式"是，但三者宜均同作效法解。"效法"義爲"法式"義之引申。"式其孝"、"式其臣"謂效法孝道、臣道，"式於德"謂效法德行。

"弋"記錄{試}者如：

皋陶入用五刑，出弋（試）兵革。　　　　（《郭店·唐虞》12）

此例李零先生讀"載"③，周鳳五先生讀"式"，訓爲"用"④。按，"用"、"式"對文，於義較勝。古書"式"訓"用"之例甚多。但"用"義與"法式"等義似難直接繫聯，所以朱駿聲認爲訓"用"之"式"，是"試"的假借⑤。《說文》："試，用也。从言、式聲。《虞書》曰：明試以功。"朱說應是可信的。所以這裏的"弋"實際上可以直接讀爲{試}。

"弋"還可讀爲差忒之{忒}，例如：

《詩》云：淑人君子，其儀不弋（忒）。　　　（《郭店·緇衣》4～5）

有國者章好章惡，以示民厚，則民情不弋（忒）。

　　　　　　　　　　　　　　　　（《上一·緇衣》1～2）

下民之𧗀，敬之毋弋（忒）！　　　　（《帛書》乙篇）

① 李零《郭店楚簡校讀記（增訂本）》，97、98 頁，北京大學出版社，2002 年 3 月。

② 周鳳五《郭店楚簡〈唐虞之道〉新釋》，《"中研院"歷史語言研究所集刊》第 70 本第 3分，1999 年 9 月，750、753 頁。

③ 李零《郭店楚簡校讀記（增訂本）》，98 頁，北京大學出版社，2002 年 3 月。

④ 周鳳五《郭店楚簡〈唐虞之道〉新釋》，《"中研院"歷史語言研究所集刊》第 70 本第 3分，1999 年 9 月，751 頁。

⑤ 〔清〕朱駿聲《說文通訓定聲》，215 頁，中華書局，1984 年 6 月。

"弋"還可讀爲弑殺之{弑}：

　　三郤旣亡，公家乃弱，欒書弋(弑)厲公。　　　(《上五・姑成》10)

"弋"爲"弑"之基本聲符，故可通。

例(8)　者──{者}、{諸₁}、{諸₂}、{諸₃}、{都}、{捨}

早期金文"者"字作 　、 　等形(《金文編》247頁)，構意不明。《說文》："者，別事詞也。从白、宋聲。宋，古文旅字。"說形旣已不確，以爲別事詞{者}之本字，也難憑信。{者}義本虛，難以取象，用"者"記{者}，恐應看作假借爲妥。楚系簡帛"者"字表面上看似有多種具體寫法①，但其實均承商周文字衍化而出，故統一作"者"字形看待②。楚系簡帛"者"最常見的讀法仍是表示{者}：

　　三者，忠人弗作，信人弗爲也。　　　　　　(《郭店・忠信》6)
　　辛巳之日不以所死於其州者之居尻名族致命，阱門有敗。

　　　　　　　　　　　　　　　　　　　　　　　(《包山》32)
　　帝謂尔無事，命尔司兵死者。　　　　　　　(《九店》五六 43)
　　始者近情，終者近義。　　　　　　　　　　(《郭店・性自》3)
　　不說而足養者，地也。　　　　　　　　　　(《郭店・忠信》4)
　　陰陽者，神明之所生也。　　　　　　　　　(《郭店・太一》5)
　　道者，群物之道。　　　　　　　　　　　　(《郭店・性自》14)
　　知而事之，謂之尊賢者也。　　　　　　　　(《郭店・五行》44)
　　昔者君老，太子朝君，君之母弟是相。　　　(《上二・昔者》1)

這些{者}的用法當然有一些細微的差別，但在作爲"別事詞"這一點上具有同一性，故作一種音義看待。

　　"者"表示諸多之{諸}，也是假借用法：

　　竊鉤者誅，竊邦者爲者(諸)侯。　　　　　　(《郭店・語四》8)

---

① 　參李守奎《楚文字編》，220～223頁，華東師範大學出版社，2003年12月。
② 　只有 1 例因加了聲符"少"，則另隸定作"紗"，詳見第九章第四節。

者（諸）侯畜我，誰不以厚？　　　　　　　　　　（《上五·姑成》3）

可以攻城，可以聚衆、會者（諸）侯。　　　　　　　（《帛書》丙篇）

“者”記録“之於”合音詞〔諸〕，也是假借用法：

是故君子之求者（諸）己也深。　　　　　　　　（《郭店·成之》10）

觀者（諸）詩、書，則亦在矣；觀者（諸）禮、樂，則亦在矣；觀者（諸）
易、春秋，則亦在矣。　　　　　　　　　　　　（《郭店·六德》24～25）

不義而加者（諸）己，弗受也。　　　　　　　　（《郭店·語三》4～5）

邦大旱，毋乃失者（諸）刑與德乎？　　　　　　　（《上二·魯邦》1）

近臣不諫，遠者不謗，則修者（諸）鄉里。　　（《上五·競建》7＋4）

姑成家父捕長魚矞，梏者（諸）廷，與其妻，與其母。

　　　　　　　　　　　　　　　　　　　　　（《上五·姑成》9）

公疥且瘧，逾歲不已，是吾無良祝史也。吾欲誅者（諸）祝史。

　　　　　　　　　　　　　　　　　　　　　（《上六·競公》2）

“者”還可用爲句末語氣詞〔諸〕，例如：

“□雍，汝知者（諸）？”仲弓答曰：“雍也弗聞也。”

　　　　　　　　　　　　　　　　　　　　　　（《上三·中弓》6）

舉而所知；而所不知，人其捨之者（諸）？　　（《上三·中弓》10）

此二例“者”字，原整理者未讀破，陳劍先生直接釋讀爲〔諸〕[1]，可從。傳
世文獻中“諸”有此用法，如《論語·雍也》：“如犁牛之子騂且角，雖欲勿
用，山川其舍諸？”又《子罕》：“有美玉於斯，韞櫝而藏諸，求善賈而沽諸？”
又《顔淵》：“信如君不君，臣不臣，父不父，子不子，雖有粟，吾得而食諸？”
又如《孟子·梁惠王下》：“文王之囿，方七十里，有諸？”這些“諸”用於句
末，表示疑問或反詰的語氣，不少講虛詞的書都認爲是代詞“之”和語氣詞
“乎”的合音[2]。從大多數例子來看，此說是可以講通的。但上揭《中弓》

---

[1]　陳劍《上博竹書〈仲弓〉篇新編釋文（稿）》，“簡帛研究”網站，2004 年 4 月 18 日。

[2]　可參楊伯峻《古漢語虛詞》，367 頁，中華書局，1981 年 2 月；王叔岷《古籍虛字廣義》，
　　　449 頁，中華書局，2007 年 6 月。

10“人其捨之諸”，“諸”前已有代詞“之”，則“諸”就不能看作兼詞了。似乎可以據此推測，這種句末的“諸”經歷了一個由兼詞到純粹的語氣詞的虛化過程。

以上諸多之｛諸｝、“之於”合音詞｛諸｝和句末語氣詞｛諸｝，雖然在傳世文獻中都記作“諸”，但其實三者之間意義並無聯繫，應看作不同的三個詞，爲示區別，我們在條目上分別用｛諸₁｝、｛諸₂｝、｛諸₃｝來代表它們。

楚簡“者”還可讀作都邑之｛都｝，例如：

> 新者（都）莫敖勝、新都桑夜公達爲新都貢越異之黃金五鎰以
> 糴種。　　　　　　　　　　　　　　　　　　　　　　（《包山》113）

“新都”爲楚縣名，“都”應取都邑之義。一簡之中，二處作“新都”，一處作“新者”，“者”應讀｛都｝無疑。另外，《上二·容成》24“以陂明者之澤”，地名“明者”，《史記·夏本紀》作“明都”，但古書中該地名異寫頗多，如“孟豬”、“盟豬”、“孟諸”、“望諸”等，簡文之“者（都）”是否爲都邑義尚未敢定。

楚簡“者”又見於如下文例：

> 今受爲無道，䵼者百姓，至約諸侯，天將誅焉。
> 　　　　　　　　　　　　　　　　　　　　　（《上二·容成》50）
> 受爲無道，䵼者百姓，至約諸侯，絕種侮姓，土玉水酒，天將誅焉。
> 　　　　　　　　　　　　　　　　　　　　　（《上二·容成》53）

李零先生注云：“‘䵼’讀‘昏’，疑同《書·牧誓》的‘昏棄’。‘者’或讀爲‘捨’（‘捨’是書母魚部字，‘者’是章母魚部字，讀音相近）。”[1]王輝先生有補充論證[2]。按，此說可從，“者”讀爲捨棄之｛捨｝，顯然也是假借用法。

---

① 見馬承源主編《上海博物館藏戰國楚竹書（二）》，290 頁，上海古籍出版社，2002 年12 月。

② 王輝《讀上博楚竹書〈容成氏〉札記（十則）》，《古文字研究》第二十五輯，321 頁，中華書局，2004 年 10 月。

第二節　由同源分化和孳乳造成的一字形表多音義

作爲語言記錄形式的文字，其發展變化與語言本身的發展變化往往會出現不同步的情況。其中有一種較爲突出的表現是，語言中的某個詞的音義發生了分化，産生了新詞，或者某個源詞孳乳産生多個新詞，而在書寫記錄系統裏，舊詞及其分化出來的新詞，或者多個同源孳乳詞，仍然使用相同的字形。這在某種程度上體現出文字相對於語言的滯後性。而其最直接的結果就是造成一個字形表示多個音義的局面。這種現象在楚系簡帛中也不少見，下面試舉例說明之。

例(1)　至──{至}、{致}

“至”字本以箭矢有所抵會意，即爲記錄{至}而造。{至}、{致}二詞音義關係十分密切，古音“至”章母質部，“致”端母質部，{致}之義爲使至，應是由{至}分化出來的①。但西周金文中{至}、{致}二詞皆用“至”字表示②。楚系簡帛延續這一用法。

楚系簡帛“至”字表{至}多見，包含到達、至極等義項，例如：

小人取愴之刀以解小人之桎，小人逃至州巷。　　　（《包山》144）

至秋三月，賽禱昭王戠牛，饋之。　　　　　　　　（《包山》214）

爲道者日損，損之又損，以至無爲也，無爲而無不爲。

（《郭店·老乙》3~4）

癘疫不至，妖祥不行，禍災去亡，禽獸肥大，草木晉長。

（《上二·容成》16）

利天下而弗利也，仁之至也。　　　　　　　（《郭店·唐虞》2）

---

① 　{至}、{致}的關係，參看王力《同源字典》，416~417頁，商務印書館，1982年10月。

② 　“至”表{致}的如五年琱生簋銘：“余弗敢亂，余或（又）至（致）我考我母令。”參看林澐《琱生殷新釋》，《古文字研究》第三輯，中華書局，1980年11月。

至忠如土，化物而不伐；至信如時，必至而不結。

（《郭店·忠信》2）

齊邦至惡死，而上穆其刑；至欲食，而上厚其斂；至惡苛，而上不時使。

（《上五·鮑叔》7）

九州不平，山陵備𡾤（傾）①，四神乃作，至于復天旁動。

（《帛書》甲篇）

"至"字表{致}者，常見於"致命"、"致胙"、"致福"、"致政"等語中，例如：

辛巳之日不以所死於其州者之居處名族至（致）命，阩門有敗。

（《包山》32）

十月辛巳之日不歸板於登人以至（致）命於郢，阩門有敗。

（《包山》43）

使一職獄之主以至（致）命；不至（致）命，阩門有敗。

（《包山》128）

臧敢爲位，旣禱至（致）命。　　　　　（《包山》224）

釐尹至（致）命于君王。　　　　　（《上四·東大》4）

行險至（致）命，飢寒而毋斂，從事而毋說，君子不以流言傷人。

（《上二·從甲》19）

東周之客鄢經至（致）胙於蔵郢之歲，夏层之月，甲戌之日。

（《包山》12）

卲吉爲位，旣禱至（致）福。　　　　　（《包山》205）

古者聖人廿而冠，卅而有家，五十而治天下，七十而至（致）政。

（《郭店·唐虞》25～26）

"致命"一語古書習見，常表示傳命、復命的意思，上舉楚簡"致命"也多屬此義。但"致命"還有致送生命的意思。如《論語·子張》："士見危致命，見得

---

① 【修訂本按：此字的釋讀，參徐在國、管樹強《楚帛書"傾"字補說》，《語言科學》2018 年第 3 期。】

思義,祭思敬,喪思哀,其可已矣。"《周易·困》卦《象》傳:"澤無水,困,君子以致命遂志。"《春秋繁露·天地之形》:"委身致命,事無專制,所以爲忠也。"上舉《上二·從甲》中的"致命"即用此義。無論如何,其中的{致}皆本於送詣義。包山簡的"致胙",又作"歸胙"(簡 129、131、140 等),{致}顯然也是送詣義①。"致福",李家浩先生指出義同"致胙"②,可從。《上七·吳命》8:"孤也何勞力之有焉? 孤敢至(致)先王之福,天子之靈。"其中"致……福"則與包山簡之"致福"異,此"致"乃"使之來"之意。簡文緊承"來先王之福,天子之靈"而言,"致"猶"來"也。至於"致政",古書亦習見,歸政、還政之意。

"至"字同時可記錄{至}和{致},即使是在同一句話中也不例外。試看下列文例:

> 九三:需于泥,至(致)寇至。 　　　　　　　(《上三·周易》2)

> 六三:負且乘,至(致)寇至。 　　　　　　　(《上三·周易》37)

> 民之父母乎,必達於禮樂之原,以至(致)"五至",以行三無,以橫于天下。四方有敗,必先知之。 　　(《上二·民之》1~2)

對照今本《周易》需卦、解卦和《禮記·孔子閒居》、《孔子家語·論禮》的有關文字,可知"至寇至"和"至五至"中的前一"至"字並當讀爲{致}。"致寇至"的{致}是招致的意思,"致'五至'"的{致}是致達的意思。

例(2)　立——{立}、{位}、{莅};位——{位}、{莅}

"立"字取象於正面站立於地之人形,乃爲記錄站立、樹立的{立}而造。站立之所即爲位,於是"立"加人旁分化出"位";人立於前,或者說位之出現,即爲莅臨,於是又分化出"莅"、"涖"、"蒞"等字。從詞義系統的角度講,可以說{位}爲{立}的名詞形態,而{莅}又爲{位}的動詞形態。古音"立"爲來母緝部,"位"爲匣母物部,"莅"爲來母質部,也存在密切的聯繫。"位"、"莅"、"涖"、"蒞"等字形都較"立"晚出許多,語言中的{位}和{莅}二

---

① 參湖北省荊沙鐵路考古隊《包山楚簡》,40 頁,文物出版社,1991 年 10 月。

② 李家浩《包山祭禱簡研究》,《簡帛研究二○○一》,廣西師範大學出版社,2001 年 9 月。

詞一開始都和{立}一樣,使用"立"字形來表示。西周金文"立"讀{位}者多見。這種情況在楚簡中仍然基本上保持着。

楚簡"立"字表{立}者甚多,例如:

> 君袀冕而立於阼,一宫之人不勝其敬。　　(《郭店·成之》7~8)
> 禹立三年,百姓以仁道,豈必盡仁?　　(《郭店·緇衣》12~13)
> 君子之立孝,愛是用,禮是貴。　　(《上三·內豊》1)
> 君子不可以不强,不强則不立。　　(《上五·季庚》8)
> 凡建日,大吉,利以取妻,祭祀,築室,立社稷,帶劍,冠。
>
> (《九店》五六 13 下)
>
> 郤奇、郤至、姑成家父立死,不用其衆。　　(《上五·姑成》)

"立"記錄{位}者也不少,例如:

> 恆貞吉,少有慇於躬身,且爵立(位)遲踐。　　(《包山》201~202)
> 命攻解於漸木立(位),且徙其處而樹之。　　(《包山》250)
> 《詩》云:靖共爾立(位),好是貞直。　　(《郭店·緇衣》3)
> 內立(位),父、子、夫也;外立(位),君、臣、婦也。
>
> (《郭店·六德》26~27)
>
> 甚貴其人,必敬其立(位);悅其人,必好其所爲。
>
> (《上一·詩論》24)
>
> 凡貴人使處前立(位)一行,後則見亡。　　(《上四·曹沫》24 下)
> 余將必使子家毋以成名立(位)於上。　　(《上七·鄭甲》4)

楚簡"立"表{莅}者見於下舉文例:

> 故君子之立(莅)民也,身善以先之,敬慎以肘(導)之,其所在者內矣。　　(《郭店·成之》3)
> 信以結之,則民不倍;恭以立(莅)之,則民有愻①心。
>
> (《上一·緇衣》13)

---

① "愻"字原作"悉",此字的考釋見沈培《上博簡〈緇衣〉篇"悉"字解》,《華學》第六輯,紫禁城出版社,2003 年 6 月。

姑成家父乃寧百豫，不使從己立（莅）於廷。

（《上五·姑成》5＋9①）

　　像楚簡這樣沿用"立"的字形來記錄｛立｝的分化詞｛位｝和｛莅｝的情況，在傳世先秦古書中也有所反映。譬如，《周禮·春官·小宗伯》："掌建國之神位。"鄭玄注曰："故書位作立，鄭司農云：立讀爲位。古者立、位同字，古之《春秋經》公即位爲公即立。"又《地官·鄉師》："以涖匠師。"鄭玄注："故書涖作立，鄭司農云：立讀爲涖。"可見在《周禮》、《春秋》等書的早期寫本中，｛位｝和｛莅｝也是使用"立"字來記錄的，大概漢人整理文獻時才分別用"位"、"涖"等字加以轉寫。

　　戰國時代，已經出現爲｛位｝而造的分化字，如中山王方壺 17 行"臣主易位"之｛位｝作"立"，而其 29 行"君臣之位"的｛位｝，則是在"立"的基礎上加注聲符"胃"而作"猬"。而楚簡中也已經出現了表｛位｝的分化字，而且有兩個。一個就是後世通用的從"人"、從"立"的"位"字，例如：

　　　　攻尹之虹執事人晭舉、衛痍爲子左尹舵舉禱於親王父、司馬子音，戠牛，饋之。臧敢爲位，既禱致命。　　　　　　（《包山》224）

　　　　虹尹之虹執事人晭舉、衛痍爲子左尹舵舉禱於殤東陵連敖子發，肥豠，郊祭之。臧敢爲位，既禱致命。　　　　　　（《包山》225）

一個是從"示"、從"立"的"祏"。例如：

　　　　一禱於邵王戠牛，大鼜饋之。邵吉爲祏（位），既禱致福。

（《包山》205）

　　　　一禱於文平夜君、郚公子春、司馬子音、蔡公子家，各戠䝁，饋之。邵吉爲祏（位），既禱致福。　　　　　　　　　　（《包山》206）

顯然，上揭包山簡中的"位"和"祏"用法完全相同。整理者云：

　　　　祏，讀爲位。《周禮·春官·肆師》"凡師甸用牲於社宗，則爲位"，孫詒讓云："位與'辨方正位'同。"①

　　按，讀"位"甚確，引《周禮》爲證亦是，唯引孫詒讓說則非。"辨方正位"的{位}指一般的方位言，簡文的{位}則特指神位言。《周禮》"爲位"之語屢見，除整理者所引外，還有《春官·小宗伯》："旣葬，詔相喪祭之禮。成葬而祭墓，爲位。凡王之會同、軍旅、甸役之禱祠，肄儀爲位。國有禍災，則亦如之。凡天地之大災，類社稷宗廟，則爲位。"結合"小宗伯之職，掌建國之神位"云云來看，"爲位"應該是主持設置祭祀神位的意思。又《夏官·射人》："祭侯則爲位。"則是說射人在祭侯時負責神位之事。《周禮》"爲位"正可與簡文合證。正是因爲這類{位}的具體意義與祭祀有關，所以簡文才有時寫成從"示"的"祏"。

　　楚簡"位"字除表{位}外，還可表{莅}。試看下例：

　　故殺【人衆】，則以哀悲位之；戰勝，則以喪禮居之。

（《郭店·老丙》9～10）

"位"字整理者讀{莅}，甚確。今本《老子》"位"作"泣"，"居"作"處"。按，{居}、{處}音近義通。{莅}與{居}、{處}意義相類，故並舉之。《荀子·非相》："談說之術，矜莊以莅之，端誠以處之。"亦{莅}、{處}並舉，可爲佐證。今本作"泣"者，要不是誤解文意而改，就應該是借"泣"以記{莅}。帛書本作"立"，亦當讀爲{莅}。

　　傳世古書也有以"位"表{莅}之證。《戰國策·韓策三》："今王位正，張儀之貴，不得議公孫郝，是從臣不事大臣也；公孫郝之貴，不得議甘戊，則大臣不得事近臣矣。"王念孫云："位讀爲涖，正讀爲政。言自今王涖政以來，從臣不事大臣，大臣不事近臣也……僖三年《穀梁傳》曰：'莅者，位也。'位與涖義同而聲相近，故字亦相通。"②按，王說極是。{莅}與{位}爲一詞之分化，故可同用"位"字表示。

---

① 　湖北省荊沙鐵路考古隊《包山楚簡》，55 頁，文物出版社，1991 年 10 月。

② 　王念孫《讀書雜志》，65～66 頁，江蘇古籍出版社影印，2000 年 9 月。

例(3)　内——{内}、{入}、{納}

　　{内}、{入}、{納}這三個詞之間存在着同源孳乳關係，這可以說是研究漢語詞彙者的共識。

　　按，{入}爲{内}相應的動詞，而{納}又爲{入}的使動形態。"内"和"入"這兩個字形在商代甲骨文中已經出現。在兩周金文中，它們都可以用來記錄{内}、{入}、{納}等詞[①]，說明此三個關係極爲密切的詞，在書寫記錄系統裹還未明確區分。但兩周金文用"内"的比例要遠比用"入"爲小。而在楚系簡帛中，一般只用"内"字來表示{入}、{内}和{納}這三個音義相關的詞。

　　其表{入}的如：

> 出内(入)事王，盡卒歲，躬身尚毋有咎？　　　　　　（《包山》197）
> 《君陳》云：出内(入)自尔師于，庶言同。（《郭店·緇衣》39～40）
> 皋陶内(入)用五刑，出試兵革。　　　　（《郭店·唐虞》12）
> 凡聲，其出於情也信，然後其内(入)拔人之心也厚。
> 　　　　　　　　　　　　　　　　　　　　　　（《郭店·性自》23）
> 人之道也，或由中出，或由外内(入)。　（《郭店·語一》19～20）
> 君内(入)而語僕之言於君王。　　　　　　（《上四·柬大》20）
> 内(入)墟毋樂，登丘毋歌，所以爲天禮。（《上五·三德》11～12）
> 出則又内(入)，終則又始，至則又反。　　　（《上七·凡甲》25）
> 内(入)月七日、八日。　　　　　　　　　　　　（《帛書》乙篇）
> 夏栗内(入)月八日。　　　　　　　　　　　　（《九店》五六 81）
> 有梟内(入)于上下。　　　　　　　　　　　　（《帛書》丙篇）

其表{内}的如：

---

①　參看張世超、孫凌安、金國泰、馬如森《金文形義通解》，1327、1329～1332 頁，中文出版社，1996 年 3 月。

仁形於內謂之德之行,不形於內謂之行。　　(《郭店・五行》1)

后稷之母,有邰氏之女也。遊於玄咎之內,冬見芺,攼而薦之,乃見人武,履以祈禱。　　(《上二・子羔》12)

四海之內,其性一也。其用心各異,教使然也。

(《郭店・性自》9)

仁,內也;義,外也。　　(《郭店・六德》26)

或生於內,或生於外。　　(《郭店・語一》23)

今內之不得百姓,外之爲諸侯笑。　　(《上五・競建》8)

其表{納}的如:

王廷於藍郢之遊宮,焉命大莫囂屈昜爲命邦人內(納)其弱典。

(《包山》7)

旣有病,病心疾,少氣,不內(納)食,纓月昝中尚毋有祟(祥)?

(《包山》221)

《邦風》其內(納)物也博,觀人谷(俗)焉,大斂材焉。

(《上一・詩論》3)

其言有所載而後內(納),或前之而後交,人不可觸也。

(《上一・詩論》20)

競建內(納)之。　　(《上五・競建》1背)

在傳世文獻中,仍可見{入}、{內}、{納}三詞記錄字形分化未徹底的遺留。如《莊子・庚桑楚》:"若是而萬惡至者,皆天也,而非人也,不足以滑成,不可內於靈臺。"成疏:"內,入也。"這是以"內"爲{入}。《左傳》襄公二十七年:"納我者死。"釋文:"本又作內。"可見較早的本子是以"內"爲{納}的。這些都可與楚系簡帛合證。後來,分工漸漸明確,"入"表進入的{入},"內"表內裏的{內},而容納的{納}則假借一個原本爲記錄"絲濕納納"之{納}而造的"納"字來表示("納"字本義據《說文》)。

例(4)　耶——{聖}、{聲};聖——{聽}、{聖}、{聲}

裘錫圭先生曾指出,{聖}是{聽}的派生詞,本義應近於{聽}①。此外,{聲}也應與{聽}、{聖}同源。蓋聽覺聰敏謂之聖,而耳之所聽則爲聲。"聽"字初文作"耶",從"耳"、從"口"會意,已見於甲骨文。字在戰國楚簡中仍見沿用,雖未發現表{聽}的實例,但卻可用來表示{聽}的同源詞{聖}和{聲}。例如:

先聖與後耶(聖),考後而歸先,教民大順之道也。

(《郭店・唐虞》5～6)

我旣見,我弗由耶(聖)。　　　　　　　(《上一・緇衣》11)

聞笑耶(聲),則鮮如也斯喜。　　　　　(《上一・性情》14)

"聖"爲"耶"之繁體。"聖"字形漸行而"耶"字形漸廢。所以,在楚系簡帛中,{聽}、{聖}、{聲}這組同源詞更多的是使用"聖"字形來記錄。其表{聽}者如:

舜乃老,視不明,聖(聽)不聰。　　　　(《上二・容成》17)

視之不足見,聖(聽)之不足聞。　　　　(《郭店・老丙》5)

日之有耳,將何聖(聽)?　　　　(《上七・凡甲》9～10)

思少司馬屈鐢以足金六鈞聖(聽)命於菓,菓序大夫、左司馬越號弗受。　　　　　　　　　　　　　　　(《包山》130)

匹夫寡婦之獄詞〈訟〉,君必身聖(聽)之。　(《上四・曹沫》34)

夫子使其私吏聖(聽)獄於晉邦。　　　　(《上六・競公》4)

上揭《曹沫》、《競公》等例的{聽}爲聽治義,乃聽聞義之引申。

"聖"表示通聖之{聖}之例甚多,略舉數條:

聞而知之,聖也。　　　　　　　　　(《郭店・五行》25)

聖之思也輕,輕則形,形則不忘,不忘則聰,聰則聞君子道。

(《郭店・五行》15)

---

① 裘錫圭《文字學概要》,132頁,商務印書館,1988年8月。

何謂六德? 聖智也,仁義也,忠信也。　　　　　　(《郭店·六德》1)

是以聖人無爲故無敗,無執故無失。　　　　　　(《郭店·老甲》11)

身則君之臣,道則聖人之道。　　　　　　　　　(《上七·武王》12)

"聖"之表聲音之{聲}的如:

音聖(聲)之相和也,先後之相隨也。　　　　　　(《郭店·老甲》16)

大音希聖(聲),天象亡形。　　　　　　　　　　(《郭店·老乙》12)

金聖(聲)而玉振之,有德者也。　　　　　　　　(《郭店·五行》19)

凡聖(聲),其出於情也信,然後其入拔人之心也敂。

　　　　　　　　　　　　　　　　　　　　　(《郭店·性自》23)

勢與聖(聲)爲可察也。　　　　　　　　　　　　(《郭店·語一》86)

其言文,其聖(聲)善。　　　　　　　　　　　　(《上一·詩論》3)

其聖(聲)變,則心從之矣。　　　　　　　　　　(《上一·性情》20)

揣文而知名,無耳而聞聖(聲)。　　　(《上七·凡甲》14 + 13A①)

"聖"之同字異讀,即使在一句之中也屢見不鮮,例如:

君王有楚,不聖(聽)鼓鐘之聖(聲),此其一違也。

　　　　　　　　　　　　　(《上七·君甲》3,《君乙》3 同文)

聖(聽)琴瑟之聖(聲),則悸如也斯歎。　　　(《郭店·性自》24)

例(5)　達——{逸}、{失}

　　楚系簡帛中有一常見字多寫作、,過去一般隸定作"遊",並有多種考釋意見。隨着新材料的發現,大家知道了這樣一個事實:此字多數情況下應讀爲得失之{失}。於是,學者們又回頭對其字形來源重新加以審視。根據趙平安先生的研究,此字所從的![字形]乃由甲骨文"夆"(![字形])演變而來,"夆"從"止"在"夅"外,會逃逸之意;楚

---

①　此處編聯見復旦大學出土文獻與古文字研究中心研究生讀書會《〈上博(七)·凡物流形〉重編釋文》,復旦大學出土文獻與古文字研究中心網站,2008 年 12 月 31 日。

簡累增"辵"旁作"達"，爲"逸"的本字①。後來我們發現楚簡"達"又作（《上四·曹沫》7）、（《上五·季庚》20），"止"尚未訛變而混同於"夶"，正好補充了"達"字形體演變過程的一個重要環節，更加證明趙說的可信。

楚簡"達"字有讀逃逸之{逸}者。例如：

> 冬栾之月甲辰之日，少臧之州人冶士石佢訟其州人冶士石脬，言謂傷其弟石取軀。旣發芋，執勿達（逸）。　　　　　　　　（《包山》80）

> 甲辰之日，小人之州人君夫人之啟愴之拘一夫達（逸），趣（趣）至州巷。小人將捕之，夫自傷。　　　　　　　　　（《包山》141～142）

上揭二例中的"達"，趙平安先生認爲均用其逃逸本義，甚是。第二例的"達趣"二字，諸家多連讀，劉樂賢先生讀作"逸走"②。此從施謝捷先生於"達"下點斷③，語感上似更順一些。

另外，《郭店·性自》37～38 有這樣的話：

> 人之不能以僞也，可知也。【不】過十舉，其心必在焉，察其見者，情焉達哉？

諸家讀"達"爲{失}，實欠妥帖。愚意以爲此"達"仍表示逃逸、隱逸之{逸}。"情焉逸哉"謂人之內心實情必然會從其外部行爲透露出來，無可隱逸。《論語·爲政》："視其所以，觀其所由，察其所安，人焉廋哉？人焉廋哉？"可與簡文相參，"人焉廋哉"正猶簡文之"情焉逸哉"。

{逸}、{失}二詞音義俱近，古書中"逸"、"失"二字相通之例至夥，顯然是一對同源詞。在楚簡中，爲記錄逃逸之{逸}而造的字形"達"，也可用來表示{逸}的同源詞{失}。{失}爲常用詞，故這方面的實例頗多，略舉幾條如下：

---

①　趙平安《戰國文字的"遊"與甲骨文"𡔖"爲一字說》，《古文字研究》第二十二輯，中華書局，2000 年 7 月。

②　劉樂賢《讀包山楚簡札記》，《第四屆國際中國古文字學研討會論文集》，香港中文大學中文系，2003 年 10 月。

③　施謝捷《包山楚簡釋文》，未刊電子本。

得之若纓,達(失)之若纓,是謂寵辱纓。　　　　(《郭店·老乙》6)

毋達(失)吾勢,此勢得矣。　　　　　　　　　(《郭店·語三》50)

得者樂,達(失)者哀。　　　　　　　　　　　(《郭店·語三》59)

受不知其未有成政,而得達(失)行於民之唇也。

　　　　　　　　　　　　　　　　　　　　(《上二·容成》52)

庸或得之?庸或達(失)之?　　　　　　　(《上三·互先》12~13)

君子得之達(失)之,天命。　　　　　　　　　(《上四·曹沫》7)

敬者得之,怠者達(失)之,是謂天常。　　　　(《上五·三德》2)

民人流形,奚得而生?流形成體,奚達(失)而死?

　　　　　　　　　　　　　　　　　　　(《上七·凡甲》2~3)

邦大旱,毋乃達(失)諸刑與德乎?　　　　　　(《上二·魯邦》1)

威則民不道,洒則達(失)衆,猛則無親,罰則民逃。

　　　　　　　　　　　　　　　　　　　　(《上二·從甲》8)

日月星辰,亂達(失)其行。　　　　　　　　　(《帛書》乙篇)

上揭不少文例"達"是與"得"對言的,更是非讀{失}不可。

第三節　由同義換讀造成的一字形表多音義

　　我們在第一章裏,已簡單提到過同義換讀的問題。同義換讀即一個字形被讀作一個跟它本來所代表的詞意義相同或相近的詞,那麼,當它除了記錄那個換讀詞之外,還保留它的本用讀法,或者還有別的他用讀法的時候,就會出現一字形表多音義的情況。我們仍然以"滄"被換讀爲{寒}這個典型例子來說明。

　　楚簡中{寒}本來有它的本用對應字形"寒",例如:

九五:井洌,寒泉食。　　　　　　　　　　　(《上三·周易》45)

晉冬耆寒,小民亦惟日怨。　　　　　　　　　(《上一·緇衣》6)

　　同時,"滄"也可讀爲{寒},例如:

晉冬旨滄(寒),小民亦惟日怨。　　　　　　　(《郭店·緇衣》10)

　　聞之曰：行險致命，飢滄（寒）而毋斂，從事而毋說，君子不以流
言傷人。　　　　　　　　　　　　　　　　　　　（《上二·從甲》19）

　　關於"滄"字的釋讀，曾經有過幾種不同的意見。或以爲如字讀，因爲
{滄}本來就是寒的意思（《說文·水部》："滄，寒也。从水、倉聲。"），或以
爲是與"寒"字形近而混用，或以爲是"寒"字的誤摹。馮勝君先生從"異
文"、"韻文"、"表述習慣"等方面詳加論證，認爲楚簡"滄"（包括"倉"、
"蒼"，詳下）確可換讀爲同義詞{寒}①。此一看法現在已經得到不少學者
的贊同。而且由於新材料的公布，還得到一些新的佐證。比如，《上四·
柬大》篇開頭說：

　　柬大王泊旱，命龜尹羅貞於大夏。王自臨卜。王向日而立，王滄
至帶。　　　　　　　　　　　　　　　　　　　（《上四·柬大》1～2）

陳劍先生讀"滄"爲{汗}，並論之云：

　　楚文字中"滄"可用爲"寒"……"寒"與"汗"古音相同。其時旣發
生旱災，自是驕陽當空，簡王迎日而立被陽光所炙烤，故簡文謂其汗
出下流至腰間之帶。古書有"汗流至踵"（《莊子·田子方》）或"汗出
至踵"（《韓詩外傳》卷十）的說法。進一步推測，以前所見用爲"寒"的
所謂"滄"字，都是將"水"旁橫寫在"倉"的下面的，而簡文此形水旁豎
寫在"倉（寒）"的左旁，跟舊所見用爲"寒"的所謂"滄"字可能還並非
一字。它以"水"爲意符、"倉（寒）"爲聲符，很可能本來就是"汗"字的
異體。②

從文意看，讀"滄"爲{汗}確不可易。但懷疑此爲"汗"字異體，而與讀{寒}

---

①　馮勝君《郭店、上博以及今本〈緇衣〉對比研究》，所著《論郭店簡〈唐虞之道〉、〈忠信之
　　道〉、〈語叢〉一～三以及上博簡〈緇衣〉爲具有齊系文字特點的抄本》附錄，236～238
　　頁，北京大學博士後工作報告（導師：裘錫圭教授），2004 年 7 月。本節引馮先生說均
　　見此文。
②　陳劍《上博竹書〈昭王與龔之脾〉和〈柬大王泊旱〉讀後記》，"簡帛研究"網站，2005 年 2
　　月 15 日。

之"滄"並非一字,則似未必。古文字偏旁位置每不固定,即以楚系文字中從"水"之字而言,像"浸"、"浩"、"清"、"淺"、"海"、"浴"等,"水"旁均是既可豎寫,也可橫寫,並無用法區別①。"滄"爲清母陽部字,"汗"爲匣母元部字,讀音不近,似無由通假,而"滄"可記{汗},正可表明,楚人確實是把"滄"作爲{寒}這個詞的記錄形式來使用的,所以它才可以讀"寒"音,從而才可以假借來表示讀同"寒"音的{汗}。

"滄"既可表示{寒},又可表示{汗},這分別是同義換讀的直接和間接結果。

不但"滄"可讀{寒},楚系簡帛中有一些"倉"或"蒼"字,現在看來也應該讀{寒},例如:

山陵不衛,乃命山川四海,□□戛(熱)氣倉(寒)氣,以爲其衛。

(《帛書》甲篇)

四時復【相】輔,是以成倉=然=(寒熱;寒熱)復相輔也,是以成濕燥。 (《郭店・太一》2~3)

濕燥者,倉(寒)然(熱)之所生也;倉(寒)然(熱)者,四時【之所生也】。 (《郭店・太一》4)

僕見脾之倉(寒)也,以告君王。 (《上四・昭王》8)

□(唇?)亡齒倉(寒),凡恭人,非人是恭,厥身是衛。

(《上六・用日》6)

躁勝蒼(寒),靜勝然(熱),清靜爲天下定。 (《郭店・老乙》15)

擊②鼓,禹必速出,冬不敢以蒼(寒)辭,夏不敢以暑辭。

(《上二・容成》22)

通過馮勝君先生的多方論證,這些"倉"和"蒼"讀爲{寒}確實是最合理的選擇,學者們也多認同。但"滄"換讀爲{寒}有義可說,而"倉"和"蒼"本來所代表的詞音義卻與{寒}全然無關,當作如何解釋呢? 對此,馮先生說:

---

① 參看李守奎《楚文字編》卷十一"水"部,華東師範大學出版社,2003 年 12 月。

② "擊"字之釋,見裘錫圭《讀上博簡〈容成氏〉札記二則》,《古文字研究》第二十五輯,中華書局,2004 年 10 月。

“《說文·仌部》：‘滄，寒也。从仌倉聲。’又《說文·水部》：‘滄，寒也。从水倉聲。’所以讀爲‘寒’的‘倉’和‘蒼’應該是‘滄’或‘凔’的假借字，‘凔（滄）’與‘寒’詞義相同，符合‘義同換讀’的基本條件。”說是“假借字”容易產生歧解，因爲“假借”一般指的是語音上的假借。而當楚人寫下“倉”、“蒼”等字形來表示{寒}的時候，大概不是從讀音上去考慮的，只是機械地將它們當作“凔”的通用字來使用，同時由於有以“凔”爲{寒}的習慣作爲基礎，也就使得這種做法爲閱讀者所接受。當然，還有一種可能，就是由於習慣將“凔”換讀爲{寒}，漸漸地使得“凔”字襲取了“寒”音，成爲一個兩讀字，並將“寒”音滲透給從“倉”聲的其他字。無論如何，“倉”和“蒼”讀{寒}是“凔”換讀爲{寒}的間接結果。

　　雖然我們還沒有發現楚系文字中有確鑿的讀其本音的“凔”字，但“倉”和“蒼”則都有明顯應讀本音的。例如：

　　倉莫得。曰：倉，不可以川□，大不順于邦，有桌入于上下。

（《帛書》丙篇）

　　【尊】膚氏、茖疋氏、喬結氏、倉頡氏、軒轅氏、神農氏、樺丨氏、墉遷氏之有天下也，皆不授其子而授賢。　　　　（《上二·容成》1）

　　【□】實官蒼（倉）。百工勸於事，以實府庫。　　（《上四·相邦》3）

帛書的“倉”是七月之名，《爾雅·釋天》及敦煌寫本唐月令等均作“相”，禮器碑作“霜”，都與“倉”字音近。作爲月名的“倉”究竟是什麼含義，它對應的是哪一個詞，還需要進一步的研究，但它應讀本音是可以肯定的。《容成》篇的“倉頡氏”，當即古書中黃帝史官倉頡的氏族，“倉頡”又作“蒼頡”，“倉”用爲何義，不可知曉，但可以肯定不換讀爲{寒}。《相邦》篇的“蒼”讀作倉廩之{倉}，顯然也是保留本音的。另外，“倉”字有用爲人名、地名者，如《包山》19 的“龔倉”、181 的“遊倉”，《新蔡》甲三 184－2＋185＋222 的“倉”、甲三 331 的“倉陽”等，也很可能不能讀作{寒}。

　　所以，“倉”和“蒼”也是一字形表多音義的。雖然這裏面含有其他因素，如“蒼”讀{倉}是假借，但由於同義換讀這個間接原因在起着特殊的作用，所以附帶在此討論。

此外,楚簡中的"分"可能也有換讀現象。例如天星觀卜筮簡有如下文字:

　　　　……夜過分有間。　　　　(《楚系簡帛文字編》①76 頁"分"字條)

不少學者指出"夜過分"即指夜過半,甚是。"夜過半"爲古代時稱專名,是由"夜半"再細分衍生出來的,"夜半"前稱"夜未半"(又稱"夜小半"),"夜半"後稱"夜過半"(又稱"夜大半")。如《漢書·陳湯傳》:"夜過半,木城穿,中人卻入土城,乘城呼。"居延漢簡 506.5:"……二月甲戌夜食驛馬卒良受沙頭卒同,夜過半時良付不今卒豐。"但卻未見作"夜過分"者。"分"字取象於以刀分物爲兩半,乃爲表示剖分的{分}而造,其義與"半"相通。《公羊傳》莊公四年:"襄公將復仇乎紀,卜之,曰:'師喪分焉。'"何休注:"分,半也。師喪其半。"《列子·周穆王》:"役夫曰:'人生百年,晝夜各分。'"張湛注:"分,半也。"上引天星觀楚簡之"分"似可認爲換讀作{半}。若是,則造成楚系簡帛中"分"的一形表多詞,因爲"分"還有本用讀法表{分}的,例如:

　　察天人之分,而知所行矣。　　　　　　(《郭店·窮達》1)
　　六職既分,以裕六德。　　　　　　　　(《郭店·六德》10)
　　均分而廣施,時德而方義。　　　　　　(《上六·慎子》4)

當然,"分"、"半"古音也頗爲相近,是否可以考慮"夜過分"的"分"直接讀{半}呢? 這個問題似可繼續研究。

第四節　由同形或訛混造成的一字形表多音義

人們爲記錄語言中不同的詞而造的字,有時由於巧合,一開始或者演變至某一歷史階段,具有完全相同的形體,這就是文字學上一般所說的"同形字"現象。嚴格來講,其中包含着不同的"字"。但因爲單從視覺形式上看,"同形字"只表現爲一個形體符號,所以便造成一個字形可以對應

---

① 　滕壬生《楚系簡帛文字編》,湖北教育出版社,1995 年 7 月。

不同的音義的情形。

　　有時候兩個或兩個以上的字,主要由於形體的相近,發生了訛混,其中的一個字形除了表示其原本所爲造的詞外,還被當作別的字使用而記錄別的詞,這樣也就出現了一字形表多詞的現象。

　　同形和訛混造成的一字形表多詞現象,表面看來有相似之處,即一個字形所對應的不同詞之間,音義基本上是不相干的。雖然從理論上講,這兩種情況有着本質區別,但是因爲"訛混"的結果仍表現爲"同形",而"同形"有時也難以完全排除"訛混"的可能性,因此,面對具體的例子,該定爲"同形"還是"訛混",有時不易決斷。故同形和訛混可以歸爲同一大類型看待。

(一) 同形

　　戰國文字中的"同形字",已經受到一些研究者的關注,如陳偉武先生即曾有專文討論①。而張新俊先生則專門考察過上博簡中的"同形字"現象②。下面結合文例,對幾組因同形造成一字形表多詞的實例加以介紹。其中例(1)和例(2)是張新俊先生文章所涉及過的。

例(1)　　屮＜甲 ——{甲}
　　　　　　　亡 ——{無}

　　楚系竹簡"甲"一般作 𤰊、𤰈,爲三面包圍狀,有時可省去上邊一橫作 屮,爲半包圍狀。"亡"一般作 ⿰ 或 ⿰,但有時上橫筆可以向左穿過中豎,寫成 ⿰。這樣"甲"、"亡"二字便出現了同形的情況。如果我們給 屮、⿰ 這樣的字形一個獨立的隸定,則可作"屮"。

　　"屮"形代表"甲"字的,記錄的是天干詞{甲},例如:

---

①　陳偉武《戰國秦漢同形字論綱》,《于省吾教授百年誕辰紀念文集》,吉林大學出版社,1996 年 9 月。

②　張新俊《上博楚簡文字研究》第五章"上博竹書中文字的同形現象",吉林大學博士學位論文(導師: 吳振武教授),2005 年 4 月。

冬桌之月屮(甲)寅之日,龢快訟邵賢、邵鼉、邵懌、邵壽、邵辛、
邵觀,以其不分田之故。　　　　　　　　　　　　　　　(《包山》82)

九月屮(甲)辰之日,緐丘少司敗遠□護𥂶。　　　　　　(《包山》90)

□祭竈,屮(甲)戌、己巳內齋。　　　　　　　　　　(《望山》1‧137)

□屮(甲)子□　　　　　　　　　　　　　　　　　(《望山》1‧163)

元亨,利涉大川。先屮(甲)三日,後屮(甲)三日。

　　　　　　　　　　　　　　　　　　　　　　(《上三‧周易》18)

"屮"形代表"亡"字的,記錄的是有無之{無},例如:

孝之殺,愛天下之民。禪(?)之流,世屮(亡—無)隱德。

　　　　　　　　　　　　　　　　　　　　　　(《郭店‧唐虞》7)

君子於此一偏者屮(亡—無)所廢。　　　　(《郭店‧六德》40)

凡人雖有性,心屮(亡—無)奠志。　　　　(《郭店‧性自》1)

凡物屮(亡—無)不異也者。　　　　　　　(《郭店‧性自》8)

春秋,屮(亡—無)不以其生也。　　　　　(《郭店‧語三》20)

屮(亡—無)意,屮(亡—無)固,屮(無)我,屮(無)必。

　　　　　　　　　　　　　　　　　　(《郭店‧語三》64 上～65 上)

君子屮(亡—無)所厭人。　　　　　　　　(《上三‧中弓》16)

民屮(亡—無)不有過。　　　　　　　　　(《上三‧中弓》19)

□屮(亡—無)難。　　　　　　　　　　　(《上四‧內豊》11)

可見,由於"甲"、"亡"二字都可作"屮"形,從而使得"屮"這一字形既
可表示天干詞{甲},又可表示有無之{無}。

當然,從上舉原字形來看,似乎二"屮"字還有一點極細微的差別,即
用作"甲"的"屮"二豎畫之間距離通常較寬,而用作"亡"的"屮"二豎畫之
間距離則一般要窄一些。但這也不絕對,如上揭《包山》90 的"屮(甲)"二
豎間距就偏窄,而"屮(亡)"二豎間距也有偏寬者,如《上五‧競建》9、10
之作屮、屮等即是。所以仍不易截然分別,可以作訛混同形看待。

例（2）　夾 ‹ 火 —— {火}
　　　　　　　亦 —— {亦}

　　戰國文字中的"火"常常在中豎上加一橫筆（由裝飾性圓點演變而來），楚系文字中尤爲常見，如《郭店·唐虞》10"火"作 **火**，《帛書》甲篇"赤"作 **赤**，《上三·亙先》9"燹"作 **燹**。而"亦"字一般作 **亦**（《上四·曹沫》8），從"亦"的"奕"作 **奕**（《包山》4）。可見"火"、"亦"本雖形近而仍有別。但楚簡中也可發現個別的"亦"字上邊兩斜畫變作一橫，從而與"火"字加橫的寫法同形。如果用"夾"來隸定此一形體，那麼"夾"字形實際上包含了"火"和"亦"兩個字，從而可同時表示相應的音義——{火}和{亦}。

　　"夾"代表"亦"的例子有：

火 《君牙》云：日暑雨，小民惟曰怨，晉冬耆寒，小民夾（亦）惟日怨。

（《上一·緇衣》6）

夾 《詩》云：彼求我則，如不我得，執我仇仇，夾（亦）不我力。

（《上一·緇衣》10）

　　"夾"代表"火"的例子如：

夾 禹治水，益治夾（火），后稷治土，足民養也。

（《郭店·唐虞》10）

夾 凡五卯，不可以作大事，帝以命益濟禹之（治？）夾（火）。

（《九店》五六 38 下～39 下）

夾 君乃自過以悅於萬民，弗琈（遍）危地，毋夾（火）食。

（《上四·曹沫》47＋63 上[①]）

　　張新俊先生在討論楚簡中"火"、"亦"同形時認爲，"夾"表"火"是楚系文字的特點，而"夾"表"亦"體現的則是齊系文字的特色。此說有一定的

---

① 簡文編聯參陳劍《上博竹書〈仲弓〉篇新編釋文（稿）》，"簡帛研究"網站，2004 年 4 月 18 日。

道理。但依筆者之見，《上一·緇衣》篇"亦"之作"大"，根本的成因恐在於
隸變。在上博簡之前公布的楚系竹簡文字中，我們已可發現一些斜筆拉
平、弧筆變方折的隸變迹象，例如：

大：大（《曾侯》142）　　　大（《曾侯》150）

天：天（《信陽》1·25）　　天（《包山》213）

天（《包山》215）　　　天（《郭店·語一》3）

天（《郭店·語一》68）

夫：夫（《信陽》1·1）　　　夫（《曾侯》169）

夫（《曾侯》212）　　　夫（《郭店·忠信》4）

夫（《郭店·語一》109）

容：容（《郭店·語一》109）　　容（《郭店·語二》24）

而《上一·緇衣》一篇之文字書法也明顯存在隸變的趨向，例如：

大：大（簡4）　大（簡10）　大（簡11）　大（簡12）

大（簡12）　大（簡18）　大（簡18）　大（簡18）

大（簡19）

夫：夫（簡12）

家：家（簡11）

窓：窓（簡11）

宋：宋（簡23）

顯然，《上一·緇衣》中"亦"字作"大"形，應當和上舉"大"、"天"、"夫"等字
一樣，是隸變的結果。裘錫圭先生曾經指出，"在戰國時代，六國文字的俗

體也有向隸書類型字體發展的趨勢”，“如果秦沒有統一全中國，六國文字的俗體遲早也是會演變成類似隸書的新字體的”①。上舉楚簡中的隸化現象，對這種論斷是一個有力的支持。

例（3）　　惪
惪 ── 惠 ──{惠}
惪 ── 憙 ──{喜}

　　楚簡“惠”字或可作：

（圖）《郭店·緇衣》41）

“憙”字或可作：

（圖）《上一·詩論》21）

二者雖然“心”旁有一點之差，但這無關於形構，所以這兩個形體可以認爲是相同的。如果要給此一字形作獨立的隸定，不妨記作“惪”。但這兩個“惪”顯然是有着不同的演變理路的。

　　代表“惠”字的“惪”在楚簡中的演變過程大略如下：

（圖）《上一·緇衣》21）　（圖）《上二·容成》39）──→（圖）《郭店·緇衣》41）

主要表現爲字中部圈內交叉筆畫“＋”的省作短橫“－”。這類封閉筆畫中的“＋”、“－”互作的現象，在戰國楚系文字中是普遍存在的，下列諸例可爲佐證：

黃：（圖）《上三·周易》47）　（圖）《曾侯》149）

難：（圖）《上四·曹沫》23）　（圖）《上一·緇衣》5）

奠：（圖）《包山》224）　（圖）《包山》129）

寘②：（圖）《包山》194）　（圖）《上五·鬼神》5）

---

① 裘錫圭《文字學概要》，69 頁，商務印書館，1988 年 8 月。

② “寘”字的考釋，詳見第三章第一節。

東：(《包山》124)　　(《包山》132)

代表"憙(喜)"字的"息"在楚簡中的遞變軌迹略爲：

(《包山》7)——(《包山》20"鄭"所從)、(《包山》47"顚"所從)

——(《上一·詩論》21)

所從"壴"旁本象鼓形,其象鼓座部分先省作一横畫,然後又連此一横畫也省去,經過兩個簡化步驟,便成了"息"形。這兩個步驟在楚簡中都可以找出類似的例證,比如"豊"字本作(《郭店·性自》22),又省作(《郭店·性自》23),即與之省作相類;又如"獻"作(《包山》198),又省作(《包山》202),即與之省爲相似。

代表"惠"字的"息",在簡文中表示恩惠、美惠之{惠},文例如下：

子曰：私息(惠)不懷德,君子不自留焉。　　(《郭店·緇衣》41)

代表"憙(喜)"字的"息",在簡文中記錄的是欣喜的{喜},文例爲：

《宛丘》吾善之,《猗嗟》吾息(憙—喜)之,《鳲鳩》吾信之,《文王》吾美之。　　(《上一·詩論》21)

"惠"和"憙(喜)"二字沿着不同的路綫,最終出現相同的形體"息",可謂殊途同歸。而"息"則因作爲"惠"和"憙(喜)"的相同字形而可以表示不同的音義——{惠}和{喜}。

例(4)　　吝〈{吝}
　　　　　　　　〈{文}

《說文》云："吝,恨惜也。从口、文聲。《易》曰：以往吝。"此"吝"字見於楚系簡帛,作(《帛書》乙篇)、(《上三·周易》41),上"文"下"口",在語境中正讀爲悔吝之{吝}。例如：

六四：困蒙,吝。六五：童蒙,吉。　　(《上三·周易》1)

九三：欽其腓,執其隨,吝。　　(《上三·周易》26)

　　九三：不恆其德，或承其羞，貞吝。　　　　　（《上三·周易》28）

　　上九：敂其角，吝，无咎。　　　　　　　　　（《上三·周易》41）

　　西國有吝，如日月既亂，乃有鼠□；東國有吝，□□乃兵，害于

其王。　　　　　　　　　　　　　　　　　　　　　　（《帛書》乙篇）

　　但同時又有另外一些同樣作上"文"下"口"的"吝"字形，卻應該讀爲
{文}，例如：

　　册告自吝（文）王以就聖趄王，各束錦珈璧。　（《新蔡》甲三137）

　　擇日於八月脡祭競平王，以逾至吝（文）君。　（《新蔡》甲三201）

　　□祟見於昭王、吝（文）君、吝（文）夫人、子西君。（《新蔡》乙一6）

　　舉禱於昭王、獻惠王、吝（文）君各一佩玉。（《新蔡》乙一21、33）

　　□□於吝（文）夫人三十乘。　　　　　　　　（《新蔡》乙三46）

　　㳋吝（文）惠武，恭淑以成。　　　　　　　　（《上六·用曰》16）

新蔡簡"文王"指楚文王，"文"爲謚號。《逸周書·謚法解》："經緯天地曰
文，道德博厚曰文，勤學好問曰文，慈惠愛民曰文，愍民惠禮曰文，錫民爵
位曰文。"意在稱美文德。"文君"、"文夫人"應是對平夜君成已故父母的
尊稱。古代稱呼先人，常加"文"字以示尊美。《詩·大雅·江漢》："釐爾
圭瓚，秬鬯一卣，告于文人。"鄭箋："告其先祖諸有德美見記者。"孔疏："汝
當受之以告祭於汝先祖有文德之人。"西周金文及《詩》、《書》中較常見者
還有"前文人"、"文神"、"文祖"、"文父"、"文考"、"文母"、"文姑"等。由文
德之義而泛化成一般的尊稱。《用曰》篇之"文"與"武"對舉，應該也是文
德之意。在新蔡簡中"文"、"吝"互作，如甲三5、乙四96的"文王"，甲三
200的"文夫人"，甲三213的"文君"、"文夫人"，零301+150的"文王"、
"文君"，零499的"文夫人"等，字即作"文"。

　　這些讀{文}的"吝"字原形作 （《新蔡》乙一6）、（《上六·用曰》
16)，與上舉讀{吝}的"吝"完全同形。但似乎不必認爲是假借了悔吝之
"吝"來記錄{文}，更合理的解釋是讀{文}之"吝"爲"文"字自身之繁化。
這裏邊又存在兩種可能的解釋。第一種是把"口"當作羨符。楚文字中很
多字都可以在下方增添一"口"旁，形成繁體，其例甚多，這類"口"旁通常

認爲是無義的羨飾符號。讀{文}之"吝"有可能即屬於這種情況。第二種可能是把所從"口"仍看作意符。《上一·詩論》中{文}或作（簡6）、（簡1），從"文"、從"口"，隸定可作"吝"。簡1云："詩無隱志，樂無隱情，吝（文）無隱言。"簡3云："《邦風》，其納物也博。觀人俗焉，大斂材焉。其言吝（文），其聲善。"{文}用文采之義，與言語有關，"文"加"口"旁者，本來應是爲凸顯此義之故。推衍之，則"文王"、"烈文"等文德義之{文}也可作"吝"，如簡6云："【《清廟》曰'肅雍顯相，濟濟】多士，秉吝（文）之德'，吾敬之；《烈吝（文）》曰'無競維人'，'丕顯維德'，'於乎前王不忘'，吾悅之。"簡5云："《清廟》，王德也，至矣！敬宗廟之禮，以爲其本；秉吝（文）之德，以爲其業。""秉文之德"之{文}爲文王之省稱。古文字偏旁位置常可變動，"吝"之"口"旁移至"文"下便成"吝"形。

總之，讀{文}之"吝"和讀{吝}之"吝"，字形相同而構形依據不同。換言之，"吝"字形之所以既表{吝}又表{文}，是異字同形所造成的。

（二）訛混

古文字中的訛混問題，近年也開始受到關注，如劉釗先生即著有專文《古文字中的"訛混"》加以討論①。劉文着重從形體上梳理一些訛混字的流變過程。我們這裏所關注的則是由於訛混字形而引起的一形代表多音義的問題。

下面試舉兩例說明之。

例（1）　　遡 ⟨ {將} / 逵 ——{失}

持將、將領之{將}，楚簡通常用記作"遡"，原形作（《包山》75），可分析爲從"辵"、"匡"聲，當是{將}之本用字形，"羊"爲其基本聲符②。"遡"有時又簡省作（《包山》226）、（《包山》236），隸定作"逵"，從

---

① 劉釗《古文字中的"訛混"》，載所著《古文字構形學》，福建人民出版社，2006年1月。

② 關於其來源，請參看本書第七章第二節。

“辵”、“羊”聲，仍然表示{將}，例如：

大司馬悼滑逘(將)楚邦之師徒以救郙之歲，荊𡰓之月己卯之日，盬吉以寶家爲左尹舵貞。（《包山》226）

大司馬悼滑逘(將)楚邦之師徒以救郙之歲，荊𡰓之月己卯之日，五生以丞悳爲左尹舵貞。（《包山》232）

大司馬悼滑逘(將)楚邦之師徒以救郙之歲，荊𡰓之月己卯之日，鄦吉以駁霝爲左尹舵貞。（《包山》234）

然而，“逘”這個字形還可以用來表示另外一個音義迥殊的詞{失}。例如：

惡逘₌道[₌](逘〈逹〉道—失道，逘〈逹〉道—失道)於嗜欲。

（《上七・武王》9）

位難得而易逘〈逹(失)〉，士難得而易外(間)。

（《上七・武王》10）

亦有不盈於十言，而百世不逘〈逹(失)〉之道，有之乎？

（《上七・武王》11）

屏氣而言，不逘〈逹(失)〉其所然，故曰賢。（《上七・凡甲》27）

此數例“逘”原形分別作、、，從“辵”、從“羊”無疑。而《武王》篇有傳世本可供比對，讀作{失}也可以確定。唯“逘”形與{失}之間的對應理據不太合乎常規。本章第二節介紹過楚系簡帛以“逹”表{失}的情況，其實上揭讀爲{失}的“逘”就是“逹”之省訛，這樣的省訛既破壞了原來的構形理據(“逹”所從的“羍”本爲會意字)，而且與從“辵”、“羊”聲的“逘”混同了，從而造成了“逘”這個字形既表{將}又表{失}的局面。

例(2)　柬 ⟨ {柬}；柬——{簡}

楚系簡帛“柬”字常見，絕大多數都是表示方位之{柬}。例如：

南與郘君埅疆，柬與菱君埅疆，北與鄝陽埅疆，西與鄱君埅疆。

（《包山》153）

東、南高，二方下，是謂虛井。　　　　　　　　　(《九店》五六 47)

東方之旗以日，西方之旗以月。　　　　　　　　(《上二·容成》20)

夫季氏，河東之盛家也。　　　　　　　　　　　(《上三·中弓》2)

武王西面而行，曲(?)折而南，東面而立。　　　(《上七·武王》3)

東國有吝，□□乃兵，害于其王。　　　　　　　(《帛書》乙篇)

《說文》云："東，動也。从木。官溥說：从日在木中。"是把"東"看作{東}的本用字形。但從古文字看，"東"本象囊橐之形，表{東}恐屬假借①。但自商代甲骨文以來，它基本上專用以記{東}，可算作{東}的"準本字"了。

但楚簡中有個別"東"字形被訛混而當作"柬"字使用，而讀爲{簡}，主要見於《郭店·五行》：

不柬〈柬(簡)〉，不行；不匿，不察於道。　(《郭店·五行》37～38)

東〈柬(簡)〉之爲言猶練也，大而晏者也。匿之爲言也猶匿匿也，小而軫者也。　　　　　　　　　　　　　(《郭店·五行》39～40)

東〈柬(簡)〉，義之方也；匿，仁之方也。　(《郭店·五行》40～41)

同篇相同語境中正有作"柬"者：

不直不遙(肆)②，不遙(肆)不果，不果不₌柬₌(不柬—不簡，不柬—不簡)行，不行不義。　　　　　　　　(《郭店·五行》21～22)

不以小道害大道，柬(簡)也。　　　　　　　(《郭店·五行》34～35)

試比較楚簡"東"、"柬"二字原形：

東：(《郭店·五行》37、39、40)

(《上二·容成》26)　　　　(曾侯 12)

---

① 參看于省吾主編《甲骨文字詁林》，3010～3011 頁，中華書局，1996 年 5 月。

② "遙(肆)"字之釋，詳沈培《說郭店楚簡中的"肆"》，《語言》第二卷，首都師範大學出版社，2001 年 12 月。

東：（《郭店·五行》22、35）　（《上二·容成》19）

（《上六·用日》7）

字形確極相近似，故易致訛混。

　　《五行》之“東”，馬王堆帛書本“經”部分作“簡”，“說”部分作“閒”。帛書整理者讀爲｛簡｝，訓“大”①。魏啓鵬先生援引《大戴禮記·小辨》“夫小辨破言，小言破義，小義破道，道小不通，通道必簡”、“夫道不簡則不行，不行則不樂”等文例以爲參證②。按，《小辨》文例確與《五行》極近，但｛簡｝似乎訓作“簡易”、“簡約不煩”等義更爲準確。盧辯注《小辨》云：“簡，約也。言約而有統。”③是也。《上二·容成》8云：“與之言政，敚（說）東（簡）以行；與之言樂，敚（說）和以長。”又19：“乃因迩以知遠，去苛而行東（簡）。”“東”也皆讀爲簡約之｛簡｝，可相印證。

　　這樣，由於字形的訛混，“東”所表音義在慣常的｛東｝之外，還多了一個簡易之｛簡｝。

　　楚簡中還有一些較有代表性字形訛混實例，如“亟”之混用“丕”形，“史”、“弁”之互訛等。“丕”、“史”、“弁”等字形都可以對應不同的幾個詞，即與字形訛混密切相關。但由於這裏面還有其他因素共同作用，所以我們將放到下一節再作詳細介紹。

第五節　由多種原因造成的一字形表多音義

　　上面分別討論了幾種不同原因造成的一字形表多音義現象，但有時候這幾種情況會同時出現在一個“字形—音義”對應組中，顯得更加複雜。

---

① 國家文物局古文獻研究室《馬王堆漢墓帛書〔壹〕》，25頁注〔二五〕，文物出版社，1980年3月。

② 魏啓鵬《簡帛文獻〈五行〉箋證》，22頁，中華書局，2005年12月。

③ 黃懷信主撰，孔德立、周海生參撰《〈大戴禮記〉彙校集注》，1180頁，三秦出版社，2005年1月。

比如,我們在第一章中曾經講到,楚簡中的"弟"既可表示兄弟的{弟},又可表示孝悌之{悌},還可記錄愷悌之{悌},按照《說文》"弟,韋束之次弟也,從古字之象"的解釋,"弟"表示兄弟的{弟}當從次弟義而來,而孝悌之{悌}實爲兄弟的{弟}之分化派生詞,至於愷悌之{悌}則只是一個單純詞中的一個音節,用"弟"來記錄完全出於同音假借。所以"弟"這一字形之表多音義實際上包含了假借和詞的分化兩種成因。像這樣由多種原因造成的一字形表多音義現象在楚系簡帛中頗有一些,下面我們將繼續舉例加以分析。

例(1)　受──{受}、{授}、{綬}

　　"受"字甲金文字作 ▨、▨ 等形(《甲骨文編》196～197頁,《金文編》274～275頁),從二手以"舟"相授受會意,"舟"亦聲。楚簡承襲之作 ▨(《上三‧周易》45)、▨(《包山》23),或稍訛作 ▨(《郭店‧語三》5)、▨(《上二‧子羔》1)等,猶未失其初形[1]。

　　"受"字在西周金文中即可兼表接受、授予二義[2]。接受的{受}和授予的{授},本爲一詞之分化。雖然{受}、{授}在讀音上自古至今沒有發生分化,但古書中往往"受"、"授"連言,如《穀梁傳》定公元年:"即位,授受之道也。"《孟子‧離婁上》:"男女授受不親,禮也;嫂溺援之以手者,權也。"《禮記‧坊記》:"故男女授受不親,禦婦人則進左手。"又《祭統》:"夫婦相授受,不相襲處。"又往往"受"、"授"對舉,如《穀梁傳》莊公十三年:"桓非受命之伯也,將以事授之者也。"《穆天子傳》卷一:"天子授河宗璧,河宗伯夭受璧。"《儀禮‧鄉飲酒禮》:"受者以降,遂出授從者。"《禮記‧少儀》:"受立,授立,不坐。"可見,人們從語義概念上將{受}、{授}區別開來應是很早的事情,在楚簡的時代,語言中{受}、{授}二詞應該已經分化。《說文》分析"授"字爲"從手、從受,受亦聲",是注意到{授}和{受}的語源聯繫的。

---

① 楚簡"受"字所從"又"偶有作"人"者(見《包山》20、25),應視爲筆誤。
② 參看陳初生《金文常用字典》,458頁,陝西人民出版社,1987年4月。

楚簡"受"字除用表人名(如《包山》186 的"鄭受";《上二·容成》42、46、49、50、52、53 和《上四·曹沫》65,即商紂)外,一般用來表示{受}、{授}二詞。其表{受}的例如:

夏栗之月乙丑之日,鄘正妻蔡虢受旨:八月乙亥之日不將冀倉以廷,阩門有敗。　　　　　　　　　　　　　　　　　(《包山》19)

堯禪(?)天下而受之,南面而王天下而甚君。

(《郭店·唐虞》24～25)

不義而加諸己,弗受也。　　　　　(《郭店·語三》4～5)

堯以天下讓於賢者,天下之賢者莫之能受也。

(《上二·容成》10)

王明,並受其福。　　　　　　　(《上三·周易》45)

其表{授}的例如:

七十而致政,四肢倦懈①,耳目聰明衰,禪(?)天下而受(授)賢,退而養其生。　　　　　　　　　　(《郭店·唐虞》26～27)

昔者而弗世也,善與善相受(授)也,故能治天下,平万邦。

(《上二·子羔》1)

【尊】膚氏、菩㞢氏、喬結氏、倉頡氏、軒轅氏、神農氏、樟丨氏、壚遷氏之有天下也,皆不受(授)其子而受(授)賢。　(《上二·容成》1)

受(授)有智,舍(予)有能,則民宜之。(《上四·曹沫》36＋28②)

君貴我而受(授)我眾,以我爲能治。　　(《上五·姑成》3)

另外,在望山二號楚墓所出遣策中,"受"還有下列用例:

☐靈光之童,緙繟項。紫彎、紃受、鋯面。緶組之靈。

(《望山》2·12)

---

① "懈"的釋讀,參陳偉武《郭店楚簡識小錄》,《華學》第四輯,紫禁城出版社,2000 年8 月。

② 簡文編聯參陳劍《上博竹書〈仲弓〉篇新編釋文(稿)》,"簡帛研究"網站,2004 年 4 月18 日。

靈光之童，緓縷項。紫䌽、緅受、錯面，角鹿(鑢)。

(《望山》2·13)

簡文所記當爲殉葬之車馬器及其飾件，其中的"受"顯然無法理解爲{受}或{授}，但究竟應讀爲何詞，諸家未有考釋。頗疑"受"讀作{綬}，當絲帶講。《說文》云："綬，韍維也。从糸、受聲。"其實古代的綬帶並不局限用以繫韍，也可用來繫璽印、佩玉、帷幕等，似可泛指作維繫之用的絲帶。簡文言"緅受(綬)"，以"緅"爲"綬"之修飾限定成分。《說文·糸部》云："緅，圜采也。"段注："圜采以采線辮之，其體圜也。"又《禮記·內則》："執麻枲，治絲繭，織紝組緅。"鄭注："緅，條。"孔疏："薄闊爲組，似繩者爲緅。"據此，所謂"緅綬"大概指的是一種由彩綫編成的圓體絲帶。"緅綬"的位置處於"紫䌽"、"錯面"之間，似可推測其用途在於維繫"䌽"與"面"。【修訂本按：劉信芳先生《楚簡器物釋名(上)》(《中國文字》新 22 期，175 頁，藝文印書館，1997 年 12 月)已讀"受"爲"綬"。】

　　綜上，"受"之一形表多音義，一方面是由於詞的分化而可同時表{受}和{授}，一方面是由於語音假借而可記錄{綬}[1]。情形正與"弟"字相類。

　　例(2)　忘——{忘}、{亡}、{無}、{妄}

　　"忘"這個字形本當爲忘忽之{忘}而造。《說文》云："忘，不識也。从心、从亡，亡亦聲。"楚簡中"忘"確有用表{忘}者，例如：

"於乎前王不忘"，吾悅之。	(《上一·詩論》6)
毋忘姑姊妹而遠敬之。	(《上四·內豊》附)
事出政，政毋忘所司。	(《上四·相邦》1)
重賞薄刑，使忘其死而見其生。	(《上四·曹沫》54)
申公子忘夫析述之下乎？	(《上六·莊公》6)

---

[1]　《禮記·玉藻》："天子佩白玉而玄組綬，公侯佩山玄玉而朱組綬。"鄭玄注云："綬者，所以貫佩玉相承受者也。"在鄭氏看來，{綬}和{受}在語源上是有聯繫的。但畢竟顯得牽強一些，故一般不作如是觀。《說文》也只是把"綬"分析爲從"受"得聲的形聲字。

“忘”有時還可表示存亡之{亡}，如：

邦家之危安存忘(亡)，盜賊之作，可之〈先〉知。

（《上七・凡甲》16＋26①）

又偶可記錄有無之{無}，如：

上六：忘(無)號，中有凶。　　　　　（《上三・周易》39）

按，{忘}實由{亡}分化而出，蓋亡於心者謂之忘。而{亡}、{無}本來也是一對同源詞，古文字中{亡}、{無}都可記作“亡”。“忘”既從“亡”孳乳出來以表{忘}，有時又反過來記錄{忘}的源詞{亡}及{無}。

此外，“忘”還可以被假借來記錄妄亂之{妄}。例如：

亡忘，元亨，利貞。　　　　　　　　（《上三・周易》20）
初九：亡忘，吉。　　　　　　　　　（《上三・周易》20）

“亡忘”，今本均作“无妄”。何妥云：“物皆絜齊，不敢虛妄也。”②《周易》卦名及爻辭中之“无妄”，蓋取不妄亂、不虛妄之義。濮茅左先生認“忘”爲正字，“妄”爲借字③，恐不可從。

其實，楚簡中還有一些“忘”字是表示{妄}的。比如：

教以辯說，則民勢陵長貴以忘。　　（《郭店・尊德》13～14）
棱(諓)生於欲，吘(訏)生於棱(諓)，忘生於吘(訏)。

（《郭店・語二》15～16）

其中“忘”字，原整理者均無說。劉釗先生主張讀爲“妄”，並解釋上句云：“教給民衆以論辯，民衆就會在氣勢上陵駕於長者貴人之上而狂妄。”④解

---

① 此處編聯見復旦大學出土文獻與古文字研究中心研究生讀書會《〈上博(七)・凡物流形〉重編釋文》，復旦大學出土文獻與古文字研究中心網站，2008 年 12 月 31 日。
② 〔清〕李道平撰，潘玉廷點校《周易集解纂疏》，269 頁，中華書局，1994 年 3 月。
③ 馬承源主編《上海博物館藏戰國楚竹書(三)》，164 頁，上海古籍出版社，2003 年 12 月。
④ 劉釗《郭店楚簡校釋》，134 頁，福建人民出版社，2003 年 12 月。

釋後句云：“欺詐生成於欲望，詭譎生成於欺詐，狂亂生成於詭譎。”①其說可從。又如：

　　　　句（耇）是（氏）執心不忘，受命羕（永）長。　　（《上三·彭祖》1）

整理者於“忘”字也無說。筆者曾在一篇小文中指出，此“忘”也應該表示｛妄｝，“執心不妄”謂執持心志而不妄亂②。從文意上看，也是比較合適的。

　　例（3）　桓——｛豆｝、｛樹｝、｛鬭｝

豆爲古代一種食肉器，“豆”字即爲該類器皿而造的象形字。後來又出現加“木”旁的“桓”字，《說文·豆部》云：“桓，木豆謂之桓。從木、豆。”“桓”可理解爲人們針對木豆而造的專造字③，但其實在語言中並沒有分化出一個獨立的新詞｛桓｝來，“桓”仍然只能看成｛豆｝這個詞的記錄形式。在楚簡中，正有用“桓”表｛豆｝之例，比如：

　　　　五皇俎，四合桓（豆），四皇桓（豆）；一食桱，金足。　（《包山》266）
　　　　六□杯，四□杯，七桓（豆）。　　　　　　　　（曹家崗楚簡5④）

劉國勝先生釋曹家簡“桓”云：“‘豆’，原字從‘木’從‘豆’，豆的繁體。邊箱出土4件木豆，應即此處簡文所記四豆。”⑤所言極是。

但楚簡“桓”這個字形有時卻應該讀爲樹立之｛樹｝，例如：

　　　　舉禱於絕無後者各肥豬，饋之。命攻解於漸木位，且徙其處而桓（樹）之。　　　　　　　　　　　　　　　　　（《包山》249～250）
　　　　凡物無不異也者，剛之桓（樹）也，剛取之也。柔之約【也】，柔取

---

① 劉釗《郭店楚簡校釋》，204頁，福建人民出版社，2003年12月。
② 拙文《上海博物館藏楚簡〈彭祖〉新釋》，《華學》第七輯，中山大學出版社，2004年12月。
③ “專造字”問題詳第八章。
④ 《考古學報》2000年第2期，圖版拾叁。
⑤ 劉國勝《楚喪葬簡牘集釋》，115頁，武漢大學博士學位論文（導師：陳偉教授），2003年5月。

之也。 　　　　　　　　　　　　　　　　　　　（《郭店・性自》8～9）

異也者，剛之桓（樹）也，剛取之也；柔之約也，柔取之也。

　　　　　　　　　　　　　　　　　　　　　　（《上一・性情》殘 4）

“徙其處而桓（樹）之”即將“漸木位”徙出樹於他處之意，讀“桓”爲{樹}一般無異議。而《郭店・性自》和《上一・性情》之“桓”則有不同意見，如郝士宏先生指出《荀子・勸學》有“强自取柱，柔自取束”之語，與簡文意同，並從王引之讀“柱”爲“祝”而訓爲“斷”之說，謂簡文“桓”也應訓作“斷”[1]。按，此說恐不可從。裘錫圭先生曾指出，《郭店・語三》46 有類似文字作：“强之𣀔也，强取之也。”[2]彼處作“𣀔”，可分析爲從“攴”從“木”會樹木之意，從“豆”聲，實是“尌”、“樹”之異體。而“桓”則又應視作“𣀔”之簡體，分析爲從“木”、“豆”聲。“𣀔”、“桓”讀作樹立之{樹}，本自通暢，無煩輾轉求解。《荀子》之“柱”也當從簡文讀{樹}。簡文大意謂，凡剛物能樹立，這是由其剛强之性質決定的，凡柔物能約束，這也是由其柔約之性質決定的。

　　顯然，讀{豆}之“桓”和讀{樹}之“桓”從來源和結構上看是不同的，應該看作異字同形。上舉楚簡中“桓”字形的兩種不同用法，禤健聰先生已經指出過了，但他將此例歸入“異讀字”一類，以別於“異字同形”[3]，似欠妥當。李學勤先生則把讀{樹}之“桓”看作木豆之“桓”的通假字[4]，又似乎太簡單化了。

　　“桓”字形除了因文字同形而造成同時表示不同的詞{豆}和{樹}之外，還因音假而記錄爭鬬之{鬬}。試看下例：

---

① 郝士宏《郭店楚墓竹簡考釋一則》，《古文字研究》第二十三輯，中華書局、安徽大學出版社，2002 年 6 月。

② 荊門市博物館《郭店楚墓竹簡》，182 頁注釋〔六〕“裘按”，文物出版社，1998 年 5 月。

③ 禤健聰《戰國楚簡字詞研究》，64 頁，中山大學博士學位論文（導師：陳偉武教授），2006 年 4 月。

④ 李學勤《“桓”字與真山楚官璽》，《國學研究》第八卷，收入所著《中國古代文明研究》，華東師範大學出版社，2005 年 4 月。

　　　毋敀（逐）富，毋阿（倚）賢，毋向桓（鬭）。　　　（《上三·彭祖》8）

此"桓"字顯然無法作｛豆｝或｛樹｝解。但無論它本來爲｛豆｝而造，還是爲｛樹｝而造，其讀音都必須與"豆"近同。循音以求，當讀作｛鬭｝。"鬭"有異體作"鬥"，以"豆"爲基本聲符，故可通。向，《集韻·漾韻》："趣也。""向鬭"猶言"尚戰"，道家多反對爭戰。《老子》第三十章："以道佐人主者，不以兵强天下。"又三十一章："夫兵者，不祥之器，物或惡之，故有道者不處。"《彭祖》爲道家作品，其思想可與《老子》相印證①。

　　可見，"桓"的記錄多詞也有兩個原因，一是同形，一是假借。

　　例（4）　囚——｛甘｝、｛倡｝、｛昌｝

　　楚簡"甘"字多寫作日（《上一·詩論》10），與篆文無異，從"口"形中作一短橫，取意於口中含物而知其甘美。但有時"口"形中象物的短橫也可換作圓圈，例如：

　　　　　（《包山》90）　　囙（《郭店·老甲》18）

作爲偏旁的"甘"也可作此形，如《郭店·五行》15"音"字作音，可爲比證。這種寫法的"甘"字，如果作嚴格的隸定，應作"囙"。

　　作"甘"字用的"囙"，在包山簡中是用爲姓氏的，可以不論，郭店簡則明顯表示甘美之｛甘｝，其例如下：

　　　天地相合也，以逾（輸）②囙（甘）露。　　　（《郭店·老甲》18）

　　楚簡中還有一個和上舉"甘"的寫法完全相同，但從文例可以肯定不讀"甘"音的字：

---

① 　參拙文《上海博物館藏楚簡〈彭祖〉新釋》，《華學》第七輯，中山大學出版社，2004 年12 月。

② 　讀"逾"爲｛輸｝，説見拙文《讀郭店楚墓竹簡札記（10 則）》，《中山大學學報論叢》1999年第 6 期。

（《郭店・緇衣》30）　　　（《郭店・成之》9）

（《上五・三德》10）　　　（《上五・三德》18）

依形隸定，顯然也可作“囙”。該字在簡文中讀{倡}或{昌}，與用爲“甘”的“囙”不可能有來源上的關係，而只能屬於同形字。分析其構形，從“口”形中作一圓圈，蓋取意於張口放聲，當爲歌唱之{唱}和倡導之{倡}的共同初文。

“囙”在簡文中讀爲倡導的{倡}，應爲其本用讀法。文例如下：

故大人不囙（倡）流【言】。　　　　　　　　　　　（《郭店・緇衣》30）

上苟囙（倡）之，則民鮮不從矣。　　　　　　　　（《郭店・成之》9）

毋爲角言，毋爲人囙（倡）。　　　　　　　　　　（《上五・三德》10）

楚簡“囙”字還可以記錄昌盛之{昌}，例如：

天無不從：好囙（昌）天從之，好亡天從之，好犮（?）天從之，好長天從之。　　　　　　　　　　　　　　　　　　　　　　　　（《上五・三德》18）

志勝欲則囙（昌），欲勝志則喪。　　　（《上七・武王》13～14）

要弄清楚“囙”之表昌盛之{昌}究竟屬於怎樣的性質，需要先從語言和文字兩個層面對後世書面系統中的“昌”的來源加以剖析。從語言上看，文獻中的“昌”所表示的語義基本上可歸爲兩大系統：一個是表示光明、興盛、美好等意義，此一系統是主流，也是人們所熟悉的；一個是跟歌唱、倡導有關，如《周禮・春官・樂師》“遂倡之”，鄭注：“故書倡作昌。鄭司農云：‘昌當爲倡，書亦或爲倡。”《廣雅・釋詁一》：“昌，始也。”王念孫《廣雅疏證》：“昌與倡通。”朱駿聲《說文通訓定聲》：“叚借爲唱。”從一般的語義學觀點來看，這兩個系統是難以繫聯得上的。而在文字上應該如何就這兩方面的語義作出合理的解釋呢？《說文・日部》云：“昌，美言也。從日、從曰。一曰：日光也。《詩》曰：東方昌矣。”主要採取並存的做法，實際上並未能解決問題。《說文》“昌”之籀文作，《繫傳》本籀文從“口”作。裘錫圭先生結合六國文字和漢代金石篆文的寫法，推斷“昌”本來從

“口”，篆文從“曰”者是後起訛形，與“沓”由從“口”而變作從“曰”相類①。
此說甚是。俞樾、王獻唐也均曾就“昌”從“口”之體立說，主張“昌”爲“唱”
之古字，唯解釋稍異。俞氏云：“蓋夜則群動俱息，寂然無聲，至日出而人
聲作矣。故其字从‘日’从‘口’而其義則爲‘導’也。”王氏則說：“歌唱以
口，故‘昌’字從‘口’，其上作‘日’者，原始人群衣褐難給，多取暖於日，黑
夜伏處，苦乏燈燭，曉起見日初升，陽和被體，出幽暗之中，頓啓光明，不覺
鼓舞歡呼，引起呼聲，而歌唱生焉。”②裴錫圭先生從而修正爲：“‘唱’最初
很可能指日方出時呼喚大家起身幹事的叫聲。這種叫聲大概多數有一定
的調子，是歌唱的一個源頭。”俞、王、裴諸家之說的貢獻在於注意到“昌”
與“唱”、“倡”之間的聯繫，但缺點也是明顯的：一方面，按照這樣的說法，
“昌”通常所表示的光明、興盛、美好一類意義得不到合理的解釋，顧此而
失彼；另一方面，以“日”、“口”而會倡導或歌唱或喚起之意，仍稍嫌曲折
隱晦。

　　其實，真正的“昌”字本來應爲作光明、興盛、美好等意思講的{昌}
而造。字本從“日”，蓋取象於日，至於“口”旁，應該是一個區別性意符。
在古文字中“口”旁有一種特殊的用法，即作爲區別性意符，與表示某具
體事物的字符相配合，以表示該事物的某種抽象性質。這種現象，裴錫
圭、林澐等先生曾經討論過。他們所指出的具體例子有“古”、“强”、
“高”等，“古”字本作，從盾牌之象形初文，以“口”符指示盾牌堅固
的特性，乃爲{固}而造；“强”字本作，從“弓”，以“口”符指示弓强勁
的特性；“高”本作，在高聳建築形下加“口”符以凸顯高的意思③。
“昌”之構形正屬此類，通過加“口”符來表示日的抽象性質。日象徵光
明、興盛、光彩照人，引申之而有美好之意。可見，“昌”字的造形取意完
全與語言中{昌}這個詞相吻合，本即爲{昌}而造。而{唱}、{倡}的初

① 裴錫圭《說字小記·說“歆”“昌”》，載所著《古文字論集》，中華書局，1992年8月。

② 俞樾、王獻唐之說轉引自上注裴文。

③ 參看裴錫圭《釋“弘”“强”》，載所著《古文字論集》，中華書局，1992年8月；林澐《說
　干、盾》，《古文字研究》第二十二輯，中華書局，2000年7月。

文,如上文所述,本當是"口"中作一圓圈,象張口高唱形之"凵"。很可能是因爲"凵"和"昌"音、形俱近,後來發生合流,"凵"混同爲"昌",而其本身遂廢。文獻中通"唱"、"倡"的"昌"的前身即應是爲{唱}、{倡}而造的"凵"。

回過頭來審視《三德》篇以"凵"爲{昌},恐怕就只能解釋爲同音假借了。有趣的是,楚簡以"凵"該"昌",適與後世以"昌"該"凵"相反。無論如何,這都說明{唱}、{倡}與{昌}語音關係之密切。

這樣,楚簡中"凵"字形之同時記錄{甘}、{倡}和{昌},首先是因爲"甘"之異體與{倡}之初文同形,其次是{倡}之初文既有本用讀法,又可假借表示{昌}。

例(5)　亙——{恆}、{亟}、{極}、{鄄}

《說文》"恆"之古文作"亙",云:"亙,古文从月。《詩》曰:如月之恆。"按,"亙"本作"互",如▯(高卣,《集成》5431)、▯(姑互母觶,《集成》6451),上下二横象天地,月懸其間。在古人的觀念中,月是永恆存在的,其出沒圓缺的周期也是恆常的,所以"互"應是爲表示永恆、恆常之{恆}而造的。戰國文字中"互"加"卜"形義符作▯(《包山》218)、▯(《郭店·老甲》6),隸定作"亙",與《說文》古文相合①。

楚簡"亙"常用以記錄{恆},此爲其本用讀法。例如:

占之,亙(恆)貞吉,少有憂於躬身與宫室,且外又不順。

(《包山》210)

知足之爲足,此亙(恆)足矣。　　　(《郭店·老甲》6)

道亙(恆)無爲也,侯王能守之,而萬物將自化。

(《郭店·老甲》13)

人之敗也,亙(恆)於其且成也敗之。　　(《郭店·老丙》12)

六五:貞疾,亙(恆)不死。　　　(《上三·周易》14～15)

① 關於戰國文字中的"卜"形義符,參看何琳儀《戰國文字通論(訂補)》,219～220頁,江蘇教育出版社,2003年1月。

不宰則不亙(恆)，不和則不葺。　　　　　　　　　　　(《上四·曹沫》48)

登年①不亙(恆)至，苟老不復壯。　　　　　　　　　　(《上五·弟子》5)

楚簡中"亙"還可以表示急亟之{亟}，比如：

夫爲其君之故殺其身者，嘗有之矣。亙稱其君之惡者，未之有也。　　　　　　　　　　　　　　　　　　　　(《郭店·魯穆》5～6)

或爲君貞：以其不安於氏(是)處也，亙徙去☐

(《新蔡》甲三 132、130)

《魯穆》篇"亙稱"之"亙"，整理者讀爲{恆}。陳偉先生指出，古書常見"亟稱"、"亟言"的文例，而不見"恆稱"，簡文"亙稱"應釋讀爲"亟稱"，是急切指出之意②。此一思路很可能是受到郭店簡《老子》異文的啓發：

致虛，亙也；守中，篤也。　　　　　　　　　　　　(《郭店·老甲》24)

【無】不克，則莫＝知＝其＝亙＝(莫知其亙；莫知其亙)，可以有國。

(《郭店·老乙》2)

二"亙"字，今本《老子》均作"極"。整理者指出第二例"從此章用韻看，當以作'極'爲是"③。其實，第一例也應從今本讀{極}於義爲妥。"極"從"亟"聲，二字古通，"亙"旣可讀{極}，自然也可讀{亟}。

新蔡簡"亙徙去"之"亙"，整理者也讀{恆}，欠通。因爲從某處徙去爲一次性行爲，不宜言"恆"。宋華强先生引沈培先生說讀{亟}④，則甚是。簡文蓋貞問：平夜君不安於所居之處，是否應急速徙去？

而"亙"之所以可讀{亟}、{極}，主要是因爲"亙"、"亟"二字形體相近而訛混，"亙"形被當作"亟"來使用。楚簡"亟"作 亟 (《郭店·唐虞》19)，與"亙"確乎極近。《上三·亙先》12 有"堊"、"悎"二字分別

①　田煒《上博五〈弟子問〉"登年"小考》，武漢大學"簡帛網"，2006 年 2 月 23 日。

②　陳偉《郭店竹書別釋》，45 頁，湖北教育出版社，2003 年 1 月。

③　荊門市博物館《郭店楚墓竹簡》，119 頁，文物出版社，1998 年 5 月。

④　宋華强《新蔡葛陵楚簡初探》，395 頁，武漢大學出版社，2010 年 3 月。

寫作①,所從“亟”不從“攴”,而從“卜”,裘錫圭先生指出“卜”形可視爲“攴”之省②。這樣寫法的“亟”正好介乎典型的“亟”與典型的“死”之間,可作爲“亟”向“死”訛混的過渡形態來看待,其間關係略如圖示:

另有學者認爲“亟”、“死”訛混還有音近的因素在起作用③,這是可能的,不過主因恐怕還是形近。

《上一·詩論》13云:

【不求不】可得,不攻不可能,不亦知死乎?

周鳳五先生讀“知死”爲“知極”,據故訓解作“中”④,可從。“知極”的說法可與上引《老子》“知其極”相參。故訓所謂“中”,當理解爲準則、法度一類意義⑤。

最近,裘錫圭先生對楚系簡帛中“死”的具體用例重作檢視研討,指出還有不少以往讀{恆}的“死”,其實很可能是用作“亟”而讀爲{極}的。例如:

時雨進退,無有常死〈亟(極)〉;恭民未知,厤以爲則。

(《帛書》乙篇)

建死〈亟(極)〉屬民,五正乃明,其神是享。　　(《帛書》乙篇)

---

① 整理者皆隸定爲“亙”,讀爲“恆”,不確。此從李銳《〈恆先〉淺釋》(“簡帛研究”網站,2004年5月12日)、裘錫圭《是“恆先”還是“極先”?》(“中國簡帛學國際論壇2007”論文,臺北,2007年11月)二文。

② 裘錫圭《是“恆先”還是“極先”?》,“中國簡帛學國際論壇2007”論文,臺北,2007年11月。

③ 禤健聰《戰國楚簡字詞研究》,64頁,中山大學博士學位論文(導師:陳偉武教授),廣州,2006年4月。

④ 周鳳五《〈孔子詩論〉新釋文及注解》,《上博館藏戰國楚竹書研究》,160~161頁,上海書店出版社,2002年3月。

⑤ 裘錫圭《是“恆先”還是“極先”?》,“中國簡帛學國際論壇2007”論文,臺北,2007年11月。

丞〈亟(極)〉先無有,質(?)、静、虚。　　　　　　　(《上三·亙先》1)

氣是自生,丞〈亟(極)〉莫生氣,氣是自生自作。

(《上三·亙先》2)

丞〈亟(極)〉氣之生,不獨有與也。　　　　(《上三·亙先》2～3)

丞〈亟(極)〉氣之生,因復其所欲。　　　　(《上三·亙先》9＋5)

裘先生認爲,楚帛書中的"極"是準則、法度的意思,"極"、"則"爲韻;上博簡《亙先》篇中的"極"取極頂、終極之義,"極先"猶文獻之"太始",指宇宙的本原,強調的是其最原始和在一切之先的特點;"極先"可省稱"極";"極氣"猶文獻之"元氣"、"初氣",指終極、原始之"氣"。裘先生並指出,"極"的這些義項均從其極棟義引申出來的①。這些觀點均可信從。

楚簡有一地名作"邨思",見《郭店·窮達》8:"孫叔三射邨思少司馬,出而爲令尹,遇楚莊也。"又《包山》163:"邨思公之州里公嘘。"陳偉先生指出"邨思"即文獻中的楚地"期思"②,其說甚是。字又寫作"鄄思",見《新蔡》甲三 353③。"鄄"從"邑"、"亟"聲,當是正體。"邨"爲"鄄"之訛混。"邨"或不加"邑",但作"丞":

丞思少司馬鄧瘣言謂：甘固之歲,左司馬适以王命命丞思舍
枼……是歲也,丞思少司馬屈彝……盛公鄹之歲,丞思少司馬郱
勝……　　　　　　　　　　　　　　　　　(《包山》129～130)

"丞"形顯然也是被當作"亟"來用的,讀如"鄄"、"期"。雖然地名"鄄思"、"期思"中的{鄄}、{期}之所取義尚待考索,但其記作"丞〈亟〉",大概是假借用法。

綜上,楚簡中字形"丞"既有本用讀法{恆},又因訛混被用作"亟";被用作"亟"之"丞",既可記錄"亟"的本用對應詞{亟}(暫從《說文》,以疾亟義爲"亟"之造字本義),又可假借表示極則、終極之{極}和地名"鄄思"之

---

① 裘錫圭《是"恆先"還是"極先"?》,"中國簡帛學國際論壇 2007"論文,臺北,2007 年 11 月。其中部分觀點吸收了其他學者說法的合理成分,詳見裘文,此不煩引。

② 陳偉《郭店竹書別釋》,46 頁,湖北教育出版社,2003 年 1 月。

③ 參張新俊《新蔡葛陵楚墓竹簡文字補正》,《中原文物》2005 年第 4 期。

{郵}（或"期思"之{期}）。

例（6） 羕——{永}、{詠}、{養}、{祥}、{用}

《說文》解"永"字云："永，長也。象水巠理之長。《詩》曰：江之永矣。"段注："引申之，凡長皆曰永。《釋詁》、毛傳曰：'永，長也。'《方言》曰：'施於眾長謂之永。'"① 又《說文》解"羕"字云："羕，水長也。从永、羊聲。《詩》曰：江之羕矣。"段注："引申之爲凡長之偁。《釋詁》云：'羕，長也。'……《漢廣》文，毛詩作'永'，韓詩作'羕'，古音同也。"② 可見，"永"、"羕"爲同源字，"羕"蓋由"永"益以"羊"聲分化而出，而它們所記錄的本來也是同一個詞。楚簡中"羕"字形或表示{永}，這可以看作本用對應。例如：

比：原筮，元羕（永）貞，吉，无咎。　　　　　（《上三·周易》9）

革：改日廼孚，元羕（永）貞，悔亡。　　　　　（《上三·周易》47）

句（耇）是（氏）執心不妄，受命羕（永）長。　（《上三·彭祖》1）

水之長爲{永}爲{羕}，言之長則爲{詠}。《說文》："詠，歌也。"《書·堯典》："歌永言。"《禮記·樂記》："歌之爲言也，長言之也。說之，故言之；言之不足，故長言之。"{詠}與{永}、{羕}爲同源詞③，故楚簡"羕"字也可用以記錄{詠}。例如：

喜斯慆，慆斯奮，奮斯羕（詠），羕（詠）斯猶，猶斯舞；舞，喜之終也。　　　　　　　　　　　　　　　　　（《郭店·性自》34）

此段文字有《禮記·檀弓下》相印證，"羕"讀爲歌詠之{詠}無疑。

楚簡中"羕"除了表{永}、{詠}外，還被假借來記錄其他的詞，如{養}。明顯而無異議的例子有：

昔者舜耕於鬲丘，陶於河濱，漁於雷澤，孝羕（養）父母，以善其

_____

① 〔清〕段玉裁《說文解字注》，569 頁，上海古籍出版社，1988 年 2 月。

② 〔清〕段玉裁《說文解字注》，570 頁，上海古籍出版社，1988 年 2 月。

③ 參看王力《同源字典》，353 頁，商務印書館，1982 年 10 月。

親，乃及邦子。　　　　　　　　　　　　　　　　　　（《上二·容成》13）

　　其生賜（易）①羕（養）也，其死賜（易）葬，去苛慝，是以爲名。

　　　　　　　　　　　　　　　　　　　　　　　　　　（《上二·容成》33）

　　還有一些讀﹛養﹜的“羕”字，則需要一點補充說明，或有不同意見，需要稍作討論辨析。例如：

　　　　行矣而亡噮（違？），羕心於子偀，忠信日益而不自知也。

　　　　　　　　　　　　　　　　　　　　　　　　　　（《郭店·尊德》21）

裘錫圭先生讀“羕心於子偀”爲“養心於子諒”，並詳引古書釋證“子諒”一語②。按，裘說甚是。“養心”之語亦可徵之古籍。如《孟子·盡心下》：“養心莫善於寡欲。”《荀子·不苟》：“君子養心莫善於誠，致誠則無它事矣。”又《修身》：“凡治氣養心之術，莫徑由禮，莫要得師，莫神一好。”簡文“養心於子諒”，意謂從子諒這一方面來修養心性。

　　又如：

　　　　伊尹既已受命，乃執兵禁暴，羕得于民。　　（《上二·容成》37）

“羕得”，整理者讀“佯得”，意頗晦曲。陳偉武先生指出，“羕得”當讀爲“養德”，“養德于民”猶言“養民以德”③。如此則文從字順，且文獻有徵，應可信從。

　　又如：

　　　　凡性，或動之，或逆之，或挃之，或萬之，或出之，或羕之，或長之。……羕性者，習也；長性者，道也。　　（《郭店·性自》9～12）

　　　　羕性者，習也；長性者，道也。　　　　　　（《上一·性情》6）

《郭店·性自》二“羕”字，整理者均讀“養”。但陳偉先生則主張讀“永”，

①　本簡“賜”讀﹛易﹜，說見郭永秉《從〈容成氏〉33 號簡看〈容成氏〉的學派歸屬》，武漢大學“簡帛網”，2006 年 10 月 7 日。另詳第八章。

②　荊門市博物館《郭店楚墓竹簡》，175 頁注釋〔七〕“裘按”，文物出版社，1998 年 5 月。

③　陳偉武《戰國竹簡與傳世子書字詞合證》，《第四屆國際中國古文字研討會論文集》，204 頁，香港，2003 年 10 月。

解作長久①。廖名春先生也主張讀"永",解爲長大②。按,"永性"之說似乏佐證,仍當從整理者讀"養"爲是。"養性"即涵養性情、心性之意。《淮南子·原道》:"以恬養性,以漠處神,則入於天門。""養性"之義與簡文同③。

　　"養性"與上引《郭店·尊德》21"養心"義涵相類,而下引簡文中的"羕(養)思"也有近似的含義:

　　　　羕思而動心,菁如也,其居次也久,其反善復始也慎。

（《郭店·性自》26~27)

　　　　羕思而動心,蒦如也,其居次也久,其反善復始也慎。

（《上一·性情》16)

"羕"字,郭店簡整理者無說。李零先生讀"詠"④。陳偉先生讀"永",謂"永思"即"長思"⑤。上博簡整理者說與陳說略同。其實"羕"應以讀{養}爲是,簡文"養思"與"動心"相對而言,養思者就其靜者言之,動心者則就其用言之,二者實相呼應。

　　楚系簡帛中"羕"還可被假借來表示妖祥之{祥},例如:

　　　　益生曰羕(祥),心使氣曰強,物壯則老,是謂不道。

（《郭店·老甲》35)

　　　　當是時也,癘疫不至,妖羕(祥)不行,禍災去亡,禽獸肥大,草木晉長。　　　　（《上二·容成》16)

　　　　草木亡常,□夭,天地作羕(祥)。　　　　（《帛書》乙篇)

上引《老甲》篇文相應文字見於今本《老子》第五十五章,"羕"正作"祥",馬王堆帛書甲、乙本也都作"祥"。王弼注云:"生不可益,益之則夭。"以"夭"

———————————

① 陳偉《郭店竹書別釋》,184頁,湖北教育出版社,2003年1月。
② 廖名春《新出楚簡試論》,臺灣古籍出版有限公司,2001年5月。此轉引自李天虹《郭店竹簡〈性自命出〉研究》,145頁,湖北教育出版社,2003年1月。
③ 漢人還經常從調養性命的意義上來使用"養性"一語,《淮南子》一書中即多見之。
④ 李零《郭店楚簡校讀記(增訂本)》,109頁,北京大學出版社,2002年3月。
⑤ 陳偉《郭店竹書別釋》,192頁,湖北教育出版社,2003年1月。

解“祥”，“夭”通“妖”，知“祥”確爲妖祥之義。《容成》篇“妖祥”連言更是確定無疑。其實，以“羕”記﹛祥﹜還見於中山王壺及馬王堆帛書《天文氣象雜占》等①。

楚簡中還有一些“羕”字可能也應讀﹛祥﹜，如包山楚墓所出卜筮祭禱簡中也有如下文例：

> 既有病，病心疾，少氣，不納食，䕫月��中尚毋有羕？䢼脁占之，恆貞吉，有祟見親王父殤，以其故敓之，舉禱特牛，饋之。殤因其常牲。　　　　（《包山》221～222）

> 既有病，病心疾，少氣，不納食，尚毋有羕？　占之，恆貞吉，有祟見。　　　　（《包山》223）

整理者注“羕”字云：“羕，借作恙，《漢書·萬石君傳》‘萬石君尚無恙’，注：‘憂病也。’”②諸家無異議。這種讀法表面看來很順暢，但仔細推敲起來卻也不無問題。因爲簡文所記乃是爲左尹患病而求卜吉凶之事，已明言其“既有病，病心疾，少氣，不納食”，既有憂病，然後再卜問是否有憂病，豈不有悖常理？而讀“羕”爲﹛祥﹜，理解爲因有憂病而卜問是否有妖祥作祟，顯然要合理得多。有意思的是，這裏相應的占辭中均說到“有祟見”，似與命辭相呼應。

“羕”有時還可假借表﹛用﹜，例如：

> 君王元君，君善，大夫何羕（用）爭？　　　　（《上四·柬大》23）

讀“羕”爲﹛用﹜，是陳劍先生提出來的，但大概出於謹慎，他又注問號以示不很確定③。後來陳偉先生對此說加以肯定④。按，此說可信。從文例看似難作他解。而上古音“羕”、“用”爲喻紐雙聲，韻部分別歸陽部和東部，

---

① 參看饒宗頤《楚帛書新證》，饒宗頤、曾憲通《楚帛書》，42 頁，中華書局香港分局，1985年 9 月。

② 湖北省荊沙鐵路考古隊《包山楚簡》，57 頁，文物出版社，1991 年 10 月。

③ 陳劍《上博竹書〈昭王與龔之脽〉和〈柬大王泊旱〉讀後記》，“簡帛研究”網站，2005 年 2月 15 日。

④ 陳偉《〈簡大王泊旱〉新研》，“中國簡帛學國際論壇 2006”論文，武漢，2006 年 11 月。

前人早已指出東、陽二部之字每可相通，所以"羕"、"用"古音也應極相近似，假借"羕"字來記錄本由"用"字記錄的{用}，是完全可能的。

另外，"羕"字還出現在人名、地名中，如人名"李羕"（《包山》40）、"番羕"（《包山》176），又如地名"羕陵"（《包山》75、86、107、107、128、128、177、186）、"羕"（《包山》41）等，其中的"羕"究竟相當於何詞，不易確定，暫且不論。

綜上，"羕"字可表示多個詞至少也有兩種原因，一是詞的同源孳乳，一是音同音近假借。

例（7）　史——{史}、{事}、{吏}、{使}、{變}、{辯}

"史"、"事"、"吏"、"使"諸字本同出一源，{史}、{事}、{吏}、{使}諸詞音義也相孳乳通轉，此爲治古文字者所共識。在商周甲金文字中，"史"、"事"字形可以同時用來表示{史}、{事}、{吏}、{使}等同源①。在楚簡中，"史"字形仍然可以記錄這一組同源詞。其表{史}者如：

> 公疥且癯，逾歲不已，是吾無良祝史也，吾欲誅諸祝史。
>
> （《上六·競公》2）
> 是信吾無良祝史，公盍誅之？　　　　　　　（《上六·競公》3）
> 外內不廢，可因于民者，其祝史之爲其君祝敓也。
>
> （《上六·競公》5）
> 如順言弁惡乎？則恐後誅于史者。　　（《上六·競公》7）

另外，曾侯簡有職官名"让史"（155、156），包山簡有職官名"太史"（138）、"右史"（158）、"路史"（159）、"舟史"（159）、"仿史"（161）等，"史"也表示史官之{史}。"史"官之級別有高低，具體職掌也不一，但大抵均屬文職。《包山》161"仿史"與"仿司馬"對稱，可見爲文官。又有人名"史善"（54）、"史炎"（102）、"史懌"（168）、"史瘥"（194）等，"史"當讀

---

① 參看張世超、孫凌安、金國泰、馬如森《金文形義通解》，657～668頁，中文出版社，1996年3月。

爲姓氏之{史}①。“史”姓屬於以官爲氏，故姓氏之{史}與職官之{史}可看作同一音義。

　　“史”表{事}的如：

　　　　以忠史（事）人多。忠者，臣德也。　　　　　　（《郭店·六德》17）
　　　　鄭壽告有疾，不史（事）。　　　　　　　　　（《上六·鄭壽》4）

　　“史”表{吏}的如：

　　　　夫子使其私史（吏）聽獄于晉邦，塼情而不愈（偷），使其私祝史
進□　　　　　　　　　　　　　　　　　　　　　　（《上六·競公》4）
　　　　史（吏）民不逆而順成，百姓之爲經。　　　　（《上七·武王》15）

《競公》“私史”何有祖先生讀“私吏”②，其說可從。治獄平法之下層官員稱“吏”。《說苑·貴德》：“賤仁義之士，貴治獄之吏。”《韓非子·外儲說左下》：“孔子相衛，弟子子皋爲獄吏。”又：“吏者，平法者也。”

　　“史”在楚簡中更多的是讀作{使}③：

　　　　民可史（使）道之，而不可史（使）知之。 （《郭店·尊德》21～22）
　　　　其用心各異，教史（使）然也。　　　　　　　（《郭店·性自》9）
　　　　作禮樂，制刑法，教此民尔，史（使）之有向也，非聖者莫之能也。
　　　　　　　　　　　　　　　　　　　　　　　　（《郭店·六德》1～2）
　　　　史（使）之足以生，足以死。　　　　　　　　（《郭店·六德》14）
　　　　小人④之至者，教而史（使）之，君子無所厭人。
　　　　　　　　　　　　　　　　　　　　　　　　（《上三·中弓》16）
　　　　人史（使）士，我史（使）大夫，人史（使）大夫，我史（使）將軍。人

---

① 參張桂光《楚簡文字考釋二則》，《江漢考古》1994 年第 3 期，又收入其所著《古文字論集》，中華書局，2004 年 10 月；文炳淳《包山楚簡所見楚官制研究》，81～83、171～172頁，臺灣大學碩士學位論文（道師：葉國良教授），1998 年 1 月。
② 何有祖《上博六〈景公瘧〉初探》，武漢大學“簡帛網”，2007 年 7 月 11 日。
③ 這裏將名詞義使者之{使}與動詞義之{使}併作一音義看待。
④ “小人”之釋，見程鵬萬《釋〈仲弓〉第 16 簡的“小人”》，《古文字研究》第二十六輯，中華書局，2006 年 11 月。

史（使）將軍，我君身進。　　　　　　　　　（《上四·曹沫》39～40）

至欲食，而上厚其斂；至惡苟，而上不時史（使）。

（《上五·鮑叔》7）

澤梁史（使）漁守之，山林史（使）衡守之。　　（《上六·競公》8）

孤史（使）一介史（使）親於桃（郊?）逆勞其大夫，且請其行。

（《上七·吳命》4）

　　楚簡中還有一些“史”字形是被當作“弁”字來使用的。“史”、“弁”二字本來是有區別的，其典型寫法及形體來源略如下表所示：

史：（史獸鼎）——（中山王方壺“迣”所從）——《郭店·老甲》35）

弁：（師酉簋）——（侯馬盟書 16：36）——《上一·詩論》22）

張桂光先生指出，二者的區別在於，“弁”有向左右伸出的對稱短筆而“史”沒有①。其說甚是。楚簡中大量的文例也證明了這一點②。所以，在隸釋上一定要把二者區分開來。但畢竟寫法過於相似，訛混的情況偶有發生。例如：

其聲史〈弁（變）〉，則【心從之矣】；其心史〈弁（變）〉，則其聲亦然。

（《郭店·性自》32～33）

其聲史〈弁（變）〉，則心從之矣；其心史〈弁（變）〉，則其聲亦然。

（《上一·性情》20）

君王元君，不以其身史〈弁（變）〉釐尹之常故；釐尹爲楚邦之鬼神主，不敢以君王之身史〈弁（變）〉亂鬼神之常故。

（《上四·柬大》21＋6③）

“弁”、“變”古音極近，可以假借，所以被當作“弁”的“史”可讀作｛變｝。

---

① 　張桂光《楚簡文字考釋二則》，《江漢考古》1994 年第 3 期。

② 　參張桂光《〈郭店楚墓竹簡〉釋注續商榷》，《簡帛研究二〇〇一》，廣西師範大學出版社，2001 年 9 月。

③ 　簡文編聯，見陳劍《上博竹書〈昭王與龔之脽〉和〈柬大王泊旱〉讀後記》，“簡帛研究”網站，2005 年 2 月 15 日。

以"史"爲"弁"者還可讀{辮}:

　　一纏綑衣,錦緻之夾,純德,組緣,史〈弁(辮)〉續。(《信陽》2·7)

李家浩先生云:"'弁'與'組'的意思相近,疑簡文此爲'弁'讀爲'辮'。《說文·系部》:'辮,交織也。'"①其說可從。所謂"弁"字原作髮②,實以"史"爲"弁"。"弁"、"辮"古音相同。

這樣,楚簡中"史"字形至少可以表示{史}、{事}、{吏}、{使}、{變}、{辮}6個語詞,前四種讀法是由音義的同源分化造成的,後兩種讀法首先是因爲字形訛混,其次是音同音近的假借。

例(8)　句——{句}、{鉤}、{拘}、{後}、{后}、{苟}、{耇}

《說文·句部》:"句,曲也。"又《丩部》:"丩,相糾繚也。""丩"象物鉤曲相糾之形,"句"則當由"丩"加"口"旁分化而來,故音義俱因仍之。在語言中,{句}又孳乳出{鉤},《說文·句部》云:"鉤,曲也。从金、从句,句亦聲。"蓋鉤之爲物,正以鉤曲爲其特性。西周晚期的内公鐘鉤銘文正以"句"表{鉤}(見《集成》33)。{句}又孳乳出{拘},《說文·句部》:"拘,止也。从句、从手,句亦聲。"又《玉篇·句部》:"拘,執也。"蓋拘執他人,往往需要屈曲束縛其身體,制止其自由行動。大概在一開始,尚未爲{鉤}、{拘}等孳乳詞造出新的字形,{句}、{鉤}、{拘}等同源詞一律可以用"句"字形來表示。但即使是在{鉤}、{拘}出現專用字形之後,有時仍可沿用舊字形"句",在楚簡中,我們正可看到這樣的現象。

{句}這個詞在後世的基本意義是句讀,指一句話的終止,引申指一句話。此一意義當從"止曲"義引申而出。《玉篇·句部》:"句,言語章句也。"《莊子·駢拇》:"駢於辯者,纍瓦結繩竄句。"此義在先秦時代即已確定,並延續至今。在仰天湖楚簡中,有時簡的末端會書一"句"字(見於第1、3、8等號簡),表示所記贈賻殉葬物品至此爲一段落,也就是提示至此

① 李家浩《釋"弁"》,《古文字研究》第一輯,393頁,中華書局,1979年8月。
② 上注李文摹作髮,不確。

爲一章句的意思。這樣用法的"句"字,可以認爲就是代表語言中的{句}這個詞的。在仰天湖簡中,相同位置還可以用"巳(已)"(見於第7、9、10、13、17、20、25、30、34、37、38 等號簡),{已}是"止"的意思,與{句}正可合證①。

　　專爲{鉤}而造的"鉤"字已見於春秋時代的配兒鉤鑼銘文(《集成》427),楚簡中也有出現,如:

　　　　竊鉤者誅,竊邦者爲諸侯。諸侯之門,義士之所存。

　　　　　　　　　　　　　　　　　　　　　　　　　　　(《郭店・語四》8～9)

　　　　一素緄帶,有□鉤。　　　　　　　　　　　　　　(《信陽》2・7)

　　　　一□革帶,有□鉤。　　　　　　　　　　　　　　(《信陽》2・10)

　　　　二鼎,一鉤。　　　　　　　　　　　　　　　　　(《信陽》2・27)

但楚簡中{鉤}有時仍作"句":

　　　　一緄帶,一雙璜,一雙琥,玉句(鉤),一環。　　(《望山》2・50)

　　拘執、拘禁之{拘},西周金文已出現專造字形作(盠駒尊,《集成》6011),是由"句"加上一個象人被拘執之形的字符來明確詞義。楚簡中則有專造字形"宧",蓋拘禁往往意味着有一定的處所,所以加"宀"旁以表義,所拘者一般指人,故又或加"人"旁足義作"宧"。又作"敂",由"句"加"攴"旁足義。例如:

　　　　管夷吾宧(拘)囚束縛,釋杙櫪而爲諸侯相,遇齊桓也。

　　　　　　　　　　　　　　　　　　　　　　　　　　　(《郭店・窮達》6)

　　　　邾倭未至斷,有疾,死於宧(拘)。　　　　　　　(《包山》123)

　　　　舒朁執,未有斷,解宧(拘)而逃。　　　　　　　(《包山》137)

　　　　小人之州人君夫人之敂愴之宧(拘)一夫逸,趣至州巷。

　　　　　　　　　　　　　　　　　　　　　　　　　　　(《包山》141～142)

---

①　漢代簡牘中這樣用法的"巳(已)"尤爲常見,參看陸錫興《釋卪》,《考古》1987 年第12 期。

　　　　長魚矯![字形]自公所,敂(拘)人於百豫以入,縣(囚)之。①

　　　　　　　　　　　　　　　　　　　　　　　　(《上五·姑成》9)

　　{拘}這個詞不但有動詞義,同時還有名詞義,可指拘所或拘具。這個{拘}有時仍只用"句"字形表示,如:

　　　　陽成公羕畢命悰邦解句(拘),傳邦儚得之。　　　(《包山》120)

　　楚簡"句"字形除了可記錄上述幾個同源詞外,還常被假借來表示其他的幾個詞,如{後}:

　　　　能爲一,然句(後)能爲君子,慎其獨也。　　　(《郭店·五行》16)
　　　　唯有德者,然句(後)能金聲而玉振之。　　　(《郭店·五行》20)
　　　　桀不易禹民而句(後)亂之,湯不易桀民而句(後)治之。

　　　　　　　　　　　　　　　　　　　　　　　　(《郭店·尊德》5~6)

　　　　知命而句(後)知道,知道而句(後)知行。　　　(《郭店·尊德》9)
　　　　君子明乎此六者,然句(後)可以斷獄。　(《郭店·六德》42~43)
　　　　乃五讓以天下之賢者,不得已,然句(後)敢受之。

　　　　　　　　　　　　　　　　　　　　　　　　(《上二·容成》17~18)

　　　　禹然句(後)始爲之號旗,以辨其左右,使民毋惑。

　　　　　　　　　　　　　　　　　　　　　　　　(《上二·容成》20)

　　　　草木須時而句(後)奮,天惡如忻,平旦毋哭,弦望齊肅,是謂順天
之常。　　　　　　　　　　　　　　　　　　　(《上五·三德》1)

又如君后之{后}:

　　　　袚一牂,句(后)土、司命各一羖,大水一環。　　(《望山》1·55)
　　　　毋以卑御盡莊句(后),毋以卑士盡大夫、卿事。

　　　　　　　　　　　　　　　　　　　　　　　　(《郭店·緇衣》23)

　　　　句(后)稷之藝地,地之道也。　　　　　(《郭店·尊德》7)
　　　　"昊天有成命,二句(后)受之",貴且顯矣。　　(《上一·詩論》6)

---

① 　此句釋讀參看陳劍《〈上博(五)〉零札兩則》,武漢大學"簡帛網",2006 年 2 月 21 日。

句（后）稷之見貴也，則以文武之德也。　　　（《上一・詩論》24）

句（后）稷旣已受命，乃食於野，宿於野。　　　（《上二・容成》28）

卑牆勿增，廢人勿興，皇天之所棄，而句（后）帝之所憎。

（《上五・三德》14＋19①）

又如假設連詞{苟}：

句（苟）有車，必見其戴（轍）②；句（苟）有衣，必見其敝。

（《郭店・緇衣》40）

有其人，無其世，雖賢弗行矣。句（苟）有其世，何難之有哉？

（《郭店・窮達》1～2）

是故上句（苟）身服之，則民必有甚焉者。　（《郭店・成之》6～7）

句（苟）不從其由，不反其本，未有可得也者。（《郭店・成之》12）

凡人情爲可悅也，句（苟）以其情，雖過不惡。（《上一・性情》21）

句（苟）能固守而行之，民必服矣。　　（《上五・季庚》22上＋13③）

　　另外，“句”字還用於姓氏，如包山簡60有人名“句戡”，又簡67有人名“夏句浩”。“夏句”複姓，應讀爲“夏后”，當是源於夏后氏。所以，可以認爲這裏的“句”是表示君后之{后}的。單姓“句”似也可讀“后”，古有后姓，孔子弟子有后處（見《史記・仲尼弟子列傳》），漢有后蒼（見《漢書・儒林傳》），但后姓受義之源尚待研究。

　　“句”字還見於下列文例：

　　耆老問于彭祖曰：句是執心不妄，受命永長。臣何藝何行，而遷於朕身，而詖于帝常？　　　　　（《上三・彭祖》1）

---

① 此處編聯參看陳劍《談談〈上博（五）〉的竹簡分篇、拼合與編聯問題》，武漢大學“簡帛網”，2006年2月19日。

② “戴（轍）”字之釋，詳參徐在國《釋楚簡“戴”兼及相關字》，《古文字研究》第二十五輯，中華書局，2004年10月。

③ 此處編聯參看陳劍《談談〈上博（五）〉的竹簡分篇、拼合與編聯問題》，武漢大學“簡帛網”，2006年2月19日。

李零先生疑讀"句是"爲"耇氏"①。此說似可從。讀"句"爲{耇}已見於西周師器父鼎銘"用祈眉壽黃句（耇）"（《集成》2727）。簡文"耇氏"蓋耇老自稱其族。《說文·老部》："耇，老人面凍黎若垢。从老省、句聲。"據此則以"句"記耇老之{耇}屬假借。但朱駿聲則認爲"耇"字"當訓老人背傴僂也。从老省，从句，會意，句亦聲"②。若從朱說，則以"句"表{耇}乃與詞之孳乳有關。

綜上所述，楚簡中"句"字形之表示多個音義，至少有詞的孳乳和音的假借兩方面的原因。

※　※　※　※　※　※　※　※　※　※　※

一字形表多音義的現象普遍存在於漢字發展史的各個階段。戰國楚系簡帛文字資料爲我們提供了剖析這一現象的很好標本。裘錫圭先生在《文字學概要》一書中曾專門討論到"一形多音義"的問題，表述略有不同，但實際所指和本文所說的"一字形表多音義"基本一致。裘先生將造成"一形多音義"的主要原因歸納爲"語義引申"、"假借"、"同義換讀"、"異字同形"四種③。本章對楚系簡帛一字形表多音義現象考察的結果，也大體上和這一歸納相吻合，而楚系簡帛的大量實例則恰可爲裘說提供更多具體的印證。特別值得注意的是那些有不同的因素共同起作用的複雜情形。我們研究楚系簡帛字形與音義的關係，不僅要努力考證某一字形有哪些讀法，而且要作深一步的分析，弄清楚它何以有這些讀法，即要探究該字形與其不同的對應詞之間建立關係的理據。這樣，才能增進我們對特定時空內字形使用實情的了解。希望上文所作的舉例討論，能在這方面提供一定的參考。

---

① 馬承源主編《上海博物館藏戰國楚竹書（三）》，304 頁，上海古籍出版社，2003 年12 月。
② 〔清〕朱駿聲《說文通訓定聲》，356 頁，中華書局，1984 年 6 月。
③ 裘錫圭《文字學概要》，255～257 頁，商務印書館，1988 年 8 月。

第三章

楚系簡帛中的一音義用多字形現象

第一節　由假借造成的一音義用多字形

由假借造成的一音義用多字形可分兩大類來討論。

(一) 一音義旣有它的本用對應字形,同時又假借本爲表示與它音同或音近的詞而造的字形來記錄,這樣就形成一音義對應多字形的局面

我們在第一章中已經接觸到一些這樣的實例。比如,遭遇的{遇}旣有寫作"遇",又有借用"塲"、"禺"者;容貌之{貌}旣有本用對應字形"侀",又假"宙"爲之;等等。假借字形可以是一個,也可以是多個。下面,我們將列舉另外一些例子加以分析。

例(1)　{益}——賞、森

楚簡中增益之{益}有寫作"賞"者,例如:

賞(益)生曰祥,心使氣曰强,物壯則老,是謂不道。

(《郭店·老甲》35)

關雎之改,則其思賞(益)矣。　　(《上一·詩論》11)

《湛露》之賞(益)也,其猶軑歟?　　(《上一·詩論》21)

"賞"原形作🔲、🔲,一般釋爲"賠",並不準確。字當分析爲從"貝"、"森"聲,其聲符"森"即"嗌"之象形初文。《說文·口部》:"嗌,咽也。从口、益聲。🔲(森),籀文嗌。上象口,下象頸脈理也。""賞"可以看作是爲表利益、增益之{益}而造的字形。

但楚簡之{益}更多的卻是只用"貣"的聲符"𣢘"來記錄,這顯然屬於假借。例如:

學者日𣢘(益),爲道者日損。　　　　　　　(《郭店·老乙》3)

有天下弗能𣢘(益),亡天下弗能員(損)。　(《郭店·唐虞》19)

學爲可𣢘(益)也,教爲可類也。　　　　　　(《郭店·尊德》4)

與爲義者遊,𣢘(益)。　　　　　　　　　　(《郭店·語三》9)

一命一覆(俯)①,是謂𣢘(益)愈。　　　　　(《上三·彭祖》7)

豈必有𣢘(益)? 君子以成其孝。　　　　　(《上四·內豊》8)

詛爲無傷,祝亦無𣢘(益)。　　　　　　　　(《上六·競公》8)

楚簡"𣢘"字,一般多直接釋爲"益",這也是有欠準確的。由於"𣢘"爲"嗌"之象形初文,倒是可以逕釋作"嗌",再括注"益"。其實假"𣢘"表{益}已見於西周晚期金文,如攸叔簋銘(《集成》4130)言"𣢘(益)貝十朋"等。歷時來看,"貣"是在假借字"𣢘"的基礎上增加意符"貝"而成。

例(2)　{養}——敹、羕

《說文·食部》:"養,供養也。从食、羊聲。𢼝,古文養。"古文"敹"從"攴"、"羊"聲,與"養"爲異體字,也應看作{養}的本用對應字形。楚簡{養}常用"敹"表示,正與《說文》古文相合:

禹治水,益治火,后稷治土,足民敹(養)……　(《郭店·唐虞》10)

巽(?)乎脂膚血氣之情,敹(養)性命之正,安命而弗夭,敹(養)生而弗傷。　　　　　　　　　　　　　　　　　　(《郭店·唐虞》11)

聞舜孝,知其能敹(養)天下之老也。　　(《郭店·唐虞》22~23)

禪(?)天下而授賢,退而敹(養)其生。　(《郭店·唐虞》26~27)

治之至,敹(養)不肖,亂之至,滅賢。　　(《郭店·唐虞》28)

不說而足敹(養)者,地也。　　　　　　　(《郭店·忠信》4)

---

① "覆(俯)"字之釋,見拙作《上海博物館藏楚簡〈彭祖〉新釋》,《華學》第七輯,中山大學出版社,2004 年 12 月。

忠之爲道也，百工不楛，而人敩（養）䵼（均）①足。

（《郭店·忠信》6～7）

豫（捨）丌（己）志，求敩（養）親之志，蓋無不以也。

（《郭店·六德》33）

但楚簡中另外還假借"羕"來記錄{養}，具體文例及討論已詳見第二章第五節，請讀者參看，此不贅。

例（3）　{實}——實、寴

金文"實"字作■（㻫簋，《集成》4317）、■（國差罎，《集成》10361）。《說文·貝部》："實，富也。从宀、从貫。貫，貨貝也。"{實}由富實義引申而有實在、充實、真實、實質等意思。楚簡中{實}這一音義常記作■形（《郭店·忠信》8），嚴格分析起來似是從"宀"、從重"貝"，重"貝"形顯然應是"貫"之稍變，所以一般將它直接隸釋爲"實"是可取的。楚簡中這種以本用字形"實"記錄的{實}見於下舉文例：

口重（惠）而實弗從，君子弗言尔。　　　（《郭店·忠信》5）

忠，仁之實也；信，義之期也。　　　（《郭店·忠信》8）

禹乃因山陵平隰之可封邑者而繁實之。（《上二·容成》18～19）

《伐木》【之□】實咎於其（己）也。　　　（《上一·詩論》8～9）

據我們研究，楚簡中其實還有一些{實}是假借"寴"字來記錄的，這一點以前大家注意得不夠，特論述如次。

《上五·鬼神》簡5有一句話作：

名則可畏，■則可爰②。

---

① "䵼"字讀{均}，說見楊澤生《郭店簡幾個字詞的考釋》，《中國文字》新廿七期，藝文印書館，2001年12月。

② "則"字原誤釋"者"，已經李銳先生指出，見所著《讀上博五劄記》，"簡帛研究"網站，2006年2月20日。"爰"整理者釋"矛"，讀"柔"。仔細觀察，"矛"下尚可辨"人"形，應隸定爲"爰"。

字(下以 A 代指之),整理者以爲"步"之古文。此字已見於包山楚簡,如:

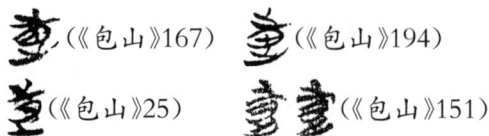

字從上下二"止",中從"田"或"日",過去也都釋爲"步"字。釋"步"的根據是其形與傳抄古文中的"步"相合。但由於出土古文字資料中尚未發現確定無疑的"步"字是這樣寫的,而上舉包山簡諸文均用爲人名,也難以從文意上加以檢驗,所以它是否即"步"字,其實是值得懷疑的。

《周易·訟》卦辭有"窒惕"之語,新出楚簡本與"窒"相應的字作:

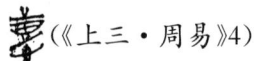

字上所從顯然就是 A,按照漢字一般構形規律,應是一從"心"、A 聲的字。這對以 A 爲"步"的說法是不利的。整理者將之釋爲"懥",讀爲今本的"窒"。也就是說,整理者是把 A 看作"疐"字的。

筆者認爲以 A 爲"疐"字是有道理的。過去中山王方壺出現如下一字:

![圖]

顯然也是從 A,趙誠先生即已釋爲"疐"①,現在看來可能也是正確的。這裏想對這種寫法的"疐"字的來源作一點粗略的補充說明。

按,"疐"字已見於殷墟甲骨文和西周金文,本作:

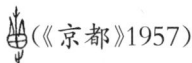

---

① 趙誠《〈中山壺〉〈中山鼎〉銘文試釋》,《古文字研究》第一輯,253 頁,中華書局,1979 年 8 月。

應該是一個形聲字,唯其聲符相當於後世何字尚可進一步研究。《說文》:
"霋,礙不行也。從夐,引而止之也。夐者,如夐馬之鼻。從此與牽同意。"
釋義則是,釋形則據已訛變的篆文爲說,恐不可靠。值得注意的是,到了
西周晚期,"霋"字出現了一種新的寫法:

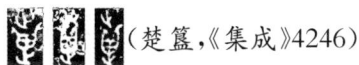(楚簋,《集成》4246)

其聲符的上部變作"止",這極可能是一種有意的改造,即局部形體的意符
化。戰國文字的"霋"當即由此進一步演變而來。蓋其中部略加省變即爲
"田"形,而"田"顯然失去表音作用,故又或改作"日"以表音,因爲"霋"屬
端母質部,"日"屬日母質部,古音極近。於是,"霋"字演變之迹略如下圖
所示:

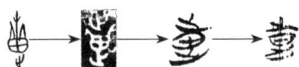

　　回過頭來檢驗上引上博簡文文意,"霋"應讀爲{實},"實"爲船母質部
字,與"霋"古音甚近,假"霋"來記錄本由"實"記錄的{實},在音理上是沒
有問題的。上文已推測楚簡"霋"字所從的"日"爲聲符,而《說文》、《白虎
通》、《釋名》等書均以"實"來聲訓"日",可見"實"、"日"音通,若"霋"果可
以"日"爲聲,則其可通"實"也是自然之事。"炎"當讀爲{侮},楚簡習見,
例煩不舉。簡文云:"名則可畏,實則可侮。"意思是表面看來很可怕,但實
際上卻可得而侮之。

　　"名"與"實"爲兩個對立的概念,古人每對舉之,如《戰國策·西周策》
"名曰衛疾,而實囚之也",《戰國策·燕策二》"名則義,實則利",等等。
"畏"與"侮"則爲待人的兩種相反態度,古人也常常並言之,如《大戴禮
記·衛將軍文子》"不畏強禦,不侮矜寡"、《郭店·老丙》[1]"大上下知有之,
其次親譽之,其次畏之,其次炎(侮)之"、《法言·淵騫》"人畏其力,而侮其
德",等等,不勝枚舉。這些文例正可與本簡"名則可畏,實則可侮"互相
印證。

　　以上關於"霋(實)"的考釋意見,筆者曾在《讀〈上博竹書(五)〉小記》

一稿中談過[①]。後來,我們在《上六》中也看到“疐”字:

恭儉以立身,堅强以立志,忠疐以反俞(?)。　(《上六・慎子》1)

“疐”字整理者仍誤釋爲“步”。雖然“忠疐以反俞(?)”整句意思還不十分明確,但從文例看,“忠疐”與“恭儉”、“堅强”並列,無疑應指人之美德,讀爲“忠實”,正極合適。何有祖先生已從上述拙見,讀《慎子》此“疐”爲{實}[②]。《六韜・選將》:“有悾悾而不信者,有恍恍惚惚而反忠實者。”《史記・萬石張叔列傳》:“上以爲廉,忠實無他腸。”並其例。“忠實”一語沿用至今。

例(4)　{静}——害、吉、束

後世文獻中習慣用“静”字表示安静之{静},但其實這不能從字形上得到合理的解釋,“静”很可能不是{静}的本用對應字形。《説文・青部》:“静,審也。从青、爭聲。”朱駿聲云:“經傳皆以精爲之。”[③]顯然也不以“静”爲安静字。然以“静”爲精審之{精}的本字,可能也是錯誤的,這一點我們暫且不論。現在我們來看看楚簡中是怎樣記録{静}這一音義的。

楚簡{静}常記作“害”,例如:

身欲害(静)而毋款,慮欲淵而毋僞。　(《郭店・性自》62)
凡身欲害(静)而毋壹,用心欲直而毋僞。　(《上一・性情》27)
極先無有,樸、害(静)、虚。　(《上三・亙先》1)
樸,太樸;害(静),太害(静);虚,太虚。　(《上三・亙先》1)
未有作行出生,虚害(静)爲一。　(《上三・亙先》1～2)

---

① 見拙文《讀〈上博竹書(五)〉小記》,武漢大學“簡帛網”,2006年4月1日。季旭昇先生《〈上博三・周易・訟卦〉二題:懥、其邑三四户》(載《中國文字》新三十一期,2006年11月)一文對“疐”字的形體源流也有疏説,可參看。

② 何有祖《〈慎子曰恭儉〉札記》,武漢大學“簡帛網”,2007年7月5日。

③ 〔清〕朱駿聲《説文通訓定聲》,860頁,中華書局,1984年6月。

若寂寂夢夢，害（靜）同而未或萌，未或滋生。　（《上三・互先》2）

害（靜）以待時，時出故，故出事，事出政。①　　（《上四・相邦》1）

"害"應該分析爲從"宀"、"青"聲，"青"即"青"加羨符"口"而成之繁體，故"害"同"青"，當是爲表安靜之{靜}而造的，"安"、"宓"、"窒"等表安靜義的字均以"宀"爲意符，可相參證。換言之，楚簡"害（青）"爲{靜}之本用對應字形。

"青"、"靜"均耕部字，聲紐同屬精組，古音極近，所以文獻中用"靜"記錄的{靜}可以用以"青"爲聲符的"害"來表示。不獨如此，楚簡中的{靜}有時即可記作"害（青）"，例如：

我無爲而民自化。我好害（靜）而民自正。　（《郭店・老甲》32）

杲（躁）勝蒼（寒），害（靜）勝然（熱），淸＝（淸害—淸靜）爲天下定。　　　　　　　　　　　　　　　　　　　（《郭店・老乙》15）

這顯然屬於假借用法。借"青"爲{靜}和以"害"爲{靜}，在語音上正可互相證明，而且也提示我們，《說文》對"靜"字的結構分析可能是有問題的，"靜"字本來也應是以"青"爲聲符的。

楚簡中的{靜}有時還可以記作"束"，如：

孰能濁以束（靜）者，將徐淸。　　　　（《郭店・老甲》9～10）

夫亦將知【足】，知足以束（靜），萬物將自定。

　　　　　　　　　　　　　　　　　　（《郭店・老甲》13～14）

"束"古韻屬耕部對應的入聲錫部，聲紐也屬精組，所以也具備記錄{靜}的語音條件。這當然也是假借用法。

這樣，{靜}在楚簡中除了本用字形"害"外，至少還有兩個假借字形"青"和"束"。

---

① 此句的釋讀，參裘錫圭《上博簡〈相邦之道〉1 號簡考釋》，《中國文字學報》第一輯，商務印書館，2006 年 12 月。

（二）一音義沒有出現本用對應的字形，但可以假借兩個或兩個以上的字形來記錄，這樣也造成一音義對應多字形的現象

我們在第一章提到過的云曰之{云}借"員"和"云"等，即屬於這種情況。現在再討論另外幾組例子。

例（1）　{用}——用、甬、羕

行用之{用}，傳世文獻一般都作"用"，楚系簡帛中也有作"用"之例：

　　皋陶入用五刑，出試兵革。　　　　　　　　　（《郭店·唐虞》12）

　　【虞】用威，夏用戈，征不服也。　　　　　　（《郭店·唐虞》13）

　　賓客之用幣也。　　　　　　　　　　　　　　（《郭店·語三》55）

　　六三：勿用取女；見金夫，不有躬，无攸利。　（《上三·周易》1）

　　上六：大君子有命，啓邦承家，小人勿用。　　（《上三·周易》8）

　　郤奇、郤至、姑（苦）成家父立死，不用其衆。　（《上五·姑成》10）

但其實更普遍的是記作"甬"，例如：

　　弱也者，道之甬（用）也。　　　　　　　　　（《郭店·老甲》37）

　　其甬（用）心各異，教使然也。　　　　　　　（《郭店·性自》9）

　　凡甬（用）心之躁者，思爲甚；甬（用）智之疾者，患爲甚。

　　　　　　　　　　　　　　　　　　　　　　　（《郭店·性自》42）

　　民之又感患也，上下之不和者，其甬（用）心也將何如？

　　　　　　　　　　　　　　　　　　　　　　　（《上一·詩論》4）

　　舜乃欲會天地之氣而聽甬（用）之。　　　　　（《上二·容成》30）

　　初六：謙君子，甬（用）涉大川，吉。　　　　（《上三·周易》13）

　　君子之立孝，愛是甬（用），禮是貴。　　　　（《上四·内豊》1）

　　三者盡甬（用）不皆（偕），邦家以怰（雄）。　（《上四·曹沫》56）

　　敢甬（用）一元㸬牂先之。　　　　　　　　　（《新蔡》乙四 48）

　　民勿甬（用）□□百神。　　　　　　　　　　（《帛書》乙篇）

從古文字看，"用"、"甬"本來都是筒、桶一類器物的象形，區別只在於

上端提手的有無，很可能是一字的分化。結合字音考慮，它們應該是｛筒｝或｛桶｝的初文。《說文》釋"用"爲"可施行也。從卜、從中"，釋"甬"爲"艸木華甬甬然也。從马、用聲"，都是不可靠的。不但以"甬"爲｛用｝是假借用法，我們熟悉的以"用"爲｛用｝同樣是假借用法。

我們在第二章第五節中還講到楚簡中有假"羕"表｛用｝的現象，文例就不重舉了。這樣，｛用｝這一音義便一共有了 3 個假借字形了。

例（2）　｛萬｝——萬、蘲、旮

萬千之數的｛萬｝，難以通過字形直接描摹表述，自商周以來通常假借"蠆"的象形初文"萬"來記錄。楚系簡帛沿用之，例如：

> 道恆無爲也，侯王能守之，而萬物將自化。　　（《郭店・老甲》13）
> 萬物方作，居以須復也。　　（《郭店・老甲》24）
> 枉者敗，而敬者萬世。　　（《上七・武王》15）
> 一言而萬民之利，一言而爲天地旨。　　（《上七・凡甲》29）

但更多的則記作"蘲"，例如：

> 是以能輔蘲（萬）物之自然，而弗敢爲。　　（《郭店・老丙》13）
> 《呂刑》云："一人有慶，蘲（萬）民賴之。"（《郭店・緇衣》13～14）
> 武王於是乎作爲革車千乘，帶甲蘲（萬）人，戊午之日，涉於孟津。
> 　　（《上二・容成》50～51）
> 兼愛蘲（萬）民，而無有私也。　　（《上四・曹沫》12）
> 今豎刁，匹夫而欲知蘲（萬）乘之邦，而貴尹，其爲災也深矣。
> 　　（《上五・鮑叔》5～6）
> 夫子治十室之邑亦樂，治蘲（萬）室之邦亦樂。
> 　　（《上五・君子》11）

"蘲"字《說文》所無，本義不詳。按一般結構規律，可分析爲從"土"、"萬"聲。"土"也有可能是不表義的羨符。無論如何，用它來記｛萬｝仍屬假借。

｛萬｝還偶記作"旮"：

　　　　大明不出，旮物均舍（暗）①。　　　　　　　　　　　（《郭店·唐虞》27）

　　"旮"字原形作 ，整理者誤釋爲"完"，裘錫圭先生指出應釋"丏"，即《說文》"丏"字，讀爲{萬}②，甚是。字嚴格隸定應作"旮"，爲"丏"上增"八"爲飾筆而成。字又見於《璽彙》③3648，作 ，爲反書，文曰"百旮"，正應讀爲"百萬"。又見於西周史牆盤，作 ，文曰"旮尹音彊"，則應讀作"萬尹億彊"④。《說文》云："丏，不見也，象壅蔽之形。"未詳所據。從古文字看，"丏"字主體部分實爲人形，但其構形取意尚難確定。不過用爲{萬}大概也只能屬於音假。後世表{萬}的簡體字"万"，實與"丏"同字。

　　　　例（3）　{然}——肰、然、虡、言

　　{然}這一音義在古漢語中是極常用的，其基本意義是"如此"，也難以取象造字。楚簡多用"肰"字形來表示：

　　　　雖肰（然），其存也不厚，其重也弗多矣。　（《郭店·成之》9～10）
　　　　爵位，所以信其肰（然）也。　　　　　　　　　（《郭店·尊德》2）
　　　　民性固肰（然）：見其美，必欲返其本。　　　　（《上一·詩論》16）
　　　　其用心各異，教使肰（然）也。　　　　　　　　（《上一·性情》4）
　　　　人灋地，地灋天，天灋道，道灋自肰（然）。

　　　　　　　　　　　　　　　　　　　　　　　　（《郭店·老甲》22～23）

　　　　能爲一，肰（然）後能爲君子，慎其獨也。　　　（《郭店·五行》16）
　　　　言行相怨，肰（然）後君子。　　　　　　　　　（《上五·弟子》12）
　　　　從人觀，肰（然）則免於戾。　　　　　　　　　（《上三·內豊》10）
　　　　當其曲以成之，肰（然）則邦平而民擾矣。　　　（《上五·季庚》23）

────────────────

① "舍"從施謝捷先生隸定，見所著《郭店楚墓竹簡釋文》，未刊電子本。"舍"蓋閉口義之"吟"、"唫"、"噤"之異體，此讀爲"暗"。

② 荊門市博物館《郭店楚墓竹簡》，160 頁注釋〔三三〕"裘按"，文物出版社，1998 年 5 月。

③ 《璽彙》爲《古璽彙編》（羅福頤主編，文物出版社，1981 年 12 月）的簡稱，下同。

④ 參拙文《西周史牆盤銘解詁》，"鳳鳴岐山——周文化國際學術研討會"論文，岐山，2009 年 4 月；後題《西周史牆盤銘新釋》，刊《中山大學學報（社會科學版）》2013 年第 6 期。

肰（然）而古亦有大道焉，必恭儉以得之，而驕汏以失之。

（《上四·曹沫》7B＋8A）

既瘥以心瘀肰（然），不可以動思舉身。　　　（《望山》1·13）

周公戒肰（然）作色曰……　　　　　　　　　（《信陽》1·1）

其烈則流如也以悲，悠肰（然）以思。　（《郭店·性自》31）

《說文》：“肰，犬肉也。从犬、肉。讀若然。”犬肉義之“肰”讀爲﹛然﹜顯然是假借用法。後世文獻﹛然﹜的通用書寫形式是“然”。“然”，《說文》云：“燒也。从火、肰聲。”即燃燒義之本字，後再疊加“火”旁作“燃”。可見以“然”記﹛然﹜原本也是出於音假。楚簡中也有用“然”之例，但較罕見：

《思之》，《兹信然》，《邛詐戈（豻）虎》。　（《上四·采風》5）

屏氣而言，不失其所然。　　　　　　　　（《上七·凡甲》27）

孔子曰：言則美矣，然異於丘之所聞。　（《上五·季庚》15A＋9）

在其他先秦古文字資料中，以“然”記﹛然﹜也不多見，較明確的似只有中山王鼎銘的“寡人懼其忽然不可得”。楚簡中另有數處“然”字用作﹛熱﹜的，見於《郭店·老乙》15，《太一》3、4 等。

﹛然﹜又可記作“虡”，例如：

其知博，虡（然）後知命。　　　　　　　（《郭店·語一》28）

知天所爲，知人所爲，虡（然）後知道，知道虡（然）後知命。

（《郭店·語一》29～30）

知禮虡（然）後知刑。　　　　　　　　　（《郭店·語一》63）

“虡”字，字書所無，古文字中亦屬首見。可能應分析爲從“虍”、“肰”聲，“虍”也可能是繁飾符號不表義。“虡”讀﹛然﹜也以看作假借爲宜。

另外，﹛然﹜還有少數可借“言”表示，例見第二章第一節，此不贅。

例（4）　﹛豈﹜——剴、敳、戤、幾

表示疑問或反詰的副詞﹛豈﹜，無形可象，無事可指，用文字來記錄，最直捷的辦法就是假借同音字爲之。傳世文獻中一般是假借本象帶羽飾之鼓形的"豈"字來表示｛豈｝的①。楚簡中則或記作"劓"，如：

> 禹立三年，百姓以仁道，劓（豈）必盡仁？ 《郭店·緇衣》12～13）
> 君子能好其匹，小人劓（豈）能好其匹。　　　（《郭店·緇衣》42）
> 公劓（豈）不飽梁食肉哉？殹無如庶民何。　　（《上二·從甲》6）
> 劓（豈）必有益？君子以成其孝。　　　　　　（《上四·内豊》8）

《說文·刀部》："劓，大鎌也。一曰：摩也。从刀、豈聲。"以"劓"爲｛豈｝顯爲假借。

又或記作"敳"，如：

> 惟君子能好其匹，小人敳（豈）能好其匹。　　（《上一·緇衣》21）

《說文·攴部》："敳，有所治也。从攴、豈聲。"以"敳"爲｛豈｝，無疑也是假借用法。

又或記作"戤"，例如：

> 戤（豈）美是好？唯心是蕖。　　　　　　　　（《上四·逸詩·交交》3）
> 君子相好，以自爲衛，戤（豈）美是好？唯心是萬（賴）。
> 　　　　　　　　　　　　　　　　　　　　　（《上四·逸詩·交交》4）

"戤"應是一個从"戈"、"豈"聲的字，後世字書無載，疑爲"劓"或"敳"之異體，其表｛豈｝顯然也屬假借②。

又或用"幾"字來表示，例如：

> 寡人之不肖也，幾（豈）不二子之憂也哉？　（《上五·競建》8～9）
> 且夫踐今之先人，世三代之傳史，幾（豈）敢不以其先人之傳

---

① 關於"豈"字的構形，筆者擬另文考釋。【修訂本按：我的看法是，"豈"字以帶羽飾之鼓形代表奏凱之樂，即奏凱、凱旋之"凱"的初文。後見徐山先生《釋"豈"》（《黄鐘》2009年第1期）已持此說，論證頗詳，請讀者參考。】

② 由於"戤"的左上部分寫得雷同於"幺"形，故有的學者主張將它釋爲"幾"，認爲"幺"形與"戈"組合成"幾"的省體。說見魏宜輝《讀上博楚簡（四）札記》，"簡帛研究"網站，2005年3月10日。若取此說，則是假"幾"爲｛豈｝。《說文·豈部》："幾，戤也。訖事之樂也。从豈、幾聲。"

志告。 （《上五·季庚》14）

不知黃帝、顓頊、堯、舜之道在乎？意幾（豈）喪不可得而睹乎？

（《上七·武王》1）

"幾"字西周金文作（伯幾父簋）、（幾父壺），楚簡或作（《郭店·老甲》25），上端稍省。《說文·丝部》云："幾，微也。殆也。从丝、从戍。戍，兵守也。丝而兵守者，危也。"此說比較費解。其造字本意究竟是什麼，尚可作進一步研究。但無論如何，"幾"之表{豈}當屬假借。古音"幾"屬見母微部，"豈"屬溪母微部，音極相近，故可通。

例（5） {矣}——矣、𦣞、𣅀、㠯、歖、歆、壴

語氣助詞{矣}在楚簡中可以用多個字形來表示，其中最常見的是"矣"，例如：

知足之爲足，此恆足矣。 （《郭店·老甲》6）

非倫而民服，世此亂矣。 （《郭店·尊德》25）

人雖曰不利，吾弗信之矣。 （《郭店·緇衣》44～45）

"有命自天，命此文王"，誠命之也，信矣。 （《上一·詩論》7）

其聲變，則其聲從之矣。 （《上一·性情》20）

五至既聞之矣，敢問何謂三無？ （《上二·民之》5）

魯莊公將爲大鐘，型既成矣。 （《上四·曹沫》1）

則鬼神之賞，此明矣。 （《上五·鬼神》2）

吾幣帛甚美於吾先君之量矣。 （《上六·競公》1）

以"矣"表{矣}，與傳世文獻同。但"矣"的字形與{矣}的詞義實際上並無關聯。《說文·矢部》云："矣，語巳（已）詞也。从矢、㠯聲。"把"矣"當作{矣}的本字來解釋，但一個記錄"語已詞"的字爲何要從"矢"，其實是說不出所以然的。根據李守奎、張富海等先生的研究，"矣"與"𦣞"（{疑}的本字）實爲一字之分化，所從"矢"爲"大"形的訛變①。楚簡"矣"字有作本

———————————

① 參看李守奎《〈說文〉古文與楚文字互證三則》，《古文字研究》第二十四輯，中華書局，2002 年 7 月；張富海《說"矣"》，《古文字研究》第二十六輯，中華書局，2006 年 11 月。

用讀法表示{疑}的,具體例子已見於第一章第三節。其表助詞{矣}應屬假借用法。

楚簡{矣}或記作"吴",如:

> 毋失吾勢,此勢得吴(矣)。　　　　　　　　(《郭店·語二》50)
>
> 人雖曰不利,吾弗信之吴(矣)。　　　　　　(《上一·緇衣》23)
>
> 夫子曰:言即至吴(矣),雖吾子勿問,固將以告。
>
> 　　　　　　　　　　　　　　　　　(《上六·季趄》2+7①)

又或記作"𨑔",如:

> 行進,此友𨑔(矣)。　　　　　　　　　　　(《郭店·語三》62)

又可以"悆"表示,如:

> 不求諸其本而攻諸其末,弗得悆(矣)。　(《郭店·成之》10～11)
>
> 農夫務食不强耕,糧弗足悆(矣)。士成言不行,名弗得悆(矣)。
>
> 　　　　　　　　　　　　　　　　　　(《郭店·成之》13)
>
> 苟不從其由,不反本,雖强之弗納悆(矣)。
>
> 　　　　　　　　　　　　　　　　　(《郭店·成之》14～15)
>
> 蓋言慎求之於己,而可以至順天常悆(矣)。
>
> 　　　　　　　　　　　　　　　　　(《郭店·成之》37～38)

"吴"、"𨑔"均爲{疑}之本字,"悆"是在"吴"之變體"矣"的基礎上益以"心"旁,大概是爲了彰顯内心疑惑之意而作,此三者都是{疑}之本用對應字形,其中"吴"、"悆"表{疑}的文例我們在第一章第三節中也已經引用過。它們被用來記錄助詞{矣},無疑都是假借。關於{矣}和{疑}的語音關係,張富海先生有較詳細的分析,可以參考②。

除了假借與"吴"有關的系列字形外,{矣}還假借一組與"喜"有關的

---

①　編聯見陳劍《〈上博(六)·孔子見季桓子〉重編新釋》,《出土文獻與古文字研究》第二輯,復旦大學出版社,2008年8月。

②　張富海《説"矣"》,《古文字研究》第二十六輯,中華書局,2006年11月。

字形來記錄。比如記作"歆"：

> 必正其身，然後正世，聖道備歆（矣）。　　　　（《郭店・唐虞》3）

> 縱仁聖可與（舉）[①]，時弗可及歆（矣）。　　　（《郭店・唐虞》15）

又記作"歁"：

> 余，汝能慎始與終，斯善歁（矣）。　　　　　（《上五・弟子》11）

> □者，皆可以爲諸侯相歁（矣）。　　　　　　（《上五・弟子》18）

而更多的是寫成"壴"：

> 慎終若始，則無敗事壴（矣）。　　　　　　　（《郭店・老丙》12）

> 凡學者求其心爲難，從其所爲，近得之壴（矣）。

　　　　　　　　　　　　　　　　　　　　（《郭店・性自》36）

> 人不慎，斯有過，信壴（矣）。　　　　　　　（《郭店・性自》49）

> 觀諸詩、書，則亦在壴（矣）；觀諸禮、樂，則亦在壴（矣）；觀諸易、

> 春秋，則亦在壴（矣）。　　　　　　　　　（《郭店・六德》24～25）

> 若夫老老慈幼，旣聞命壴（矣）。　　　　　　（《上三・中弓》8）

> 貧賤而不約者，吾見之壴（矣）。　　　　　　（《上五・弟子》6）

《唐虞》篇"歆"字，原整理者括注"嘻"，不確。裘錫圭先生指出，"'歆'當讀爲'矣'"，"此二字古音極近"[②]。按，《說文》云："喜，樂也。從壴、從口。凡喜之屬皆從喜。歁，古文喜從欠，與歡同。"據此，"歁"實是"喜"之異體。"喜"爲曉母之部字，"矣"爲匣母之部字，韻同聲近，通常借用"矣"記錄的｛矣｝，完全可以借用"喜"字異體"歁"來表示。"歁"字《說文・欠部》設立獨立字頭，云："歁，卒喜也。從欠、從喜。"《繫傳》本字頭作"歡"，與"喜"之古文同。按，"歁"實爲"歡"省"口"之簡體。楚簡之"歁"正可證明這一點。"歁"之讀｛矣｝與"歡"之讀｛矣｝差不多是一回事。《老丙》篇之"壴"，原整

---

① 　參看周鳳五《郭店楚簡〈唐虞之道〉新釋》，《"中研院"歷史語言研究所集刊》第 70 本第 3 分，1999 年 9 月；李零《郭店楚簡校讀記》，《道家文化研究》第十七輯，生活・讀書・新知三聯書店，1999 年 8 月。

② 　荊門市博物館《郭店楚墓竹簡》，159 頁注釋〔六〕"裘按"，文物出版社，1998 年 5 月。

理者釋"喜"，云："簡文字形與金文'喜'字形近。讀作'矣'。"裘錫圭先生加按語云："簡文似以'壴'爲'喜'。"①按，裘說甚是。楚簡中的"壴"是被當作"喜"字的省體來用的，所以可以記錄與"喜"音近的{矣}。

這樣，楚簡中{矣}這個詞一共假借了7個不同字形來表示。

第二節　由一字異體造成的一音義用多字形

所謂"一字異體"，是傳統語文學的說法，指的是一個"字"有兩個或兩個以上的音義相同而形體不同的寫法。從本質上講，就是同一音義有兩個或兩個以上形體不同的本用對應字形。所以，我們這裏是在本用對應的前提下來討論此一問題的，像"矣"、"㠯"、"㠯"和"悬"那樣的一字異體同記{矣}的情況，只能屬於上一節討論的範圍。這一界限是必須劃清楚的。

楚系簡帛中"一字異體"的現象大量存在，由此造成的一音義使用多個字形的實例也相當豐富。

"一字異體"本身即可從不同的角度細分出許多不同類型。爲避繁瑣，這裏不準備作精細的分類，只是從靜態的和較寬泛的角度，粗略歸納成三大類，即（一）異構字；（二）繁簡字；（三）兼有前兩種。下面分別舉例說明。

（一）異構異體字造成的一音義用多字形

所謂異構異體字，指的是結構不同的異體字，包括結構類型的不同，如象形、會意與形聲的不同等；也包括結構部件的不同，如會意字偏旁的不同，形聲字聲符或意符的不同，或者兩者均不同；也包括局部部件的變換等②。

---

① 荊門市博物館《郭店楚墓竹簡》，122頁注釋〔二一〕，文物出版社，1998年5月。
② "異構字"的概念，參王寧《漢字構形學講座》第十講"漢字構形的共時相關關係"，上海教育出版社，2002年3月。但本書所說的"異構字"與王說略有不同，比如我們將繁簡字獨立開來討論。

例（1）　〔得〕——旻、貴

楚系簡帛中得失之〔得〕多記作“旻”，其例至夥，略舉數則如下：

　　陳午之里人藍訟登令尹之里人苛䵺，以其喪其子丹，而旻（得）之
於䵺之室。　　　　　　　　　　　　　　　　　　（《包山》92）

　　鄁之戠客捕旻（得）冒，卯自殺。　　　　　　　（《包山》135 反）

　　志事速旻（得），皆速賽之。　　　　　　　　　（《包山》200）

　　北方高，三方下，尻之安壽，宜人民，土田驛旻（得）。

　　　　　　　　　　　　　　　　　　　　　　　（《九店》五六 45）

　　得其人則舉焉，不旻（得）其人則止焉。　　　　（《郭店·六德》48）

　　朕兹不敏，旣旻（得）聞道，恐弗能守。　　　　（《上三·彭祖》8）

　　必恭儉以旻（得）之，而驕汰以失之。　　　　　（《上四·曹沫》8）

　　敬者旻（得）之，怠者失之，是謂天常。　　　　（《上五·三德》2）

　　不可以嫁女取臣妾，不夾旻（得），不成。　　　（《帛書》丙篇）

“旻”字從“又”從“貝”會意，早期金文作▉（得觚）、▉（父癸卣），楚簡作▉
（《郭店·五行》8）、▉（《郭店·老甲》12）等形，“貝”旁略有省訛，但會意仍
然明確。《說文·見部》：“尋，取也。从見、从寸。寸，度之，亦手也。”“貝”
訛成“見”，並據以解說，遂不可通。

　　〔得〕除了記作“旻”外，還偶或作“貴”，如：

　　名與身孰親？身與貨孰多？貴（得）與亡（亡）孰病？

　　　　　　　　　　　　　　　　　　　　　（《郭店·老甲》35～36）

　　☐八月有女子之貴（得），九月、十月有外☐　　（《新蔡》乙四 106）

“貴”原形作▉。郭店簡整理者注云：“貴，从‘貝’、‘之’聲，與‘得’音近通
假。亡，‘亡’字異體。”[1]有的學者主張讀“貴”爲“持”[2]。但帛書本與今本
皆作“得”，而且文例上與“亡”相對爲文，所以仍當以讀〔得〕爲是。然整理

---

① 荊門市博物館《郭店楚墓竹簡》，117 頁注釋〔七三〕“裘按”，文物出版社，1998 年 5 月。

② 陳偉《郭店竹書別釋》，22 頁，湖北教育出版社，2003 年 1 月。

者以爲"音近通假"則猶未確。廖名春先生云："'貴'乃'曼'之異體。'曼'，'从又从貝'，會意；'貴'上之下貝，形聲。之，之部章母；得，職部端母。之、職對轉，章、端同屬舌音，聲韻皆近。"①所言甚是。新蔡簡之"貴"，何琳儀先生讀{時}，引《集韻》："時，蓄財也。"②宋華强先生則主張讀{惻}，謂"女子之惻"與《新蔡》零204"女子之感"意思相同或相近③。筆者以爲此處"貴"作本用讀{得}自可通，似無煩他求。"有女子之得"是一個積極的占斷，意思是"在女子方面有所得"，不必與"女子之感"牽合。

　　例（2）　{誥}——誥、告

　　《說文·言部》："誥，告也。从言、告聲。𥏻，古文誥。"《書·多方》："誥告爾多方，非天庸釋有夏，非天庸釋有殷。"孔穎達疏："以言告人謂之誥。"《慧琳音義》卷八十八："誥，古王者號令以謹勅也。"{誥}這個詞是從{告}分化出來的，專指上級特別是最高統治者的誥令，"誥"這個字形正是爲記錄此分化詞而產生，其產生的途徑就是在"告"的基礎上加上一個"言"旁。"誥"應分析爲"從言、從告，告亦聲"。

　　這個記錄{誥}的"誥"字，在楚簡文獻中可以見到，文例如下：

　　　　僕以誥告子郚公。　　　　　　　　　　　　（《包山》133）

簡文中又有下面的表述：

　　　　左尹以王命告子郚公。　　　　　　　　　　（《包山》139反）

兩相對照，"誥"顯然就相當於"王命"，它記錄的正是誥令之{誥}。"以誥告"的句式也可與上引《多方》及《書·梓材》"誥告庶殷"等相比證。簡文"誥"、"告"連言，區分甚明，而且楚簡中表示一般的告訴、告發的行爲之{告}多見，只用"告"而從不用"誥"，可見{誥}、{告}確已分化。

---

① 廖名春《郭店楚簡老子校釋》，347頁，清華大學出版社，2003年6月。

② 何琳儀《新蔡竹簡選釋》，《安徽大學學報（哲學社會科學版）》2004年第3期，10頁。

③ 宋華强《新蔡楚簡的初步研究》，59頁，北京大學博士學位論文（導師：李家浩教授），2007年5月。

楚簡中{誥}還可寫作"𡪢"，例如：

《尹𡪢（誥）》云：佳尹身及湯，咸有一德。　　　（《郭店·緇衣》5）

《康𡪢（誥）》云：敬明乃罰。　　　（《郭店·緇衣》28～29）

《康𡪢（誥）》曰：不還大暊，文王作罰，刑茲無赦。

（《郭店·成之》38）

《尹𡪢（誥）》云：佳尹身及康，咸有一德。　　　（《上一·緇衣》3）

《康𡪢（誥）》云：敬明乃罰。　　　（《上一·緇衣》15）

"𡪢"已見於西周早期的史牆簋和何尊銘文等，唐蘭先生對此字及其相關問題有過精辟的論述，茲略引如下：

《說文》裏的古文，都指六國古文，就是壁中經，像《尚書》之類。《尚書·大誥》釋文"誥本作𡪢"。那末，許慎所見的壁中古文是從言從収作𡪢，傳寫《說文》的人把収旁誤爲月又了。……這是因爲言本作�和告作𡭔相近，就把從言從収的𡪢，改爲從収告聲的𡪢字了。其實𡪢字的從言從収是由於誥是由上告下，作誥的是奴隸主貴族，用雙手來捧言，以示尊崇之義。[1]

也就是說，"誥"和"𡪢"可以看作一對異構字，一會意兼形聲，一純爲會意，它們都是爲表示{誥}這個詞而造的。

例(3)　{牧}——牧、斀

《說文》："牧，養牛人也。从攴、从牛。"楚系竹簡牧養之{牧}多數即記作"牧"。例如：

牧人之騏爲左服，牧人之駒爲右服。　　　（《曾侯》181）

牧人之兩黃。　　　（《曾侯》184）

訏徴：《牧人》、《䓸人》、《蠶亡》、《霓氏》、《城上生之葦》、《道之遠尔》……　　　（《上四·采風》3）

---

[1]　唐蘭《史牆簋銘考釋》，《唐蘭先生金文論集》，183 頁，紫禁城出版社，1995 年 10 月；原載《考古》1972 年第 5 期。

> 大工尹之駒爲右服，都牧之騏爲右驂。　　　　　　（《曾侯》145）

> 都牧之生駁爲左服，䠱夫之生駁爲右服。　　　　　（《曾侯》164）

《周禮・地官・牧人》：“牧人掌牧六牲而阜蕃其物，以共祭祀之牲牷。”曾侯簡“都牧”應是指稱“都”地之“牧人”，以別於中央職官之“牧人”。

“牧”又見於如下文例：

> 先其欲，備其强，牧其怠（倦）。　　　　　　　　（《上二・相邦》1）

> 以此前後之，猶不能以牧民而反志。　　　　　　（《上七・吳命》5）

《相邦》篇的{牧}，裘錫圭先生認爲其義應爲養撫，“牧其倦”意謂於臣民勞倦之時加以養撫[①]。如果同《吳命》“牧民”的文例一起考慮，竊疑{牧}均可理解爲教治。此義爲牧養義之引申。“牧民”之語古書恆見，教治人民之意。“牧其倦”意謂臣民有倦怠則教治之。

{牧}又寫作“斁”：

> 百里迗遚五羊，爲伯斁（牧）牛。　　　　　　　　（《郭店・窮達》7）

“斁”從“攴”、“墨”聲，當爲“牧”之異體。二者一會意、一形聲，結構類型相異。

　　例（4）　{圖}──圉、惫

“圖”字西周金文作 {img}、{img}（《金文編》425 頁）。《說文・囗部》云：“圖，畫計難也。从囗、从啚，啚，難意也。”“啚，難意也”不可解。徐灝《說文解字注箋》云：“許以啚爲難意，未詳其恉。竊謂圖即畫圖之義。《周禮》大司徒‘掌建邦之土地之圖’，‘內宰掌書版圖之法’是也。啚即都鄙之鄙，版圖故畫都啚也，從囗啚者，環其都啚而圖之也，引申爲凡圖像之偁，又爲凡圖謀之義。”[②]按，徐說甚善。{圖}由圖畫義引申出圖謀義。楚簡圖謀之{圖}數見，但不用從“囗”從“啚”的字形，而是用“圉”和“惫”來表示。

---

① 裘錫圭《上博簡〈相邦之道〉1 號簡考釋》，《中國文字學報》第一輯，70 頁，商務印書館，2006 年 12 月。

② 轉引自丁福保《說文解字詁林》，6418 頁，中華書局，1988 年 4 月。

　　{圖}作"圉"者有：

　　　邦大旱，哀公謂孔子：子不爲我圉（圖）之？　　（《上二·魯邦》1）

馬承源先生謂"圉"從"者"聲，在簡文中讀爲"圖"，並以《玉篇·口部》"圖"字古文作"囻"爲證，十分可信①。"圉"即將"圖"所從的"啚"替換成"者"，變會意爲形聲，爲"圖"之異體。

　　但{圖}更多的則是寫作"㦡"，如：

　　　毋以小謀敗大㦡（圖）。　　　　　　　　（《郭店·緇衣》22～23）

　　　毋以小謀敗大㦡（圖）。　　　　　　　　（《上一·緇衣》12）

　　　今邦彌小而鐘愈大，君其㦡（圖）之。　　（《上四·曹沫》2）

　　　其爲不仁厚矣，公弗㦡（圖），必害公身。　（《上五·鮑叔》6）

　　　吾子㦡（圖）之。　　　　　　　　　　　（《上五·姑成》7）

　　　吾橞（直）②立經行，遠慮㦡（圖）後。　　（《上五·姑成》7）

　　　措心懷惟，各有其異㦡（圖）。　　　　　（《上六·用曰》5）

　　　古之用民者……行不信則命不從，信不㦡（圖）則言不樂。

　　　　　　　　　　　　　　　　　　　　　　（《郭店·成之》1～2）

　　　得一【而】㦡（圖）之，如并天下而抯之。　（《上七·凡甲》23＋17③）

"㦡"字原形作▮（《郭店·緇衣》23）、▮（《上一·緇衣》12），隸作"㦡"是沒有疑問的，但一開始曾被誤讀爲{作}或{著}。孟蓬生先生和筆者都曾經指出過應該讀{圖}④，現在已逐漸取得共識。特別是我們還從傳抄古文

---

① 馬承源主編《上海博物館藏戰國楚竹書（二）》，204 頁，上海古籍出版社，2002 年12 月。

② "橞"字原誤釋爲"想"。參看何有祖《〈季庚子問于孔子〉與〈姑成家父〉試讀》，武漢大學"簡帛網"，2006 年 2 月 18 日。

③ 編聯見復旦大學出土文獻與古文字研究中心研究生讀書會《〈上博（七）·凡物流形〉重編釋文》，復旦大學出土文獻與古文字研究中心網站，2008 年 12 月 31 日。

④ 拙文《初讀上博楚簡》，"簡帛研究"網站，2002 年 2 月 5 日；又拙文《楚簡"圖"字補證》，《康樂集——曾憲通教授七十壽慶論文集》，中山大學出版社，2006 年 1 月；孟蓬生《郭店楚簡字詞考釋（續）》，《簡帛語言文字研究》第一輯，28 頁，巴蜀書社，2002 年 11 月。

資料中發現一些堅強的證據，如《汗簡·心部》引裴光遠《集綴》"圖"作，《古文四聲韻·模韻》引王存乂《切韻》"圖"作等，顯然就是"惹"。現在看來，"惹"字應該是把"圕"所從的"口"替換成"心"的結果。從發展序列上講，存在着由"圖"而"圕"，再由"圕"而"惹"的過程，但從平面看來，"惹"從"心"、"者"聲，與從"口"、"者"聲的"圕"是異體字的關係，同時它們也都是"圖"的異體。"惹"之所以選擇"心"作爲意符，大概是爲了彰示圖謀一類意義，因爲圖謀是關乎心思的①。【修訂本按：清華簡陸《鄭武夫人規孺子》2、9 數見{圖}，均記作"愳"，這樣看來，"圕"應是先加"心"成"愳"，然後再去"口"而成"惹"。】

例(5)　{傷}——剔、戕、惕

創傷、傷害之{傷}，楚簡中或記作"剔"，如：

小人將捕之，夫自剔(傷)。　　　　　　　　　　　　　　（《包山》142）

往言剔(傷)人，來言剔(傷)己。　　　　　　　　　　　　（《郭店·語四》2）

其將帥盡剔(傷)，軙(車)連(輦)②皆栽。　　　　　　　　（《上四·曹沫》32）

死者弗收，剔(傷)者弗問，旣戰而有怠心③，此旣戰之幾(忌)。

（《上四·曹沫》45）

或記作"戕"，如：

州人將捕小人，小人信以刀自戕(傷)。　　　　　　　　（《包山》144）

君子不以流言戕(傷)人。　　　　　　　　　　　　　　（《上二·從甲》19）

---

① 另外，《上三·彭祖》2 "大（夫？）箸之婁（數），戀（難）易欵欲"之"箸"，筆者曾讀{圖}謂"大圖"猶言"大謀"（說見拙著《簡帛文獻與文學考論》，85 頁，中山大學出版社，2007 年 12 月）。但因首字也有可能是"夫"，所以此句的釋讀尚需重新考慮。如"箸"確可讀{圖}，則應屬假借，那麼{圖}之用多字形便有多種原因了。

② "車輦"之讀，參陳劍《上博竹書〈曹沫之陳〉新編釋文（稿）》，"簡帛研究"網站，2005 年 2 月 12 日。

③ "怠心"之讀，參陳劍《上博竹書〈曹沫之陳〉新編釋文（稿）》，"簡帛研究"網站，2005 年 2 月 12 日；拙著《簡帛文獻與文學考論》，102 頁，中山大學出版社，2007 年 12 月。

立死何戕（傷）哉？　　　　　　　　　　　　（《上五·姑成》7）

邦失幹常，小邦則戔（剗），大邦迻（禍）戕（傷）。

（《上五·三德》5）

詛爲無戕（傷），祝亦無益。　　　　（《上六·競公》8）

“剔”字從“刀”、“易”聲，“戕”字從“戈”、“易”聲，應看作一對異體字，它們都是爲表｛傷｝而造的。二者均取意於“刀”、“戈”能傷人之特性。

｛傷｝又寫作“惕”：

毋曰何惕（傷），禍將長；毋曰惡害，禍將大。

（《上七·武王》8～9）

“惕”字從“心”、“易”聲，本應爲强調内心之傷害而造，仍可看作“剔”、“戕”之異體，當與《說文》訓“放也”之“惕”（文獻一般以“蕩”爲之）無關。【修訂本按：清華簡伍《命訓》9、11｛傷｝均記作“瘍”，從“疒”、“易”聲，强調傷害義之後果，爲表｛傷｝之又一異體。】

例（6）　｛任｝——任、妊、貢

負任、聽任、任用之｛任｝，文獻一般寫作“任”，從“人”、“壬”聲。楚簡也用之，如：

凡憂患之事欲任，樂事欲後。　　　（《上一·性情》31）

善則從之，不善則止之；止之而不可，隱而任之，如從己起。

（《上四·内豐》6＋8①）

或寫作“妊”：

凡憂患之事欲妊（任），樂事欲後。　（《郭店·性自》62）

上引《性情》、《性自》二例中“任”、“妊”爲異文。“凡憂患之事欲任”言於憂患之事要敢於負任。“妊”從“力”、“壬”聲，爲“任”之異體，從“力”蓋取任

---

① 此處簡文的連接，參董珊《讀〈上博藏戰國楚竹書（四）〉雜記》，“簡帛研究”網站，2005年2月20日；魏宜輝《讀上博楚簡（四）札記》，“簡帛研究”網站，2005年3月10日。

力之意。

　　{任}又可記作"賁":

　　　　聚人民,賁(任)土地,足此民尔生死之用,非忠信者莫之能也。

　　　　　　　　　　　　　　　　　　　　　　　　　　(《郭店·六德》4)

　　　　旣有夫六位也,以賁(任)此【六職】也。　　(《郭店·六德》10)

　　　　□諸父兄,賁(任)諸子弟。大材,埶(設)諸大官,小材,埶(設)諸

　　　　小官,因而施祿焉。　　　　　　　　　　(《郭店·六德》13～14)

　　　　中處而不頗,賁(任)德以俟,故曰靜。　　(《上六·慎子》3)

"賁"字從"貝"、"壬"聲,或謂"賃"之省文而讀爲{任},其實未必然。任用
之義或關乎財物,如上揭《六德》"任土地"即是,故以"貝"爲意符是很自然
的事情。換言之,"賁"也應看作是爲表{任}而造的字形,它與"任"、"妊"
是聲符相同而意符不同的異體關係。中山國諸器之{任}作"賁"或"賃",
如"冢賁(任)之邦"(妌蚉壺,《集成》9734),"屬賃(任)之邦"、"受賃(任)佐
邦"(王罍方壺,《集成》9735),"使知社稷之賃(任)"、"委賃(任)之邦"(王
罍鼎,《集成》2840),也均不必認爲庸賃字之假。

　　【修訂本按:清華簡玖《成人》2"聖(聽)壬(任)群疊(秩)",假借"壬"
來表{任}。這樣,{任}之用多字形,便是多種原因共同造成的了。】

　　例(7)　{廟}——𩺂、宙

　　宗廟之{廟},楚簡中或作"𩺂",或作"宙"。例如:

　　　　親事祖𩺂(廟),教民孝也。　　　　　　　(《郭店·唐虞》5)

　　　　賓客,清𩺂(廟)之文也。　　　　　　　　(《郭店·語一》88)

　　　　《清宙(廟)》,王德也,至矣。　　　　　　(《上一·詩論》5)

　　　　敬宗宙(廟)之禮,以爲其本。　　　　　　(《上一·詩論》5)

　　　　吾以《甘棠》得宗宙(廟)之敬。　　　　　(《上一·詩論》24)

　　　　萃:王格于宙(廟),利見大人,亨。　　　 (《上三·周易》42)

　　　　渙:亨。王假于宙(廟),利見大人,利涉大川。

　　　　　　　　　　　　　　　　　　　　　　　　(《上三·周易》54)

"漳"字從"宀"、"淖"聲,爲{廟}之本用字形,來源甚古,周初金文中即多見之。所從"淖"即潮水之{潮}和朝暮之{朝}的共同的本字({潮}、{朝}爲同源詞,與{汐}、{夕}爲同源詞是一樣的道理)。"宙"字從"宀"、"苗"聲,"苗"、"廟"古音同屬明紐宵部,完全密合,"宙"也應是{廟}的本用字形,但從目前掌握的材料看,它的出現要比"漳"晚得多。《說文·广部》:"廟,尊先祖皃也。从广、朝聲。庿,古文。"作"廟"、"庿"者,正好分別與"漳"、"宙"對應,從"广"和從"宀"相通,所以它們都是異體字的關係。【修訂本按:清華簡拾壹《五紀》45、76{廟}作"𡦟",從"室"、"爻"聲,當是爲記{廟}而造的又一異體。又,清華簡玖《禱辭》11:"君旨(詣)朝(廟)徟(邀)余,余怀(負)而進之。"則假借"朝"字表{廟}。這樣一來,{廟}之用多字形,便屬於多種原因共同造成的了。】

例(8)　{胛}——髂、髊

肩胛之{胛}既可寫作"髂",也可寫成"髊"。例如:

既背膺疾,以髂(胛)疾,以心☐	(《新蔡》甲三 100)
☐疾、髊(胛)疾,以心悶,尚毋死?	(《新蔡》甲三 131)
☐☐疾、髊(胛)疾,以心☐	(《新蔡》甲三 245)

根據徐在國、張光裕、陳偉武等先生的研究,"髂"可分析爲從"骨"、"虏"[1]聲,"髊"可分析爲從"骨"、"盍"聲,二者均是爲表示{胛}而造的[2]。

以上例(1)、(2)、(3)屬於結構類型相異者,例(4)、(5)、(6)屬於意符相異者,例(7)、(8)則屬於聲符相異者。

(二) 繁簡異體字造成的一音義用多字形

有時候,記錄同一音義的一組異體字之間,主體部分相同,由於偏旁或偏旁的一部分的增減而造成字形的不同,這種情況我們稱爲繁簡異

---

① "虏"爲{柙}之初文,參看第六章第二節。

② 徐在國《新蔡葛陵楚簡札記》,"簡帛研究"網站,2003 年 12 月 7 日;張光裕、陳偉武《戰國楚簡所見病名輯證》,《中國文字研究》第一輯,商務印書館,2006 年 12 月。

體字。

例（1）　｛克｝──克、叔

古文字中的"克"本以"肩"負"㞷"會意，爲克任之｛克｝的本用字形①。楚簡｛克｝正有作"克"者：

《君陳》云：未見聖，如其弗克見，我既見，我弗由聖。

（《郭店・緇衣》19）

但更多的則是寫作"叔"，例如：

《君陳》云：未見聖，如其弗叔（克）見，我既見，我弗由聖。

（《上一・緇衣》10～11）

九四：不叔（克）訟，復即命渝，安貞吉。　　（《上三・周易》6）

三代之陣皆存，或以叔（克），或以亡。　　（《上四・曹沫》14）

必慎戒，如將弗叔（克），毋冒以陷，必迍（禍）前功。

（《上四・曹沫》53上＋60下②）

"叔"爲"克"增益"又"旁的繁體。

例（2）　｛上｝──上、走

"上"字本作 ，以一長畫爲參照，以一短畫指示上方，是爲表示｛上｝而造的抽象字形。語言中｛上｝這個詞不單有方位意義，而且有動作意義。楚系簡帛中｛上｝可記作"上"，也可加"止"記作"走"，"走"大概是考慮到｛上｝的動詞意義而造的。"上"、"走"可看作繁簡異體。

"上"多表｛上｝的名詞義，少表動詞義，例如：

不足於下者，有餘於上。　　（《郭店・太一》14）

上不以其道，民之從之也難。　　（《郭店・成之》15）

---

① 參看拙作《說"㞷"及其相關諸字》，《中國文字》新廿八期，藝文印書館，2002年12月。

② 此處簡文的編聯，參李銳《〈曹劌之陣〉釋文新編》，"孔子2000"網站，2005年2月22日。

下之事上也，不從所命，而從其所行。　　　　　　（《郭店·尊德》36）

上九：无妄，行有眚，无攸利。　　　　　　　　　（《上三·周易》21）

大不順于邦，有梟入于上下。　　　　　　　　　　（《帛書》丙篇）

禪(?)也者，上德授賢之謂也。　　　　　　　　　（《郭店·唐虞》20）

“走”則多表｛上｝的動詞義，少表名詞義，例如：

既腹心疾，以走(上)氣，不甘飮。

（《包山》236，239、242、245、247 同文）

以其有瘴病，走(上)氣，尚毋死？　　　　　　　　（《包山》249）

陳功走(上)賢，能治百人，使長百人。　　　　　　（《上四·曹沫》36）

豈美是好？唯心是萬。間廾悡𢓊，皆(偕)走(上)皆(偕)下。

（《上四·逸詩·交交》3）

走(上)苟身服之，則民必有甚焉者。　　　　　　　（《郭店·成之》7）

走(上)苟倡之，則民鮮不從矣。　　　　　　　　　（《郭店·成之》9）

例(3)　｛相｝——相、䙘、椢

《說文·目部》：“省視也。从目、从木。”｛相｝由省視義引申出輔相義，輔相之｛相｝兼有動、名二義。楚簡中輔相之｛相｝有寫作“相”的，如：

【君子先】人則啟道之，後人則奉相之。　　　　　（《上二·從甲》17）

昔者君老，太子朝君，君之母弟是相。　　　　　　（《上二·昔者》1）

又以豎刁與易牙爲相。　　　　　　　　　　　　　（《上五·競建》10）

也有增加“又”旁寫作“䙘”的，如：

陵辻尹之䙘(相)陽余可納之。　　　　　　　　　　（《包山》149）

管夷吾拘囚來縛，釋杕櫟而爲諸侯䙘(相)，遇齊桓也。

（《郭店·窮達》6）

□□釕□釕□人，可謂䙘(相)邦矣。　　　　　　　（《上四·相邦》2）

吾見於君，不問有邦之道，而問䙘(相)邦之道。　　（《上四·相邦》4）

□者，皆可以爲諸侯䙘(相)矣。　　　　　　　　　（《上五·弟子》18）

包山簡"叟"字,原整理者不識。袁國華先生釋爲"相",解作"家相"①,甚是。包山簡文書類往往在簡的末尾寫上"某某納之"的字樣,其作用是標明該條記錄的信息來源。上引《包山》149 文意思是,前面所記的事是由陵迠尹的家相名叫陽余可者匯報上來的。

{相}又可作"椙",如:

　　　日月得其甫(輔),椙(相)之以玉卉,仇雦戔(殘)亡。

　　　　　　　　　　　　　　　　　　　　(《上六·天甲》5～6,《天乙》5 同文)

"甫"、"椙"二字,整理者分別釋作"央"、"根",均誤。

　　"叟"、"椙"當爲"相"分別增益"又"旁、"止"旁而成,意符"又"、"止"提示輔相義與人的行爲動作有關。"叟"、"椙"都是"相"的繁體。

　　例(4)　{從}——从、迚、從、牧

《説文·从部》別"从"、"從"爲二字,云:"从,相聽也。从二人。""從,隨行也。从辵、从,从亦聲。"其實在語言中,聽從之{從}和隨從之{從}是同一個詞,不應該強生分別。"从"和"從"只是一字之異體。最初以二"人"相從狀會意,後來才加上"辵"旁作"從",爲繁體;"辵"旁又或可省作"止"旁,作"迚",繁簡正好介乎"从"、"從"之間②。楚簡中也採用"从"、"迚"、"從"這一組異體字來記錄{從}。其作"从"者有:

　　　口惠而實弗从(從),君子弗言尔。　　　　　(《郭店·忠信》5)

寫作"迚"的有:

　　　同社、同里、同官不可證,曪至迚(從)父兄弟不可證。

　　　　　　　　　　　　　　　　　　　　　　　　(《包山》138 反)

　　　其聲變,則心迚(從)之矣。　　　　(《上一·性情》20)

---

① 袁國華《"包山楚簡"文字考釋》,"第二屆國際中國古文字學研討會"論文,香港,1993年 10 月。

② 參看《甲骨文編》,350～351 頁;《金文編》,576～578 頁。

上交近事君，下交得衆近祂（從）政，修身近至仁。

（《上一·性情》25）

凡悅人勿綎【也】，身必祂（從）之，言及則明舉之而勿僞。

（《上一·性情》29～30）

善則祂（從）之，不善則止之。　　　（《上四·內豊》6）

止之而不可，隱而任之，如祂（從）已起。　（《上四·內豊》6＋8）

寫作“從”的最爲普遍，例如：

言從行之，則行不可匿。　　　　　（《郭店·緇衣》34）

有率人者，有從人者。　　　　　　（《郭店·六德》8）

如是而不可，然後從而攻之。　　　（《上二·容成》39）

六三：食舊德貞屬，終吉；或從王事，无成。　（《上三·周易》5）

吾不知其尔墓，尔姑須旣褣焉從事。　（《上四·昭王》5）

君王之病將從今日以已。　　　　　（《上四·東大》22）

肥從有司之後，一不知民務之安在。　（《上五·季庚》1）

除此之外，楚簡中還有一個從重“从”的字，我們將它隸定作“猋”，並認爲它很可能也是“从”字的繁體。“猋”的原字形及文例如下：

……必訋邦之貴人及邦之奇士猋卒使兵，毋復前常。凡貴人使處前位一行，後則見亡。　　　（《上四·曹沫》29＋24下①）

是故長民者，毋攝爵，毋猋軍，毋避罪，用都教於邦。

（《上四·曹沫》28＋37上②）

李零先生以爲“猋”即傳抄古文中的“虞”，讀爲“御”③。按，此釋可商。傳抄古文“虞”字有作𤎷、𤎷者，所從四“乀”似隸楷的“人”，而不似古文字的

---

①　此處簡文的拼接，說詳拙著《簡帛文獻與文學考論》，100 頁，中山大學出版社，2007 年 12 月。

②　此處簡文的連接，參李銳《〈曹劌之陣〉釋文新編》，“孔子 2000”網站，2005 年 2 月 22 日；又“簡帛研究”網站，2005 年 2 月 25 日。

③　馬承源主編《上海博物館藏戰國楚竹書（四）》，上海古籍出版社，2004 年 12 月。

"人"。實際上,《汗簡》就並不認爲它從"人",而是將它歸在"入"部。然而不論以爲從四"人",抑或從四"入",都無法解釋它與"虞"的關係。所以最大的可能是,此爲一訛變了的形體。曾憲通先生曾認爲此形爲"虞"字之省變,古文借"虞"爲"虞"①。這是很有啓發性的。但我懷疑,所謂"虞"字古文,實爲"吳"字訛變的可能性或許會更大一些。因爲戰國文字中"虞"往往借"吳"爲之,比如《唐虞》、《子羔》等篇的"虞"就都作"吳";《古文四聲韻》卷一"虞"字下引王存乂《切韻》一文亦"吳"字。"吳"字戰國文字作 ，《汗簡》引《義雲章》作 ，右上方"口"訛成兩撇,稍再斷裂錯位即成 ，均衡處理即爲 。敦煌本、岩崎本、内野本、上元本等古本《尚書》中,"虞"字多作 、 ②,本也應當是"吳"字,其主體的"大"形還很明顯。可見簡文"众"與所謂的"虞"字古文是毫無關係的。

"众"字從重"从",可作"从"之繁構看待,仍然讀{從},放到原文中檢驗,意思是順暢的。"众(從)卒"就是從伍服役的意思。讓貴人從軍,大概是出於鼓舞士氣的考慮。"長民者"、"毋從軍",是緊承上文"卒有長,三軍有帥,邦有君,此三者所以戰"說的,因爲三軍之事自有長、帥在,國君不宜多予插手,而且國君若置身軍隊,便是"邦無君"了。當然,這是就一般情況來說的。《曹沬》篇同時也主張在特殊情況下,爲了取得戰爭的勝利,國君有時也需要"身進"、"親率"的。【修訂本按:近年,仍有學者重申上博簡《曹沬》"众"爲古文"虞"之說,如陳劍《據〈清華簡(伍)〉的"古文虞"字說毛公鼎和殷墟甲骨文的有關諸字》(《古文字與古代史》第五輯,"中研院"歷史語言研究所,2017 年 4 月)等。但新出安徽大學藏楚簡《曹沬之陣》對應之字正作"从",證實了拙說。參李鵬輝《據安徽大學藏戰國竹簡〈曹沬之陣〉談上博簡相關簡文的編聯》(《文物》2022 年第 3 期,82 頁)。】

---

① 曾憲通《從曾侯乙編鐘之鐘虡銅人說虡與業》,饒宗頤、曾憲通《楚地出土文獻三種研究》,221 頁,中華書局,1993 年 8 月。

② 參看林志强《古本〈尚書〉文字研究》,93 頁,中山大學博士學位論文(導師:曾憲通教授),2003 年 4 月。

例(5)　{載}——載、軹、載

《說文·車部》:"載,乘也。从車、𢦏聲。"楚系竹簡乘載之{載}多記作"載",如:

> 其上載:䶜旌,毫首。　　　　　　　　　　(《包山》273)
> 其言有所載而後納,或前之而後交,人不可觸也。
> 　　　　　　　　　　　　　　　　　　(《上一·詩論》20)
> 上九:睽乖,見豕負塗,載☐　　　　　　(《上三·周易》33)
> 天道既載,唯一以猶一,唯復以猶復。　　(《上三·互先》9)
> 早食戔兵,各載尔藏。　　　　　　　　　(《上四·曹沫》32)
> 其一乘,白金之弼,載弦㮚。　　　　　　(《曾侯》117)
> 二襮載盧,紫黃紡之綱。　　　　　　　　(《曾侯》84)

{載}又可記作"軹",例如:

> 其上軹(載):絑旌,百紛四十仿翠之頁。　(《包山》牘1)
> 德之流,速乎置郵而傳命,其軹(載)也無厚焉。
> 　　　　　　　　　　　　　　　　(《郭店·尊德》28~29)
> 如四與五之間,軹(載)之埅車以上乎?　(《上六·莊王》4)

{載}又記作"載",如:

> 一襮載(載)盧,紫綳。　　　　　　　　(《曾侯》80)

"載"從"𢦏"聲,"𢦏"又從"戈"、"才"聲;"載"從"𢦏"聲,"𢦏"又從"𢦏"聲。所以"軹"、"載"、"載"三者就是聲符繁簡的關係,顯然是一字之異體。

例(6)　{愛}——㤅、懸、𧴪

《說文·心部》:"㤅,惠也。从心、旡聲。懸,古文。""㤅"即惠愛之{愛}的本字。古文作"懸"者,從"心"、"既"聲,而"既"又從"旡"聲,所以"懸"作爲"㤅"的異體,實際上是在聲符上繁化了。楚簡中用這兩個字形來記錄{愛},與《說文》相合。其用"㤅"者如:

甚悉(愛)必大費,厚藏必多亡。　　　　　　　　(《郭店·老甲》36)

親而篤之,悉(愛)也。　　　　　　　　　　　(《郭店·五行》33)

是故欲人之悉(愛)己也,則必先悉(愛)人。　(《郭店·成之》20)

故慈以悉(愛)之,則民有親;信以結之,則民不倍。

　　　　　　　　　　　　　　　　　　　　(《上一·緇衣》13)

毋悉(愛)貨資子女,以事其便嬖。　　　(《上四·曹沫》17～18)

其用"懇"者有:

懇(愛)善之謂仁。　　　　　　　　　　　　(《郭店·語一》92)

懇(愛)生於性,親生於懇(愛)。　　　　　　(《郭店·語二》8)

父孝子懇(愛),非有爲也。　　　　　　　　(《郭店·語三》8)

喪,仁也;義,宜也;懇(愛),仁也。　　(《郭店·語三》35～36)

惡猶懇(愛),亂節僭行。　　　　　　　　　(《上六·用曰》11)

此外,{愛}還可以記作"蜑",例如:

《甘【棠】》【思】及其人,敬蜑(愛)其樹,其保(報)厚矣。

　　　　　　　　　　　　　　　　　(《上一·詩論》13＋15)

《甘棠》之蜑(愛),以召公【故也】。　　(《上一·詩論》15)

"蜑"原形作𧍒、𧒇。所從"虫"符,禤健聰先生認爲是由"旡"旁下部訛變出來的①。此說可信。"悉"字或寫作𧒇(《上二·容成》1)、𧒇(《郭店·唐虞》8)、𧒇(《郭店·唐虞》13)等,已漸見出"虫"形,"虫"形分離出來便可成𧍒。禤先生進而指出"悉"(影母物部)、"虫"(曉母微部)古音相近,"虫"成爲"悉"的纍加聲符,也是很有道理的。那麽,"蜑"又可以看作"悉"增益聲符"虫"的繁體。【修訂本按:上博簡八《顏淵問於孔子》7{愛}作"怱",從"心"、從"人","匃"(省作"亡")聲,爲"悉"之異構。參陳哲《釋上博竹書〈顏淵問於孔子〉用爲"愛"之字》(《漢語史學報》第二十五輯,上海教育出版社,2021 年 11 月)。然則{愛}的多個記錄字形屬於多情形異體字。】

---

① 禤健聰《戰國楚簡字詞研究》,86 頁,中山大學博士學位論文(導師:陳偉武教授),2006 年 4 月。

例(7) 〔目〕——目、𥄂

楚簡〔目〕多記作"目",如:

目而知之謂之進之,喻而知之謂之進之,譬而知之謂之進之。

(《郭店・五行》47)

視之而不義,目勿視也;聽之而不義,耳勿聽也。

(《上五・君子》2)

容色,目司也;聲,耳司也。　　(《郭店・語一》50~51)

有目不見,有足不趨。　　(《上五・鬼神》5)

但也有個別寫作"𥄂",如:

耳𥄂(目)鼻口手足六者,心之役也。心曰唯,莫敢不唯;諾,莫敢

不諾。　　(《郭店・五行》45)

"𥄂"可看作"目"的繁體,所從"宀"旁爲羨符,無義。

例(8) 〔室〕——室、𡩋

楚系簡帛〔室〕多作"室":

舉禱宮行,一白犬,酒食,囟(使)攻除於宮室。　　(《包山》229)

凡建日,大吉,利以取妻,祭祀,築室。　　(《九店》五六 13 下)

金玉盈室,莫能守也。　　(《郭店・老甲》38)

不可以築室。　　(《帛書》丙篇)

偶有作"𡩋"者,如:

豹以保𡩋(室)爲悼固貞。　　(《望山》1・17)

"𡩋"爲"室"之繁體,所從"爪"旁爲羨符。

例(9) 〔家〕——家、𡩅、𡨧

楚簡〔家〕或作"家",如:

三十而有家,五十而治天下。　　(《郭店·唐虞》26)

邦家之不寍也。　　(《上一·緇衣》11)

但更多的則作“豪”,例如:

凡盜日,利以取妻,入人,徙豪(家)室。　　(《九店》五六 17 下)

修之豪(家),其德有餘。　　(《郭店·老乙》16)

不以邦豪(家)爲事,縱公之所欲。　　(《上五·鮑叔》4)

三郤旣亡,公豪(家)乃弱,欒書弑厲公。　　(《上五·姑成》10)

邦豪(家)之危安存亡,賊盜之作,可之〈先〉知。

(《上七·凡甲》16+26)

“豪”爲“家”加羨符“爪”而成的繁體,已見於西周晚期的楚公家鐘(《集成》42～45)及戈(《集成》11064)。而“豪”復可加羨符“宀”作“寡”:

和則樂,樂則有德,有德則邦寡(家)舉。　　(《郭店·五行》29)

以上例(1)至例(4)是與意符有關的繁簡異體,例(5)、(6)是與聲符有關的繁簡異體,例(7)、(8)、(9)則是與羨符有關的繁簡異體。

(三) 多情形異體字造成的一音義用多字形

用來記錄同一音義的一組異體字之間,有時並不是單純的異構或繁簡的關係,而是兼而有之,需要我們加以留意分析。

例(1)　{執}——執、䕠、𢽽

《説文·㚔部》:“執,捕罪人也。从丮、从㚔,㚔亦聲。”西周金文中“執”或繁化爲(多友鼎,《集成》2835),楚簡作(《郭店·老丙》11)、(《郭店·緇衣》18),與之一脈相承。隸定應作“䕠”,主要是一個會意字,而“㚔”旁兼表聲。

曾侯簡“執”未用繁化之體:

大莫敖陽喙適豧之春,八月庚申,胄趄執事人書入車。

(《曾侯》1 正)

楚簡則多用繁化之"鞶(執)"，例如：

今舍之數客不爲其斷而倚鞶(執)僕之兄經，舍之正國鞶(執)僕之父逾。　　　　　　　　　　　　　　　　　　　　　　(《包山》134～135)

君命速爲之斷，夏层之月，命一鞶(執)事人以致命於郢。

(《包山》135 反)

爲之者敗之，鞶(執)之者失之。　　(《郭店·老甲》12)

伊尹旣已受命，乃鞶(執)兵禁暴，養德于民。(《上二·容成》37)

句(耇)是(氏)鞶(執)心不妄，受命永長。　　(《上三·彭祖》1)

田有禽，利鞶(執)言，无咎。　　　(《上三·周易》8)

君子在民之上，鞶(執)民之中，施教於百姓，而民不服焉，是君子之恥也。　　　　　　　　　　　　　(《上五·季庚》2～3)

楚簡{執}又可寫作"敦"，如：

下蔡荸里人舍鼲告下蔡訛敦(執)事人陽城公美畢。

(《包山》120)

子敦(執)場賈，里公郊、士尹紬諼返子，言謂場賈旣走於前，子弗及。　　　　　　　　　　　　　　　　　　(《包山》122)

子敦(執)雁女返，加公臧申、里公利賢返子，言謂女返旣走於前，子弗及。　　　　　　　　　　　　　　　　　　　(《包山》122)

子敦(執)競不害，里公吳拘、亞□郜羣返子，言謂不害旣走於前，子弗及。　　　　　　　　　　　　　　　　　　(《包山》122)

這個"敦"字其實是將"執"、"鞶"中象被執人形部分換成"攴"而成，因爲拘執、執持一類意思强調人的行爲動作，所以用"攴"旁來代表其義類。"敦"可以分析爲從"攴"從"幸"會意，"幸"亦聲。"敦"顯然應該看作"執"、"鞶"的異體①。雖然同屬會意字，但内部構件不同，會意的着眼點也有所差異，"執"、"鞶"是從被執者的形態來表意的，比較形象，"敦"則是側重於

————————

① 包山簡的"敦"與殷墟甲骨文和西周金文中的"敦"應屬同形字的關係。關於甲金文中的"敦"，參施謝捷《釋盠》，《南京師大學報》1994 年第 4 期。

執行者的動作性,抽象一些。但無論如何,"執"、"𥊿"、"𢍏"都是{執}的本用字形,在楚簡中{執}同時用這組異體字來記錄,從而造成一詞多字形【修訂本按:《包山》135{執}作"𤕦",相同用字後又見於《上九·靈王》1。又,清華簡壹《楚居》6{執}作"𣪊"。"𤕦"、"𣪊"均可看作"𥊿"進一步繁化而成的異體。】

例(2) {敗}——敗、𣪘、𣪉、𢧢、敗

《說文·攴部》:"敗,毀也。从攴、貝。敗、賊皆从貝,會意。𣪉,籀文敗从賏。"西周師旋簋銘文敗績之{敗}作"𣪉",與《說文》籀文同。楚簡{敗}也多數寫作"𣪉",例如:

癸酉之日不察陳觟之傷,阩門有𣪉(敗)。 (《包山》24)

八月戊寅之日,鄗司𣪉(敗)蔡丙受旮,己丑之日不將鄗之己里人青辛以廷,阩門有𣪉(敗)。 (《包山》31)

如將有𣪉(敗),雄是爲害。 (《郭店·語四》16)

若兩輪之相轉,而終不相𣪉(敗)。 (《郭店·語四》20)

復𣪉(敗)戰有道乎? (《上四·曹沫》46)

"𣪉"所從"攴"可換成"殳"作"𣪘":

四方有𣪘(敗),必先知之。 (《上二·民之》2)

又可換成"又"作"𣪉",如:

八月己巳之日,邵司馬之州加公李瑞、里公隋得受旮,辛未之日不察陳觟之傷之故以告,阩門有𣪉(敗)。 (《包山》22)

十月乙未之日,羕陵正婁郘奇受旮,爨月乙巳之日不將胡𨋭以廷,阩門有𣪉(敗)。 (《包山》75)

十月乙未之日,鄂君之司𣪉(敗)舒丹受旮,爨月辛丑之日不將周緩以廷,阩門有𣪉(敗)。 (《包山》76)

又可寫成從"戈"的"𢧢",如:

☐不知其𢧢(敗)。 (《信陽》1·29)

枉者戜（敗），而敬者萬世。　　　　　　　　　　（《上七・武王》15）

還可以寫作從“攴”、從“貝”的“敗”，與《說文》正篆同，如：

左尹與鄝公賜、正婁窓、正令𡌨、王厶司敗邊、少里喬與尹䧹、郊路尹虖、發尹利之命謂……　　　　　　　　　　（《包山》128）

在古文字中，“攴”、“殳”、“又”、“戈”作爲意符是可以通用的，因此，“敗”、“毇”、“取”、“戜”四個字形應是使用不同意符的異體。而“敗”與“敗”則是繁簡異體的關係。五個字形都用來表示｛敗｝，造成一詞多字形。【修訂本按：清華簡貳《繫年》121｛敗｝作“戈”，即“戜”之簡體，也即“敗”之另一異體。】

上面引用到的簡文中屢次出現“司敗”、“有敗”之語，也許存在不同的理解，有必要略作說明。先說“司敗”。衆所周知，“司敗”爲楚司法官名，相當於“司寇”。《左傳》文公十年：“臣免於死，又有讒言，謂臣將逃，臣歸死於司敗也。”杜預注：“陳楚名司寇爲司敗。”蘇傑先生解釋說：“司法官的職責是糾正不法行爲，也即是說，司法其實是‘司不法’。‘寇’和‘敗’是兩種不法行爲。……敗，可訓爲失，過失。”[1]其說可從。也就是說，“司敗”中的“敗”字確實是表示｛敗｝的。再看“有敗”。《民之》篇的“四方有敗”，也見於《禮記・孔子閒居》，鄭玄注云：“敗，謂禍裁也。”意思比較明確。但是到了包山簡的“阩門有敗”那裏，似乎又顯得複雜一些，出現了不少分歧，其中有關於“阩門”的問題，也有關於“有敗”的問題。“阩門”，筆者認爲即“登門”，這樣釋讀比較符合楚系簡帛的用字習慣。至於“有敗”，意思應該跟“四方有敗”的“有敗”相似，當然在程度上應輕得多，不能說是禍災，但可以理解爲麻煩。“登門有敗”大意是，如果接受期約的人不能如期履行約定（絕大多數是帶某人出庭，也有報告調查結果等），那麼，一旦“執事人”登門查究，將會有麻煩。這是從受期約人將承受的後果說的，言下之意就是官方將對其進行某種懲罰。可見，“有敗”的“敗”也確是記錄｛敗｝的。

① 蘇傑《釋包山楚簡中的“阩門有敗”——兼釋“司敗”》，《中國文字研究》第三輯，221頁，廣西教育出版社，2002年10月。

例（3）　｛旗｝——旂、羿、旟、𢧵

　　旌旗的｛旗｝，楚系竹簡或作“旂”，從“㫃”、“丌”聲，爲“旗”字異體。文例如下：

　　　　□＝二翼之翿，旂（旗）貼。　　　　　　　　　　（《曾侯》80）

　　由於古代的旌旗往往有羽飾，所以｛旗｝又可作“羿”，從“羽”、“丌”聲，例如：

　　　　槁木三年，不必爲邦羿（旗）。　　　　　（《郭店・成之》30）
　　　　禹然後始爲之號羿（旗），以辨其左右，思（使）民毋惑。
　　　　　　　　　　　　　　　　　　　　　　（《上二・容成》20）
　　　　東方之羿（旗）以日，西方之羿（旗）以月，南方之羿（旗）以蛇，中
　　　　正之羿（旗）以熊，北方之羿（旗）以鳥。　　（《上二・容成》20～21）

　　還可以將“旂”和“羿”合爲一體作“旟”，成爲一個從“㫃”從“羽”、“丌”聲的字，例如：

　　　　一殳，二㫐，屯八翼之翿，旟（旗）貼。　　　　　（《曾侯》3）
　　　　一晉殳，二㫐，屯八翼之翿，旟（旗）貼。　　　　（《曾侯》91）
　　　　其旟（旗），翠首，紫羊須之紕，紫羽之常。　　　（《曾侯》6）

　　此外，楚簡中還有一個字形，隸定作“𢧵”，筆者認爲也是爲表示｛旗｝而造的，而且在簡文中也應該讀爲｛旗｝。它的原形和文例如下：

　　　　既戰，復舍，號令於軍中曰：“繕甲利兵，明日將戰！”則𢧵（旗）
　　　　宅（度）傷，呂（以）盤就行位，厚食，思（使）爲前行。
　　　　　　　　　　　　　　　　　　　　（《上四・曹沫》50～51上＋30①）

“𢧵”字原整理者隸爲“戕”，無說。細審之，其左旁實即“旂”字。字又從“戈”者，大概是爲了强調戰旗的性質，就像同篇32號簡｛車｝寫作“載”是

_____

① 簡51上和簡30的拼合，參看陳劍《上博竹書〈曹沫之陳〉新編釋文（稿）》，“簡帛研究”
　　網站，2005年2月12日。

爲了强調戰車的性質一樣①。{則}由法則義引申而有"使……合乎法則"的意思，如《書·禹貢》："咸則三壤成賦。"簡文"則旗"是修飾整頓戰旗的意思。古代作戰，戰旗扮演着十分重要的角色。《管子·兵法》："旗，所以立兵也，所以利兵也，所以偃兵也。"所以復戰前的"則旗"是必要的。"宅"讀爲"度"，"度傷"意爲審察我方將士的傷勢。"吕(以)"字原誤釋作"亡"，並屬上讀，非是。

"旃"和"𦫵"是聲符相同、意符不同的異構字，它們又分別與"旗"形成繁簡異體的關係，而"旐"加"戈"，又可看作"旃"的繁體。{旗}同時採用這幾個異體字，造成一音義對應多字形局面。

【修訂本按：安大簡二《曹沫之陣》34 與"旐"對應之字是"斯"(𣂪)，整理者讀{死}，或是。然則此處關於"旐"的釋讀意見可能是錯的。】

例(4)　{仁}——㥉、忎、忈、𡪀

仁義、仁愛之{仁}一詞，楚簡中出現次數很多。其中最常見的是寫作"㥉"，例如：

故大道廢，焉有㥉(仁)義。　　　　　　　（《郭店·老丙》2～3）

上好㥉(仁)，則下之爲㥉(仁)也爭先。　（《郭店·緇衣》10～11）

㥉(仁)形於內謂之德之行，不形於內謂之行。（《郭店·五行》1）

知而安之，㥉(仁)也；安而敬之，禮也。　　（《郭店·五行》28）

篤，㥉(仁)之方也；㥉(仁)，性之方也。　　（《郭店·性自》39）

㥉(仁)，內也，義，外也。　　　　　　　　（《郭店·六德》26）

㥉(仁)生於人，義生於道。　　　　　　　　（《郭店·語一》22）

溫良而忠敬，㥉(仁)之宗也。　　　　　　　（《上二·從乙》4）

君子爲禮，以依於㥉(仁)。　　　　　　　　（《上五·君子》1）

---

① 陳劍先生以爲字左從"帚"(楚簡中讀爲"斯"，或作"斯"字聲旁)，說見《上博竹書〈曹沫之陣〉新編釋文(稿)》，"簡帛研究"網站，2005 年 2 月 12 日。這種可能性不能完全排除，但細察筆意，則從"㫃"、從"亓"的可能要大得多。退一步說，即使左旁是"帚"，"戲"同樣可分析爲從戈、帚聲，是戰旗字。

　　　　昔者堯舜禹湯，悬(仁)義聖智，天下灋之。　　　　《上五·鬼神》1)

郭店簡的整理者說："悬，從'心'、'身'聲，即《說文》'仁'字古文。《說文》
以爲'古文仁從千心'，從千乃從'身'之誤。"裘錫圭先生加按語云："'千'、
'身'、'人'古音皆相近，不必以'千'爲'身'之誤。"①按，裘說甚確。楚簡本
身也有從"心"、"千"聲的"忎"，正與《說文》古文相同，而且還有從"心"、"人"
聲的"忈"，三者應看作意符相同而聲符不同的異體字，它們都是爲表示{仁}
這個詞而造的。由於"千"、"身"均包含了"人"形，所以也可認爲這三個聲符
存在繁簡體的關係。"悬"的文例已如上引，下面請看看"忎"和"忈"的例子：

　　　　忠，忎(仁)之實也；信，義之期也。　　　　　　　　《郭店·忠信》8)

　　　　篤，忎(仁)之方也；忎(仁)，性之方也。　　　　　《上一·性情》33)

　　　　愛類七，唯性愛爲近忎(仁)。　　　　　　　　　　《上一·性情》34)

　　　　愛親忘賢，忈(仁)而未義也；尊賢遺親，義而未忈(仁)也。

　　　　　　　　　　　　　　　　　　　　　　　　　　《郭店·唐虞》8~9)

　　　　古者堯生於天子而有天下，聖以遇命，忈(仁)以逢時。

　　　　　　　　　　　　　　　　　　　　　　　　　　《郭店·唐虞》14)

　　{仁}還有一個較爲特殊的記錄字形作"窠"：

　　　　慎，窠(仁)之方也，然而其過不惡。　　　　　　　《上一·性情》39)

"窠"字原形作🔣，整理者釋"慮"。復旦大學"上博簡字詞全編"項目組隸
定作"窠"，讀爲{仁}。甚是。《郭店·性自》49 相應之字作"悬"。按一般
構形規律，"窠"當分析爲從"心"、"窮"聲。而"窮"從"宀"、"躬(躬)"聲，即
"窮"字異體，聲韻均與{仁}遠隔，似難直接通轉。但上古文獻中"躬"可讀
"身"音，李家浩先生曾著專文論述②。例如《詩·大雅·文王》："命之不
易，無遏爾躬。宣昭義問，有虞殷自天。""躬"與"天"爲韻，《楚辭·大招》：
"南有炎火千里，蝮蛇蜒只。山林險隘，虎豹蜿只。鰅鱅短狐，王虺騫只。

---

① 　荊門市博物館《郭店楚墓竹簡》，121 頁注釋〔三〕，文物出版社，1998 年 5 月。

② 　李家浩《從戰國"忠信"印談古文字中的異讀現象》，《北京大學學報(哲學社會科學
　　版)》1987 年第 2 期。

魂乎無南！蟣傷躬只。”“躬”與“蟪”、“婉”、“騫”爲韻，並當讀爲{身}。又如《璽彙》2681、2682、2683“中躳”，應讀爲“忠信”，“躳”因有“身”音，故可假借爲{信}。李先生認爲這是人們誤將意符當作聲符的結果。筆者則更傾向用“同義換讀”來理解。即是說，由於“躳（躬）”與“身”同義而常被換讀爲{身}，使得本從“躳”聲的“窮”也間接獲得“身”音，故從“窮”聲的“憨”也可讀爲與“身”音近的{仁}。

第三節　由文字的分化造成的一音義用多字形

漢字發展史上有這樣一種現象，由於一個字形長期被用來記錄不同的音義，人們爲了分散它的記詞職務，在它原來字形的基礎上加以局部改造，從而分化出新的字形來分擔它原先的部分職務。這種文字的分化，往往不可能在短時間内完成得十分徹底。這就意味着，分化出來的新字形與原來的字形有一個共存的過程，因而造成了由原字形負責記錄的一個或多個詞同時對應不同字形的局面。在本節中，我們試舉兩組楚系簡帛的例子來說明這個問題。

首先，看一組分化比較成熟的例子。

“酉”字本象酒尊之形，應該是爲表示{酒}這個詞而造的。但“酉”很早就被假借來記錄干支詞{酉}，所以在很長的時期裏，“酉”這個字形同時負責{酒}、{酉}二詞的記錄任務，從殷商甲骨文到西周春秋金文都是如此。然而，在戰國楚文字中卻出現了很大的變化。{酒}仍然記作“酉”，寫作（《包山》204），而{酉}則寫作如下諸形：

A. （《包山》52）

B. （《包山》167）

C. （《新蔡》甲三 36）

其中 A 和 B 只是偏旁相對位置的不同，沒有區別意義，所以應該作一個字形看待，可以隸定作“栖”。C 可以隸定作“酚”。

　　楚文字中｛酒｝、｛酉｝字形分用的現象，早就引起學者們的注意，如李運富、張新俊、禤健聰等先生即曾對此作過專門的討論。關於"栖"字形的由來和性質，李運富先生認爲它是一個從"木"、"酉"聲的字，爲楚國表干支的專字，並且認爲 A 是 B 將"木"移置"酉"內而成①。李家浩先生則說："《廣韻》卷三有韻：'栖，柞栖，木。'簡文用爲十二地支申酉之'酉'。"②按，楚簡"栖"作 A 形者遠較 B 形爲常見（具體數據見下），其實很可能是人們爲了分散"酉"字的記詞任務，先將"酉"字表示酒尊花紋部分加以改造變形爲"木"形，於是創造出 A，用以表｛酉｝；後來大概是因爲 A 的結構過於詭異奇特，又開始出現將"木"形移至"酉"上的 B。也就是說，楚簡中表｛酉｝的"栖"是由"酉"字分化出來的，它應該與後世文獻中柞栖之"栖"無關。至於"酓"，張新俊先生說："在新蔡楚墓竹簡中，表示干支的'酉'字，往往是在'酉'的右邊加上兩撇，以示與表示'酒'的'酉'相區別。"③禤健聰先生也說，作"酓"形者"是在'酉'字右下側加二短撇作爲區別符號"④，顯然把"酓"看作"酉"的分化字，這是正確的。

　　我們在李、張等先生工作的基礎上，對幾批主要材料中｛酒｝、｛酉｝的字形使用情況作了窮盡性的調查，現將有關數據列爲表格，從中將可以得到比較直觀的認識。

音　義	｛酒｝			｛酉｝			
字　形	"酉"	"栖"	"酓"	"酉"	"栖"		"酓"
					A	B	
頻度　仰天	0	0	0	0	0	0	0
頻度　信陽	0	0	0	0	0	0	0

① 李運富《楚國簡帛文字構形系統研究》，131 頁，嶽麓書社，1997 年 10 月。
② 湖北省文物考古研究所、北京大學中文系編《九店楚簡》，65 頁考釋〔二七〕，中華書局，2000 年 5 月。
③ 張新俊《上博楚簡文字研究》，115 頁，吉林大學博士學位論文（導師：吳振武教授），2005 年 4 月。
④ 禤健聰《戰國楚簡字詞研究》，26 頁，中山大學博士學位論文（導師：陳偉武教授），2006 年 4 月。

續　表

音　義	{酒}			{酉}			
字　形	"酉"	"栖"	"酻"	"酉"	"栖" A	"栖" B	"酻"
包山	13	0	0	0	26	7	0
望山	7	0	0	0	4	0	0
郭店	0	0	0	0	0	0	0
九店	0	0	0	0	27	0	0
頻度 上博(一～七)	8	0	0	0	0	0	0
新蔡	6	0	0	1	0	0	14
曾侯	0	0	0	0	0	0	0
帛書	0	0	0	0	0	0	0
小　計	34	0	0	1	57 64	7	14
比　例	100%	0%	0%	1.3%	81%		17.7%

說明：合文"歙₌"中的"酉"作爲{酒}的記錄字形計入；"栖"作人名用時，作爲{酉}的記錄字形計入，如《包山》90、162的"龏栖"，《包山》68的"競栖"。

　　從上表可以看出，"酉"在{酒}的對應字形中所占比例爲100%，而在{酉}的對應字形中所占僅有1.3%，可見在戰國楚系文字中，{酒}和{酉}的記錄形式確已分化。只不過這種分化的結果沒有被傳承下來。

　　一方面，雖然由於分化，大多數{酉}已由新字形記錄，但仍有個別{酉}沿用舊字形"酉"（除新蔡簡1例外，張新俊先生曾指出《楚系簡帛文字編》1097頁也錄有1例①）；另一方面，爲表示{酉}而分化出來的字形本

---

① 　張新俊《上博楚簡文字研究》，115頁，吉林大學博士學位論文（導師：吳振武教授），2005年4月。

身就有“栖”和“酨”2 個，這樣{西}這一音義就對應“西”、“栖”、“酨”3 個字形了。

我們再看一個尚處於分化過程中的例子。

“母”字早期古文字寫作、等形，乃一女性形象，突出指明雙乳，本當爲表示{母}這個詞而造。但“母”字又被假借來表示否定詞{毋}，所以在很長時間裏，它要同時承擔{母}和{毋}的記錄任務。大家所熟知的事實是，後來人們將“母”字兩點連成一筆分化出“毋”字，用以專門記錄{毋}。但其實，從“毋”字形的出現到用法上的徹底分化，經歷了一個複雜而長期的過程。開始時不但{毋}仍可沿用舊字形“母”，而且{母}有時也可用分化字形“毋”表示，楚系簡帛正體現出這種狀態。現將有關調查數據列表於下：

音　義		{母}			{毋}		
字　形		“母”	“毋”	“毋”	“母”	“毋”	“毋”
頻度	仰天	0	0	0	0	0	4
	信陽	0	0	1	0	0	0
	包山	3	0	0	4	0	16
	望山	0	0	0	0	0	7
	郭店	4	0	1	3	1	14
	九店	0	0	0	0	0	1
	上博(一～七)	8	6	12	69	2	63
	新蔡	0	0	0	6	0	39
	曾侯	0	0	0	0	0	0
	帛書	0	0	0	5	0	0
	小　計	15	6	14	87	3	144
	比　例	42.9%	17.1%	40%	37.2%	1.3%	61.5%

表中的"毋"，原來寫作(《郭店·緇衣》22)、(《上二·民之》3)，中部同時具有典型的"母"的兩點和典型的"毋"的一橫，兼有"母"和"毋"的字形特徵。無論是記錄{母}還是記錄{毋}，"毋"出現的頻率相對於另外兩個字形顯然低得多。似乎可以這樣推測，"毋"就是從"母"到"毋"的過渡形態，它的存在，正好看作"母"、"毋"分化尚未徹底完成的字形上的表現。

從用法上看，"母"和"毋"都可以同時記錄{母}和{毋}，而且在記錄{母}時，二者的比例分別是 42.9％和 40％，可謂不相上下。如果單考慮{母}的記錄情況，並不容易看出其分化的趨勢。但結合{毋}的用字情形，問題就比較明朗了，"毋"占 61.5％，而"母"僅占 37.2％，這個差距就比較大，可見人們在記錄{毋}時，是明顯傾向於用"毋"的。從"母"分化出"毋"，應該不是一種無意識行爲，也不是簡單地作爲"母"的異體字使用，而是一開始就存在分散"母"字職務的動機的。在楚文字中，雖然分化遠未成熟，但至少應該承認分化已經發生並達到一定的程度。

所以，{母}和{毋}的一音義用多字形，可以歸結爲文字分化所造成。

第四節　由同義換讀造成的一音義用多字形

如果一個詞可以用原本爲它的同義或近義的詞而造的字形換讀來表示，而這個詞同時又有其他的記錄字形，那麼，便出現了一音義用多字形的情況。

應該說，同義換讀的現象在各個時期都是比較罕見的。楚系簡帛中典型的例子是"滄"換讀爲{寒}，在第二章第三節裏，我們已經對此有詳細的討論。從上文可知，{寒}這個詞既有它的本用對應字形"寒"，又有同義換讀字形"滄"，另外，還有因"滄"的換讀而間接帶出的"倉"和"蒼"，於是便有了多個字形。

上文還講到，{汗}用"滄"來記錄是由"滄"可換讀爲{寒}間接引起的，那麼，如果同時又出現由本用對應字形表示的{汗}的話，則也會形成一音義對多字形的局面。這是完全可能的。也許以後的新材料還會帶給我們更多有意思的例子。

第五節　由字形訛混造成的一音義用多字形

楚系簡帛中有一些字由於形體相近,有時會出現混用的現象。當甲字形被當作乙字形使用時,則本來由乙字形記錄的音義便可能因擁有甲字形而變成一音義用多字形;當訛混雙向行動的時候,則可能造成本來甲、乙二字形所記錄的音義都對應多字形。

先看兩組單向訛混的例子。

例(1)　{簡}——朿、東

我們在第二章第四節中討論過"朿"、"東"二字的訛混。就目前發現的資料來看,這一組訛混是單向的,即"朿"有訛作"東"形者,而"東"則未見訛爲"朿"。簡約等義之{簡}楚簡一般用"朿"字形記錄,但在《郭店·五行》中有數例就因訛混而寫作"東"形。具體文例具見上文所引,此不贅。

例(2)　{亟}——亟、惡

我們在第二章第五節曾經討論過"亟"與"亟"訛混的問題。就目前所掌握的資料來看,只有"亟"被當作"亟"用,而沒有"亟"被當作"亟"用的。這樣,如果{亟}這個詞還有其他的記錄字形的話,就是一音義用多字形了。楚簡中本有{亟}的本用字形"亟",可惜它被假借來表示{極},卻沒有表示{亟}。例如《郭店·唐虞》19~20:"有天下弗能益,無天下弗能損。亟(極)仁之至,利天下而弗利也。"但是,{亟}確還可用別的字形來記錄,那就是"惡",例如:

子思曰:"惡(亟)稱其君之惡者,可謂忠臣矣。"

(《郭店·魯穆》1~2)

□筮,惡(亟)忻(祈)福於犬□　　　　　　(《新蔡》零448)

《魯穆》篇的"亟稱",就是急切指出的意思,詳參第二章第五節所引陳偉先生說。新蔡簡"亟祈福於大"，意思是趕緊向尊神"大"祈求福祉。"惡"字顯然是"死"加"心"旁而成，本來應該同"恆"。楚簡中本不乏以"惡"表{恆}之例，比如《包山》223："占之，惡(恆)貞吉，有繠見。"《上一·性情》22："未言而信，又美情者也。未教而民惡(恆)，性善者也。""惡"之讀作{亟}，無疑根源於"死"之混用作"亟"，也就是說，讀爲{亟}的"惡"字應該是被當作一個從"心"、從"亟"的字來使用的。從"心"、從"亟"之"惡"，楚簡也已有之，如《上三·亙先》12："舉天下之作也，無不得其惡(極)而果遂。"則讀作{極}①。《說文·心部》："悈，疾也。从心、亟聲。"楚簡之"惡"當即《說文》之"悈"。"悈"之訓"疾"，正與"亟"之訓"敏疾"同，"悈"實爲"亟"加"心"旁而成，大概是爲了強調心情上的急疾。但在語言中，{亟}這個詞並沒有真正發生分化，所以"亟"和"悈"可以看作是繁簡異體的關係。總之，楚簡中以"惡"爲{亟}，就是以"惡"爲"悈"，也即以"恆"爲"悈"，仍然是"亟"形訛混爲"死"形的結果。換言之，楚簡中{亟}可用"死"和"惡"兩個字形來表示，而這都是字形訛混所造成的。

從另一方面看，{極}之同時用多個字形，也與"死"被當作"亟"直接相關。不過，這裏面還包含假借等其他情形，即爲多原因所造成。

再看看兩組雙向訛混的例子。

例(3)　{變}──弁、史；{史}──史、弁

我們在第二章第五節中已講到楚簡文字"史"、"弁"形近訛混，"史"被當作"弁"使用而讀作{變}、{辮}的情況。而{變}這個詞其實多數還是用"弁"來表示的，例如：

> 占之，恆貞吉，疾弁(變)，有瘇，遲瘥(瘥)。　　《包山》239～240)
> 占之：恆貞吉，疾弁(變)，病變。以其故敓之。
>
> (《包山》245～246)
> 顏色容貌，溫弁(變)也。　　(《郭店·五行》32)

─────────────────────

① 另外，《上一·性情》37也有此字，究竟該讀{亟}或{極}，還需要研究。

其聲弁（變），則【心從之矣】；其心弁（變），則其聲亦然。

《《郭店・性自》32～33）

其聲弁（變），則心從之矣；其心弁（變），則其聲亦然。

《《上一・性情》20）

唯巧弁（變），故父母安。　　　　　　　《上四・內豊》7）

弁（變）常易禮，土地乃坼，民乃囂死。　　《上五・三德》5）

毋減宗，毋虛㚤，毋□攲，毋弁（變）事。　　《上五・三德》10）

　　當然，以"弁"表{變}本身屬於假借（"變"、"弁"同屬元部唇音字，古音極近），但因爲楚簡中{變}一般只用"弁"表示，如果沒有"史"的混入的話，它的對應字形是單一的。可見，{變}之所以有多個記錄字形，主要是由訛混造成的。

　　其實，"史"、"弁"之間的訛混是雙向的。"弁"字形也可以被當作"史"字形來使用。

　　"史"字在楚系竹簡中可表示職官名，也可以表示姓氏，兩者可看作同一個詞{史}。具體文例已見第二章第五節，此不贅。但{史}有時卻可記爲"弁"形，例如：

　　且夫戝今之先人，世①三代之傳弁〈史〉，豈敢不以其先人之傳等（志）告。　　　　　　　　　　　　　　　　《上五・季庚》14）

傳史的"史"與職官或姓氏的"史"也應看作同一個詞。上引簡文中讀{史}之字原作，顯然是"弁"字被訛混作"史"字用。這樣，就造成了{史}的一詞用多字形。

　　此外，楚簡經常以"史"表{使}，而"弁"字也有被當作"史"用而表{使}者。如《上四・內豊》1～2："故爲人君者，言人之君之不能弁〈史（使）〉其臣者，不與言人之臣之不能事其君者；故爲人臣者，言人之臣之不能事其君者，不與言人之君之不能弁〈史（使）〉其臣者。"又5："與君言，言弁〈史

---

① "世"字之釋，見陳劍《談談〈上博（五）〉的竹簡分篇、拼合與編聯問題》，武漢大學"簡帛網"，2006 年 2 月 19 日。

〈使〉〉臣；與臣言，言事君。”又如《上五·季庚》12＋15 下：“先人之所善，亦善之；先人之所弁〈史〈使〉〉，【亦弁〈史〈使〉〉之】；……【先人之所】惡勿弁〈史〈使〉〉；先人之所廢勿起。然則民迬（格）不善，睞父兄子弟而稱賕。”[①]這樣，自然也給{使}增加了記錄字形。但由於{使}還假借“凶”、“思”等表示，所以屬於多原因造成的一音義用多字形，詳見第五章和第九章第一節，這裏就不展開了。

例（4）　{天}——天、而；{而}——而、天

我們再看看“天”、“而”互混的情況。

楚系簡帛中“天”的典型寫法有：

T1. （《郭店·老甲》17）　（《郭店·太一》7）

T2. （《郭店·語一》3）　（《包山》215）

（《信陽》1·25）

“而”的典型寫法主要有：

E1. （《包山》250）　（《郭店·老甲》7）

E2. （《郭店·唐虞》1）　（《郭店·語三》5）

（《郭店·語一》57）

E3. （《郭店·忠信》6）　（《郭店·語三》18）

E4. （《上一·性情》8）　（《信陽》1·12）

E5. （《郭店·成之》4）　（《郭店·成之》8）

E6. （《上二·民之》6）　（《上二·民之》10）

---

① 關於《季庚》此段簡文的討論，詳見拙作《楚簡“史”、“弁”續辨》，《古文字研究》第二十七輯，中華書局，2008 年 10 月。

　　顯然,T1 和 E1 十分相似,其區別只在於兩對斜筆的形態一挺直一作弧勢而已,稍不注意即可寫混。因此,有一些明顯應該是"天"({天})的地方,卻被寫成 E1 形的"而",例如:

德,~(天)【道也】,唯有德者,然後能金聲而玉振之。

(《郭店・五行》20)

聖人,知~(天)道也。　　　　　　　(《郭店・五行》26~27)

升爲~(天)子而不驕。　　　　　　　(《郭店・唐虞》16)

《~(天)保》其受祿無疆矣,巽寡德故也。　(《上一・詩論》9)

晷~(天)止達,乃上下騰傳。　　　　　(《帛書》甲篇)

{天}還偶爾作 E2,如:

南面而王~(天)下而甚君。　　　　　(《郭店・唐虞》25)

這樣,便使得{天}這個詞對應"天"字形外,還對應"而"字形。

　　另一方面,一些明顯應該是"而"({而})的地方,卻寫得幾乎和 T1 形的"天"無甚分別,例如:

不可得~(而)親,亦不可得而疏。　　　(《郭店・老甲》28)

人多智~(而)奇物滋起。　　　　　　(《郭店・老甲》30~31)

{而}因此也對應了"而"、"天"2 個字形。

第六節　由多種原因造成的一音義用多字形

　　和一字形表多音義一樣,一音義用多字形也常常會有一些是由多種原因共同造成的。下面仍用具體例子來說明。

例(1)　{勇}——戜、恿、埇

《説文・力部》:"勇,气也。从力、甬聲。戜,勇或从戈、用。恿,古文勇从心。"爲記録勇氣、勇力之{勇},造出一個以"力"或"戈"爲意符的字形是很自然的。而{勇}這個詞除了可指外在的勇力之外,還可指人内心的勇敢,所以又造出一個以"心"爲意符的字形來表示它。在楚簡中正好有用從"心"的"恿"字來記録{勇}的,與《説文》古文相合,例如:

行欲恿(勇)而必至,貌欲壯而毋拔。　　　　(《郭店・性自》63)

不忠則不信,弗恿(勇)無復。　　　　(《郭店・尊德》33～34)

楚簡還用"戜"字形來表示{勇},跟《説文》或體"戜"十分近似,例如:

戜(勇)而行之不果,其疑也弗枉矣。　　　　(《郭店・成之》21)

戜(勇)不足以沫衆,博不足以知善。　　　　(《郭店・尊德》35)

雖戜(勇)力聞於邦不如材,金玉盈室不如謀。

　　　　(《郭店・語四》24～25)

思(使)其志起,戜(勇)者思(使)喜,孯(蒙)者思(使)咟(悔),然後改旬(始?)。　　　　(《上四・曹沫》55)

{勇}又可記作"埇",如:

賞膴(獲)訒①孯(蒙),以勸其志,埇(勇)者喜之,宂(慌)者恖(悔)之。　　　　(《上四・曹沫》61)

"埇"應分析爲從"土"、"甬"聲。《玉篇・土部》有"埇"字,云:"地名,在淮泗。"又《集韻・腫韻》也有"埇"字,云:"道上加土。"楚簡"埇"字不論是否與後世字書的"埇"有關,其讀作{勇}都只能看作同音假借。

所以,{勇}的多個記録字形中既有異體字,也有假借字。

例(2)　{情}——情、愭、青、請

《説文・心部》:"情,人之陰气有欲者。从心、青聲。"楚簡{情}正有記

---

① 字左從"言",右半墨迹損泐不可識。

作"情"者,但不多見,例如:

至(致)情而智,察(?)智而神,察(?)神而同。

(《上七·凡甲》15＋24)

【致】情而智,察(?)智而神,察(?)神而同。　(《上七·凡乙》17)

較多的是寫作"惪"和"青"。用"惪"的如:

凡聲,其出於惪(情)也信,然後其入拔人之心也敂。

(《郭店·性自》23)

《賚》、《武》樂取,《韶》、《夏》樂惪(情)。　(《郭店·性自》28)

凡至樂必悲,哭亦悲,皆至其惪(情)也。　(《郭店·性自》29)

《燕燕》之惪(情),以其獨也。　(《上一·詩論》16)

道始於惪﹦(惪—情,惪—情)生於性。　(《上一·性情》2)

凡人惪(情)爲可悅也,苟以其惪(情),雖過不惡。

(《上一·性情》21)

夫子使其私吏聽獄於晉邦,埤惪(情)而不愈(偷)。

(《上六·競公》4)

用"青"的如:

道始於青﹦(青—情,青—情)生於性。　(《郭店·性自》3)

信,青(情)之方也,青(情)出於性。　(《郭店·性自》40)

凡人青(情)爲可悅也,苟以其青(情),雖過不惡。

(《郭店·性自》50)

苟有其青(情),雖未之爲,斯人信之矣。　(《郭店·性自》51)

今君子之所竭其青(情)盡其慎者三。　(《上三·中弓》20)

君毋憚自勞,以觀上下之青(情)偝。　(《上四·曹沫》34)

純用青(情),邦亡;純用物,邦亡。　(《上六·天甲》4)

戰國文字喜羨"口"旁爲繁飾,"青"即"青"之繁體,"惪"即"情"之繁體,用"惪"屬本用,用"青"屬假借。

另外,{情}還可記作"譜",如:

流形成體，奚失而死？有得而成，未知左右之諀(情)。

（《上七・凡甲》3）

流形成體，奚失而死？有得而成，未知左右之諀(情)。

（《上七・凡乙》2～3）

"諀"就是"請"之繁體，讀{情}也是假借用法。

例(3) {體}——體、膿、僼、豊

我們在第一章曾提到過楚簡中{體}對應多個字形，現在來看看具體的文例。用"體"的有：

民以君爲心，君以民爲體。　　　　　　（《郭店・緇衣》8）

故心以體廢，君以民亡。　　　　　　　（《郭店・緇衣》9）

觀其先後而逆順之，體其宜而節文之。　（《郭店・性自》17）

用"膿"的有：

無膿(體)之禮，日述月相。　　　　　　（《上二・民之》11）

無膿(體)之禮，塞于四海；無服之喪，爲民父母。

（《上二・民之》12）

用"僼"者有：

民以君爲心，君以民爲僼(體)。　　　　（《上一・緇衣》5）

作"豊"者如：

其豊(體)有容有色，有聲有臭。　（《郭店・語一》46～47）

骨肉之既靡，身豊(體)不見，吾奚自食之？　（《上七・凡甲》6）

"膿"字從"肉"、"豊"聲，當爲"體"之異構。字又見於睡虎地秦簡、馬王堆漢簡帛書、銀雀山漢簡等，一般也都表示{體}[1]。順便指出，《龍龕手

---

[1] 參看陳振裕、劉信芳《睡虎地秦簡文字編》，147頁，湖北人民出版社，1993年12月；陳松長《馬王堆簡帛文字編》，173頁，文物出版社，2001年6月；駢宇騫《銀雀山漢簡文字編》，149頁，文物出版社，2001年7月。

鑑·肉部》收有一作"膿"形的字,作爲"膿"的俗體。其實那應該是一個從"肉"、"豊"聲的字,"豊"、"豊"形體相近而混同①,與"體"之異體"膿"完全無關。《漢語大字典》"膿"字條下列舉秦漢簡帛的字形,卻用《龍龕手鑑》的解釋②,相互矛盾,是一個疏誤。"僼"字應分析爲從"人"、"豊"聲,也是"體"之異構。後世字書也有作"僼"形的字,見《改併四聲篇海》、《正字通》等,爲"僼"字俗體,所從"豊"也是"豊"之訛,故也與簡文"僼"字無關。

"體"、"膿"、"僼"三者爲異體關係,都是爲表{體}而造,但{體}之又作"豊"則屬於假借,兩方面的因素共同造成其一音義對應多字形的局面。

例(4) {柔}──柔、㮩、矛、㹱

《說文·木部》:"柔,木曲直也。从木、矛聲。"楚簡{柔}即有作"柔"者,如:

剛之桓(樹)也,剛取之也;柔之約,柔取之也。

(《郭店·性自》8～9)

【政】毋有柔,教毋有首,猶植☐   (《上五·弟子》3)

楚簡{柔}還可以記作"㮩":

骨弱筋㮩(柔)而捉固,未知牝牡之合膺(朘)怒,精之至也。

(《郭店·老甲》33)

"㮩"字諸本均作"柔",讀{柔}當無疑問。廖名春先生云:"而'㮩'从矛,从求,求與矛同屬幽部,亦爲聲符。當爲'柔'之別寫,改義符爲聲符求。"③其說可從。"㮩"是將"柔"所從的"木"改造爲與之形近的"求"而成,是"柔"的變體,所以儘管靜態地看是一個雙聲符字,與{柔}似乎只有音的聯

---

① 關於"豊"、"豊"訛混的問題,請參閱林澐《豊豊辨》,《古文字研究》第十二輯,中華書局,1985 年 12 月。

② 漢語大字典編輯委員會《漢語大字典》三卷本,2116 頁,四川辭書出版社、湖北辭書出版社,1995 年 5 月。

③ 廖名春《郭店楚簡老子校釋》,326 頁,清華大學出版社,2003 年 6 月。

繫,但仍應看作"柔"的特殊異體更妥。

　　{柔}又可假借"矛"爲之,如:

　　　　强,義之方;矛(柔),仁之方也。　　　　　　　(《郭店·五行》41)

　　　　不强不柣,不强不矛(柔)。　　　　　　　　　(《郭店·五行》41)

　　又或記作"柔":

　　　　先有柔(柔),焉有剛;先有圓,焉有方。　　　(《上三·亙先》8～9)

"柔"字原作,"矛"下有"人"形,應隸定爲"柔",原整理者隸作"矛",不確。關於"柔"的來源,黃德寬先生云:"楚簡從矛、從人之字,當是'敄'之省形。金文作、等形,右從攴,左所從本象人戴飾物之形,並非'矛'字,只是與'矛'形近,戰國文字漸訛從'矛'。"①所言甚是,戰國中山王方壺"敄"作,人頂飾物已變爲"矛"。需要補充的是,字之變爲從"矛",應當不是純粹的形訛,至少還有表音的考慮。"敄"到了小篆也變成從"攴"、"矛"聲,可相印證。所以,"柔"可分析爲從"人"、"矛"聲。字在楚簡中多用爲{侮}。其實,西周金文"敄"字以持物擊人會意,很可能就是欺辱之{侮}的初文。因此,"柔"作爲"敄"之省體,也可以看作{侮}的本用對應字形②。那麼,"柔"之讀作剛柔之{柔},就應該屬於假借了。

　　可見,{柔}之所以有多個記錄字形,原因也不是單一的③。

---

①　黃德寬《戰國楚竹書(二)釋文補正》,《上海博物館藏戰國楚竹書研究續編》,上海書店出版社,2004 年 7 月。

②　"柔"的結構,也許還有一層會意的意味,即加矛於人頂,侮之也。當然,這只是一種猜測,姑志此存考。

③　另外,《郭店·六德》有一怪字作(簡 31)、(簡 32),陳劍先生《郭店簡〈六德〉用爲"柔"之字考釋》(《中國文字學報》第二輯,商務印書館,2008 年 12 月)認爲該字從"制"聲,而"制"爲"薎"之表意初文,故字可讀爲{柔}。同時,又認爲《郭店·殘簡》5另一怪字與之相關,也應讀爲{柔}。後來在此文的補記中,陳先生又懷疑這兩個字本來都跟"夒"字有關。今按,從文例看,此二字確有讀{柔}的可能,但似未可言釋定,故暫存疑。

例（5）　｛終｝——舟、怤、緟、昏、怤

楚系簡帛中始終之｛終｝絕大多數用沿用商周文字作"舟"，例如：

丁亥有靈，丁巳舟（終）其身無□　　　　　　（《九店》五六 94）

慎舟（終）若始，則無敗事矣。　　　　　（《郭店・老丙》12）

一與之齊，舟（終）身弗改之矣。　　　　（《郭店・六德》19）

故言則慮其所舟（終），行則稽其所敝，則民慎於言而謹於行。

　　　　　　　　　　　　　　　　　　　（《上一・緇衣》17）

六三：食舊德，貞屬，舟（終）吉。　　　　（《上三・周易》5）

六二：介于石，不舟（終）日，貞吉。　　　（《上三・周易》14）

出則又入，舟（終）則又始，至則又反。　　（《上七・凡甲》25）

"舟"本取象於絲有兩終端，故字或益以"糸"旁作"糹舟"，爲繁構。例如：

有本有卯，有怤（終）有始。　　　　　　（《郭店・語一》49）

一月、二月、三月，是謂失怤（終），亡奉□□其邦。（《帛書》乙篇）

｛終｝又可寫作"緟"，如：

一日以善立，所學皆緟（終）；一日以不善立，所學皆崩，可不慎乎？　　　　　　　　　　　　　　（《上三・中弓》24〜25）

"緟"字可分析爲從"糸"、"昏"聲（"昏"爲"舟"之分化字，詳下），又爲"糹舟"之繁體。

｛終｝還可作"昏"，如：

臨事之紀，慎昏（終）如始，此無敗事矣。　（《郭店・老甲》11）

子之爲善也，有與始，有與昏（終）也。　　（《郭店・五行》18）

始者近情，昏（終）者近義。　　　　　　（《上一・性情》2）

"昏"爲"舟"加"日"旁分化而成。語言中終點之｛終｝和秋冬之｛冬｝是有同源關係的，因爲冬日即爲四時之終，所以｛冬｝這個詞大概一開始也是用

{終}的初文"夂"來表示的,例如春秋都兒鼎"唯正十月初夂(冬)吉"(《考古與文物》1988 年第 3 期)。戰國六國文字在"夂"的基礎上加"日"旁分化出"旹",以承擔{冬}的記錄任務,秦系則加區別性符號"="而分化出"冬"(《說文》以爲從"夂",未得其本)。楚系簡帛"旹"絕大多數表{冬},但少數表{終},實際上與文字的分化有關。

{終}還可用"忥"來記錄:

謙:亨,君子有忥(終)。　　　　　　　　　　(《上三·周易》12)

"忥"字也見於《郭店·五行》12:"未見君子,憂心不能忥﹦;既見君子,心不能降。""忥"即"忡"字異體,《玉篇》:"忡,憂也。""忥﹦"即"忡忡",字《說文》作"忡",云:"忡,憂也。从心、中聲。《詩》曰:憂心忡忡。"《周易》以"忥"表{終},應看作假借用法。

例(6)　{美}——岂、媺、頵、敳、殷

美丑之{美},楚簡或記作"岂",例如:

岂(美)與惡,相去何若?　　　　　　　　　(《郭店·老乙》4)
民性固然:見其岂(美),必欲返其本。　　　(《上一·詩論》16)
君子岂(美)其情,貴其義,善其節,好其容,樂其道,悅其教,是以敬焉。　　　　　　　　　　　　　　　　　　　　(《上一·性情》12)
未言而信,有岂(美)情者也。　　　　　　　(《上一·性情》22)
《將岂(美)人毋過吾門》。　　　　　　　　(《上四·采風》2)

"岂"字原篆作夫、夶,此字商代金文作夶(《集成》7346),顯然象人頭頂插羽飾之形,表示美觀、美麗之意,當爲{美}之本用字形。其造字原理與"美"字之取象於人戴羊角爲飾正同。

字或加"女"旁作"媺",如:

故君子顧言而行,以成其信,則民不能大其媺(美)而小其惡。

　　　　　　　　　　　　　　　　　　(《郭店·緇衣》34~35)

未言而信,有媺(美)情者也。　　　　　　(《郭店·性自》51)

禹然後始行以儉：衣不襲娓(美)，食不重味。

(《上二‧容成》21)

君子相好，以自爲衛。豈娓(美)是好，唯心是萬(賴)。

(《上四‧逸詩‧交交》4)

衣服過制，失於娓(美)，是謂違章，上帝弗諒。(《上五‧三德》8)

吾幣帛甚娓(美)於吾先君之量矣。　　　　(《上六‧競公》1)

物而崇者也，非爲娓(美)玉肴牲也。　　　(《上六‧競公》9)

儀反之，精爲不精，娓(美)爲不娓(美)。　　(《上六‧天甲》3~4)

　　"娓"實"岂"之孳乳，女子貌美是人們所易於認知的，故益"女"旁以表意。"岂"之孳乳爲"娓"，正猶"美"之孳乳爲"媄"(字見《說文》，云："色好也，从女、从美，美亦聲。")；而"敨"復孳乳出"嬍"(字見《周禮》等)。但在語言中，{美}這個詞並未真正分化，"岂"、"敨"、"嬍"、"美"、"媄"所記錄的實際上是同一音義。

　　楚簡{美}又寫作"頯"，例如：

親此多也，密此多【也】，頯(美)此多也。(《郭店‧六德》25~26)

有頯(美)有善。　　　　　　　　　(《郭店‧語一》15)

好頯(美)如好緇衣，惡惡如惡巷伯。　　(《上一‧緇衣》1)

故君子顧言而行，以成其信，則民不能大其頯(美)而小其惡。

(《上一‧緇衣》17~18)

　　"頯"亦"岂"之孳乳，加"頁"旁表示與面顏有關，蓋顏色之美爲美之易於感知者。

　　{美}還寫作"敨"，如：

生子，男必敨(美)於人。　　　　　　(《九店》五六 35)

天下皆知敨(美)之爲敨(美)也，惡已。　　(《郭店‧老甲》15)

堯聞之而敨(美)其行。　　　　　　　(《上二‧容成》14)

此不貪於敨(美)而富於德歟？　　　　(《上四‧曹沫》3)

孔子曰：由丘觀之，則敨(美)言也已。　(《上五‧季庚》13~14)

《說文》"散"在"人"部，云："散，妙也。从人、从攴，豈省聲。"段玉裁改"妙"爲"眇"，云："凡古言散眇者，即今之微妙字。眇者，小也。引申爲凡細之偁。微者，隱行也。微行而散廢矣。"①從古文字來看，"散"字實由"攴"、"屵"二部件構成，"屵"有表聲作用（至於究竟是單純的形聲結構，還是會意兼形聲則尚難定），《說文》將"屵"拆散作解是不對的。依段注，"散"與"微"爲古今字。"散"之構形理據尚待進一步研究，如果暫且將它當作{微}的本字，則"散"讀{美}屬於假借用法。

　　{美}還用"殷"來記錄：

　　　　子夏曰：其才辯②也，殷（美）矣！宏矣！大矣！盡【於此而已乎？】

　　　　　　　　　　　　　　　　　　　　　　　　（《上二·民之》9）

"殷"字原作🦴，從"殳"、"貝"聲，應是"敗"字異體。諸家逕釋"敗"，在不要求嚴格隸定的情況下是可以的。《禮記·孔子閒居》相應文字作："子夏曰：言則大矣！美矣！盛矣！盡於此而已乎？"何琳儀先生指出簡本"敗（殷）"應讀爲{美}③，可從。古音"敗"在並母月部，"美"在明母微部④，音近可通。或謂"殷"是"散"之誤摹，這種可能性不能絕對排除。但解釋爲假"殷"爲{美}似更直接些。

　　【修訂本按：上博簡九《史蒥問於夫子》7{美}作"美"，清華簡拾壹《五紀》122{美}作"媺"（所從"屵"省"人"形），清華簡叄《芮良夫毖》25{美}作"㜺"，"美"、"媺"、"㜺"均是表{美}的本用異體字。】

　　例(7)　{牢}——牢、牧、𣪊、𤲃、留

　　牲牢之{牢}，早期文字作🐄、🐑（《新甲骨文編》48～51頁），象牛或羊

---

① 〔清〕段玉裁《說文解字注》，374頁，上海古籍出版社，1988年2月。

② "才辯"的考釋，詳李家浩《戰國竹簡〈民之父母〉中的"才辯"》，《第四屆國際中國古文字學研討會論文集》，香港中文大學中文系，2003年10月。

③ 何琳儀《滬簡二册選釋》，《學術界》2003年第1期，86頁。

④ "美"字有的音韻學家歸脂部，實應歸微部較合適。參看鄭張尚芳《"美"字的歸部問題》，《語言學論叢》第三十八輯，商務印書館，2008年12月。

在牢圈中。小篆作,牢圈之形猶存。《說文》:"牢,閑養牛馬圈也。从牛、冬省,取其四周帀也。"誤解牢圈形爲"冬省"。楚系竹簡"牢"作(《曾侯》146)、(《新蔡》乙四 96),牢圈形類化爲"宀"。以"牢"表{牢}者如:

牢令之黃爲左服。　　　　　　　　　　　　　　(《曾侯》146)

邔陽之牢中獸(守)竹邑人宋鼺。　　　　　　　　(《包山》150)

☐璧,以罷禱大牢饋,脡鐘樂之,百之,贛。　　(《新蔡》甲三 136)

祈福舉禱文君,大牢饋之。　　　　　　　　　(《新蔡》甲三 419)

禱於文夫人,荊牢,樂且贛之。　　　　　　　　(《新蔡》乙一 11)

舉禱昭王、獻惠王,各大牢饋。　　　　　　(《新蔡》乙一 29、30)

荊王就禱荊牢,圤;文王以逾就禱大牢,圤。　(《新蔡》乙四 96)

{牢}或作"牧":

☐君、文夫人,祝其大牧(牢),百☐　　　　　(《新蔡》乙四 128)

"牧"爲"牢"加"攴"旁而成,可視爲"牢"之繁體,蓋圈養牲牢離不開人力動作,故加"攴"示意。

{牢}又記作"𤘉",例如:

☐競平王大𤘉(牢)饋,延鐘樂之。　　　　　(《新蔡》甲三 209)

舉禱酮(荊)亡酮(荊)𤘉(牢),酒食。　　　　(《新蔡》甲三 243)

☐大𤘉(牢)饋,延鐘樂之。　　　　　　　　(《新蔡》甲三 261)

"𤘉"可分析爲從"牛"、"留"聲,蓋"牢"易意符"宀"爲聲符"留"而成,爲"牢"之異構。"酮𤘉",楊華先生讀爲"鍘牢"[①]。從楚系用字習慣來看,"酮"恐怕仍當讀爲荊楚之{荊},"荊牢"應指楚人獨特的牢牲,至於具體與一般牢牲有何差別,尚待研究。

{牢}又記作"𤙪",如:

---

① 楊華《新蔡簡祭禱禮制雜疏(四則)》,《簡帛》第一輯,上海古籍出版社,2006 年 10 月,206～208 頁。

☐酉之日祭之，大廇（牢）饋之於黄李。　　　　（《新蔡》甲三 304）

“廇”可分析爲從“宀”從“肉”、“留”聲，蓋“牢”易意符“牛”爲“肉”，再益以聲符“留”而成，也是“牢”之異構。

{牢}或作“留”，如：

☐大留（牢），百☐　　　　　　　　　　　　（《新蔡》乙四 25）

以“留”爲{牢}，顯然是假借用法。“留”、“牢”古音同在來母幽部，可通。

例（8）　{動}——敳、敼、遧、迲、童、僮

動作之{動}，文獻一般作“動”，《說文》：“動，作也。从力、重聲。䢔，古文動从辵。”楚系簡帛未見“動”，但有“敳”，變意符“力”爲“攴”，當爲“動”之異體：

凡性，或敳（動）之，或逆之，或控之，或厲之，或出之，或養之，或長之。　　　　　　　　　　　　　　　（《郭店・性自》9～10）

{動}較多的是寫作“敼”，例如：

養思而敼（動）心，喟如也。　　　　　　　　（《郭店・性自》26）

哭之敼（動）心也，浸殺，其烈戀戀如也，戚然以終。

　　　　　　　　　　　　　　　　　　　　　（《郭店・性自》30）

凡性，或敼（動）之，或逆之，或寬之，或厲之，或出【之，或養之，】或長之。　　　　　　　　　　　　　　　（《上一・性情》4～5）

凡敼（動）性者，物也。　　　　　　　　　　（《上一・性情》5）

樂之敼（動）心也，濬深鬱陶，其烈流如也以悲，悠然以思。

　　　　　　　　　　　　　　　　　　　　　（《上一・性情》19）

“敼”與“敳”是同意符異聲符的異體關係。“童”、“重”古音同屬定母東部，二聲系古常相通。

{動}又多作“遧”，如：

旣瘥以心瘲（？）然，不可以遧（動）思舉身。　　（《望山》1・13）

天地之間,其猶橐籥與? 虛而不屈,遠(動)而愈出。

(《郭店·老甲》23)

凡遠(動)民必順民心。 (《郭店·尊德》39)

聽之而不義,耳勿聽也;遠(動)而不義,身毋遠(動)焉。

(《上五·君子》2)

四神乃作,至于復天旁遠(動)。 (《帛書》甲篇)

"遠"字從"辵"、"童"聲,與《說文》古文"運"正相類。"辵"旁往往用於表示行爲動作之義類。

〔動〕又寫作"迬":

孰能匹(宓)以迬(動)者,將徐生。 (《郭店·老甲》10)

"迬"字當分析爲從"辵"、"主"聲,"主"古音屬章母侯部,從"主"得聲的"柱"即屬定母,而侯部與東部爲陰陽對轉,楚簡從"主"聲之"砫"即通"重",可見"主"聲確可與"重"聲"童"聲相通。"迬"可看作"遠"或"運"變換聲符的異構。

〔動〕又或以"童"爲之,當屬假借:

遇不遇,天也。童(動)非爲達也,故窮而不【困;□非爲】名也,故莫之知而不笑(慍)。 (《郭店·窮達》11~12)

恐民未知,屏以爲則。毋童(動)羣民以□。 (《帛書》乙篇)

或記作"僮",也屬假借:

返也者,道僮(動)也;弱也者,道之用也。 (《郭店·老甲》37)

這樣,〔動〕這一音義由於使用異體字而有了"歱"、"歱"、"遠"、"迬"等記錄形式,又因爲同音假借而有了"童"、"僮"等記錄字形。【修訂本按:清華簡玖《治政之道》25〔動〕作"僮",是又一個本用的異體字。】

例(9) 〔禍〕——禍、褐、柴、化、貨、迪

《說文·示部》:"禍,害也。神不福也。从示、咼聲。"楚簡災禍之〔禍〕正有作"禍"者,例如:

天加禍於楚邦，息（霸）君①吳王身至於郢。　　（《上四·昭王》9）

不有大禍，必大恥。　　（《上五·三德》13）

爲善福乃來，爲不善禍乃或（有?）之。　　（《上五·三德》14）

{禍}又可作"禬"，例如：

后土、司命、司禬（禍）各一少環。　　（《包山》213）

犬、后土、司命、司禬（禍）、大水、二天子、峗山既皆成。

（《包山》215）

司命、司禬（禍）各一鹿，舉禱，碭之。　　（《新蔡》乙一15）

祈福於司禬（禍）、司禞、司骳各一羘。　　（《新蔡》乙三5）

"禬"字從"示"、"骨"聲，爲"禍"之異體。"司禍"應是主司禍福之神。過去或讀爲"司骨"、"司過"的，恐不可從。

{禍}又可寫作"祡"，如：

賞與刑，祡（禍）福之羿也。　　（《郭店·尊德》2）

當是時也，癘疫不至，妖祥不行，祡（禍）災去亡。

（《上二·容成》16）

此能從善而去祡（禍）者。　　（《上五·競建》8）

"祡"字從"示"、"化"聲，也是"禍"的異體。"化"、"咼"二聲系可通，楚簡"過"之異體作"迬"、"迲"等可證。

除了以上3個異體字外，{禍}還有2個假借字形"化"和"貨"。作"化"的如：

罪莫重乎甚欲，咎莫僉乎欲得，化（禍）莫大乎不知足。

（《郭店·老甲》5～6）

作"貨"的如：

---

① "霸君"之釋讀，見孟蓬生《〈上博竹書（四）〉閒詁》，《簡帛研究二〇〇四》，74頁，廣西師範大學出版社，2006年10月。

　　五紀不亼①,雖富必失。余告汝貨(禍)。　　　　　(《上三·彭祖》5)

"貨"字原作🐾,下端已殘,李零先生認爲應與同篇 6 號簡"余告汝咎"的"咎"是類似的詞,讀爲{禍}②。其說可從。從字下部殘存筆畫來看,本是"貨"字的可能性極大。"貨"從"化"聲,以音近讀作{禍}。【修訂本按:以"貨"爲{禍},也見於清華簡陸《子產》11"事起貨(禍)行"。】

　　此外,楚簡可能還存在着用"迡"表示的{禍},比如:

　　必慎以戒,如將弗克,毋冒以陷,必迡(禍)前功。

　　　　　　　　　　　　　　　　　　　(《上四·曹沫》53 上＋60 下③)

　　邦失幹棠(常),小邦則戔(剗),大邦迡(禍)傷。

　　　　　　　　　　　　　　　　　　　　　(《上五·三德》5)

此二"迡"字整理者讀作{過},諸家似無異議。"迡"即"過"之異體,在楚簡中確以表{過}爲常,但《曹沫》篇"必過前功"仍較費解。頗疑此"迡"應讀{禍},爲禍害、損害之意。《孟子·告子上》:"率天下之人而禍仁義者,必子之言夫!"{禍}即用此義。簡文意謂:不可冒進而輕陷於敵陣,否則必將前功盡棄。"毋冒以陷"與"必禍前功"之間,實際上隱含着一個假設("冒以陷"),古人行文往往如此。類似文例如孔家坡漢簡《忌日》篇云:"巳不可入錢財,人必破亡。"又云:"毋傷巫,受其殃。"不勝枚舉。至於《三德》篇的"過傷",整理者解釋爲甚傷,似不若讀爲"禍傷","禍傷"爲近義連言,猶言"禍害"。

　　{過}與{禍}應是一對有親屬關係的同源詞,所以用本爲表{過}而造的"迡"來表示{禍},似又多了一層理據。《戰國策·燕策一》:"夫一齊之强,而燕猶不能支也,今乃以三齊臨燕,其禍必大矣。"馬王堆帛書《戰國縱

---

① "亼"字之釋,詳見拙作《上海博物館藏楚簡〈彭祖〉新釋》,《華學》第七輯,中山大學出版社,2004 年 12 月。

② 馬承源主編《上海博物館藏戰國楚竹書(三)》,307 頁,上海古籍出版社,2003 年 12 月。

③ 此處簡文的編聯,參李銳《〈曹劌之陣〉釋文新編》,"孔子 2000"網站,2005 年 2 月 22 日。

横家書》"禍"作"過",可相參證。

【修訂本按:上博簡九《史蒥問於夫子》10{禍}作"謂",上博簡九《邦人不稱》1{禍}作"訛",清華簡叄《說命(下)》4{禍}作"㥪",清華簡伍《厚父》10{禍}作"歆",其中"謂"、"訛"、"㥪"都可以看作"禍"的異體字,"歆"則可能是一個假借字形。】

例(10)　{親}——親、睪、慤、慭、新、斳

親近、親戚的{親},傳世文獻一般寫作"親",《說文·見部》云:"親,至也。从見、亲聲。"段注云:"情意懇到曰至,父母者,情之最至者也,故謂之親。"據此,"親"爲{親}之本用字形。西周金文{親}或作"親",見於盉駒尊銘(《集成》6011)、克鐘銘(《集成》204、206、208)等,字從"見"、"辛"聲,當爲"親"之簡體,也是{親}的本用字形。楚簡{親}正有承襲"親"形者,例如:

禹親(親)執畚耜,以陂明都之澤,決九河之過。

(《上二·容成》24～25)

君如親(親)率,不可不慎。　　(《上四·曹沫》27+48)

使人不親(親)則不敦,不和則不茸,不義則不服。

(《上四·曹沫》33)

莊公曰:爲親(親)如何?　　(《上四·曹沫》33～34)

古文字中"見"、"目"作爲意符每可通用,故"親"又有異體"睪",在楚簡中也用以表{親},如:

大學之中,天子睪(親)齒,教民悌也。　　(《郭店·唐虞》5)

堯舜之行,愛睪(親)尊賢。　　(《郭店·唐虞》6)

長悌,睪(親)道也;友、君臣,毋睪(親)也。

(《郭店·語一》80～81)

愛生於性,睪(親)生於愛,忠生於睪(親)。(《郭店·語二》8～9)

愛睪(親)則其殺愛人。　　(《郭店·語三》40)

故慈以愛之,則民有睪(親)。　　(《上一·緇衣》13)

故君子多聞,齊而守之;多志,齊而畧(親)之。

(《上一・緇衣》19)

{親}之義關乎心,故又別造一從"心"之字作"慜"以表示之:

能事其慜(親)。　　　　　　　　(《上二・昔者》3)

"慜"字應分析爲從"心"、"敓"聲,其基本聲符仍爲"辛",正與"親"、"親"相合,應是專爲{親}而造。"敓"疑乃"新"之異體,楚簡常假借"新"字表{親}(詳下),在假借字的基礎上益以意符另造本用字形,是古文字中常見的現象。

{親}的另外一個以"心"爲意符的記錄字形是"悊":

孤使一介使悊(親)於桃逆勞其大夫。　　(《上七・吳命》4)

"悊"從"心"、"新"聲,"新"爲"新"之簡體(參下),"悊"與"慜"雖聲旁微異,要皆專爲{親}義而造。

楚簡中{親}最常見的對應字形則應數"新",例如:

新(親)父旣成。新(親)母旣成。　　　　(《包山》202反)
故不可得而新(親),亦不可得而疏。　　(《郭店・老甲》28)
故君子多聞,齊而守之;多志,齊而新(親)之。

(《郭店・緇衣》38～39)

戚而信之,新(親);新(親)而篤之,愛也。　(《郭店・五行》33)
教以權謀,則民淫悃(昏)遠禮無新(親)仁。　(《郭店・尊德》16)
非我血氣之新(親),畜我如其子弟。　　(《郭店・六德》15～16)
人有六德,三新(親)不斷。　　　　　(《郭店・六德》30)
上下和且旨,屬紀於大國,大國新(親)之,天下不乘。

(《上四・曹沫》16＋46下)

君毋憚自勞,以觀上下之情僞,匹夫寡婦之獄訟,君必身聽之,有智不足,無所不中,則民新(親)之。　(《上四・曹沫》34～35)
求利,殘其新(親),是謂罪。　　　　(《上五・三德》4)
臨民以仁,民莫弗新(親)。　　　　　(《上五・三德》6)

按，"新"字，《説文·斤部》云："取木也。从斤、亲聲。"（據小徐本）實即薪木之"薪"的初文。以"新"表{親}，顯係假借。

{親}又可寫作"新"。如：

故慈以愛之，則民有新（親）。　　　　　　　　　（《郭店·緇衣》25）

夫聖人上事天，教民有尊也；下事地，教民有新（親）也。

　　　　　　　　　　　　　　　　　　　　（《郭店·唐虞》4）

時事山川，教民有敬也；新（親）事祖廟，教民孝也。

　　　　　　　　　　　　　　　　　　　　（《郭店·唐虞》4～5）

莫新（親）乎父母，死不顧生，可言乎其信也。　（《上五·弟子》8）

"新"字從"斤"、"辛"聲，當是"新"字簡體，其間關係正如"親"之與"親"。

這樣，{親}同時擁有 4 個本用對應字形"親"、"晜"、"慈"、"慈"（它們互爲異體字），和 2 個假借字形"新"、"新"。【修訂本按：安大簡二《曹沫之陣》19、20{親}作"慈"，是新見的本用字形。】

例（11）　{由}——由、冑、迪、繇、繇、謷、遹、遹、壾、斿、遊、采、繛、繛

從由、因由之{由}，後世文獻一般作"由"。"由"字《説文》没有獨立字頭。關於它的來源，歷來説法不一。從古文字來看，"由"應該是由甲冑的"冑"字的上部割裂分化出來的。一般認爲"冑"字從"由"聲，實際上似是而非①。假如能夠證明從"冑"中分化出"由"字來是爲了專門承擔{由}的記錄任務的，那麼，倒可以認爲"由"是{由}的"準本字"。但由於目前尚没有充分的證據可以證實這一點，所以我們暫且認爲"由"是{由}的假借字形。楚簡已見用"由"表{由}之例，如：

休哉！乃將多問因由。　　　　　　　　　　　（《上三·彭祖》1）

{由}還有寫作"冑"字的：

《君陳》云：未見聖，如其弗克見；我既見，我弗冑（由）聖。

　　　　　　　　　　　　　　　　　　　　（《上一·緇衣》10～11）

---

① 　參看拙作《説"由"及其相關諸字》，《中國文字》新廿八期，藝文印書館，2002 年 12 月。

“冑”字原作![字形]，爲“冑”字省去冑形下部，與伯晨鼎銘文“冑”之作![字形]者同①。原整理者隸定爲“貴”，非是。“冑”讀{由}也當屬假借。

{由}又可記作“迪”，如：

《君陳》云：未見聖，如其弗克見；我旣見，我弗迪（由）聖。

（《郭店・緇衣》19）

《說文・辵部》：“迪，道也。从辵、由聲。”《玉篇・辵部》：“迪，導也。”導迪義與從由義，是相反相成的兩個方面，所以，{迪}與{由}很可能是一對同源詞，其關係正與{授}和{受}的關係相類似。可以認爲，“迪”這個字形最初是可以同時表示{迪}和{由}的。換言之，楚簡以“迪”爲{由}可看作本用對應。

以上是一組與“由”有關的字形。

{由}還有一組記錄字形是與“繇”有關的。{由}這個詞在古書中可見有寫作“繇”的。如《爾雅・釋水》：“繇膝以下爲揭，繇膝以上爲涉。”郭璞注：“繇，自也。”陸德明《經典釋文》：“繇，古由字。”《史記・孝文本紀》：“禍自怨起，而福繇德興。”尤以《漢書》所見爲多。《說文・系部》：“繇，隨從也。从系、䚡聲。”徐鉉等曰：“今俗从䍃。”以“繇”爲“繇”之俗體，且於許君釋義無異辭，顯然是把“繇”、“繇”當作{由}的本字。段玉裁復補“由”字於“繇”字條下，作爲“繇”的或體。其實這些都是有問題的。曾憲通先生曾對“繇”及相關諸字的源流作過詳覈的考證，指出“䏊”爲鼬鼠之“鼬”的象形初文，所謂“肉”是鼬鼠頭部變來的，所謂“系”是鼬鼠的身及尾部變來的；“繇”本是“䏊”加“缶”而成，讀爲“陶”，“繇”則是從“言”、從“䏊”得聲，表示發語辭{繇}②。然則“繇”、“繇”之表{由}，皆屬假借。楚簡中{由}作

---

① 參看劉釗《讀〈上海博物館藏戰國竹書（一）〉劄記》，《上海博物館藏戰國楚竹書研究》，291頁，上海書店出版社，2002年3月；林志強《古本〈尚書〉文字研究》，中山大學博士學位論文（導師：曾憲通教授），61頁，2003年4月；臧克和《上海博物館藏〈戰國楚竹書・緇衣〉所引〈尚書〉文字考》，《古籍整理研究學刊》2003年第1期。

② 曾憲通《說繇》，載所著《古文字與出土文獻叢考》，中山大學出版社，2005年1月；原載《古文字研究》第十輯，中華書局，1983年7月。

"繇"者頗多見。例如：

是故威服刑罰之屢行也，繇(由)上之弗身也。

(《郭店·成之》5～6)

苟不從其繇(由)，不反其本，未有得也者。　(《郭店·成之》12)

殺戮，所以除害也；不繇(由)其道，不行。　(《郭店·尊德》3)

【苟不】繇(由)其道，雖堯求之弗得也。　(《郭店·六德》7)

夫不夫，婦不婦，父不父，子不子，君不君，臣不臣，昏所繇(由)

作也。　(《郭店·六德》38)

是故夫戰者，三教之末，君必不已則繇(由)其本乎？

(《上四·曹沫》19～20)

繇(由)丘觀之，則美言也已。　(《上五·季庚》13～14)

"繇"字原形作[字形](《郭店·成之》12)、[字形](《郭店·語一》1)等，"系"形或因避就而省其末端，但"肉"、"系"連爲一體，尚未裂變而形成"晉"形部件組合，古意猶存。

〈由〉在楚帛書中又寫作"譑"，例如：

帝將譑(由)以亂□之行。　(《帛書》乙篇)

"譑"字原形作[字形]，所從"豚"形稍變繁複，特別是增加了"口"旁，可以看作"繇"加羨符而成的繁體。

〈由〉又寫作"轡"，例如：

轡(由)禮知樂，轡(由)樂知哀。　(《郭店·尊德》9～10)

"轡"原形作[字形]，比照"繇"之作[字形]，其上部所從"禾"形很可能是"系"形的進一步訛變，所以"轡"應是"繇"的變體。

〈由〉又寫作"遾"，例如：

或遾(由)中出，或遾(由)外入。　(《郭店·語一》19～20)

遾(由)中出者，仁、忠、信。遾(由)□　(《郭店·語一》21)

"遾"字原形作[字形]，當分析爲從"辵"、"豚"聲。《說文·辵部》有"遾"字，云：

"行邎徑也。从辵、繇聲。"段注云："按此當作'行徑也'，或作'行由徑也'。"許君原意蓋以"邎"爲循由之{由}的本字，所以，把"行邎徑也"轉寫爲"行由徑也"完全沒有問題，但改作"行徑也"則是不妥當的。楚簡之"遙"顯然與《說文》之"邎"是一字之異寫，不過聲旁繁簡不同而已。"遙"也可以看作專爲表示循由之{由}而造的，從這個意義上講，它跟上面提到的"迪"字可以當作異體字看待。

"遙"可加"口"旁寫作"遾"，仍表示{由}：

> 有行而不遾（由），有遾（由）而不行。　　（《郭店・語二》53～54）
> 或遾（由）其闓，或遾（由）其不肂（盡？），或遾（由）其可。
> 　　　　　　　　　　　　　　　　　　　　（《郭店・語三》42～43）
> 思無不遾（由）我（義）者。　　　　（《郭店・語三》48～49）

"遾"應看作"遙"的繁體，"口"爲羨符。"遙"的聲旁"繇"的另一種可能的分析是，從"口"、"胲"聲，與"繇"爲變換意符的異體字。然則，"遾"同於"遙"。但是，結合楚帛書"譅"字來看，既已有意符"言"，若再以"口"爲意符則爲累贅，故把"口"旁視爲羨符要合理一些。而且，這也符合戰國文字喜羨"口"符的慣例。當然，這種細微的差別，並不妨礙我們認爲"遾"也是"遙"字的異體。

"遙"有時還可以省"辵"爲"止"，作"歷"：

> 凡物歷（由）望生。　　　　　　　　（《郭店・語一》104）

"歷"顯然也是表示{由}的。"歷"當然也可以理解爲"遙"替換意符的異體，但因爲"辵"包含了"止"，而且比較而言，"遙"常見而"歷"罕見，所以似將"歷"看作"遙"的簡體更爲合理。

{由}在楚簡中還可記作"斿"或"遊"：

> 吟，遊哀也；噪，遊樂也；啾，遊聲【也】；嘂，遊心也。
> 　　　　　　　　　　　　　　　　　　　　　（《郭店・性自》33）
> 【吟，斿哀也】；噪，斿樂也；啾，斿聲也；嘂，斿心也。
> 　　　　　　　　　　　　　　　　　　　　　（《上一・性情》21）

上揭《郭店·性自》的幾個"遊"字,原整理者無說。李零先生疑同"流",流露之意①。劉釗先生云:"四個'遊'字似應讀爲'由',古'遊'、'由'二字皆在喻紐幽部,故可通用。簡文說呻吟是由於悲哀,歡呼是由於高興,歌吟是來自聲音,歎息是來自心情。"②揆諸音義文法,當以劉說爲是。

《上一·性情》異文作"斿"者,也應該讀爲｛由｝。"斿"字最初從人執斿會意,似當爲遊行義而造。後來"人"形變爲"子"形,又或益"辵"旁而孳乳爲"遊",或益"水"旁而孳乳爲"游"③。《說文》無"斿"、"遊",而有"游",以其本義爲旌旗之旒。無論如何,楚簡中"斿"、"遊"用來表示由自之｛由｝,均應屬於同音假借。

除了以上三組字形外,｛由｝還有另外一些記錄字形,比如"采":

六帝興於古,咸采(由)此也。　　　　　　　　　　　　　(《郭店·唐虞》)8

故行而爭悅民,君子弗采(由)也。　　　　　　　　　　　(《郭店·忠信》)6

故夫舜之德,其誠賢矣,采(由)諸畎畝之中而弁,君天下而稱。

　　　　　　　　　　　　　　　　　　　　　　　　　　　(《上二·子羔》)8

裘錫圭先生云:"采,讀爲'由'。《說文》'袖'字正篆即以之爲聲旁。"④上引郭店簡二例"采"應讀作｛由｝,諸家無異議,但對其字形卻有不同意見。郭店簡的"采"原形作𤓯、𤓯⑤,張桂光先生認爲,此字上部像"肉"不像"爪",下部像"木"不像"禾",應隸作"枀",從"肉"得聲,與"畲"爲一系,自可讀｛由｝⑥。按,此字上部與"肉"形不近,是"爪"應無問題,只是下邊"禾"旁本象禾穗的一撇稍爲遊移而已,故仍當以釋"采"爲是。其實,楚

① 李零《郭店楚簡校讀記(增訂本)》,110 頁,北京大學出版社,2002 年 3 月。
② 劉釗《郭店楚簡校釋》,99 頁,福建人民出版社,2003 年 12 月。
③ 參容庚編著,馬國權、張振林摹補《金文編》,463~464 頁,中華書局,1985 年 7 月。
④ 荊門市博物館《郭店楚墓竹簡》,159 頁注釋〔一一〕"裘按",文物出版社,1998 年 5 月。
⑤ 另有一例作𤓯,見《唐虞》簡 12,讀爲皋陶的"陶","爪"下多出一撇,當是羨筆。
⑥ 張桂光《〈上博(二)〉〈子羔〉篇釋讀札記》,載所著《古文字論集》,中華書局,2004 年10 月。

簡中本有"枽"字，見於《包山》278 反，作 ，爲地名；又見於《上二·容成》38，作 ，讀爲瑤臺之｛瑤｝。又有從"枽"聲的"璓"，見於《包山》34、39 等，作 ，當即"瑤"字異體。又有"詸"字，見《郭店·性自》24、《上五·君子》5，作 、，即"謡"之異構。又有"敓"字，見《上五·君子》7，作 ，則爲"搖"之或作。結合上面所講到的"繇"變作"譬"的情況來看，"枽"極可能也是"䍃"之象形初文"脵"的變體，似難以與"采"字牽合。張桂光先生改釋"采"爲"枽"，還與他認爲"采"與"由"音不近有關，這個問題下面馬上要討論到。

《子羔》篇的"采"字寫作 ，從"爪"、從"禾"至爲明顯，所以在字形隸定上沒有出現分歧。但整理者將之看作"采"的異文而讀爲｛播｝或｛布｝，明顯不對。黃德寬、徐在國、劉信芳等先生指出此"采"當如郭店簡"采"字一樣，讀作｛由｝①。而張桂光先生不同意此說，理由是"采"爲"穗"字異體，讀音與"由"遠隔，故主張讀爲隱逸之｛逸｝。

這樣，有兩個問題需要討論：一是"采"是否具備讀｛由｝的語音條件；二是"采"在《子羔》篇中是否該讀｛由｝，如何解釋。第一問題的回答是肯定的。獨立的"采"字見於《說文·禾部》，云："采，禾成秀也，人所以收。從爪、禾。穗，采或從禾、惠聲。"據此，"采"可定爲邪紐質部字，張先生謂其與"由"音遠隔，依據在此。但正如裘錫圭先生所指出，"袖"的正篆以"采"爲聲。《說文·衣部》："褎，袂也。從衣、采聲。袖，俗褎從由。""采"在充當聲旁時可與"由"互換，說明二者讀音應該十分接近。"采"字還多見於睡虎地秦簡《日書》乙種《秦》篇，而甲種《稷辰》相應之字作"秀"，裘錫圭先生很早就注意到這一現象，並認爲："這個'采'顯然也是取'秀'音而不是取'穗'音的。所以'采'其實應該是'禾成秀'之'秀'的初文或本字。"②這是很精辟的見解。｛采｝和｛秀｝至少可以看成一對同源詞。"褎

① 黃德寬《戰國楚竹書（二）釋文補正》、安徽大學古文字研究室《上海楚竹書（二）研讀記》，《上海博物館藏戰國楚竹書研究續編》，上海書店出版社，2004 年 7 月。

② 裘錫圭《甲骨文中所見的商代農業》，所著《古文字論集》，188 頁，中華書局，1992 年 8 月。

（袖）"爲邪紐幽部字，"秀"爲心紐幽部字，所以"采"本來也應當有幽部齒音一讀。而此一讀音實際上與"穗"音也不是沒有通轉的可能，聲紐不消說，韻部方面幽（含覺）脂（含質）通轉之例也不在少數，何琳儀先生曾有詳細論證，可以參考①。總之，"采"可讀｛由｝在語音上是沒問題的。

關於第二個問題，筆者認爲諸家讀｛由｝可從，唯釋義尚可商榷。這牽涉到"弁"字的釋讀和句子的斷讀問題。"弁"字原形作㝡，顯然是"弁"的典型寫法，諸家多釋"史"，不確，張桂光先生釋"弁"，甚是。雖然楚簡中"弁"偶或被當作"史"來用，但極少見，故不宜作爲首選考慮。另一方面，諸家將"由諸畎畝之中而史（使）君天下而稱"作一句讀，首先在文氣上就頗有些拗口，而且這句話的話題焦點在於前面的"舜之德其誠賢矣"，後面這些文字應該是具體講舜德之所以賢的，現在話語主體卻變成"由"舜於畎畝之中和"使"舜君天下的堯，也不太合理。張桂光先生注意到這些問題，所以主張在"弁"字下點斷。他讀"弁"爲"變"，認爲"'逸諸畎畝之中而變'是說隱逸於田野之中而能夠思變，'君天下而稱'是說治理天下而能見稱於世"。這在文意的總體把握上顯然要合理得多。當然，筆者不同意讀"采"爲｛逸｝，而仍主讀｛由｝，｛由｝有"用"義，如《左傳》襄公三十年："以晉國之多虞，不能由吾子，使吾子辱在泥塗久矣。"杜預注："由，用也。"《漢書·杜欽傳》："廢而不由，則女德不厭。"顏師古注："由，用也。"又有"任由"、"聽憑"義，如《論語·顏淵》："爲仁由己，而由人乎哉？"晉孝武帝《竺法汰喪事詔》："可賻錢十萬，喪事所須，隨由備辦。""用"或"任由"、"聽憑"等義，都與｛由｝的"從由"義密切相關。"弁"古可訓樂，如《詩·小雅·小弁》："弁彼鸒斯，歸飛提提。"毛傳："弁，樂也。"（"弁"訓樂當爲假借用法。《說文·日部》有"昪"字，云："喜樂皃。從日、弁聲。"大概是弁樂之｛弁｝的本字，這個詞後世一般寫作"忭"。）所以，"由諸畎畝之中而弁"大意可能是說，被用於畎畝之中時，舜能安而樂之；也可能是說，任由其埋沒於畎畝之中，舜能安而樂之。"君天下而稱"意思是，一朝舉爲天子，君臨天下，舜又能稱副其位，得其所宜。窮能自樂，達能兼濟，故孔子極稱其德誠賢。《郭

---

① 何琳儀《幽脂通轉舉例》，《古漢語研究》第一輯，中華書局，1996 年 11 月。

店·唐虞》15～16："夫古者舜居於草茅之中而不憂,升爲天子而不驕。"正可和本簡合證。"由諸畎畝之中而弁"和"居於草茅之中而不憂",意思幾乎完全一樣。

回到{由}的記錄字形的問題上來。除了以上討論過的之外,楚簡中還用兩個寫法比較詭異的字形來表示{由},其例如下:

聖、智,禮樂之所～(由)生也。　　　　　　　　　(《郭店·五行》28)

仁、義,禮所～(由)生也,四行之所和也。　　　(《郭店·五行》31)

此二字整理者釋"毃",云:"毃,簡文从'青'聲,讀作'由'。"裘錫圭先生按語云:"所謂'毃'字,實不成字,疑即'繇'之誤寫,故可讀爲'由'。"①

按,從文義看,讀{由}當無可疑。前一例馬王堆帛書《五行》缺,後一例帛書本作"繇",讀{由}。然郭簡此二字形與"繇"相距較遠,爲"繇"字誤寫的可能性似乎不大。其所從"亯"形甚爲明顯,楚系簡帛從"亯"之字多見,如"綧"字作(《包山》263),"敦(毃)"字作(《包山》191)、(《上四·柬大》8)、(《上六·莊王》8)、(《帛書》乙篇),等等,可資比證;但其右旁寫法頗怪,顯然不會是"殳"或"攴",所以遽釋"毃"也不準確。筆者頗疑其右旁爲"夊"("丮"之繁構)之訛體。試比較楚簡中從"夊"之字:

執:(《郭店·殘簡》1)　執:(《包山》224)

"夊"所從"止"形變爲"女",古文字中習見②;所從"丮"訛作、之形,上舉郭簡《五行》篇讀{由}之字右上部件與之相合。

又睡虎地秦簡有"跇"、"餟"二字,其右旁寫法詭異,曾憲通先生有精詳的考證,指出它們從"夊"之訛體,分別是"足"、"負"之繁構③,確不可易。其中"跇"有下列諸體:

---

① 荊門市博物館《郭店楚墓竹簡》,153頁注釋〔三四〕,文物出版社,1998年5月。

② 參看張桂光《古文字中的形體訛變》,載所著《古文字論集》,7頁,中華書局,2004年10月;原載《古文字研究》第十九輯,中華書局,1992年8月。

③ 曾憲通《說"跇""餟"及其它》,《江漢考古》1992年第2期;收入所著《古文字與出土文獻叢考》,中山大學出版社,2005年1月。

（《秦律十八種》77）　　（《秦律十八種》78）

（《秦律十八種》194）

上舉讀〈由〉之字右旁與"踃"所從"昃"十分近似，所以極可能也是"昃"的訛變。因此，可隸釋爲"毃"，可隸釋爲"鼛"，"鼛"右上方較"毃"多出"大"形，用意尚不清楚，但把它看作"毃"的繁形應該問題不大。古文字中"昃"、"攴"可換用，如楚簡"執"字既可從"昃"作"鞁"，又可從"攴"作"鞁"（參本章第二節），而已知楚簡中"毃"字從"攴"作"敦"，故疑"鼛"、"毃"同於"敦"，也是"毃"字異體。

　　"殼"字古音歸屋部，與"由"之屬幽部爲旁對轉。《說文·子部》："殼，乳也。从子、殼聲。一曰：殼瞀也。"段玉裁注云："'殼瞀'疊韻。《荀子·儒效》篇作'溝瞀'，《漢書·五行志》作'傋霿'，《楚辭·九辨》作'恂愁'，《廣韻》五十候作'恂愁'，又作'瞉瞀'，又作'嫛瞀'。其字皆上音寇下音茂，其義皆謂愚蒙也。《山海經》注'瞉瞀'，'瞉'亦'殼'之譌。"[①]"殼"字既然可與"瞀"等幽部字構成疊韻連綿詞，證明它的古讀也應近於幽部[②]。《說文·缶部》："殼，未燒瓦器也。从缶、殼聲。讀若筩莩。"（小徐本作"讀若葭莩同"。）《禮記·檀弓下》"齊殼王姬之喪"，鄭玄注："殼當爲告，聲之誤也。"《呂氏春秋·當務》："下見六王五伯，將殼其頭。"高誘注："殼音觳，擊也。""莩"爲幽部字，"告"、"觳"爲幽部對應的入聲覺部字，這證明"青"聲系的字確與幽類韻有密切的關係。所以，郭簡整理者認爲"殼"字從"青"聲，可讀作〈由〉，是頗有見地的。唯聲紐"由"在喻紐，"殼"在見紐，何以相通，還需待進一步研究。

　　綜上所述，楚系簡帛中〈由〉一詞的記錄字形共有 14 個之多。這 14 個字形可分爲五組，第一組："由"、"胄"、"迪"；第二組："繇"、"繇"、"譬"、"遷"、"遷"、"遷"；第三組："斿"、"游"；第四組："采"；第五組："鼛"、"毃"。

---

① 〔清〕段玉裁《說文解字注》，743 頁，上海古籍出版社，1988 年 2 月。

② "瞀"、"愁"等字有的音韻學家歸侯部，此據唐作藩《上古音手册》。"敄"聲系的字多歸侯部，而"敄"從"矛"聲，"矛"在幽部，這也可證幽、侯二類確相近。

其中"迪"、"遜"、"遜"、"堡",可以認爲造字理據與"從由"等義有關,即可看作{由}的本用對應字形,其餘則都是{由}的他用對應字形,具體地說,是{由}的音同、音近假借字形。而在各組字形內部又存在着多種關係,如"由"是"胄"的裂變分化字,同時又是"迪"的聲符;"繇"是"繇"加羡符的繁體,"譬"是"繇"的變體,"遜"是"遜"加羡符的繁體,"堡"又是"遜"的簡體;"嗀"則是"嗀"之繁體。如果單考察 4 個本用對應字形,則"迪"與"遜"、"遜"爲聲符相異的異構,與"堡"爲意符、聲符俱不相同的異構,而"遜"、"遜"、"堡"之間則爲聲符、意符互有繁簡的異體。總之,有多種原因共同造成了{由}這一音義同時可用多個字形來表示的情形。而{由}的這些記錄形式中,很多是傳世文獻所見不到的,雖然第一、二組還可從文獻中找到某些對應的記法或相關綫索,但第三、四、五組就連一點蹤跡也找不着了,因而彌足珍貴。【修訂本按:清華簡壹《保訓》10"其有所㢾(由)矣","㢾"是{由}的又一假借字形。】

※　※　※　※　※　※　※　※　※　※　※

　　一音義用多字形的現象同樣普遍存在於漢字使用史上的各個階段。裘錫圭先生在《文字學概要》中曾經將這種現象的成因歸納爲兩大方面,一是"一字異體",二是"一詞用多字"。"一詞用多字"又分如下四種情況:A. 已有本字的詞又使用假借字;B. 同一個詞使用兩個以上不同的假借字;C. 一個詞本來已經有文字表示它,後來又爲它或它的某種用法造了專用的分化字;D. 已有文字表示的詞又使用同義換讀字①。我們根據楚系簡帛的實際,將一音義用多字形分爲六種情形:(一) 由假借造成者;(二) 由一字異體造成者;(三) 由文字的分化造成者;(四) 由同義換讀造成者;(五) 由字形訛混造成者;(六) 由多種原因造成者。所涵蓋的範圍與裘著所論大體相合,但處理上略有參差。其中(一)相當於裘先生所說第二方面的 A、B 二項;(二)相當於裘先生所說的第一方面(一組異體字

----

① 裘錫圭《文字學概要》,258 頁,商務印書館,1988 年 8 月。

被假借來記録同一音義者除外）；（三）與裘先生所説的 C 相關，但 C 所涵蓋的部分現象我們分別歸入（一）（如已用字形爲假借字形，分化字形爲本用字形者）和（二）（如已用字形和分化字形均爲本用字形者）；（四）相當於裘先生所説的 D；（五）、（六）兩項則是我們所增加的。

　　本章所討論的大量實例，可讓我們對楚系簡帛中一音義用多字形的現象有一個比較全面具體的了解，相信這對於進一步認識漢字使用史上的這一普遍現象，也將會有所助益。

第四章

楚系簡帛中字形的習用讀法和
音義的習用字形

第一節　字形的習用讀法

在一個字形的不同讀法（即所對應的不同音義）中，往往有某一種或某幾種讀法是最爲常見的，這些讀法就是該字形的習用讀法。習用讀法的極端表現就是一字形只有一種讀法（即只對應一音義）。

只有一種讀法的字形，其習用讀法自然是容易判定的。例如我們在第一章中舉到的"一"、"二"、"三"、"上"、"下"、"西"、"南"、"口"、"山"等，它們都只有一種讀法，那個讀法分別就是{一}、{二}、{三}、{上}、{下}、{西}、{南}、{口}、{山}，這當然就是它們各自的習用讀法了。但相比較而言，更值得我們關注的是那些有不同讀法的字形的習用讀法。習用讀法的確定需要篩選，而依據的主要是統計數據。有時候一個字形的不同讀法之間數量差距懸殊，何者習用，何者非習用，一目了然。但習用與否只是相對而言，很難說有一個絕對的標準可供界定。爲方便操作和討論，我們這裏暫時假定以 20％爲分界綫，所占比例高於此綫的，即認爲屬於習用之列（下一節討論音義的習用字形也用此假定，不另加說明）。

我們在前邊的一些章節中已提到或討論過不少一字形對應多音義的例子，現先從中抽取幾個字形，對其習用讀法加以考察。比如"𡉚"，有{作}、{胙}、{乍}、{藉}等讀法，具體情況如下表所示：

字形	音義	頻度	比例
"复"	{作}	46	92％
	{胙}	2	4％
	{阼}	1	2％
	{藉}	1	2％
小　計		50	100％

可見,在這四個不同讀法之中,讀{作}是占絕對優勢的,所以它就是"复"的習用讀法。

又比如"亦",有{亦}、{液}、{赦}、{夜}等讀法,其具體情形如下表所示:

字形	音義	頻度	比例	備注
"亦"	{亦}	76	91.6％	
	{液}	3	3.6％	
	{赦}	2	2.4％	
	{夜}	1	1.2％	
	待考	1	1.2％	《新蔡》甲三 316 作![字形],原釋"宋",張勝波先生改釋"亦"①,是。參看《上二·民之》4"亦"之作![字形]。字用在地名中,讀法不詳。
小　計		83	100％	

又亦的{亦}在"亦"的諸種讀法中占極高比例,顯然是"亦"的習用讀法。

① 張勝波《新蔡葛陵楚墓竹簡文字編》,115 頁,吉林大學碩士學位論文(導師: 吳振武教授),2006 年 4 月。

又如"昏",有｛昏｝、｛聞｝、｛問｝、｛岷｝、｛昧｝等讀法,統計數據見下表:

字形	音義	頻度	比例
"昏"	｛昏｝	7	10.6％
	｛聞｝	29	44.0％
	｛問｝	28	42.4％
	｛岷｝	1	1.5％
	｛昧｝	1	1.5％
小　計		66	100％

可見讀｛聞｝和讀｛問｝的比例都較高,二者相差不遠,都應該看作"昏"的習用讀法。

再看看從"昏"得聲的"聈"的記詞情況:

字形	音義	頻度	比例
"聈"	｛聞｝	85	66.4％
	｛問｝	38	29.7％
	｛昏｝	3	2.3％
	待考	2	1.6％
小　計		128	100％

讀｛聞｝顯然是"聈"最常見的讀法,讀｛問｝的比例雖然遠較讀｛聞｝爲低,但仍然出現較多,也可看作"聈"的習用讀法之一。

再看"者"字形:

字形	音義	頻度	比例
"者"	代詞｛者｝	474	90.3％

續　表

字形	音義	頻度	比例
"者"	諸多之{諸}	14	2.7%
	"之於"合詞{諸}	26	4.9%
	句末助詞{諸}	2	0.4%
	{都}	1	0.2%
	{捨}	2	0.4%
	待考	6	1.1%
小　計		525	100%

代詞{者}在"者"的諸多讀法中比例獨高,顯然就是"者"的習用讀法。

　　下面再選取楚系簡帛中幾個使用頻率較高且讀法較多的字形,歸納其習用的讀法。

　　先看"於"字形。我們統計其記詞情況如下表所示:

字形	音義	頻度	比例	備註
"於"	介詞{於}	940	98.84%	1. 其中有 76 例作𣱧形,右旁似聲化從"于",故這類寫法也可以作獨立字形處理。 2. 《上四·曹沫》21:"《詩》於有之曰:……"疑"於"、"詩"二字誤倒,故"於"歸入介詞。
	嘆詞{嗚}	5	0.53%	《上五·弟子》4 作𣱧形,原釋"烏",此併入"於"。
	助詞{乎}	3	0.32%	《上二·容成》7、27、32:"於是於(乎)……"
	動詞詞頭{於}	2	0.21%	《上一·詩論》22,《上一·緇衣》17

續　表

字形	音義	頻度	比例	備注
"於"	〈淤〉	1	0.10%	《帛書》甲篇:"風雨是於(淤)。"①
小　計		951	100%	

毫無疑問,介詞〈於〉就是"於"的習用讀法。

又如"又"字形,楚系簡帛也極多見,多數讀作〈有〉,例如:

五生占之曰:吉。三歲無咎,將又(有)大喜,邦知之。

(《包山》211)

生子,無弟;如又(有)弟,必死。　　　(《九店》五六 25)

居又(有)食,行又(有)得。　　　(《九店》五六 35)

修之家,其德又(有)餘。　　　(《郭店・老乙》16)

故慈以愛之,則民又(有)親。　　　(《郭店・緇衣》25)

上六:大君子又(有)命,啓邦承家,小人勿用。

(《上三・周易》8)

又(有)固謀,而無固城。又(有)克政,而無克陣。

(《上四・曹沫》13～14)

害將來,將又(有)兵,又(有)憂於公身。　(《上五・競建》5)

措心懷惟,各又(有)其異圖。　　　(《上六・用日》6)

月之又(有)軍,將何征?　　　(《上七・凡甲》10)

民則又(有)穀,無又(有)相擾。　　　(《帛書》乙篇)

"又"也可表示〈又〉,通常用於上下級數量單位之間,表示數量的疊加。例如:

一秦弓,矢二秉又六。　　　(《曾侯》43)

大凡四十乘又三乘。　　　(《曾侯》121)

---

① 參看拙作《楚帛書甲篇的神話構成、性質及其神話學意義》,《文史哲》2006 年第 6 期,6 頁;或拙著《簡帛文獻與文學考論》,10 頁,中山大學出版社,2007 年 12 月。

席十又二,皆紡繬。　　　　　　　　　　　　　　　(《望山》2·49)

湯王天下三十又一世而受作。　　　　　　　　(《上二·容成》42)

旬又五【日】,公乃出,見折。　　　　　　　　　(《上六·競公》13)

千又百歲,日月允生。　　　　　　　　　　　　(《帛書》甲篇)

宋良志受四匧①,又二赤。　　　　　(《新蔡》甲三 220 + 零 343)

▢八十匧三又匧,又一刖,豹,雁首。　　　　(《新蔡》甲三 90)

極個別“又”可表示左右之{右}:

　　篏尹𦐒之兩駟爲服,盟駏爲右驂,宋客之駟爲又(右)騑。

　　　　　　　　　　　　　　　　　　　　　(《曾侯》171)

今將“又”字各讀法統計如下:

字形	音義	頻度	比例
“又”	{有}	876	94.80%
	{又}	45	4.87%
	{右}	1	0.11%
	待考	2	0.22%
小　計		924	100%

可見,{有}是“又”最習用的讀法。

　　又如“可”字形,楚系簡帛查得 347 個,其中表示{可}者至少有 260 例,如:

　　與其仇,有怨不可證,同社、同里、同官不可證,暱至從父兄弟不可證。　　　　　　　　　　　　　　　　　　　(《包山》138 反)

　　凡復日,不吉,無爲而可。　　　　　　　　(《九店》五六 22 下)

---

① “匧”的有關討論參看宋華强《新蔡楚簡的初步研究》第六章第一節,北京大學博士學位論文(導師:李家浩教授),2007 年 5 月。

凡五子,不可以作大事。　　　　　　　　　　　(《九店》五六 37 下)

視之不足見,聽之不足聞,而不可既也。　　　　(《郭店・老丙》5)

故上之好惡,不可不慎也。　　　　　　　　　　(《郭店・緇衣》15)

苟不從其由,不反其本,未有可得也者。　　　　(《郭店・成之》12)

孔子曰:舜其可謂受命之民矣。　　　　　　　　(《上二・子羔》8)

恧=(忽忽)①之謀不可行,怢愳之心不可長。　　(《上三・彭祖》6)

君子不可以不强,不强則不立。　　　　　　　　(《上五・季庚》8)

是以君子向方知道,不可以疑臨。　　　　　　　(《上六・慎子》6)

溺於淵猶可游,溺於人不可救。　　　　　　　　(《上七・武王》8)

利侵伐,可以攻城,可以聚衆,會諸侯。　　　　(《帛書》丙篇)

可以出師築邑,不可以嫁女取臣妾。　　　　　　(《帛書》丙篇)

“可”又常讀作{何},至少有 76 見,例如:

吾可(何)以知其然也?　　　　　　　　　　　(《郭店・老甲》30)

可(何)謂六德? 聖、智也,仁、義也,忠、信也。(《郭店・六德》1)

與(舉)賤民而豫之,其用心也將可(何)如?　　(《上一・詩論》4)

敢問可(何)如而可謂民之父母?　　　　　　　(《上二・民之》1)

夫先有司,爲之可(何)?　　　　　　　　　　(《上三・中弓》8)

爲和於邦如之可(何)?　　　　　　　　　　　(《上四・曹沫》20)

請問可(何)謂仁之以德?　　　　　　　　　　(《上五・季庚》2)

孤也可(何)勞力之有焉?　　　　　　　　　　(《上七・吳命》8)

可算得在“可”字形的讀法中,{可}和{何}分別占到不少於 74.9% 和 21.9% 的比例②,因此{可}和{何}都可看作“可”的習用讀法。

通過考察楚系簡帛中字形的習用讀法,我們可以得出如下幾點認識。

第一,一個字形的習用讀法,可以是一個,也可以不止一個,如“昏”、

①　“忽忽”的考釋,詳拙文《上海博物館藏楚簡〈彭祖〉新釋》,《華學》第七輯,中山大學出版社,2004 年 12 月。

②　讀法不確定者多因上下文殘缺之故,估計原本也多數應讀{可}或{何}。

“睹”、“可”即都有兩個習用讀法。

第二，一個字形的習用讀法，可以是該字形的本用讀法，也可以是它的他用讀法。如“一”、“二”、“三”、“口”、“山”、“复”等的習用讀法是其本用讀法，而“腋”之初文“亦”習讀爲{亦}，表示日昏的“昏”習讀爲{聞}或{問}，本象烏鳥形的“於”習讀作介詞{於}，則顯然屬於語音的假借。“者”字構形不明，習用爲代詞{者}，也屬假借。有意思的是，有一字形而同時可習讀爲它的本用對應音義和他用對應音義者，如“䎽”字，從“耳”、“昏”聲，當爲記錄聽聞之{聞}而造，它有兩個習用讀法，其一即爲{聞}，爲本用讀法，另一個爲{問}，則是他用讀法。

第三，楚系簡帛中字形的習用讀法，與其他出土文獻或傳世文獻相比較，有同有異。

人們寫字記詞的習慣有着很强的傳承性，因此我們可以看到楚系簡帛中很多字形的習用讀法和前後時代出土文獻及傳世文獻的用字情況是相合的。特別是那些最基本、最常見的字詞，更是如此。像數目字“一”至“十”，像“人”、“口”、“山”、“水”、“日”、“火”，等等，它們的習用讀法，從商周甲骨文金文到戰國楚簡，甚至一直到今天，都是保持一致的。這一點對於理解漢字使用的總體穩定性很重要，自然不能忽視。但同時，我們更應該關注楚系簡帛中那些比較有特色的字形習用讀法。

先看看與其他出土文獻和傳世文獻習用讀法均不同者。比如“昏”字形，已見於殷墟甲骨文，《殷墟甲骨刻辭類纂》共收錄 11 例，均讀爲日昏之{昏}[1]。可見甲骨文“昏”之習用讀法是{昏}。《說文》云：“昏，日冥也。從日、氏省。氏者，下也。”以“昏”爲{昏}屬於本用對應。金文“昏”字僅見於新近發現的柞伯鼎銘文，凡 3 見，均作爲地名，取義不易確定[2]。秦至漢初簡帛文獻中的“昏”，據我們的調查，其習用讀法也是{昏}，同於甲骨文。傳世文獻中“昏”習用爲{昏}更是沒有問題。而楚簡“昏”的習用讀法

---

① 姚孝遂主編《殷墟甲骨刻辭類纂》，891 頁，中華書局，1989 年 1 月。

② 參看朱鳳瀚《柞伯鼎與周公南征》，《文物》2006 年第 5 期；李學勤《從柞伯鼎銘談〈世俘〉文例》，《江海學刊》2007 年第 5 期。李文疑昏地即《國語·鄭語》的閻芈。

卻是{聞}和{問},較爲特別。

又比如"員"字形,我們統計它在楚系簡帛中的記詞情況如下表所示:

字形	音義	頻度	比例	備注
"員"	云曰之{云}	61	85.9%	
	{損}	8	11.3%	
	薴薴之{薴}	1	1.4%	
	{愼}	1	1.4%	《上四·曹沫》5:"君其毋員(愼),……"有學者主讀{云}①。
小　計		71	100%	

可見表示云曰的{云}是"員"字形最常見的讀法。"員"字甲金文字中均已出現,《殷墟甲骨刻辭類纂》錄得 5 例,或用作地名,或用法不詳②;《殷周金文集成引得》錄得 22 例,均用於人名③,具體讀法難定。但甲金文中的這些"員"大概都不能讀爲云曰的{云}。以"員"表{云}首見於石鼓文《車工》篇"君子員(云)邋"。秦漢簡帛中"員"仍有少數讀{云},如馬王堆帛書《五行》301~302:"《詩》員(云):'不勱不【□】,不剛不柔。'"但更多的是讀爲{圓}。傳世古書中也偶有以"員"表{云}者,如《書·秦誓》:"日月逾邁,若弗員來。"孔穎達疏:"員,即'云'也。"但"員"的習用讀法並不是{云},而是我們熟悉的人員的{員}了。

又譬如"眚"字,在楚系簡帛中最常見的是讀爲生性的{性},例如:

> 巽(?)乎脂膚血氣之情,養眚(性)命之正。　　(《郭店·唐虞》11)
> 此以民皆有眚(性),而聖人不可慕也。　　(《郭店·成之》28)

① 陳偉武《讀上博藏簡第四册零札》,《古文字研究》第二十六輯,227 頁,中華書局,2006年 11 月。
② 姚孝遂主編《殷墟甲骨刻辭類纂》,1064 頁,中華書局,1989 年 1 月。
③ 張亞初《殷周金文集成引得》,1293 頁,中華書局,2001 年 7 月。

喜怒哀悲之氣，甹(性)也。　　　　　　　　　　（《郭店·性自》2）

道始於情，情生於甹(性)。　　　　　　　　　　（《郭店·性自》3）

好惡，甹(性)也；所好所惡，物也。　　　　　　（《郭店·性自》4）

惡生於甹(性)，怒生於惡。　　　　　　　　　　（《郭店·語二》25）

慍生於甹(性)，憂生於慍。　　　　　　　　　　（《郭店·語二》30）

民甹(性)固然，甚貴其人，必敬其位。　　　　　（《上一·詩論》24）

善不善，甹(性)也；所善所不善，勢也。　　　　（《上一·性情》3）

哀、樂，其甹(性)相近也。　　　　　　　　　　（《上一·性情》18）

"甹"讀作百姓之{姓}者也頗多見，例如：

成事遂功，而百甹(姓)曰我自然也。　　　　　　（《郭店·老丙》2）

故長民者，章志以昭百甹(姓)，則民至行己以悅上。

（《郭店·緇衣》11）

禹立三年，百甹(姓)以仁道。　　　　　　　　　（《郭店·緇衣》12）

一人爲亡道，百甹(姓)其何罪？　　　　　　　　（《上二·容成》48）

夫雖毋旱，而百甹(姓)移以去邦家，此爲君者之刑。

（《上四·柬大》12）

三命四俯，是謂百甹(姓)之主。　　　　　　　　（《上三·彭祖》7）

毋罪百甹(姓)而改其將。　　　　　　　　　　　（《上四·曹沫》27）

施教於百甹(姓)而民不服焉，此君子之恥也。（《上五·季庚》3）

百甹(姓)之所貴唯君，君之所貴唯心，心之所貴唯一。

（《上七·凡甲》28）

可見，{性}、{姓}都可看作"甹"的習用讀法。檢商周甲骨金文，"甹"絕大多數應讀爲省視之{省}[1]，罕見讀{性}或{姓}者；而傳世文獻中"甹"一般表示甹病、甹災之{甹}，可見楚系簡帛之讀法是特別的。

────────────────

[1]　參看姚孝遂主編《殷墟甲骨刻辭類纂》，211～213 頁，中華書局，1989 年 1 月；張亞初《殷周金文集成引得》，585～586 頁，中華書局，2001 年 7 月。"甹"、"省"本一字之分化，故諸家或將讀{省}之"甹"直接隸寫作"省"，姚、張二氏書即是。

再看看楚系簡帛字形的習用讀法同於其他出土文獻而異於傳世文獻者。譬如"胃"字,楚系簡帛多見,除極個別例子外,都應讀作言謂之{謂},例如:

競得訟緜丘之南里人龔悵、龔酉,胃(謂)殺其兄。　　(《包山》90)
帝胃(謂)尔無事,命尔司兵死者。　　　　　　　　(《九店》五六 43)
果而弗伐,果而弗驕,果而弗矜,是胃(謂)果而不强。

(《郭店·老甲》7)

下,土也,而胃(謂)之地;上,氣也,而胃(謂)之天。

(《郭店·太一》10)

士有志於君子道胃(謂)之志士。　　　　　　　(《郭店·五行》7)
魯邦大旱,哀公胃(謂)孔子:子不爲我圖之?　(《上二·魯邦》1)
四月、五月,是胃(謂)亂紀。　　　　　　　　　(《帛書》乙篇)
是胃(謂)德匿,群神乃德。　　　　　　　　　　(《帛書》乙篇)

顯然,{謂}就是"胃"的習用讀法。檢《殷周金文集成引得》"胃"凡 4 見,有 3 例讀{謂}[①]。又檢秦及漢初簡帛,"胃"字多見,絕大多數也都讀{謂}。而我們知道,在傳世文獻中的"胃"一般只表示脾胃的{胃},而不讀作{謂}。

又譬如"才"字,在我們所統計的楚系簡帛資料中共 113 見,其中表示{在}者最多,至少有 73 例。如:

以有疾,酉小瘳,戌大瘳,死生才(在)子。　　(《九店》五六 64)
聖人之才(在)民前也,以身後之。　　　　　　(《郭店·老甲》3)
方才(在)下位,不以匹夫爲輕。　　　　　(《郭店·唐虞》18～19)
聖者不才(在)上,天下必壞。　　　　　　(《郭店·唐虞》27～28)
觀諸《詩》、《書》,則亦才(在)矣。　　　　　(《郭店·六德》24)
親戚遠近,唯其人所才(在)。　　　　　　　　(《郭店·六德》48)
賢人不才(在)側,是謂迷惑。　　　　　　(《郭店·語四》12～13)

---

① 張亞初《殷周金文集成引得》,589 頁,中華書局,2001 年 7 月。

如舜才（在）今之世則何若？　　　　　　　　《上二・子羔》8）

才（在）師中吉，无咎，王三賜命。　　　　　　《上三・周易》7）

言才（在）家室，而莫執朕舌。　　　　　　　《上六・用曰》10）

五言才（在）人，孰爲之公？　　　　　　　　《上七・凡甲》4）

旣才（在）郢，將見王，還返尚毋有咎？　　　　《新蔡》乙四 44）

可見"才"的習用讀法即是｛在｝。這種情況是與商周甲金文字資料一致的。《殷墟甲骨刻辭類纂》節錄"才"字 300 多例，絕大多數均可確定應讀作｛在｝[1]；而據《商周金文斷代字頻表》統計，商周金文"才"字計 442 例，其中讀｛在｝者有 424 例之多[2]，所占比例高達 96％。而傳世文獻中，"才"的習用讀法是才力、人才之｛才｝，後來又多用來表示副詞｛纔｝，和楚系簡帛等出土文獻不同。

　　楚系簡帛在字形的習用讀法方面與其他文獻的異同，仔細推究起來，有時代性和地域性的因素在起作用。比如"才"之習讀｛在｝，大概屬於較早期的用字習慣，而"才"之習讀爲｛才｝，則大概屬於較晚的情況。在戰國時代其他地域的文字資料中，"才"的常用讀法與楚系簡帛相同。又如"眚"，更早的時候常讀作｛省｝，在楚系簡帛的時代常表示｛性｝和｛姓｝，後來則表示災眚的｛眚｝。同時，"眚"習讀作｛性｝或｛姓｝，也可能有地域的因素，因爲目前還沒有發現戰國時代其他地域的文字資料有這種習慣用法。另外，像"員"習讀作云曰的｛云｝，"昏"習讀作｛聞｝、｛問｝等，也可能具有較明顯的楚地特色。關於地域特色的問題，我們將在第五章中作進一步的討論。

　　最後需要指出的是，我們確認某個字形的習用讀法，是根據現有該字形所對應各音義的相對頻度歸納出來的，這就不能不受到各音義本身頻率高低的影響。比如我們說楚系簡帛中"員"的習用讀法是｛云｝，而不是｛損｝，就跟這批語料中｛云｝的詞頻較｛損｝高出許多有很大關係。實際上

---

① 姚孝遂主編《殷墟甲骨刻辭類纂》，1299～1304 頁，中華書局，1989 年 1 月。

② 華東師範大學中國文字研究與應用中心編《商周金文斷代字頻表》，33、506、507、508 頁，《金文引得（春秋戰國卷）》，廣西教育出版社，2002 年 10 月。

楚系簡帛中目前確定的{損}只有 10 例,而作"員"者有 8 例之多①,設若在此批語料中{損}的詞頻高達 500 次以上,它們很可能絕大多數都記作"員",那麼,如按上文的篩選標準來衡量,則"員"的習用讀法就變成{損}了。從這個角度來看,所謂字形的習用讀法是有一定的片面性的。但不能因此而否定我們歸納字形習用讀法的意義,況且詞頻的特點本身也正是語料特點的一個重要方面。

第二節　音義的習用字形

在一音義的多個對應字形中,往往有某一個或多個字形是最常見的,這些字形就是該詞的習用字形。裘錫圭先生在《文字學概要》中討論"一詞多形"問題時,即曾提出"習用字"的概念②,但似乎還沒有引起足夠的重視。其實這是一個很有意義的問題。我們現在就以楚系簡帛的材料,對裘先生所揭櫫的這一重要命題作一點響應。在名稱上這裏使用"習用字形"的叫法,應該與裘先生的"習用字"含義基本一致。

習用字形的極端表現就是一音義只對應一個字形。只有一個對應字形的詞或語素,其習用字形當然也是顯而易見的。比如第一章中舉到的{甲}、{乙}、{丙}……{癸}10 個天干詞中,毫無疑問,它們的習用字形分別是就"甲"、"乙"、"酉"……"癸"。又如{日}、{月}、{水}、{土}、{不}、{人}等,也都始終只用一個字形來表示,它們的習用字形自然也是易於確認的。

就像考察字形的習用讀法一樣,我們考察音義的習用字形時,不但要注意到一對一的絕對習用,更要重視那些一對多的相對習用的調查比較。我們在前面一些章節中,涉及不少有多個記錄字形的詞或語素,現先從中選取幾個來確定它們的習用字形。

比如{然},所用各字形統計如下:

---

① 另 2 例作"敗",見於《新蔡》乙二 3、4 和乙三 47。

② 裘錫圭《文字學概要》,259 頁,商務印書館,1988 年 8 月。

音義	字形	頻度	比例
〔然〕	"肰"	68	82.9％
	"然"	4	4.9％
	"㦴"	7	8.5％
	"言"	3	3.7％
小　計		82	100％

"肰"顯然占絕對優勢，它就是〔然〕的習用字形。

又如〔終〕，各書寫字形的數據爲：

音義	字形	頻度	比例
〔終〕	"夊"	49	87.5％
	"絴"	2	3.6％
	"縎"	1	1.8％
	"旮"	3	5.3％
	"忠"	1	1.8％
小　計		56	100％

可見"夊"爲其習用字形。

又比如慎重的〔慎〕，其所對應各字形頻度統計如下表：

音義	字形	頻度	比例
〔慎〕	"言"	2	4.9％
	"訫"	1	2.4％
	"斳"①	16	39.0％

---

① 《上六·慎子》有 2 例"斳"讀爲姓氏〔慎〕，因慎姓受義來源尚不明確，故未計入。

續　表

音義	字形	頻度	比例
〔慎〕	"舓"	5	12.2％
	"訢"	14	34.2％
	"舓"	2	4.9％
	"繁"	1	2.4％
小　計		41	100％

可見"訢"、"訢"所占比例最高，它們都應看作〔慎〕的習用字形。

又如〔用〕，其對應字形的具體數據也可統計如下表所示：

音義	字形	頻度	比例
〔用〕	"用"①	22	34.38％
	"甬"	41	64.06％
	"羕"	1	1.56％
小　計		64	100％

顯然，從數據上看，"甬"和"用"都可看作〔用〕的習用字形。相對而言，"甬"的頻度又要高出"用"許多，而且作"用"者主要集中在《上三·周易》（15 例）、《郭店·唐虞》（3 例）、《郭店·語三》（1 例）、《上五·姑成》（1 例）《上六·天甲》（1 例）、《上六·天乙》（1 例）等少數篇章，而作"甬"者則普遍存在於包山簡、郭店簡和上博簡的多數篇章，所以，"甬"字形應是習用中的習用。

再如〔親〕，各字形的統計數據爲：

---

① 《上六·用曰》有 14 例"用"讀法未確定，故不計。

音義	字形	頻度	比例
{親}	"親"	5	6.2%
	"覂"①	23	28.4%
	"慜"	1	1.2%
	"懃"	1	1.2%
	"新"	45	55.6%
	"新"	6	7.4%
小　計		81	100%

其中"新"和"覂"是最爲常見的,都可看作{親}的習用字形,而"新"又遠較"覂"爲活躍。

又如語氣助詞{矣},我們也統計了它所用字形的頻度。見下表:

音義	字形	頻度	比例
{矣}	"矣"	78	60.47%
	"吴"	5	3.88%
	"趴"	1	0.78%
	"惫"	14	10.85%
	"歆"	4	3.10%
	"歕"	3	2.32%
	"壴"	24	18.60%
小　計		129	100%

比例最高的是"矣",它無疑就是{矣}的習用字形。

---

① 《上六・季趄》有2例讀{親}之"覂"誤寫成"皐",未計入。

又如惠愛之{愛},其字形使用情況爲:

音義	字形	頻度	比例
{愛}	"惡"	34	73.9%
	"懸"	9	19.6%
	"璽"	3	6.5%
小　計		46	100%

仁義之{仁}的字形使用情況爲:

音義	字形	頻度	比例
{仁}	"息"	92	86.8%
	"忎"	6	5.7%
	"忈"	7	6.6%
	"寢"	1	0.9%
小　計		106	100%

很明顯,{愛}的習用字形是"惡",而{仁}的習用字形爲"息"。

我們還另外統計了一些楚系簡帛常用詞的字形使用情況,並考察其習用字形。比如{如}①,其具體情形如下表所示:

音義	字形	頻度	比例
{如}	"女"	154	90.1%
	"奴"	12	7.0%
	"如"	5	2.9%
小　計		171	100%

---

① 這裏將如若的{如}和用作形容詞尾的{如}當作一詞處理。

可見，{如}的習用字形爲“女”。

又如{作}，所用字形至少有 8 個之多，具體情況爲：

音義	字形	頻度	比例	備注
{作}	“乍”	24	30.00%	
	“亡”	1	1.25%	《郭店·六德》36：“岙奢蒇由亡〈乍（作）〉也。”“亡”爲“乍”之訛寫。
	“复”	34	42.50%	
	“俊”	15	18.75%	
	“𨒅”	2	2.50%	
	“𥎊”	2	2.50%	
	“迬”	1	1.25%	
	“集”	1	1.25%	《上四·曹沫》52：“及尔龜筮皆曰‘乘之’，改集（作）尔鼓，乃失其備。”①
小　計		80	100%	

其中“复”的比例最高，其次是“乍”，它們都可以認爲是{作}的習用字形。

再如{其}②，在楚系簡帛中詞頻極高，其使用字形情形爲：

音義	字形	頻度	比例
{其}	“亓”	903	99.01%
	“其”	1	0.11%
	“谷”	8	0.88%
小　計		912	100%

---

① 說詳拙著《簡帛文獻與文學考論》，104 頁，中山大學出版社，2007 年 12 月。【修訂本按：安大簡二《曹沫之陣》36 對應之字作“顗”，故此字是否可釋“集（作）”，尚可討論。】

② 這裏將副詞{其}和代詞{其}合併統計。

使用"丌"字形達到 99％以上，占有絕對優勢，{其}的習用字形自非"丌"莫屬。

通過對楚系簡帛中音義的習用字形的考察，我們同樣可以得到如下幾點認識。

第一，一音義的習用字形可以是一個，也可以是多個。如{慎}習用"訢"、"斬"，{用}習用"甬"和"用"，{親}習用"新"和"㫓"，{作}的習用字形則有"复"和"乍"，等等。當然，相比較而言，還是以習用一個字形者爲多。而一音義的多個習用字形之間的地位也不完全平等，如在記錄{用}時，"甬"較"用"有優勢；記錄{親}時，"新"較"㫓"有優勢；記錄{作}時，"复"較"乍"有優勢。

第二，一音義的習用字形可以是該音義的本用字形，也可以是該音義的他用字形。如表示{慎}的"訢"和"斬"，已有幾位學者作過深入的探討，儘管具體看法有所不同，但將它們分析爲以"言"爲意符，"言"外部分爲聲符，則是一致的①。意符"言"、"心"古每通用，故陳劍先生認爲它們極可能即"慎"的古字②，是頗有見地的。換言之，"訢"、"斬"極可能爲記錄{慎}而造，是{慎}的本用字形。又如{作}的習用字形"乍"，本象以耒耙起土之形，取意於耕作，爲{作}之本用字形，而"复"爲"乍"益以"又"旁之繁構，也應是{作}的本用字形。另外，像"悬"之于{仁}、"悉"之于{愛}，等等，也都是本用對應。而{用}的習用字形，無論作"甬"還是"用"，其實都出於假借。至於以男女的"女"字表示{如}，以從"箕"之初文"其"字割裂出來的"丌"表示{其}，自然也屬他用對應。{親}的習用字形則既有本用的"㫓"，也有假借的"新"。

第三，楚系簡帛中音義的習用字形同其他古文字資料或傳世文獻互有異同。

一方面，在漢語的書寫歷史上，有相當大一部分詞或語素的記錄形式

---

① 參陳偉武《舊釋"折"及從"折"之字平議》，《古文字研究》第二十二輯，中華書局，2000 年 7 月；陳劍《說慎》，《簡帛研究二〇〇一》，廣西師範大學出版社，2001 年 9 月。

② 參陳劍《說慎》，《簡帛研究二〇〇一》，廣西師範大學出版社，2001 年 9 月。

或主要記錄形式是比較固定的，楚系簡帛中也存在大量與前後時代書面文獻相同的記詞習慣。如前面談到{甲}、{乙}、{壬}、{癸}等天干詞，還有其他常用詞像{不}、{人}、{日}、{月}、{水}、{土}等，它們在楚系簡帛中的習用字形，和其他文獻所見並無不同。這一類詞占着較大的比重，從而維繫着漢語書面語記錄傳播信息功能的穩定性，是我們所應該重視的。

　　另一方面，楚系簡帛還有不少音義的習用讀法與其他文獻不盡相同，則是更值得我們留心比較的地方。其中有與前後時代文獻均不同者。如{後}這個詞，殷墟甲骨文多記作"夌"，個別作"後"①，商周金文中多作"後"，偶作"夌"或"遳"②，秦漢簡帛及傳世文獻則以"後"爲其習用字形，而楚系簡帛習用"遳"，與上述文獻俱不相同。又如{仁}，甲骨文中未有確認，商周金文唯中山王鼎一見，作"仁"，秦漢簡帛及傳世文獻也均作"仁"，而楚系簡帛習作"息"，也頗特別。又如{家}，我們統計其使用字形情況如下：

音義	字形	頻度	比例
{家}	"家"	2	2.99％
	"豭"③	64	95.52％
	"豪"	1	1.49％
小　計		67	100％

可見楚系簡帛{家}的習用字形應是"豭"。而我們所熟知的是，無論是殷周的甲骨文、金文，還是秦漢簡帛，{家}的習用字形均是"家"，而且這個記詞習慣直至今天仍在沿用。又如天干詞{丙}，楚系簡帛一律記作"酉"，而

①　姚孝遂主編《殷墟甲骨刻辭類纂》，314頁，中華書局，1989年1月。
②　華東師範大學中國文字研究與應用中心編《商周金文斷代字頻表》，156頁，《金文引得（春秋戰國卷）》，廣西教育出版社，2002年10月。
③　其中16例見於《上七·鄭甲》和《鄭乙》之人名"子豭（家）"，"子家"爲鄭公子歸生字，名字相應，"豭（家）"即表{家}。

傳世文獻或其他出土文獻習用"丙",罕見例外,而且也承襲至今。

又有同於某些其他古文字資料而異於傳世文獻者。如{如},兩周金文習作"女"①,與楚系簡帛同,而秦漢簡帛及傳世文獻中雖仍可見到以"女"爲{如}的例子,但{如}的習用字形已是"如"而非"女"了。又如{謂},我們統計楚系簡帛得195例,無一例外地用"胃"來表示,春秋金文{謂}有2例,也都作"胃",{謂}之記作"謂"始見於石鼓文《吾水》篇,秦漢簡帛中的{謂}雖然已有不少作"謂",但仍以作"胃"最爲常見,而傳世文獻則通常只記作"謂"。

楚系簡帛中音義的習用字形同其他文獻的異同,同樣可看出某些時代性或地域性因素的作用。譬如{如}的習用字形由"女"到"如",{謂}的習用字形由"胃"到"謂"等,都是一個歷時演變的過程,而戰國時代的楚系簡帛資料正好處於這個過程的特定位置,體現出特定時代的記詞特點。特別像{如},楚系簡帛已開始出現用"如"記錄,更能透露出其習用字形轉變的綫索。又譬如{丙}之習作"酉",{家}之習作"豲"等,尚未見於其他地域文字資料,則應是楚系文字較有特色的記詞習慣。

第三節　字形的習用讀法和音義的習用字形之間的不對稱性

在楚系簡帛中,當字形"甲"的習用讀法爲{乙}音義時,{乙}音義的習用字形也往往是"甲",反之亦然。這一點在完全對應的"字形—音義"關係組(像"山"—{山},"口"—{口},"日"—{日},"月"—{月}等)中,體現得再明白不過。在部分對應的"字形—音義"關係組中,這種現象也是普遍存在的。如"亦"的習用讀法是{亦},我們調查{亦}的記法,除了極個別作"犬"形與"火"訛混之外(參看第二章第四節),其餘均作"亦",可見"亦"同時也是{亦}的習用字形。又如"者"的習用讀法是代詞{者},而代詞{者}

---

①　華東師範大學中國文字研究與應用中心編《商周金文斷代字頻表》,307頁,《金文引得(春秋戰國卷)》,廣西教育出版社,2002年10月。

的對應字形幾乎都作"者"（目前只發現《郭店・緇衣》16{者}作"敿"1 處例外，參第九章第四節），可見"者"又是{者}的習用字形。又如"員"的習用讀法是云曰的{云}，而云曰的{云}計得 65 例，除了 4 例作"云"外（分別見《郭店・緇衣》35、《新蔡》零 209、《上七・君甲》9 和《上七・君乙》9），其餘均作"員"，故{云}又以"員"爲習用字形。另外，像"惡"與{愛}，"息"與{仁}，"丌"與{其}，"豖"與{家}，"胃"與{謂}，等等，情形也都相類。因此，我們可以得到這樣一種認識，即大體而言，字形的習用讀法和音義的習用字形之間存在着一定的對稱性。

但是，更值得我們注意和重視的，不是習用讀法和習用字形的對稱性，而是它們之間的不對稱性。習用讀法和習用字形的不對稱性，主要表現爲以下幾個方面。

第一，是數量上的不對稱。具體來說，有時候，字形"甲"的習用讀法是{乙}音義，而音義{乙}的習用字形除了"甲"之外，還有其他字形；有時候，{甲}音義的習用字形是"乙"，而"乙"字形的習用讀法除了{甲}之外，還有其他的音義。

舉例來講，如前所述，"复"的習用讀法是{作}，而{作}的習用字形卻不止是"复"，還有"乍"。又如"訢"的習用讀法是{慎}，而{慎}除習作"訢"外，還常用"訢"表示；"訢"的情形與"訢"同。又如"甬"通常讀作{用}，而{用}的習用字形卻有"甬"和"用"2 個；"用"的情形與"甬"同。"晕"和{親}的關係也是這樣，"晕"字形計 23 見，無一例外地記錄{親}，其習用讀法無疑就是{親}，而我們知道{親}的習用字形卻不止是"晕"，還有"新"。這些是以字形爲觀察起點的例子。

下面再看看以音義爲觀察起點的實例。比如{立}這個詞共出現 51 次，全都記作"立"，故{立}的習用字形是"立"；而"立"字形的記詞情況則爲：

字形	音義	頻度	比例	備注
"立"	{立}	51	60％	
	{位}	29	34.1％	

續　表

字形	音義	頻度	比例	備注
"立"	{蒞}	3	3.5%	
	待考	2	2.4%	1.《上一詩論》27"子立"爲詩篇名； 2. 信陽 1·10"立日"。
小　計		85	100%	

顯然，"立"的習用讀法除{立}外，還有{位}。

又如{苟}①，計有 22 例，其中 1 例作"狗"（《郭店·語四》1～2："言而狗（苟），牆有耳。"），其餘均用"句"來表示，可見{苟}的習用字形爲"句"；而我們統計"句"的記詞情況得下表：

字形	音義	頻度	比例
"句"	{句}	3	3.6%
	{鉤}	1	1.2%
	{拘}	1	1.2%
	{耉}	1	1.2%
	{后}	11	13.3%
	{苟}	21	25.3%
	{後}	45	54.2%
小　計		83	100%

可見"句"有{苟}和{後}兩個習用讀法，而且讀{後}者還要比讀{苟}者多得多。

又比如語氣助詞{哉}，楚系簡帛中計得 34 例，其中記作"才"者有 31

---

① 這裏將苟且之{苟}與苟如之{苟}當作一音義處理。

例之多,如:

苟有其世,何難之有才(哉)?　　　　　　　　　《郭店·窮達》2)

善才(哉)! 商也,將可學詩矣。　　　　　　　《上二·民之》8)

善才(哉)問乎! 足以教矣。　　　　　　　　　《上三·中弓》15)

休才(哉)! 乃將問因由。　　　　　　　　　　《上三·彭祖》1)

今天下之君子旣可知已,孰能并兼人才(哉)?

　　　　　　　　　　　　　　　　　　　　　《上四·曹沫》4~5)

曼(慢)才(哉)! 吾聞此言。　　　　　　　　　《上四·曹沫》10)

寡人之不肖也,豈不二子之憂也才(哉)? 　《上五·競建》8~9)

天下爲君者,誰欲畜汝者才(哉)?　　　　　　《上五·姑成》4)

公强起違席,曰:善才(哉),吾子!　　　　　　《上六·競公》12)

君人者可(何)必安才(哉)!　　　　　　　　　《上七·君甲》8)

而如傳世文獻之寫爲"哉"者,只見如下 3 例:

帝曰:繇,□之哉! 毋弗或敬。　　　　　　　　《帛書》乙篇)

□昭告大川有济曰:嗚呼哀哉! 小臣成暮生早孤▨

　　　　　　　　　　　　　　《新蔡》零 9、甲三 23、57)

惠可慎哉,亓(其)言之謔。　　　　　　　　　《上六·用曰》7)

無疑{哉}的習用字形是"才"。然而,"才"的習用讀法卻不止是{哉}。我們普查楚系簡帛得"才"字形 113 例,其中除 31 例記錄{哉}外,還有至少 73 例可以確定應讀{在}[①],{哉}、{在}分別占"才"字形讀法的 27.4% 和 64.6%,它們都是"才"的習用讀法,而且相比而言,讀{在}要比讀{哉}多得多。

第二,字形"甲"的習用讀法是{乙},而音義{乙}的習用字形卻可以不是"甲"。

例如"三"字,楚系簡帛共出現 24 次,無一例外地均表示數詞{四},{四}無疑就是"三"的習用讀法。而{四}除用"三"表示外,更多的則記作

_____

① 音義未確定的"才"主要處在一些殘辭中,恐怕多數本來都是表{在}的。

“四”，計有 152 例，可算得“四”、“三”所占的百分比分別爲 86. 4％和 13.6％，顯然{四}的習用字形是“四”，而不是“三”。

又比如“如”字，凡 5 見，均表示{如}：

未見聖，如其弗克見。　　　　　　　　　　　　（《郭店·緇衣》19）

善則從之，不善則止之；止之而不可，隱而任之，如從己起。

　　　　　　　　　　　　　　　　　　　　　　（《上四·内豊》6＋8）

必慎以戒，如將弗克，毋冒以陷，必逃(禍)前功。

　　　　　　　　　　　　　　　　　　（《上四·曹沫》53 上＋60 下①）

如盍相保，如笯毋偒。　　　　　　　　　　　　　（《信陽》1·4）

又“奴”字，凡 14 見，除 2 例表示{奴}之外(見《包山》20“周悃之奴”，《上四·采風》4“《子之賤(?)奴》”)，其餘 12 例均表示{如}：

豫乎奴(如)冬涉川，猶乎其奴(如)畏四鄰，嚴乎其奴(如)客，渙乎其奴(如)釋，惇乎其奴(如)樸，混乎其奴(如)濁。

　　　　　　　　　　　　　　　　　　　　　　（《郭店·老甲》8～9）

多薪多薪，莫奴(如)蓷葦；多人多人，莫奴(如)兄……莫奴(如)同生。多薪多薪，莫奴(如)松杼，多人多人，莫奴(如)同父母。

　　　　　　　　　　　　　　　　　　　（《上四·逸詩·多薪》1～2）

《子奴(如)思我》。　　　　　　　　　　　　（《上四·采風》1）

因此，“如”和“奴”的習用讀法都是{如}。但{如}之寫作“女”者卻有 154 例之多，遠非“如”或“奴”所可比擬，故{如}的習用字形顯然是“女”，而非“如”或“奴”。

又比如“辻”，在楚系簡帛中出現 7 例，全都表示{從}，即以{從}爲其習用讀法。而據我們統計，{從}的字形使用情况爲：

────────────

① 此處簡文連接，參李銳《〈曹劌之陣〉釋文新編》，“孔子 2000”網站，2005 年 2 月 22 日；又“簡帛研究”網站，2005 年 2 月 25 日。“如”字原作 🔣 ，原整理者隸作“昔”而讀爲“弗”，此從陳劍先生釋，見所著《上博竹書〈曹沫之陳〉新編釋文(稿)》，“簡帛研究”網站，2005 年 2 月 12 日；又“孔子 2000”網站，2005 年 2 月 13 日。

音義	字形	頻度	比例
〔從〕	"從"	76	88.37%
	"辻"	7	8.14%
	"从"	2	2.33%
	"从"	1	1.16%
小　計		86	100%

顯然〔從〕之習用字形爲"從",而不是"辻"。

　　第三,〔甲〕音義的習用字形是"乙"字形,而"乙"的習用讀法卻可以不是〔甲〕。

　　比如上文提到過的損益之〔損〕,在楚系簡帛中以"員"爲其習用字形,而"員"的習用讀法卻並不是〔損〕,是云曰之〔云〕。

　　又比如人才、才力之〔才〕,楚系簡帛中可得5例,均記作"才":

　　　　老老慈幼,先有司,舉賢才,惑(宥)過愚(赦)罪。

(《上三·中弓》7)

　　　　仲弓曰:雍也不敏,雖有賢才,弗知舉也。敢問舉才如之何?

(《上三·中弓》9~10)

　　　　仲尼曰:夫賢才不可掩也。舉而所知。而所不知,人其捨之諸?

(《上三·中弓》10)

　　　　其才辯也,美矣,宏矣,大矣!　　　　(《上二·民之》9)

顯然,〔才〕的習用字形是"才"。而我們在前面已經指出,"才"的習用讀法不是〔才〕,而是〔在〕和〔哉〕。

　　又如嫁娶之〔嫁〕,楚系簡帛通常用"豙"表示,例如:

　　　　凡成日,大吉,利以結言、娶妻、豙(嫁)子。　(《九店》五六21下)

　　　　凡啟日,利以豙(嫁)女、見人、佩玉。　　　(《九店》五六24下)

　　　　是謂陰日,利以爲室家、祭、娶妻、豙(嫁)女。　(《九店》五六29)

　　　　凡成日,利以娶妻、豙(嫁)女、冠。　　　　(《九店》五六41)

　　　可以出師築邑，不可以豪(嫁)女、取臣妾。　　　　　　　(《帛書》丙篇)

{嫁}無疑以"豪"爲其習用字形。但反過來，"豪"卻並不以{嫁}爲其習用讀法。在我們調查所得的 69 例"豪"字形中，讀{嫁}者得 5 例，而讀{家}者得 64 例，故"豪"的習用讀法應爲{家}。

　　這一方面的不平衡性很大程度上是由詞頻的高低引起的。

※　※　※　※　※　※　※　※　※　※　※

　　字形的習用讀法和音義的習用字形，決定着漢字與漢語關係的基本面貌，因此，了解習用讀法和習用字形，就成爲認識或使用漢語書面語的必要基礎。而漢語的書寫系統是運動的、多元的，也就是說，在不同的時期或者不同的地域，作爲記錄符號的字形與它們相應的語言中的詞或語素之間的習慣聯繫會有不同的表現。所以，對特定時空語料中字形與音義習用對應關係的考察，就是一項十分必要的工作。

　　在特定語料中，字形的習用讀法和音義的習用字形之間大體上是呈對稱狀態的，但其不對稱性也在一定程度上存在。所以，我們認識了"甲"字形的習用讀法是{乙}，並不能機械地認爲音義{乙}的習用字形就是"甲"；反之亦然。留意不對稱性問題，將有助於我們進一步認識字形與音義對應關係的複雜性。

　　在習用對應及其不對稱性問題上，實際上還有一個潛在因素在起作用，那就是語料中固有的詞頻差異。因此，我們也應認識到單純的歸納法所帶來的相對性和局限性。

　　當然，本章討論習用問題，是將楚系簡帛作爲一個整體來考察的。實際上，由於受到文本來源以及書手習慣等因素的影響，某些字形的習用讀法和某些音義的習用字形，在楚系簡帛內部有時還會有不盡相同的表現。這是我們所必須另加留意的。關於這方面的問題，我們將在第六章中集中加以討論。

第五章

楚系簡帛中有特色的字形與音義對應關係

在楚系簡帛中，有一部分字形具有某些以往所未見或罕見的讀法，也有一部分音義使用某些以往所未見或罕見的字形來記錄，這一部分字形與音義的對應關係是楚系簡帛相對於其他文獻資料較有特色的地方，值得特別關注。所謂特色，主要是從縱橫兩個方面比較而言的，縱的比較對象主要是前後時代的文字資料，橫的比較對象則是戰國其他各系文字資料。有特色的字形與音義的對應關係，既有習用的對應，也有非習用的對應。

我們在第四章討論習用對應問題時，已對楚系簡帛中較有特色的例子有所揭示，比如"昏"習讀{聞}、{問}，"員"習讀{云}，"眚"習讀{性}、{姓}；{後}習作"迻"，{仁}習作"息"，{家}習作"豪"，{丙}習作"酉"等。另外，像{慎}之作"斳"、"斳"，{益}之作"𣲘（嗌）"，{圖}之作"者"，{失}之作"達"，{美}之作"𡵤"、"娨"等，均與戰國其他各系，尤其是秦系文字資料頗有不同，也應是楚系用字特色的體現。

本章準備在此基礎上再集中介紹和討論另外一些個案，同時，也介紹幾個雖非屬習用對應但是較有特色的例子，希望能有助於增進讀者對楚系簡帛用字記詞特點的具體認識。例子的選取着重考慮常見字形和常用詞。

例（1）　"谷"習讀作{欲}

"谷"字早期寫作𧴪、𧴪、𧴪（參看《甲骨文編》451 頁，《金文編》749～750 頁），楚簡作𧴪，一脈相承，幾無變異。《說文》云："谷，泉出通川爲谷。從水半見，出於口。"據此，"谷"爲山谷之{谷}的本字。字中的"口"形或

"凵"形代表谷口。近年有學者提出"口"兼表聲①,但此說難以解釋"口"又作"凵"的現象,似不可取。

"谷"在甲骨文中用例甚少,大抵用作地名,其義不詳。但在兩周金文中,"谷"字凡十餘見,其中多數應讀作{谷},例如啓尊銘(《集成》5983):"啓從王南征,遚(?)山谷,在洀水上。"又啓卣銘(《集成》5410):"王出獸南山。㽙泀山谷至于上𡊍川上。""山谷"連文,其義至明。另如格伯簋銘(《集成》4262、4263、4264、4265)的地名"霝谷"、"逫谷",敔簋銘(《集成》4323)的地名"㥈谷",其中的"谷"顯然也用山谷義。也就是說,金文中"谷"的習用讀法爲{谷}。

但在楚系簡帛中的"谷",絕大多數應讀作{欲}②,例如:

> 以道佐人主者,不谷(欲)以兵强天下。　　(《郭店·老甲》6~7)
> 聖人谷(欲)不谷(欲),不貴難得之貨。 (《郭店·老甲》11~12)
> 是故谷(欲)人之愛己也,則必先愛人;谷(欲)人之敬己也,則必先敬人。　　　　　　　　　　　　　　　(《郭店·成之》20)
> 凡憂患之事谷(欲)任,樂事谷(欲)後。　　(《郭店·性自》62)
> 樂谷(欲)睪(釋)而有志,憂谷(欲)斂而勿昏,怒谷(欲)盈而毋暴。　　　　　　　　　　　　　　　　　(《郭店·性自》64)
> 孔子曰:此命也夫。文王雖谷(欲)已,得乎?此命也。
> 　　　　　　　　　　　　　　　　　　　　(《上一·詩論》7)
> 民性固然,見其美必谷(欲)反其本。　　(《上一·詩論》16)
> 吾一谷(欲)聞三代之所【起】。　　　　(《上四·曹沫》64)
> 義勝谷(欲)則從,谷(欲)勝義則兇。　　(《上七·武王》4)

顯然,在楚系簡帛中,"谷"的習用讀法不是{谷},而是{欲}。雖然以"谷"表{欲}早在西周晚期金文即已出現,如師詢簋銘(《集成》4342):"谷(欲)

---

① 何琳儀《戰國古文字典》,346 頁,中華書局,1998 年 9 月;黃文傑《"谷"及相關諸字考辨》,《古文字研究》第二十四輯,417 頁,中華書局,2002 年 7 月。

② 這裏沒有將欲念之{欲}與作副詞用的意欲之{欲}區分開來,因爲此二義緊密相關,後者當由前者虛化而來。

汝弗以乃辟陷于黗。"但目前所見僅此1例,而更多的還是讀{谷}。檢秦漢簡帛,似也未見以"谷"爲{欲}之例。

可見,楚系簡帛"谷"習讀爲{欲}是頗具特色的。當然,這也是不難理解的,因爲後來我們所熟知的用來記錄{欲}的"欲"字,便以"谷"爲聲符,說明二者古音極近,用"谷"記{欲}在語音上是沒有問題的。很可能{欲}這個詞先假借"谷"字形表示,後來才益以意符"欠",造出本用字形"欲"。楚系簡帛{欲}記作"欲"者也已頗多見。

例(2) "思"習讀作{使}

"思"字殷商西周文字資料未見。楚簡作 ,戰國他系文字略同。《說文》:"思,容也。从心、囟聲。"朱駿聲云:"按从心从囟會意。思者,心神通於幽,故从囟。"①朱氏指出"思"與"囟"在意義上的聯繫是有道理的,但《說文》"囟聲"之說恐怕也不能輕易否定②。何琳儀先生謂"囟亦聲"③,可從。總之,"思"當爲表示思慮之{思}而造。在戰國他系文字中,"思"多用於人名,應即表{思}。楚系簡帛中的"思"也常讀{思},在我們所調查的87例中有34例可確定讀{思}。但同時還有一個讀法與讀{思}者數量相當,那就是{使},多達36例。如:

　　炎帝乃命祝融以四神降,奠三天維(?),思(使)敦奠四極。

　　　　　　　　　　　　　　　　　　　　　　　　(《帛書》甲篇)

　　共工兂步十日四寺(時),□□神則閏四□,毋思(使)百神風雨晨褘亂作。　　　　　　　　　　　　　　　　　　　(《帛書》甲篇)

　　乃逆日月,以傳相土,思(使)有宵有朝,有晝有夕。

　　　　　　　　　　　　　　　　　　　　　　　　(《帛書》甲篇)

　　思(使)攻解於人禞。　　　　　　　　　　　(《包山》198)

---

① 〔清〕朱駿聲《說文通訓定聲》,171頁,中華書局,1984年6月。

② 參拙文《論周原甲骨和楚系簡帛中的"囟"與"思"——兼論卜辭命辭的性質》,《文史》2006年第1輯,7～8頁。

③ 何琳儀《戰國古文字典》,113頁,中華書局,1998年9月。

思(使)攻解於下之人、不壯死。　　　　　　　　《望山》1・176)

凡民俾敝者,教而誨之,飲而食之;思(使)役百官而月請之。

《上二・容成》3)

受……於是乎作爲九成之臺,視盂炭其下,加圜木於其上,思
(使)民道之,能遂者遂,不能遂者,入而死,不從命者從而桎梏之。

《上二・容成》42＋44①)

禹然後始爲之號旗,以辨其左右,思(使)民毋惑。

《上二・容成》20)

知天之道,知地之利,思(使)民不疾。　　《上二・容成》49)

思(使)坪夜君城適瘵速瘥。　　　　　　　《新蔡》零189)

重賞薄刑,思(使)忘其死而見其生,思(使)良車良士往取之耳。
思(使)其志起,勇者思(使)喜,葸者思(使)悔,然後改司。

《上四・曹沫》54～55)

陳功上賢,能治百人,史(使)長百人;能治三軍,思(使)帥。

《上四・曹沫》36)

姑成家父以其族三郤征百豫,不思(使)反。　《上五・姑成》1)

吾聞爲臣者必思(使)君得志於已而有後請。　《上五・姑成》5)

今薪蒸思(使)虞守之,澤梁史(使)鮫(漁)守之。

《上六・競公》8)

鄭人命以子良爲執命,思(使)子家梨木三寸,疏索以紘。

《上七・鄭甲》5)

可見,在楚系簡帛中,{使}也是"思"的習用讀法。這和以往所知的其他文
獻資料的情況頗有不同,特別可貴。"思"和"使"同屬之部,聲母皆爲齒
音,古音極近,故可假借"思"來記錄{使}。關於"思"讀作{使}(還有"囟"
讀作{使})的問題,經歷了一個認識過程,先後有多位學者參加討論,漸漸

---

① 　此處簡文的拼接,根據陳劍《上博簡〈容成氏〉的拼合與編連問題》,"簡帛研究"網站
2003年1月9日。

取得一些共識，當然仍存在某些分歧①。有關問題，我們在第九章中還將有所討論，此不贅述。

　　例(3)　"氏"習讀作{是}

　　"氏"字早期古文字作 ⎛、⎤（《金文編》815～816 頁）②，楚簡承襲之作 ⎛，《說文》："氏，巴蜀山名。岸脅之旁箸欲落墒者曰氏，氏崩聞數百里，象形，乁聲。"甚不可通，學者多駁之。林義光謂字象根形，本義爲根柢，郭沫若謂象匕匙形，爲"匙"之初文③，均不可靠。頗疑"氏"字本取象於人體向下俯抵及地之態，可能是爲表示氐至義而造。從古文字看，"氏"、"氐"爲一字之分化。《說文》："氐，至也。從氏，下箸一。"在西周金文中，"氏"字通常用來記錄氏族之{氏}，如小臣氏樊尹鼎銘（《集成》2351）："小臣氏樊尹作寶用。"衛鼎銘（《集成》2616）："衛作文考小仲姜氏盂鼎。"師痕簋蓋（《集成》4230）："令汝官司邑人師氏。"罕有例外。

　　楚系簡帛中"氏"也有表示{氏}者，如：

　　　　孔子曰：《蟋蟀》知難，《仲氏》④君子。　　　　　　（《上一·詩論》27）

但更多的則是讀作{是}，如：

　　　　大序癗納氏(是)志。　　　　　　　　　　　　　　　（《包山》127）

　　　　《詩》云：靖共尔位，好氏(是)正直。　　　　　　　（《郭店·緇衣》3）

───────────────

① 詳細情況，請參閱拙文《論周原甲骨和楚系簡帛中的"凶"與"思"──兼論卜辭命辭的性質》，《文史》2006 年第 1 輯；沈培《周原甲骨文裏的"凶"和楚墓竹簡裏的"凶"或"思"》，載中國文字學會、河北大學漢字研究中心編《漢字研究》第一輯，學苑出版社，2005 年 6 月。

② 甲骨文有一常見字作 ⋔、⋔（參看《甲骨文編》487～488 頁），或以爲"氏"字，實當釋"以"。請參閱金祥恆《釋呂》，《中國文字》第 8 冊，藝文印書館，1962 年 6 月；裘錫圭《說"以"》，載所著《古文字論集》，中華書局，1992 年 8 月。

③ 參周法高主編《金文詁林》，6904～6908 頁，香港中文大學，1975 年。

④ 關於詩篇名"仲氏"，參閱楊澤生《試說〈孔子詩論〉中的篇名〈中氏〉》，《上博館藏戰國楚竹書研究》，上海書店出版社，2002 年 3 月；李學勤《〈詩論〉與〈詩〉》，姜廣輝主編《經學今詮三編》（《中國哲學》第二十四輯），遼寧教育出版社，2002 年 4 月。

氏（是）古（故）古之所以行乎閨嬰者，如此也。

（《郭店·忠信》8～9）

舉賤民而豫之，其用心也將何如？曰：《邦風》氏（是）已。

（《上一·詩論》4）

有成功者何如？曰：《頌》氏（是）已。　　　（《上一·詩論》5）

遺（將）其所愛，必曰：吾奚舍之？賓贈氏（是）也。

（《上一·詩論》27）

一命一俯，氏（是）謂益愈；一命三俯，氏（是）謂自厚；三命四俯，氏（是）謂百姓之主。　　　　（《上三·彭祖》7）

君子在民之上，執民之中，施教於百姓，而民不服焉，氏（是）君子之恥也。　　　　（《上五·季庚》2～3）

或爲君貞：以其不安於氏（是）處也，巫（巫）徙去☐

（《新蔡》甲三 132、130）

☐徙去氏（是）處也，尚吉？定生占之：甚【吉】。

（《新蔡》甲三 165）

☐之日禱之。氏（是）日就禱☐　　　　（《新蔡》零 290）

在我們統計所得 39 例"氏"字形中，可確定讀｛是｝者有 31 例，而確定讀｛氏｝僅 4 例。可見楚系簡帛"氏"的習用讀法爲｛是｝，而非｛氏｝（當然這與｛是｝、｛氏｝本身詞頻高低有關）。這顯然有別於西周金文。在戰國他系文字中，"氏"字也極常見，通常也同西周文字讀作｛氏｝[①]。可見楚系簡帛的情形是較爲特別的。只有中山國器有相同的用字習慣，中山王鼎銘："寡人幼童未通智，唯傅姆氏（是）從"，"氏（是）以寡人委任之邦，而去之遊"，"氏（是）以寡人許之謀慮皆從"。中山王方壺："氏（是）以遊夕飲食，寧有慷惕。"

"氏"之表｛是｝，屬於同音假借。

---

① 詳參何琳儀《戰國古文字典》，753～755 頁，中華書局，1998 年 9 月。

例(4)　"卒"習讀作{衣}

"卒"和"衣"本爲一字之分化。商代甲骨文中,"卒"字作、、等形,表示衣內有交叉紋,或衣之下端有彎鈎標誌,與一般的"衣"字稍有區別。但因爲文例上常與一般的"衣"字相通,故過去多一併釋作"衣",並多主張讀爲{殷}。然而讀{殷}之說在文意上卻有難通之處。二十世紀七十年代,唐蘭先生最先指出西周金文戎簋銘中"衣博(搏)"之"衣"字應讀爲{卒}[1];隨後,李學勤先生推衍其說,並由金文"衣"字讀法上推甲骨文,認爲甲骨文中包括"衣逐"等文例在內的很大一部分"衣"都應讀爲{卒}[2];裘錫圭先生同意李說,並從字形和辭例兩個方面詳加考辨論證,指出甲骨文中這些所謂的"衣"字應該釋讀爲"卒",字在卜辭中多讀爲終卒之{卒}[3]。《說文》云:"卒,隸人給事者衣爲卒。卒衣,有題識者。"戰國文字"卒"作(邶公典盤,《文物》1998-9)、(《仰天》6)、(《九店》五六20下)、(外卒鐸,《集成》420)、(睡虎地《秦律十八種》117),在"衣"形下端綴以圓點或短畫,當由甲骨文、一類形體演變而來。

有意思的是,同樣一個"卒"字形,在習用讀法上卻有所不同。甲骨文中習讀{卒},戰國他系文字也多讀{卒},以"卒"出現較多的睡虎地秦簡爲例,"卒"凡27見,無一例外讀{卒}[4]。而楚系簡帛中,我們統計的"卒"字形23例,確定讀{卒}者僅1見:

　　　君民而不驕,卒王天下而不疑。　　　　　　　(《郭店・唐虞》18)

而讀爲衣服的{衣}則至少有21例,比如:

---

① 唐蘭《用青銅器銘文來研究西周史》附錄《伯戎三器銘文的釋文和考釋》,《文物》1976年第6期;收入《唐蘭先生金文論集》,紫禁城出版社,1995年10月。

② 李學勤《多友鼎的"卒"字及其他》,所著《新出青銅器研究》,文物出版社,1990年6月。

③ 裘錫圭《釋殷墟卜辭中的"卒"和"裇"》,《中原文物》1990年第3期。

④ 這裏所說睡簡的{卒},包括終卒之{卒}和兵卒之{卒},此二義究竟是何關係還需研究。

凡盍日,利以製卒(衣)裳。　　　　　　　　(《九店》五六 20 下)

長民者卒(衣)服不改,適容有常。　　　　　(《郭店·緇衣》16)

子曰:苟又車,必見其轍;苟有卒(衣),必見其敝。

　　　　　　　　　　　　　　　　　　　　(《郭店·緇衣》40)

一紅介之留卒(衣),帛裏。　　　　　　　　(《信陽》2·13)

一靈光之尻,二瑟,皆秋卒(衣)。　　　　　(《望山》2·47)

中君之一織卒(衣)。　　　　　　　　　　　(《仰天》2)

一結卒(衣)。　　　　　　　　　　　　　　(《仰天》29)

《鵲巢》之"歸",《甘棠》之"報",《綠卒(衣)》之"思",《燕燕》之
"情"。　　　　　　　　　　　　　　　　　　(《上一·詩論》10)

《綠卒(衣)》之"憂",思故人也;《燕燕》之"情",以其獨也。

　　　　　　　　　　　　　　　　　　　　(《上一·詩論》16)

仁人之道,卒(衣)服必中,容貌不求異於人。　(《上六·季趄》7)

可見楚系簡帛"卒"的習用讀法是{衣}。"衣"、"卒"在字形、字義、字音諸
方面都存在着聯繫。大概在戰國楚地,"卒"字形是被當作"衣"字形使用
的。因爲"卒"被作爲"衣"使用,所以還可以進而讀作{依}:

文,卒(衣—依)物以情行之者。　　　　　　(《郭店·語三》44)

另外,楚系文字中作偏旁的"衣"也常常作"卒"形(或省其上部),如:

表: (《上二·容成》22)　　　被: (《包山》199)

裳: (《包山》199)　　　褻: (《上一·性情》11)

裕: (《郭店·六德》10)　　　裟: (《郭店·緇衣》7)

初: (《上五·姑成》4)　　　裏: (《上一·詩論》7)

袵: (《郭店·窮達》3)　　　裏: (《信陽》2·13)

褻: (《上四·相邦》3)　　　裓: (《上五·姑成》7)

袷: (《上五·姑成》7)　　　依: (《上五·君子》1)

綜合這些情況，可以看出在當時楚地的書手們心目當中，"卒"字形似乎不具備區別於"衣"字形的音義，而僅僅是"衣"的一種不同寫法。這實際上同楚系另以"采"字形表{卒}的習慣密切相關，這一點還將在第七章中作進一步的論述。

例(5)　{吾}習作"虗"

第一人稱代詞{吾}在殷代甲骨文中迄今尚未有確認，目前所見最早的{吾}見於西周早期的沈子它簋銘(《集成》4330)，凡 3 見，寫作"吾"，與後世文獻同。到了春秋戰國時期，{吾}的出現漸多，所使用的記錄字形也頗多樣。按國別來看，齊(如齠鎛)、燕(如杕氏壺)、中山(如中山王鼎、方壺)、晉(如侯馬盟書)等多作"盧"；徐(如沇兒鐘)作"獻"；秦系則承襲西周，用"吾"聲系的字記錄，如石鼓文作"遰"，詛楚文作"俉"，睡虎地秦簡用回最初的"吾"。楚系簡帛則獨樹一幟，通常用"虗"字形來表示{吾}。例如：

> 未知其名，字之曰道，虗(吾)强爲之名曰大。
>
> 　　　　　　　　　　　　　　　　　　　　(《郭店・老甲》21～22)
>
> 虗(吾)所以有大患者，爲虗(吾)有身。　　　(《郭店・老乙》7)
>
> 《詩》云：虗(吾)大夫恭且儉，靡人不斂。　　(《郭店・緇衣》26)
>
> 《宛丘》虗(吾)善之；《猗嗟》虗(吾)喜之，《鳲鳩》虗(吾)信之，《文王》虗(吾)美之。　　　　　　　　　　　　　　(《上一・詩論》21)
>
> 人雖曰不利，虗(吾)弗信之矣。　　　　　　(《上一・緇衣》23)
>
> 成德者，虗(吾)敓而代之；其次，虗(吾)伐而代之。
>
> 　　　　　　　　　　　　　　　　　　　　(《上二・容成》50)
>
> 雍也童愚，恐貽虗(吾)子羞，願因虗(吾)子而治。
>
> 　　　　　　　　　　　　　　　　　　　　(《上三・中弓》4＋26)
>
> 虗(吾)欲與齊戰，問陣奚如？　　　　　　　(《上四・曹沬》13)
>
> 虗(吾)不知其尔墓，尔姑須旣褣焉從事。　　(《上四・昭王》5)
>
> 虗(吾)不知其爲不善也。　　　　　　　　　(《上五・競建》8)

今虗（吾）無能治也，而因以害君，不義，刑莫大焉。

（《上五·姑成》3～4）

虗（吾）親聞言於夫子，欲行之不能，欲去之而不可，虗（吾）是以

膣也。　　　　　　　　　　　　　　　　　　　（《上五·君子》3）

貧賤而不約者，虗（吾）見之矣；富而不驕者，虗（吾）聞而【未之見

也】。　　　　　　　　　　　　　　　　　　　（《上五·弟子》6）

虗（吾）幣帛甚美於虗（吾）先君之量矣。　　　（《上六·競公》1）

虗（吾）旣果成無鐸，以供春秋之常。　　　　　（《上六·莊王》1）

"虗"原形作🔣（《郭店·語二》50）、🔣（《郭店·老甲》21），上從"虍"下從
"壬"。黃德寬先生謂此字所從的"壬"形當由"人"形演變而來，故應釋爲
"虎"，其表{吾}屬假借①。此說頗有道理，"人"形之變爲"壬"形確實符合
古文字的形變通則。不過楚簡中的"虗"從不表示{虎}，而{虎}也一般不
寫作"虗"，而是作"虎"，如《包山》牘 1 作🔣，《上三·周易》25 作🔣，《上
四·逸詩·交交》2 作🔣。可見由"虎"衍生出來的"虗"是被有意識地專
門用來記錄{吾}的，所以"虗"已不宜簡單地看作"虎"的異體了。

　　例（6）　{焉}習作"女"

　　在傳世文獻中，記作"焉"的語言成分，實際上包含有多種語義和語法
功能，有作代詞的，有作助詞的，有作連詞的，有作形容詞或副詞詞尾的，
等等，其中有些用法有意義上的關聯，有些用法則不易看出聯繫，所以這
些"焉"到底可分析爲多少個詞是頗爲難辦的。由於它們有一個共同點就
是詞彙意義偏虛，這裏暫且將它們當作一個整體看待，把這些"焉"所代表
的語言成分籠統稱作{焉}。

　　{焉}在春秋以前的古文字資料中尚未確認。春秋戰國晉系文字如侯
馬盟書、溫縣盟書、中山王壺，秦系文字如詛楚文、睡虎地秦簡，{焉}基本
上都作"焉"，也就是說，其習用字形與傳世文獻相同。但在楚系簡帛中

①　黃德寬《曾姬無卹壺銘文新釋》，《古文字研究》第二十三輯，中華書局、安徽大學出版
　　社，2002 年 6 月。

{焉}極多見，卻從未寫作"焉"，而是絕大多數用"女"字形來表示。例如：

察其見者，情女(焉)逸哉？　　　　　　　　（《郭店·性自》38）

楚邦有常故，女(焉)敢殺祭？以君王之身殺祭，未嘗有。

（《上四·柬大》5＋7）

肥從有司之後，一不知民務之女(焉)在？　　（《上五·季庚》1）

瑤、敆與雁成，唯周齂之妻葬女(焉)。　　　　（《包山》91）

國中有四大女(焉)，王尻一女(焉)。　　　　（《郭店·老甲》22）

上苟身服之，則民必有甚女(焉)者。　　　　（《郭店·成之》7）

先之以德，則民進善女(焉)。　　　　　　　（《郭店·尊德》16）

得其人則舉女(焉)，不得其人則止也。　　　（《郭店·六德》48）

《邦風》，其納物也博，觀人俗女(焉)，大斂材女(焉)。

（《上一·詩論》3）

子曰：私惠不懷德，君子不自留女(焉)。　　（《上一·緇衣》21）

聽之而不義，耳勿聽也；動而不義，身毋動女(焉)。

（《上五·君子》2）

有域，女(焉)有氣；有氣，女(焉)有有；有有，女(焉)有始；有始，
女(焉)有往者。　　　　　　　　　　　　　（《上三·亙先》1）

采物出於作，作女(焉)有事，不作無事。　　（《上三·亙先》7）

三日，女(焉)命冀之脾見。　　　　　　　　（《上四·昭王》10）

我何爲，歲女(焉)熟？　　　　　　　　　　（《上四·柬大》13）

既祭之後，女(焉)修先王之瀘。　　　　　　（《上五·競建》4）

孤也何勞力之有女(焉)？　　　　　　　　　（《上七·吳命》8）

極個別"女"字誤作"女"，如：

子曰：私惠不懷德，君子不自留女〈女(焉)〉。

（《郭店·緇衣》41）

另外，還有少數{焉}記作"安"，例如：

小而軫者，能有取安(焉)。　　　　　　　　（《郭店·五行》43）

　　　　物之所至者,志亦至安(焉);志之所至者,禮亦至安(焉);禮之所
至者,樂亦至安(焉);樂之所至者,哀亦至安(焉)。

(《上二·民之》3~4)

　　　　君子在民之上,執民之中,施教於百姓,而民不服安(焉),是君子
之恥也。　　　　　　　　　　　　　　　　　　　　(《上五·季庚》2~3)

顯然{焉}的習用字形是"女"。

　　楚簡"女"、"安"原字形分別作:

女:　(《郭店·老甲》22)　　　(《郭店·尊德》19)

　　　(《郭店·魯穆》4)

安:　(《郭店·老甲》25)　　(《郭店·五行》8)

　　　(《郭店·五行》43)

二者的區別在於"宀"的有無,所以一般認爲"女"爲"安"之省體。陳劍先
生認爲,"女"的形體可上溯到甲骨文的(《甲骨文合集》5373"安"字所
從),楚簡"女"中"女"形之外的筆畫即由中位於股、脛之間的短畫變來,
此短畫表示跪坐時股、脛相接觸,這種坐姿較爲安穩,即古書所稱"安坐",
古文字中的"安"從"宀"、從"女",爲"女"的繁體①。陳先生的考證十分詳
密,大體可信,唯股脛間短畫的含義似當從裘錫圭先生之說,理解爲使跪
坐更加安穩的藉墊物較妥②。總之,"女"本應即爲表{安}而造的,不一定
要看作由"安"省簡而成③。"安"、"焉"上古音均屬影紐元部,所以{焉}其
他文獻記作"焉",楚簡記作"安"或"女",在語音上完全沒有問題。

---

① 陳劍《說"安"字》,載所著《甲骨金文考釋論集》,綫裝書局,2007 年 4 月。

② 裘說見陳劍《說"安"字》"編按",載所著《甲骨金文考釋論集》,117 頁,綫裝書局,2007
　年 4 月。

③ 陳劍先生已舉出一些西周、春秋時代的"女"旁獨立運用的例子,但他仍主張將戰國文
　字的"女"看作"安"字之省。

例(7)　{乎}習作"虖"、"虖"

語氣助詞{乎}傳世文獻一般寫作"乎",少數作"虖"(主要見於《漢書》等)。先秦楚系以外古文字資料中,{乎}並不多見,比較確定的多作"虖",如屬於晉系的中山王鼎銘的"而況在於少君虖(乎)"、"社稷其庶虖(乎)"等。楚系簡帛因多古書類文獻,助詞{乎}出現頻率頗高,但它最常見的記錄形式並非"乎"或"虖"("虖"目前僅 1 見,"乎"則未見),而是"虖"和"虖",值得注意。作"虖"者如:

　　□於民利虖(乎)? 答曰□　　　　　　　　　　(《信陽》1・15)

　　龜筮猶弗知,而況於人虖(乎)?　　　　　　　(《郭店・緇衣》46)

　　吾所得地於膚(莒)中者,無有名山名溪,欲祭於楚邦者虖(乎)?

　　　　　　　　　　　　　　　　　　　　　　(《上四・柬大》8＋3)

　　其力能至焉而弗爲虖(乎)? 吾弗知也。抑其力固不能至焉虖(乎)? 吾又弗知也。　　　　　　　　　　　(《上五・鬼神》4)

　　亦有不盈於十言而百世不失之道,有之虖(乎)?

　　　　　　　　　　　　　　　　　　　　　　(《上七・武王》11)

　　公身爲無道,不遂於善而說之,可虖(乎)哉?　(《上六・競建》6)

　　成孫弋曰:噫,善哉言虖(乎)!　　　　　　　(《郭店・魯穆》4)

　　孔子曰:"善哉問虖(乎)! 足以教矣。"　　　(《上三・中弓》15)

　　禹乃通三江、五湖,東注之海,於是虖(乎)荊州、揚州始可處也。

　　　　　　　　　　　　　　　　　　　　　　(《上二・容成》26)

　　禹於是虖(乎)讓益,啓於是虖(乎)攻益自取。

　　　　　　　　　　　　　　　　　　　　　　(《上二・容成》34)

"虖"字原作 [字形]、[字形]、[字形] 等形,上"虎"下"口"。較早發現的信陽簡中數見之,舊或釋爲"虐",劉雨先生指出應讀爲助詞{乎}①。但由於信陽簡文例

────────────────────

①　劉雨《信陽楚簡釋文與考釋》,河南省文物研究所《信陽楚墓》,130～131 頁,文物出版社,1986 年 3 月。

殘碎,劉說並未引起關注。後來郭店、上博大批竹書的發現,完全證實這一讀法。字從"口",很可能是專爲表語助詞{乎}而造,不必認爲是《說文》訓作"嗁聲"或"虎聲"的"唬"字之假借。

{乎}記作"虖"也頗多見,例如:

堯於是虖(乎)爲車十又五乘,以三從舜於畎畝之中。

（《上二·容成》14）

禹乃通涇與渭,北注之河,於是虖(乎)廐州始可處也。

（《上二·容成》27）

莊公曰:旣成教矣,出師有幾(忌)虖(乎)?　（《上四·曹沫》40）

莊公又問曰:吾有所聞之:一出言三軍皆勸,一出言三軍皆往。有之虖(乎)?　　　　　　　　　　（《上四·曹沫》59～60）

王曰:陳公忘夫棘遂之下虖(乎)?　　　（《上六·莊王》5～6）

"虖"原作♦、♦等形,大概是在"虎"字下部的"人"形兩旁加飾而成,雖隸定作"虖",但實恐與"介"無關。《上二·民之》語氣助詞{乎}作♦(簡2)、♦(簡5),一般直接隸釋爲"虎",但細察之,右下方較正常的"虎"字多出一短筆,應該是有意爲之,即旣借用"虎"的讀音,又加區別性符號,以專表語詞{乎}。"虖"字形的產生正同此理。實際上,上舉讀{乎}之"唬"情況也相類似,只不過所加分化符號"口"更具表意作用而已。

從目前所統計的數據來看,助詞{乎}105見,用"唬"者66例,約占63％,用"虖"27例,約占26％,均爲習用字形。但"唬"具有明顯優勢,而且用"虖"者只見於《上二·容成》、《上四·曹沫》、《上六·莊王》等少數篇章,使用範圍也無法與"唬"相比擬。人們更傾向於用"唬",或許與它擁有一個表意的"口"旁有關。

檢秦漢簡帛文獻,助詞{乎}已絕大多數記作"乎",少數作"虖",與後世文獻無大別。可見,戰國楚系文字以"唬"、"虖"——特別是"唬"表{乎}這一有特色的記詞習慣並沒有被傳承下來。

例(8)　｛斯｝習作"斯"、"𦭵"

傳世文獻中以"斯"表代詞或連詞｛斯｝①，秦漢簡帛同，應屬於周秦系統的用字習慣。《說文》："斯，析也。从斤、其聲。《詩》曰：斧以斯之。"可知代詞或連詞｛斯｝之作"斯"屬假借。楚系簡帛｛斯｝不作"斯"，而是作"斯"或"𦭵"。

作"斯"者如：

……如此何，斯(斯)爵之矣。　　　　　　　　　　（《上一‧詩論》27）

苟有其情，【雖未之】爲，斯(斯)人信之矣。

　　　　　　　　　　　　　　　　　　（《上一‧性情》殘 2＋殘 1）

予，汝能慎始與終，斯(斯)善矣。　　　　（《上五‧弟子》11）

貴而能讓，斯(斯)人欲其長貴也。　　　　（《上五‧君子》9）

物斯(斯)可惑：類獸非鼠……　　　　　　（《上五‧鬼神》6）

聞笑聲，則鮮如也斯(斯)喜；聞歌謠，則陶如也斯(斯)奮；聽琴瑟之聲，則悸如也斯(斯)歎。　　　　　　（《郭店‧性自》24～25）

生民斯(斯)必有夫婦、父子、君臣。　　　（《郭店‧六德》42）

天形成人，與物斯(斯)理。　　　　　　　（《郭店‧語三》17）

作"𦭵"者如：

觀《賚》、《武》則齊如也𦭵(斯)作；觀《韶》、《夏》，則勉如也𦭵(斯)斂。　　　　　　　　　　　　　　　（《郭店‧性自》25～26）

喜𦭵(斯)陶，陶𦭵(斯)奮，奮𦭵(斯)咏，咏𦭵(斯)猶，猶𦭵(斯)舞。　　　　　　　　　　　　　　　　　　（《郭店‧性自》34）

人不慎，𦭵(斯)有過，信壴(矣)。　　　　（《郭店‧性自》49）

苟有其情，雖未之爲，𦭵(斯)人信之壴(矣)。（《郭店‧性自》51）

僞𦭵(斯)慐(隱)矣，慐(隱)𦭵(斯)慮矣，慮𦭵(斯)莫與之結。

　　　　　　　　　　　　　　　　　　　　（《上一‧性情》39）

---

① 這裏將代詞義的｛斯｝和連詞的｛斯｝當作同一音義看待，因爲後者實是前者語法化的結果。

"斯"或"㫗"二字原篆分別寫作：

斯: 〔圖〕（《郭店·語三》17）　　〔圖〕（《上五·鬼神》6）

㫗: 〔圖〕（《郭店·性自》25）　　〔圖〕（《上一·性情》39）

"斯"應是"斯"之變體，即將聲符"其"的上部改造爲"齒"之初文"臼"。這一改造很可能有適應表音需要的作用，因爲"其"讀牙音群母，與{斯}之讀齒音心母畢竟不甚密合，不若"臼（齒）"之讀舌音昌母來得近些。而"㫗"則是"斯"的省體，情形與楚簡中"則"常省去"刀"或"勿"旁相類。

例（9）　〔關〕習作"閞"

門關、關市之{關}，在戰國諸系文字中寫法有較明確的分別。齊系和晉系一般作"閞"，屬齊的如左關鈳和陳純釜的"左閞（關）"、子禾子釜的"閞（關）人"、《璽彙》0177 的"迻閞（關）"、《璽彙》0173 的"行人閞（關）"等；屬晉的如司馬成功權的"閞（關）師"、《璽彙》0340 的"句丘閞（關）"等。秦系文字如龍崗秦簡、睡虎地秦簡{關}頗多見，一般都作"關"，與後世文獻相合。楚系則作"閞"，已數見於鄂君啓舟節。今考楚系簡帛，{關}並皆作"閞"，未見例外，正可與舟節互證。例如：

八月辛巳之日，㭃舉之閞（關）敔公周重耳受呂，己丑之日不將㭃
舉之閞（關）人周敔、周瑤以廷，阩門有敗。　　　　（《包山》34）

九月戊申之日，徥（造）大戲六令周霞之人周雁訟付舉之閞（關）
人周瑤、周敔，謂葬於其土。　　　　　　　　　　（《包山》91）

……左閞（關）尹黃悤、酓佐蔡惑……　　　　　　　（《包山》138）

不量其閞（關）金，將證之於其尹。　　　　　　　　（《包山》149）

禹聽政三年，不折革，不釰金，不鉻矢，田無〔圖〕，宅不工，閞（關）市
無賦。　　　　　　　　　　　　　　　　　　　（《上二·容成》18）

湯乃溥爲征籍，以征閞（關）市。　　　　　　　　　（《上二·容成》36）

君子不慎其德，四荒之內，是敔之閞（關）。　　　　（《上五·三德》22）

舉邦爲禁，約夾諸閞（關），縛纏諸市。　　　　　　（《上六·競公》8）

　　"關"、"開"、"閚"都以"門"爲意符，唯聲符不同，當爲一字之異體，皆爲表{關}而造。"關"從"䅯"聲，而"䅯"復從"卅"聲，故"關"與從"卅"聲之"開"可看作一對聲符繁簡不同的繁簡字。"閚"則以"串"爲聲，爲楚地習用的"關"字異體。

　　例(10)　{病}習作"疒方"

　　疾病之{病}，殷商西周文字資料中尚未確認[1]。戰國秦系文字作"病"，如睡虎地秦簡{病}凡30餘見，無一例外地記作"病"，與《說文》及後世文獻相合。晉系文字則加羨符"口"作"痁"，爲"病"之繁形，如《璽彙》2039號晉璽有人名"郵痁(病)已"。而在楚系簡帛中，{病}頗常見，大多數都記作"疒方"，例如：

　　　　畢得假爲右史於莫敖之軍，死疒方(病)甚。　　　　　　（《包山》158）

　　　　疒方(病)腹疾，以少氣，尚毋有咎？　　　　　　　　　（《包山》207）

　　　　恆貞吉，甲寅之日，疒方(病)良瘥。　　　　　　　　　（《包山》218）

　　　　恆貞吉，庚辛有間，疒方(病)速瘥。　　　　　　　　　（《包山》220）

　　　　名與身孰親？得與亡孰疒方(病)？　　　（《郭店・老甲》35～36）

　　　　夫上帝鬼神高明甚，將必知之。君王之疒方(病)將從今日以已。

　　　　　　　　　　　　　　　　　　　　　　　　　（《上四・東大》6＋22）

　　　　八月己未之夕，以君之疒方(病)之▢　　　　　　　（《新蔡》乙四 5）

　　　　▢不懌疒方(病)之故，祝云▢　　　　　　　　　　（《新蔡》零 209）

"疒方"應分析爲從"疒"、"方"聲，與秦之"病"、晉之"痁"爲異體字，亦爲表{病}而造[2]。

　　楚簡{病}還偶作"忎"或"痆"，如：

　　　　《黃鳥》則困而欲反其故也，多恥者其忎(病)之乎？

　　　　　　　　　　　　　　　　　　　　　　　　　（《上一・詩論》9）

---

① 甲骨文"疒"字近年有學者提出釋"病"之初文，表{病}，但未得公認。

② 晉璽人名用字也有"疒方"，見於《璽彙》2283、3874，但讀爲何詞，尚難確定。

身且有瘡(病),惡菜與食。　　　　　　　　(《上五·三德》13)

從"心"作"忞"者,蓋爲突出病患、憂病之義;作"瘡"則"疒"、"心"並用。要皆以"方"爲聲符。以"丙"爲聲符者亦偶見之,如:

不穀曰欲以告大夫,以邦之悤(怲—病)以急。

(《上七·鄭甲》1~2,《鄭乙》2同文)

雖邦之悤(怲—病),將必爲師。

(《上七·鄭甲》3,《鄭乙》3同文)

但顯然以"方"爲聲符者占優勢。

例(11)　{書}習作"箸"

書寫、書籍之{書},西周金文已多用"書"字記錄,《說文》云:"書,箸也。從聿、者聲。""聿"者,以手持筆也。"書"即{書}之本字。戰國時代各系文字多承襲西周傳統,晉系如侯馬盟書"韋書之言",秦系如陶文"乃爲瓦書"(《古陶文彙編》5·384)等。秦漢簡帛{書}極常見,基本上也都寫作"書",體現周秦傳統。但楚簡中習慣用"箸"來記{書}。例如:

凡君子二夫,敢是,其箸(書)之。　　　　　　(《包山》4)

臧王之墨以納其臣之弱典:惪之子庚一夫,處郢里,司馬徒箸(書)之。　　　　　　　　　　　　　　(《包山》7~8)

左尹以王命告子郎公,命瀡上之識獄爲畣人舒勁盟,其所命於此箸(書)之中以爲證。　　　　　　　(《包山》139反)

詩、箸(書)、禮、樂,其始出皆生於人。　(《郭店·性自》15~16)

觀諸詩、箸(書),則亦在矣。　　　　　(《郭店·六德》24)

夫箸=(箸者—書者),以箸(著)君子之德也。(《上五·季庚》6)

師尚父曰:在丹箸(書),王如欲觀之,盍祈(?)乎? 將以箸(書)示。　　　　　　　　　　　　　　　(《上七·武王》1~2)

師尚父奉箸(書),道箸(書)之言曰……　　(《上七·武王》3)

☐教箸(書)三歲,教言三歲,教射與馭☐　　(《信陽》1·3)

上揭信陽簡 1 例,舊未讀出,楊澤生先生根據包山簡、郭店簡的用字習慣,讀爲{書},並與《周禮・地官・保氏》六藝中之"六書"聯繫起來①,是很有道理的。

需要强調的是,楚簡"箸"字實可視爲"書"之異體,也是{書}的本用字形。《說文》另有"箸"字,云:"箸,飯攲也。从竹、者聲。"與楚簡之"箸"應屬同形字的關係。

例(12)　{圓}習作"圓"

方圓之{圓},傳世文獻作"圓"。秦系文字多作"員",如睡虎地秦簡《爲吏之道》:"中不方,名不章;外不員(圓)……"或假"園"字爲之,如《日書・盜者》:"盜者園(圓)面。"漢初簡帛也多作"員",如馬王堆帛書《經法》:"規之内曰員(圓),柜之内曰【方】。"銀雀山竹簡《孫臏兵法・陳忌問全》:"高則方之,下則員(圓)之。"應是秦系用字習慣的延續。"員"從"ᴗ"({圓}之表意初文)、從"鼎",以鼎口形圓示意,實際是{圓}之本用字形。"圓"則爲"員"之繁構。

楚系竹簡偶有用"圓"者,如:

鄭君之圓軒,左服騅,右服駣。　　　　　　　　　　　　(《曾侯》203)

但通常都是寫作"圓"的,例如:

圓(圓)軒,紡襈,紫裏,貂翮。　　　　　　　　　　　　(《曾侯》4)

四肇車,圓(圓)軒。　　　　　　　　　　　　　　　　(《曾侯》120)

遊車九乘,圓(圓)軒。　　　　　　　　　　　　　　　(《曾侯》120)

一良圓(圓)軒,載紡蓋,緂,良馬之首,翠結。　　　(《信陽》2・4)

二圓(圓)缶,二青方,二方鑑,四剌匕,二圓(圓)監。

　　　　　　　　　　　　　　　　　　　　　　　　(《信陽》2・1)

於是乎方圓(圓)千里,於是乎豈板正立,四向陟和,懷以來天下之民。　　　　　　　　　　　　　　　　　　　(《上二・容成》7)

---

① 楊澤生《戰國竹書研究》,46 頁,中山大學出版社,2009 年 12 月。

先有柔，焉有剛；先有圓(圓)，焉有方。　　(《上三·亙先》8～9)

簡文"圓(圓)軒"，即圓形的車軒①。或讀爲"雲軒"，與楚系用字習慣不合，不可從。楚系之"圓"，實可看作"圓"字異構，不過聲符"員"、"云"的替換而已。《說文》另有"圓"字，訓"回也"，不一定與楚簡之"圓"有關。

例(13)　{常}習作"棠"

恆常之{常}，就目前所知，大概早期是用"尚"字來表示的。如西周銅器虎簋蓋(《文物》1977－3)："肆天子弗忘厥孫子，付厥尚(常)官，天子其萬年申兹命。"春秋銅器甫人盨(《集成》4406)："用征用行，萬歲用尚(常)。"延敦(《文物》1991－5)："允恭天尚(常)。"戰國各系文字多承襲之，秦系如秦駰禱病玉牘："世萬子孫，以此爲尚(常)。"齊系如陳侯因資敦(《集成》4649)："世萬子孫，永爲典尚(常)。"

楚系簡帛也有少數{常}作"尚"者，如：

經緯失□，草木無尚(常)。　　　　　　　　(《帛書》乙篇)

時雨進退，無有尚(常)極。　　　　　　　　(《帛書》乙篇)

三極廢，四興(繩)鼠，以□天尚(常)。　　　(《帛書》乙篇)

但一般則寫作"棠"，例如：

舉禱，犆牛饋之；殤因其棠(常)牲。　　　　　(《包山》222)

和曰棠(常)，知和曰明。　　　　　　(《郭店·老甲》34)

適容有棠(常)，則民德一。　　　　(《郭店·緇衣》16～17)

天格大棠(常)，以理人倫。　　　　　(《郭店·成之》31)

此言也，言不奉大棠(常)者，文王之刑莫重焉。

　　　　　　　　　　　　　　　　　(《郭店·成之》39)

故君子慎六位，以巳天棠(常)。　　　(《郭店·成之》40)

---

① 關於"軒"之所指及其結構的討論，參看裘錫圭、李家浩《曾侯乙墓竹簡釋文考釋》，載《曾侯乙墓》，上冊，502頁，文物出版社，1989年7月；李守奎《出土簡策中的"軒"和"圓軒"考》，《古文字研究》第二十二輯，中華書局，2000年7月。

臣何藝何行,而遷於朕身,而訟于帝棠(常)?　　《上三·彭祖》1)

楚邦有棠(常)故,焉敢殺祭?　　　　　　　《上四·柬大》5+7)

必訽邦之貴人及邦之奇士從卒使兵,毋復前棠(常)。

《上四·曹沫》29+24)

敬者得之,怠者失之,是謂天棠(常)。　　《上五·三德》2)

邦失幹棠(常),小邦則殘,大邦迻(禍)傷。　《上五·三德》5)

變棠(常)易禮,土地乃坼,民乃夭死。　　《上五·三德》5)

吾旣果成無鐸,以供春秋之棠(常)。　　《上六·莊王》1)

以"棠"爲{常}也見於楚國青銅器,如楚王酓忓、酓腏諸器的"以供歲棠(常)"等,確係楚地的特色用字。【修訂本按:近出楚簡已偶見{常}作"常"者,如清華簡捌《邦家之政》13、《治邦之道》23等。】

檢秦及漢初的簡帛資料,{常}已基本上統一作"常",後世沿用不替。

例(14)　{一}記作"罷"

我們在第一章中提到,楚系簡帛中數詞{一}除用"一"表示外,還用"弌"、"罷"等字形。{一}計有700餘見,其中絕大多數作"一",爲{一}之習用字形,與其他文獻無異,作"弌"或"罷"者均占少數,"弌"與《說文》古文相合,且已見於春秋銅器庚壺(《集成》9733),不算奇特,唯作"罷"者,則頗顯特別,十分引人注意。較明確的文例如:

"淑人君子,其儀罷(一)也"。能爲罷(一),然後能爲君子,慎其獨也。　　　　　　　　　　　　　　　　　(《郭店·五行》16)

罷(一)缺罷(一)盈,以已爲萬物經。　　　(《郭店·太一》7)

罷(一)家事乃有假,三雄一雌,三骱一莫,一王母保三歐(嬰)兒(婗)。　　　　　　　　　　　　　　　(《郭店·語四》25~27)

疾罷(一)瘝罷(一)已,至九月有良間。　　(《新蔡》甲一22)

恆貞無咎,疾罷(一)瘝罷(一)已。　　　(《新蔡》甲三284)

特別是《五行》篇引的《詩》,確證"罷"當讀{一}無疑,其他諸例,讀{一}也無不文從字順。

另有 1 例：

> 肥從有司之後，罷不知民務之焉在？　　　（《上五‧季庚》1）

整理者讀"罷"爲{抑}，訓爲"但"，非是。季旭昇先生主讀爲{一}，訓爲"全"①，可從。不過這裏的{一}語義已較虛化，主要是表示一種強調語氣，相同用法的{一}，如《晏子春秋‧諫上九》："寡人一樂之，是欲祿之以萬鍾，其足乎？"《莊子‧大宗師》："固有無其實而得其名者乎？回壹（一）怪之。"《上四‧曹沫》64："吾一欲聞三代之所【起】。"

卜筮祭禱類楚簡中還有一個祭名寫作"罷禱"，例如：

> 罷禱於昭王，特牛，饋之；罷禱文坪夜君、部公子春、司馬子音、蔡公子家，各特䝅，酒食；罷禱於夫人，特豬。　　　（《包山》200）

> 興石被裳之䋣，罷禱於昭王，特牛，饋之；罷禱於文坪柰君、部公子春、司馬子音、蔡公子家，各特䝅，酒食；夫人，特豬，酒食。
>
> （《包山》203～204）

> 東【周】之客鄋𦀚歸胙於藏郢之歲，冬柰之月癸丑之日，罷禱於昭王，特牛，大蠮饋之。　　　（《包山》205）

> ▨哲王各特牛，饋之。罷禱先君東邸公特牛，饋▢▨
>
> （《望山》1‧112）

> ▨舉禱大夫之私巫，舉禱樂白犬，罷禱王孫槀狂豕。
>
> （《望山》1‧119）

> ▨璧，以罷禱，大牢饋，脡鐘樂之，百之，贛。鹽埳貞之曰：吉。
>
> 既告且▨　　　（《新蔡》甲三136）

由於對當時祭禱制度的知識相當有限，我們對此類簡文中包括"罷禱"在內的一套術語的具體含義尚不能確說，而且簡文本身也未有足夠信息可

---

① 季旭昇《上博五芻議上》，武漢大學"簡帛網"，2006 年 2 月 18 日。

供推斷①。但在新蔡簡中又有"弍禱"：

　　　□君、地主、靈君子。己未之日，弍禱於昭【王】□

　　　　　　　　　　　　　　　　　　　　　　（《新蔡》乙四 22）

　　　□酉之日，弍禱朴、北方□□　　　　（《新蔡》乙四 148）

結合"罷"、"弍"都可表示｛一｝的事實，似可推測"罷禱"即"弍禱"，並應讀作"一禱"，也就是說，"罷"和"弍"在這裏很可能用的是數詞｛一｝的某種引申意義，這個問題還有待進一步研究。如果允許再作一點猜測的話，或許"一禱"是初禱的意思。《孟子·梁惠王下》引《書》曰："湯一征，自葛始。"趙岐注："言湯初征，自葛始。"可作參考。

　　【修訂本按："罷"記錄｛一｝的理據，衆說紛紜。較新的討論可參看石小力《說戰國楚文字中用爲"一"的"翼"字》（《中國語文》2022 年第 1 期）。】

　　例(15)　｛曰｝記作"乁"

　　楚簡中有一個相當奇特的字形，見於下引文例：

　　　孔子 ⸝⸝⸝："無聲之樂，氣志不違。"　　　（《上二·民之》10）

　　　子贛 ⺀："吾子之答也何如？"孔子 ⺄："如誨。"

　　　　　　　　　　　　　　　　　　　　　　（《上四·相邦》4）

　　　聞之 ⺄：至（致）情而知。　　　　（《上七·凡甲》15）

　　《民之》篇內容可與《禮記·孔子閒居》相對應，此怪字在《孔子閒居》

---

① 李家浩先生曾在《包山祭禱簡研究》（載《簡帛研究二○○一》，廣西師範大學出版社，2001 年 9 月）一文中，根據包山簡"罷禱"之後有"致福"（即致胙）之說，而"舉禱"之後則言"致命"的情況，推斷"罷禱"用牲，而"舉禱"不用牲。但其實簡文明記"舉禱"用牲者並不少見，李說恐非。按《國語·楚語下》載觀射父論祀牲云："祀加於舉。天子舉以大牢，祀以會；諸侯舉以特牛，祀以太牢；卿舉以少牢，祀以特牛；大夫舉以特牲，祀以少牢；士食魚炙，祀以特牲；庶人食菜，祀以魚。上下有序，則民不慢。"疑所謂"舉"與簡文"舉禱"有關。

中作“曰”，所以確實很可能也是記錄{曰}的。黃錫全先生曾認爲此字是“于”字豎畫下部墨迹脱落的結果，故釋“于”而讀爲{曰}①。但仔細觀察則不然。其實它應由一“乙”形折筆與其左下和右上兩短横組成。《相邦》篇 2 例尤其可以看得清楚。《相邦》篇整理者直接將此字釋作“曰”。然而字形該如何分析，它何以可讀{曰}，則尚待研究。筆者曾經懷疑此字取“水”形之半（比較《郭店・太一》6“水”之作 ），或許是“巜（澮）”字别構，音假表{曰}，但顯然只是一種猜測，證據並不充分。楊澤生先生曾在給筆者的信中提出一種意見，懷疑此字從“乙”聲，讀爲{曰}，與《説文》以“曰”字爲從“乙”聲相合。這不失爲一有價值的思路，但似仍未徹底解決問題。【修訂本按：關於讀{曰}之“ ”字的討論，詳參拙文《楚簡中一個讀爲“曰”的奇字補説》（《古文字論壇》第一輯，中山大學出版社，2015 年 1 月）。】

※　※　※　※　※　※　※　※　※　※　※

　　以上所介紹者，僅屬舉例性質，遠遠不能反映楚系簡帛在寫字記詞方面的特色之全貌，但所舉實例應均屬較具有代表性者。類似的例子，在本書的其他章節中也不時會涉及到，讀者稍加留意，當不難發現。當然，所謂的特色只是相對而言，並非絶對。戰國時代不同地域在用字記詞上確有不少差異②，但仍存在較大共性。有些用字現象在楚系中表現得較爲突出，我們即認爲是楚系文字有特色之處，但這並不意味着在其他各系文字中就一定没有或不能有相同現象。而且所用來比較的只能限於現有資料，某些認識可能還會隨着新材料的不斷發現而被修正。

---

① 黃錫全《讀上博楚簡（二）劄記（壹）》，“簡帛研究”網站，2003 年 2 月 25 日。

② 近年比較全面梳理這種現象的有周波先生的《戰國時代各系文字間的用字差異現象研究》（復旦大學博士學位論文〔導師：裘錫圭教授〕，2008 年 4 月），讀者可以參閲。

第六章
楚系簡帛中字形與音義
對應關係的内部差異

從整體上來看，楚系簡帛在字形與音義的對應關係方面，確實表現出一些不同或不全同於其他文獻的地方，值得我們總結和重視。同時，在楚系簡帛的内部，實際上也存在許多的差異，這同樣應引起我們的高度關注。下面從幾個不同角度來考察這方面的情況。

第一節　與非楚因素有關的差異

較早注意到楚簡文字中存在非楚因素的是周鳳五先生，他在《郭店竹簡的形體特徵及其分類意義》一文中指出，郭店簡的《語一》、《語二》、《語三》、《唐虞》、《忠信》等篇的"字體"保存了較多的齊魯系文字的特色①。周文所謂"字體"包含"形體結構"與"書法體勢"兩方面，但關注點似側重於後者，並不太注意從用字記詞的特點上作考察。林素清先生比較郭店和上博兩個《緇衣》抄本，得出郭店本在"用字、遣詞和字體特徵"等方面都具更强的楚系特徵，而上博本則齊魯系特色較重的結論，但論證過程似仍側重文字形體及書寫風格②。後來，馮勝君先生在此基礎上，從"偏旁及文字形體的對比"和"用字不同的對比"兩個方面，詳密地論證了上述幾篇

---

① 文載武漢大學中國文化研究院編《郭店楚簡國際學術研討會論文集》，湖北人民出版社，2000 年 5 月。
② 林素清《郭店、上博〈緇衣〉簡之比較——兼論戰國文字的國別問題》，謝維揚、朱淵清主編《新出土文獻與古代文明研究》，上海大學出版社，2004 年 1 月。

中的非楚因素,頗見成效,終於使得這幾篇簡文含較多非楚因素的認識爲更多學者所認同①。馮文所論的後一方面以及前一方面中屬於異體字問題的内容,即屬本節所要討論的範圍。其後一部分只討論同詞所用字形的不同,而不及同字形所記詞的差異,有所欠缺,我們也將略作補充。

　　以下參考馮文所論,結合己見,特選出數事,配以文例,申而述之。所關注者在楚因素與非楚因素之異,而不專意於是否關乎齊魯特色。

　　例(1)　｛必｝

　　必然之｛必｝,在楚簡中是一個高頻詞,通常都用"必"表示,我們統計得確定無疑的｛必｝有 158 例,其中作"必"者有 149 例之多,並且分佈極廣,遍見於信陽簡、九店簡、新蔡簡,和郭店簡、上博簡的衆多篇章,略舉數例如下:

　　　　君子之道,必若五谷之溥,三▢　　　　　　　(《信陽》1・5)
　　　　利以祭門、行,除疾;以祭,大事,聚衆,必或亂之。

　　　　　　　　　　　　　　　　　　　　　　　　(《九店》五六 28)
　　　　【占曰】:甚吉。未盡八月疾必瘥。　　(《新蔡》甲三 160)
　　　　甚愛必大費,厚藏必多亡。　　　　　　(《郭店・老甲》36)
　　　　苟有車,必見其轍;苟有衣,必見其敝;人苟有言,必聞其聲;苟有
　　　行,必見其成。　　　　　　　　　　　(《郭店・緇衣》40～40 背)
　　　　賓客之禮必有夫齊齊之容,祭祀之禮必有夫齊齊之敬。

　　　　　　　　　　　　　　　　　　　　　　　　(《郭店・性自》66)
　　　　民性固然:甚貴其人,必敬其位。　　　(《上一・詩論》24)
　　　　五紀必(畢)周,雖貧必修;五紀不▢,雖富必失。

　　　　　　　　　　　　　　　　　　　　　　　(《上三・彭祖》5)
　　　　君子之相就也,不必在近暱。　　　　　(《上二・從甲》13)

_____

① 馮勝君《論郭店簡〈唐虞之道〉、〈忠信之道〉、〈語叢〉一～三以及上博簡〈緇衣〉爲具有
　齊系文字特點的抄本》,北京大學博士後工作報告(導師:裘錫圭教授),2004 年 7 月;
　又參其修訂本《郭店簡與上博簡對比研究》,綫裝書局,2008 年 7 月。

善攻者必以其所有，以攻人之所無有。　　　　　（《上四·曹沫》56～57）

皇天弗諒，必復之以憂喪。　　　　　　　　　　（《上五·三德》7）

今日陳公事不穀，必以是心。　　　　　　　　　（《上六·莊王》7＋9）

見其前，必慮其後。　　　　　　　　　　　　　（《上七·武王》7）

　　此外，包山簡有 2 例"必"字用爲人名，大概也是取{必}之音義的。可見楚簡{必}習作"必"，與後世記詞習慣相合。但楚簡中另有一"朼"字形，也記錄{必}。例如：

朼（必）正其身，然後正世，聖道備矣。　　　　（《郭店·唐虞》3）

聖者不在上，天下朼（必）壞。　　　　　　　　（《郭店·唐虞》27～28）

至信如時，朼（必）至而不結。　　　　　　　　（《郭店·忠信》2）

所不行，益；朼（必）行，損。　　　　　　　　（《郭店·語三》16）

入貨也，禮朼（必）兼（謙）。　　　　　　　　（《郭店·語三》60）

苟有車，朼（必）見其轍，苟有衣，朼（必）……朼（必）見其成。

　　　　　　　　　　　　　　　　　　　　　　（《上一·緇衣》20～21）

"朼"字可分析爲從"才"、"匕"聲，"匕"聲系與"必"聲系古通，故"朼"可用來記錄通常由"必"字記錄的{必}[1]，至於"朼"的字形來源及造字本義則尚需進一步研究[2]。從目前所掌握的材料來看，以"朼"表{必}多出現在郭店簡《唐虞》、《忠信》和《上一·緇衣》這少數非楚色彩濃重的篇章，很可能不屬於楚人的固有作風。

---

[1]　參看拙文《讀郭店楚墓竹簡札記（10 則）》，《中山大學學報論叢》1999 年第 6 期，146 頁。

[2]　筆者懷疑"朼"字即由"必"字變出。"必"主幹部分本爲戈柲之形（參裘錫圭《釋"柲"》，《裘錫圭自選集》，河南教育出版社，1994 年 7 月），與棸杶的初文"弋"形近易混，故《說文》以爲"必"從棸杶之"弋"，而"弋"與"才"實一字之分化（參陳劍《釋造》，《甲骨金文考釋論集》，140～141 頁，綫裝書局，2007 年 4 月），故"必"所從戈柲形之"弋"可能訛變爲"才"。而"必"所從起指示作用的長點之變作"匕"形，則與"女"（參第五章）、"匹"（參袁國華《郭店楚墓竹簡從"匕"諸字以及與此相關的詞語考釋》，《中研院"歷史語言研究所集刊》第 74 本第 1 分，2003 年 3 月）的演變如出一轍，而且同"匹"一樣，變從"匕"乃是出於一種有意識的變形表聲。

當然,在一些楚系作風明顯的寫本中也可發現個別用"北"表{必}的例子,比較明確的有:

　　　仁人之道,衣服北(必)中,容貌不求異於人。　(《上六‧季趄》7)

《季趄》整篇的書法和用字是具有較強楚系風格的,但{必}也寫作"北"。

　　楚帛書丙篇如月之文以"如北武"標首,"北"疑也可讀爲{必},"必武"與下文"可以出師、築邑"云云相應。又新蔡簡有幾個殘字(見於乙二 26、乙四 10、零 76、零 143),原釋"此",張勝波先生改釋"北"①,宋華强先生讀作{必}②,雖尚未敢完全認定,但從殘形及殘詞看,可能性還是較大的。這可看作楚人接受他系用字習慣影響的結果。

　　例(2)　{后}

　　君后之{后},在楚簡中多假借"句"來記錄,見於望山簡,郭店簡《緇衣》、《尊德》,上博簡的《詩論》、《子羔》、《容成》、《三德》等篇,文例已見於第二章第五節。又或記作"侯",見於包山簡和望山簡,例如:

　　　賽禱朴,佩玉一環;侯(后)土、司命、司禍,各一小環。

　　　　　　　　　　　　　　　　　　　　　　　　(《包山》213)

　　　迻郦會之祝,賽禱宮侯(后)土一羘。　　　(《包山》214)

　　　朴、侯(后)土、司命、司禍、大水、二天子、崒山旣皆成。

　　　　　　　　　　　　　　　　　　　　　　　　(《包山》215)

　　　舉禱宮侯(后)土,一羘。　　　　　　　　(《包山》233)

　　　舉禱朴一艩,侯(后)土、司命各一牂。　　(《包山》237)

　　　舉禱朴佩玉一環,侯(后)土、司命各一小環,大水佩玉一環。

　　　　　　　　　　　　　　　　　　　　　　　　(《望山》1‧54)

---

① 張勝波《新蔡葛陵楚墓竹簡文字編》,71 頁,吉林大學碩士學位論文(導師:吳振武教授),2006 年 4 月。

② 宋華强《新蔡楚簡的初步研究》,282 頁,北京大學博士學位論文(導師:李家浩教授),2007 年 5 月。

　　用"句"和"侯"都見於公認的較典型的楚簡,應該代表着楚系的特點。而在《郭店·唐虞》和《上一·緇衣》中,{后}卻用其本用字形"后"表示:

　　　　禹治水,益治火,后稷治土,足民養【也】。　　　（《郭店·唐虞》10）

　　　　毋以小謀敗大圖,毋以嬖御塞莊后。　　　（《上一·緇衣》12）

馮文指出,以"后"表{后}與晉、燕文字相合,而與楚系習慣不同,其說可信。

　　例（3）　{怨}

　　怨怒之{怨},楚簡中通常用"悁"字形來表示,如:

　　　　與其仇,有悁（怨）不可證。　　　　　　　　（《包山》138 反）

　　　　正則民不吝,恭則民不悁（怨）。　　　　　（《郭店·尊德》34）

　　　　日暑雨,小民隹日悁（怨）;晉冬旨寒,小民亦隹日悁（怨）。

　　　　　　　　　　　　　　　　　　　　　　　（《郭店·緇衣》9～10）

　　　　故君不與小謀大,則大臣不悁（怨）。　　　（《郭店·緇衣》21～22）

　　　　多言難而悁（怨）懟者也。衰矣! 小矣!　　（《上一·詩論》3）

　　　　《木瓜》有藏愿而未得達也,因木瓜之報,以喻其悁（怨）者也。

　　　　　　　　　　　　　　　　　　　　　（《上一·詩論》19＋18）

　　　　從政,敦五德,固三制,除十悁（怨）。　　　（《上二·從甲》5）

　　　　不膚瀀嬴惡,則民不悁（怨）。　　　　　　　（《上二·從乙》2）

　　　　小邦處大邦之間,敵邦交地不可以先作悁（怨）。

　　　　　　　　　　　　　　　　　　　　　　（《上四·曹沫》14＋17）

"悁"字原有💬（《郭店·緇衣》10）、💬（《上一·詩論》18）、💬（《上一·詩論》3）、💬（《郭店·緇衣》22）等變體,因爲其中的"卜"、"宀"、"彡"都是無區別意義的羨符,這裏爲避繁瑣,不作進一步區分,統一釋作"悁"。就目前所見,"悁"無一例外地表示{怨}。《說文·心部》也有"悁"字,訓作"忿"。但楚簡的"悁"應是楚人表{怨}的專字,不一定要理解爲《說文》"悁"字的假借①。

_____

① 當然,"怨恚"義與"悁忿"字是有一定關聯的,所以{怨}和{悁}也有可能是一詞的分化。

而在《上一·緇衣》中，{怨}卻被寫作"夗"：

　　日暑雨，小民隹日夗（怨）；晉冬旨寒，小民亦隹日夗（怨）。

（《上一·緇衣》6）

　　故君不與小謀大，則大臣不夗（怨）。　　　　（《上一·緇衣》12）

"夗"字原有兩種變體，分別作🔣和🔣，過去或誤釋爲"令"、"命"，或以爲"肙"字聲旁"冐"之訛變，或釋爲"宛"。馮勝君先生對此有精審的考辨，指出🔣實由金文"夗"演變而來，🔣則是🔣加注聲符"〇"（"圓"之初文）而成，其說可信①。爲避繁瑣，有"〇"無"〇"這裏統作"夗"字形處理。馮先生並指出，《上一·緇衣》"夗"與侯馬盟書、三體石經古文等晉、齊系文字"怨"字所從相合。可見，楚簡中{怨}之作"肙"或"夗"，體現了楚因素與非楚因素的分野。

　　除了《上一·緇衣》外，這種非楚因素還表現在少數別的篇章，如：

　　百姓皆夗（怨）悤，奄然將亡，公弗詰。　　　（《上五·鮑叔》4～5）

《鮑叔》"夗"作🔣，爲加"〇"之體。【修訂本按：此例"夗"字形稍訛，而與"序"字混同。】

　　例（4）　{親}

　　在第四章第二節裏，我們曾歸納出{親}的習用字形有"新"和"睪"2個，但其實二者在楚簡中的分布基本上是不交叉的，其具體情形如下表所示：

出　　處	{親}	
	"新"	"睪"
《包山》	7	
《望山》	2	
《郭店·老甲》	2	

---

① 馮勝君《釋戰國文字中的"夗"》，《古文字研究》第二十五輯，中華書局，2004 年 10 月。

續　表

出　處	〔親〕	
	"新"	"𩓣"
《郭店・老丙》	2	
《郭店・緇衣》	3	
《郭店・五行》	3	
《郭店・唐虞》		6
《郭店・忠信》		4
《郭店・尊德》	4	
《郭店・成之》	1	
《郭店・六德》	11	
《郭店・語一》		5
《郭店・語二》		2
《郭店・語三》		2
《上一・緇衣》		4
《上二・從甲》	1	
《上四・曹沫》	2	
《上五・君子》	1	
《上五・三德》	4	
《上六・競公》	1	

　　作"新"者,見於包山簡和望山簡這樣最純粹的楚系文字,並遍見於衆多楚系色彩較濃的篇目,而絕不見於《唐虞》等篇。相反地,作"𩓣"者只見於《唐虞》等非楚色彩較濃的幾篇,而絕不見於其他篇目。按,"𩓣"字簡文原形作𩓣(《唐虞》5)、𩓣(《語二》9),馮氏指出,齊系文字作𩓣(《璽彙》3521)、𩓣(《古陶文彙編》3.917),與之吻合,從而認爲《唐虞》等具有明顯齊系特

點。雖然目前所見典型齊文字中"睪"較少,且作人名,不能肯定其是否讀{親},但讀{親}的可能性無疑是很大的,所以馮說不但從書寫風格上講完全成立,而且從記詞習慣上講也是很有道理的。

例(5)　慁

在第三章第二節裏,我們談到楚簡中{愛}這個詞有一個記錄字形作"慁",具體文例已見前引,此不贅。"慁"與《說文》"㤅"字古文相合,"慁"從"心"、"旣"聲,應視爲"㤅"之繁體。據我們考察,以"慁"表{愛},目前所見僅9例,具體分布情況爲:《郭店·語一》1例,《語二》2例,《語三》5例,《上六·用曰》1例。

楚簡中還有一個同作"慁"的字形,卻是讀{氣},例如:

旣有病,病心疾,少慁(氣),不納食,囊月㫚中尚毋有恙(祥)?

(《包山》221)

旣腹心疾,以上慁(氣),不甘飤,久不瘥;尚速瘥,毋有祟?

(《包山》236)

就目前所見,以"慁"表{氣}有8例,均見於包山簡[1],文例略同,不具引。楚系簡帛{氣}頗多見,對應字形也紛繁,一般都以"旣"爲聲符,其中尤以從"火"的"熂"最爲常見,大概是取意於火氣。又或加"心"旁作"㦥"者,見於《上二·民之》10和《從甲》9,從"心"大概是取意於氣息或志氣。所以包山簡"慁"可分析爲從"心"、"旣"聲,在楚文字系統中應是{氣}的本用對應字形。"㦥"蓋糅合"熂"、"慁"二體而成。

換言之,包山簡以"慁"表{氣},《郭店·語一》等以"慁"表{愛},實質是楚與非楚的差異,它們之間並非假借關係,而是同形字的關係。

例(6)　卒

我們在第五章中談到,楚系文字"卒"字形通常是被當作"衣"字使用

---

[1]　參看張光裕、袁國華《包山楚簡文字編》,162頁,藝文印書館,1992年11月。其中簡207一形所從"皂"繁化作"食",此不細別。

的,習讀作{衣}。僅有 1 例是作"卒"字用的,讀爲{卒},即《郭店·唐虞》18 的"君民而不驕,卒王天下而不疑",此處的{卒}是"終於"的意思。此與楚系用字通則相異,正是《唐虞》篇保留非楚因素之又一證。

【修訂本按:清華簡公布之後,不少學者注意到其中有一些非典型楚文字因素(包括文字形體和字詞關係),特別是晉系文字的因素。有關討論可參看劉剛《清華叄〈良臣〉爲具有晉系文字風格的抄本補證》(復旦大學出土文獻與古文字研究中心網站,2013 年 1 月 10 日)、宋亞雯《清華簡中的非典型楚文字因素問題研究》(復旦大學碩士學位論文,2016 年 6 月,導師:周波)、王永昌《清華簡文字與晉系文字對比研究》(吉林大學博士學位論文,2018 年 6 月,導師:李守奎)、李美辰《清華簡字詞關係專題研究》第四章"清華簡字詞關係內部差異研究"(中山大學博士學位論文,2020 年 6 月,導師:陳斯鵬)等。】

第二節　與內部時空差別有關的差異

如果剔除非楚因素的影響,楚系簡帛作爲一個整體來看,其用字寫詞的習慣應是較爲統一的。但我們也要注意到,楚系簡帛內部各批材料之間也存在着一定的時空差距,比如曾侯簡和信陽簡稍早,而楚帛書和其他各批簡相對較晚,各批簡帛的出土地不盡相同等,這些都可能會在用字寫詞方面有所反映。本書第三章第三節討論到干支詞{酉},包山、望山、九店等地所出楚簡作"栖",而新蔡楚簡作"酓",即是與內部空間不同有關的字詞關係差異。下面再舉例說明。

例(1)　〔甲〕

鎧甲、兵甲之{甲},在曾侯簡中凡 57 見,均寫作"甲"。如:

一秦弓,矢二秉又六。三吳甲,屯紫縢。　　　　　　　　(《曾侯》43)

二真吳甲,紫縢。　　　　　　　　　　　　　　　　　　(《曾侯》61)

二真楚甲,素,紫布之縢。　　　　　　　　　　　　　　(《曾侯》122)

匹馬素甲，紫市之縢。　　　　　　　　　　（《曾侯》130）

兩馬之漆甲，紫縢。　　　　　　　　　　　（《曾侯》43）

三匹漆甲，黃紡之縢。　　　　　　　　　　（《曾侯》129）

乘馬之彤甲，胄，緱鞏貼，屯玄組之縢。　　（《曾侯》122）

乘馬畫甲，紫組之縢；胄，緱鞏貼。　　　　（《曾侯》126）

六馬畫甲，黃紡之縢。　　　　　　　　　　（《曾侯》128）

服甲，紫跃之縢。　　　　　　　　　　　　（《曾侯》137）

所記甲衣名目種類甚多，有明產地者，如"吳甲"、"楚甲"；有言工藝、顏色者，如"素甲"、"漆甲"、"彤甲"、"畫甲"；有言用途者，如"服甲"。

而在仰天湖簡、包山簡和上博簡中｛甲｝用"虗"來表示，而不作"甲"，如：

□之虗（甲）衣。　　　　　　　　　　　　（《仰天》39）

冬枼之月癸丑之日，周賜訟鄔之兵虗（甲）執事人序司馬競丁，以其政其田。　　　　　　　　　　　　　　　　　（《包山》81）

一和赢虗（甲），首胄，綠組之縢；御右二貞鞭虗（甲），皆首胄，紫縢。　　　　　　　　　　　　　　　　　　（《包山》269～270）

武王於是乎作爲革車千乘，帶虗（甲）萬人，戊午之日，涉於孟津。
　　　　　　　　　　　　　　　　　　（《上二・容成》50～51）

武王乃出革車五百乘，帶虗（甲）三千，以少會諸侯之師於牧之野。　　　　　　　　　　　　　　　　　　（《上二・容成》51～52）

武王素虗（甲）以陳於殷郊。　　　　　　（《上二・容成》53）

城郭必修，繕虗（甲）利兵，必有戰心以守，所以爲長也。
　　　　　　　　　　　　　　　　　　　（《上四・曹沫》18）

人之虗（甲）不堅，我虗（甲）必堅。　　（《上四・曹沫》39）

三軍大敗，失車虗（甲），命之毋行。　（《上四・曹沫》46上＋31）

繕虗（甲）利兵，明日將戰。　　　　　　（《上四・曹沫》51）

"甲"之造字本義不明，或謂象鱗甲之形，可備一說，若是則爲｛甲｝之本用字形，戰國秦系文字有以"甲"表｛甲｝之例，見於詛楚文、新郪虎符

《集成》12108)、杜虎符(《集成》12109)等。"虘"字形可上溯至商代甲骨文,作等形,爲{柙}之初文,楚簡省"虎"爲"虍"。西周金文如小盂鼎、伯晨鼎、庚壺等,已假借"虘"表{甲},楚簡承之①。曾侯簡在記{甲}時表現出與其他楚系竹簡的不同取向,應該和它雖屬楚系,但畢竟仍稍異於純楚國之物,而且年代也稍早不無關係。當然,從某種程度上講,也未嘗不可說是楚與非楚之別。

例(2)　{入}

我們在第二章第二節中已指出,楚簡及楚帛書{入}、{内}、{納}三個詞均用"内"來表示,文例具見前文,此不贅錄。但在曾侯乙墓竹簡中,卻用"入"不用"内":

八月庚申,𦐆趄執事人書入車。　　　　　　　　　(《曾侯》1)

凡宮廐之馬與象十乘,入自此桿官之中。　　　　(《曾侯》207)

凡宮廐之馬所入長坅之中,五乘。　　　　　　　(《曾侯》208)

這幾個"入",義爲納入,讀{入}或{納}均可。

例(3)　{虎}

楚簡虎豹之{虎}即用其象形本字"虎"記錄,例如:

犴貘之𩨌鞍,紫紳,𤙲縪,紫紿,虎韔。　　　　　(《包山》271)

虎韔,櫜輪。　　　　　　　　　　　　　　　　(《包山》273)

犴貘之䡓軒,紫紳,紫䶎,虎韔。　　　　　　　　(《包山》牘1)

六四:顚頤,吉,虎視眈眈,其欲攸攸,无咎。(《上三·周易》25)

《思之》,《茲信然》,《邔謢戈(豻)虎》。　　　　(《上四·采風》5)

---

① 參看李家浩《讀〈郭店楚墓竹簡〉瑣議》,《郭店楚簡研究》(《中國哲學》第二十輯),350～353頁,遼寧教育出版社,1999年1月;白於藍《〈郭店楚墓竹簡〉讀後記》,《中國古文字研究》第一輯,110～111頁,吉林大學出版社,1999年6月;李零《郭店楚簡校讀記(增訂本)》,87頁,北京大學出版社,2002年3月。

交交鳴烏,集于中渚。愷悌□□,若豹若虎。

(《上四·逸詩·交交》2)

枸株覆車,善游者死於梁下,㹎㹎食虎。(《上五·三德》21＋18)

而曾侯乙墓竹簡則恆作"腣":

綠魚之韔,腣(虎)韔之聶。　　　　　　　　　　(《曾侯》8)

腣(虎)韔,腣(虎)韔之聶。　　　　　　　　　　(《曾侯》13)

腣(虎)首之蒙,鞈彎,鏎貼。　　　　　　　　　(《曾侯》18)

紫黃紡之縢,膲靮,腣(虎)首之蒙,四鞈,六彎,鏎貼。

(《曾侯》28)

腣(虎)韔,二狐白之聶。　　　　　　　　　　　(《曾侯》39)

黃紡之縢,膲靮,腣(虎)戟之蒙,腣(虎)韓,彎,鏎貼。

(《曾侯》93)

乘路車,純腣(虎)襗。　　　　　　　(《曾侯》117)

"腣"應是"虎"增益"肉"旁的繁體。曾侯簡與典型楚簡習慣不同。

例(4)　〔敖〕

楚國有職官名"莫敖"、"連敖",其中"敖"的受義之源歷來眾說紛紜,或讀〔豪〕,或謂源於少數民族語或外來語的譯音,均難確證,但從其使用情況看,推測爲首領、長官之意應大致不差①。古書中"敖"或作"嚻",見《漢書·五行志》等。包山楚簡"莫敖"、"連敖"凡數十見,其中的〔敖〕基本上都寫作"嚻",例如:

大莫嚻(敖)屈陽爲命邦人納其弱典。　　　　　(《包山》7)

畢得假爲右史於莫嚻(敖)之軍,死病甚。　　　(《包山》158)

八月甲戌之日,鄝莫嚻(敖)之人周壬受旨,癸未之日不廷,阩門又敗。

(《包山》29)

---

① 相關討論可參文炳淳《包山楚簡所見楚官制研究》,127～137頁,臺灣大學碩士學位論文(導師:葉國良教授),1998年1月。

株陽莫囂（敖）邵壽君與喬佐痯爲株陽貣越異之黄金七鎰以
糴種。　　　　　　　　　　　　　　　　　　　　（《包山》108）

鄝戲上連囂（敖）之還集瘳族澗一夫，處於鄝域之少桃邑。

（《包山》10）

昜陵連囂（敖）達、大辻尹足爲陽陵貣越異之黄金四鎰以糴種。

（《包山》112）

鄁連囂（敖）競快、攻尹鮯賵爲鄁貣越異之金六鎰。（《包山》118）

舉禱東陵連囂（敖）肥豭，酒食。　　　　　（《包山》202～203）

只有簡 117“株陽莫鄡（敖）”1 例加“邑”旁作“鄡”。

“莫囂（敖）”又見於楚器燕客銅量（《集成》10373）和楚璽“霝陵莫囂
（敖）”（《璽彙》164），“連囂（敖）”又見於楚璽“連囂（敖）之□三”（《璽彙》
318），用字與包山簡同。

曾侯墓竹簡則寫作“戇”：

大莫戇（敖）陽嗾適貓（巴）①之春，八月庚申，鞏趄執事人書入
車。　　　　　　　　　　　　　　　　　　　　（《曾侯》1）

邻連戇（敖）東臣所馭政車：漆輪，革報□　　　（《曾侯》12）

族陵連戇（敖）悼馭端轂。　　　　　　　　　　（《曾侯》73）

“戇”較典型楚國文字之“囂”多出部件“戈”，應是有意而爲之。不少學者
已指出“莫敖”、“連敖”一類官職與軍事關係密切，爲武官之屬②。字增
“戈”大概爲了彰顯此含義。

例（5）　〔亥〕

地支詞{亥}，在楚簡中也是一個高頻詞，分布於包山、望山、天星觀等

────────────

①　“貓”讀爲巴國、巴地之{巴}，包山簡則一律寫作“郙”，也是内部用字差異的表現。讀
　　{巴}之說見李學勤《文物中的古文明》，447～452 頁，商務印書館，2008 年 10 月。

②　參看李家浩《楚國官印考釋（四篇）》，《江漢考古》1984 年第 2 期；曹錦炎《古璽通論》，
　　93～94 頁，上海書畫出版社，1996 年 3 月；文炳淳《包山楚簡所見楚官制研究》，127～
　　137 頁，臺灣大學碩士學位論文（導師：葉國良教授），1998 年 1 月。

批,都作"亥",與商周以來傳統及後世習慣相同,例繁不舉。但在新蔡簡中,雖然也有作"亥"者,但更多的則是用"睘"及從"睘"聲的"還"、"嬛"來表示,例如:

　　▢之月,丁睘(亥)之日,郏輓以衛箄爲君卒歲之貞。

(《新蔡》乙四 102)

　　▢王之歲,獻馬之月,乙睘(亥)之日▢　　　　　　(零 214)

　　獻馬之月,【乙】還(亥)之日,鄻喜以定▢　　　　　(甲三 32)

　　獻馬之月,乙還(亥)之日,盧賊以尨靈爲▢　　　(甲三 342－2)

　　▢大城茲方之歲,夏尿之月,癸嬛(亥)之日,起鹹以鄖聯爲▢

(甲三 8、18)

　　王徙於鄡郢之歲,夏栗之月,癸嬛(亥)之日,彭定以小尨靋▢

(甲三 204)

　　▢▢之月,丁嬛(亥)之日,鄭悵以長箄爲君卒歲之貞。

(乙四 105)

　　用"睘"聲系的字來記錄{亥},不但不見於其他批次的楚簡,而且在目前所知的其他先秦出土文獻中也從未出現,是一個值得重視的現象。這應該是新蔡一地特有的記詞習慣,可能與當地的方音有關。

　　例(6)　遇

　　"遇"字形,在上博簡中一般用以表示遭遇的{遇},例如:

　　出遇子贛,曰:賜,而聞巷路之言,毋乃謂丘之答非歟?

(《上二·魯邦》3)

　　九二:遇主于巷,无咎。　　　　　　　(《上三·周易》32)

　　睽孤,遇元夫,交孚,厲,无咎。　　　　(《上三·周易》33)

　　【非】寇,婚媾,往,遇雨則吉。　　　　(《上三·周易》34)

　　君子夬夬,獨行,遇雨如霧,有厲,无咎。　(《上三·周易》38)

　　冀之脾御王,將取車,大尹遇之,被襦衣。　(《上四·昭王》6)

　　大尹入告王:僕遇冀之脾,將取車,被襦衣。　(《上四·昭王》6)

但在九店簡中"遇"卻不用來表{遇}，而是用來表寓舍之{寓}。如：

　　蓋西南之遇(寓)，君子處之，幽疑不出。　　　　（《九店》五六 45）

　　蓋西北之遇(寓)，亡長子。　　　　　　　　　（《九店》五六 46）

　　蓋東南之遇(寓)，日以居，必有□□出。　　　（《九店》五六 55）

　　□□不(築)，東北之遇(寓)，西南之□　　　　（《九店》五六 56）

李家浩先生讀"遇"爲{寓}，謂指人居住的屋舍①，其說甚確。可見同一
"遇"字，而習用對應的音義則異於上博簡。而且九店簡中本也有{遇}一
詞，乃不作"遇"，而作"堣"，如：

　　是謂外害日，不利以行作、䟧四方野外，必無堣(遇)寇盜，必兵。

　　　　　　　　　　　　　　　　　　　　　　（《九店》五六 32）

　　雖然這幾個字形都從"禺"聲，互相通用，在音理上完全沒有問題，但
也可看出不同批次材料之間的一些差異。

第三節　與書手習慣或文章底本有關的差異

　　我們看楚系簡帛各篇章之間，不但書法風格上呈現出多姿多彩的面
目，有時候在用字習慣上也會有所不同。這除了前面所分析的兩種因素
之外，應該同書手們個人的習慣也不無關係。比如，{執}包山簡中以作
"𥅌"爲常，但簡 135 有 2 例作"𢕳"，簡 120～122 有 4 例作"𢼄"，而此二組
簡文從書法風格看，顯然出自不同的書手。後一組的書手書寫風格尤具
個性，除{執}作"𢼄"外，{有}作"有"，也與其他書手一般作"又"不同（另
外，"与"字作 ⿰，"而"字作 ⿱ 等，寫法也特別）。

　　同時，書手所表現出來的習慣也可能承自文章底本（相對的）情況的
影響。在多數情況下，我們很難斷定究竟是書手本人習慣，還是文章底本
在起作用，故合併論之。

───────────────

① 　湖北省文物考古研究所、北京大學中文系編《九店楚簡》，111 頁，中華書局，2000 年
　　5 月。

下面仍用具體例子來說明這個問題。爲了減少不同出土地帶來的影響，我們只集中考察郭店和上博兩批簡文；又爲了減少非楚因素帶來的影響，暫時避開前面提到的那幾篇學界較有共識的非楚色彩較濃的簡文。

例(1)　〔矣〕

語氣詞〔矣〕，我們在第四章中曾對其所用7個字形的頻度作過統計，現選出其中排名前3位，即"矣"、"壴"和"㥥"，考察其分布的具體情形，列表如下：

出　處	〔矣〕		
	"矣"	"壴"	"㥥"
《郭店·老甲》	2		
《郭店·老乙》	3		
《郭店·老丙》		1	
《郭店·緇衣》	2		
《郭店·魯穆》	4		
《郭店·窮達》	2		
《郭店·尊德》	8		
《郭店·成之》			14
《郭店·性自》		7	
《郭店·六德》		7	
《上一·詩論》	13		
《上一·性情》	6		
《上二·民之》	7		
《上二·子羔》	3		
《上二·從甲》	1		

續　表

出　處	{矣}		
	"矣"	"壴"	"惫"
《上三·中弓》		5	
《上三·彭祖》	1		
《上四·相邦》	1		
《上四·曹沫》	6		
《上五·競建》	1		
《上五·鮑叔》	2		
《上五·季庚》	4		
《上五·君子》		1	
《上五·弟子》		3	
《上五·鬼融》	2		
《上六·競公》	2		
《上六·季赶》	3		
《上六·用曰》	2		
《上七·君甲》	1		
《上七·君乙》	1		
《上七·吴命》	1		

可以注意到,各篇内部所使用字形是統一的,《成之》只用"惫",《老丙》、《性自》、《六德》、《中弓》、《君子》和《弟子》6 篇只用"壴",其餘諸篇則只用"矣"。特別是像《成之》、《詩論》這樣{矣}的詞頻達 10 餘次的文章,所用字形一以貫之,這應該和書手的不同習慣有很大關係①。這些簡文的背

---

① 比較特殊的是《上六·季赶》,{矣}凡 6 見,除 3 例作"矣",還有 3 例作"吴"。作"吴"
　者又見於《郭店·語二》和《上一·緇衣》,應是非楚因素的表現。

後實際有多少個不同書手,難以確知,但像《詩論》和《子羔》這兩篇(還包括《上二・魯邦》),抄寫在同一卷上,書法完全相同,應可確定爲一人所爲,而從二篇記{矣}的習慣看,也正好是相吻合的。

例(2)　{欲}

欲念之{欲}和表意願的{欲}(後者爲前者之虛化,故這裏合併處理)使用多個字形記錄,現剔除個別偶訛之體如"雒"(《郭店・老甲》13)、"敠"(《上六・競公》5),將各字形分佈情況列表如下:

出　處	{欲}			
	"欲"	"谷"	"㳄"	"慾"
《郭店・老甲》	2	7		
《郭店・老乙》	2			
《郭店・老丙》	2			
《郭店・緇衣》			2	
《郭店・魯穆》	4			
《郭店・窮達》	2			
《郭店・尊德》		1		
《郭店・成之》		5		
《郭店・性自》		16		
《郭店・六德》		1		
《上一・詩論》		3		
《上一・性情》		10		
《上二・魯邦》	2			
《上二・容成》	5			
《上三・彭祖》	1			

續　表

出　　處	〔欲〕			
	"欲"	"谷"	"念"	"慾"
《上三・互先》	1			2
《上四・相邦》	1			
《上四・柬大》	1			
《上四・曹沫》	2	2		
《上五・鮑叔》	4			
《上五・季庚》	1			
《上五・姑成》	4			
《上五・君子》	5			
《上五・三德》	2			
《上六・季趄》		1		
《上七・武王》	2	2		
《上七・鄭甲》	1			
《上七・鄭乙》	1			
《上七・君甲》	1			
《上七・君乙》	1			
《上七・凡甲》	1			
《上七・凡乙》	1			

可見除了《老甲》、《互先》、《曹沫》和《武王》4篇之外，各篇内部都是一致的，《老甲》雖有不同字形，但以"谷"的比例爲獨高，顯然該篇書手應是最傾向於用"谷"來記〔欲〕的。《性自》、《性情》〔欲〕都出現10次以上，而無一例外地都作"谷"，習慣是很明顯的。值得注意的是，《詩論》和《魯邦》雖然出自一人之手，但卻一用"谷"一用"欲"，這就很可能跟文章底本原來即

存在差異有關了。

　　我們如果抽取個別的篇目的個別字形或音義作比較的話，這一類的差別更是俯拾即是。比如從整體上看，楚系簡帛中"是"和"氏"都可以用來表示｛是｝，不少篇章中正是同時並用這兩個字形的，但有些篇章則習慣於用其中一種，如《上二・容成》｛是｝40 見，《上五・三德》｛是｝26 見，《郭店・成之》｛是｝16 見，帛書｛是｝15 見，均一律作"是"，而《上一・詩論》｛是｝5 見，《上三・彭祖》｛是｝6 見，則全用"氏"。又如｛遇｝，《郭店・窮達》9 見均作"墹"，而《上三・周易》6 見則全作"遇"，等等。

※　※　※　※　※　※　※　※　※　※　※

　　綜上所述，可見楚系簡帛中字形與音義對應關係，既有其整體性的同的一面，也有其内部的異的一面。造成其内部差異的原因是多方面多層次的，本章所論列者，實帶有試探性質，歸納既未必全面，所舉例證也未必十分恰當。總之，還有待今後更多材料的驗證和進一步的探索。但至少有一點是可以肯定的，就是我們以後討論某些具體字詞關係的時候，不能滿足於說楚系簡帛或楚文字如何如何，而是要兼顧到其内部的異同情況。這對於正確地理解和使用楚地出土文字資料，是十分重要的。

第七章
楚系簡帛字形與音義對應
關係中的代償與分工

第一節　字形與音義對應關係中的代償現象

　　在漢語字詞關係演變過程中，有這樣一種現象：本來用以記錄某音義的字形被用去記錄別的音義，造成該音義的對應字形位置空缺，於是就會用另一個字形來頂替；或者某字形原來對應的音義另用新的字形表示，造成該字形對應音義位置空缺，於是便可用該字形去表示別的音義。我們將這種現象稱作代償。我們考察楚系簡帛中字形與音義的對應關係，正可發現一些具體生動的代償個案。下面即舉數例，略作疏證，希望能引起大家對這種現象給予更多的關注。

　　比如"谷"，在第五章中我們已經講到，它本爲表山谷的{谷}而造，而且在西周金文中也多用爲{谷}，但在楚系簡帛中，"谷"字形計已出現 50 次以上，絕大多數被用來記錄{欲}，尚未見表{谷}者。這樣，{谷}的對應字形空缺，於是便用另一字形"浴"來作代償[①]。{谷}計出現 13 次，全部寫作"浴"，兹將相關文例引錄如下：

　　　　江海所以爲百浴（谷）王，以其能爲百浴（谷）下，是以能爲百浴（谷）王。　　　　　　　　　　　　　　　　　　（《郭店·老甲》2～3）
　　　　譬道之在天下也，猶小浴（谷）之與江海。　　（《郭店·老甲》20）

[①]　實際上，在代償過程中究竟哪個環節發生在前，很多情況下是難以說得很肯定的。我們爲敘述的方便取一種就現有資料看來可能性較大的講法。如本例主要考慮到借"谷"表{欲}已見於西周晚期金文，而以"浴"表{谷}尚未在戰國以前文字資料中發現。

上德如浴(谷),大白如辱。　　　　　　　　　　　　(《郭店・老乙》11)

九二:井浴(谷)射鮒,唯敝縷。　　　　　　　　　(《上三・周易》44~45)

《浴(谷)風》悟;《蓼莪》有孝志;《隰有萇楚》得而悔之也。

　　　　　　　　　　　　　　　　　　　　　　(《上一・詩論》26)

禹乃從漢以南爲名浴(谷)五百,從漢以北爲名浴(谷)五百。

　　　　　　　　　　　　　　　　　　　　　　(《上二・容成》27~28)

東方爲三佸,西方爲三佸,南方爲三佸,北方爲三佸,以衛於溪浴(谷),濟於廣川。　　　　　　　　　　　　　　(《上二・容成》31)

民勿用□□百神,山川溝(瀆)浴(谷),不欽(禁)之行。

　　　　　　　　　　　　　　　　　　　　　　(《帛書》乙篇)

《咎比》、《王音深浴(谷)》。　　　　　　　　　(《上四・采風》4)

君子之道,必若五浴(谷)之溥,三□　　　　　　(《信陽》1・05)

《老子》、《周易》諸例,有今本可資比證,益見"浴"讀{谷}確鑿無疑。《詩論》的詩篇名"《浴(谷)風》"應指《邶風・谷風》①,篇名取自首句"習習谷風,以陰以雨",谷風爲山谷之風。《容成》的"名谷"意爲給山谷命名,可與《書・呂刑》言禹"主名山川",《淮南子・地形》言禹"以爲名山"等相印證。《采風》之"浴",有學者讀爲寬裕之{裕}②,但從楚系簡帛用字習慣看,仍當讀{谷}爲妥,而且"深谷"爲成詞,應可無疑。曲目名"《王音深谷》"疑言王者之音如深谷之洪大深邃。信陽簡之"五浴",過去或謂指五種美德③,或以沐浴義作解④,皆於文意不合。實則"五浴"應讀作"五谷",簡文蓋譬言君子之道,其廣溥猶如五谷。"五谷"本或指某五個特定山谷而言,但在此則毋寧當作泛稱來理解,"三"字後已殘,原應再有一譬,言"三某之如何",以與"五谷之溥"相排比,"三"也作泛數理解爲好。

① 說詳拙著《簡帛文獻與文學考論》,51頁,中山大學出版社,2007年12月。

② 季旭昇主編《〈上海博物館藏戰國楚竹書(四)〉讀本》,24頁,萬卷樓圖書股份有限公司,2007年3月。

③ 商承祚《戰國楚竹簡彙編》,160頁,齊魯書社,1995年11月。

④ 劉雨《信陽楚簡釋文與考釋》,載河南省文物研究所編《信陽楚墓》,132頁,文物出版社,1986年3月。

大家熟知，"浴"字形在傳世文獻中是表示沐浴之{浴}的。《說文・水部》："浴，洒身也。从水、谷聲。"但戰國以前的古文字資料中，目前尚未發現以"浴"表{浴}的例證①。從楚系簡帛的實際情況來看，表{谷}之"浴"似不必看作表{浴}之"浴"的假借，而完全可以認爲是在"谷"字形的基礎上，益以意符"水"而成，即爲表{谷}而造，它與表{浴}之"浴"只是偶然同形而已。這種給表意初文增益意符的現象，是合乎漢字演變普遍規律的。而促使楚系簡帛中另造"浴"字形表{谷}的，應與"谷"字形被借去表{欲}有直接的關係，這就是我們所說的代償。

又如終卒之{卒}與隸卒之{卒}，在楚系簡帛中通常並不寫作"卒"，而是上加"爪"旁作"𠬝"，例如：

君𠬝(卒)，太子乃無聞、無聽，不問不令，唯哀悲是思，唯邦之大務是敬。　　　　　　　　　　　　　　　　　（《上二・昔者》4）

夫喪，至愛之𠬝(卒)也，所以成死也，不可不慎也。

（《上三・中弓》23下＋23上②）

自荆尻之月以就荆尻之月，出入事王，盡𠬝(卒)歲，躬身尚毋有咎？　　　　　　　　　　　　　　　　　　　　（《包山》197）

☐爲君貞：背膺疾，以胖脹、心悶，𠬝(卒)歲或至夏栗之月，尚☐

（《新蔡》零221＋甲三210）

☐之日，彭定以駁龜爲君𠬝(卒)歲貞，占☐　　　（《新蔡》乙四46）

《大田》之𠬝(卒)章，知言而有禮。　　　　（《上一・詩論》25）

《大雅》云：上帝板板，下民𠬝(卒)疸。　　　（《郭店・緇衣》7）

《詩》云：誰秉國成，不自爲正，𠬝(卒)勞百姓。

（《郭店・緇衣》9）

《詩》云：誰秉國成，不自爲正，𠬝(卒)勞百姓。

（《上一・緇衣》5～6）

---

① 春秋銅器孟滕姬缶（《集成》10005）自名"浴缶"，{浴}寫作"浴"。

② 此處簡文的拼接，見陳劍《上博竹書〈仲弓〉篇新編釋文（稿）》，"簡帛研究"網站，2004年4月18日。

堯爲善興賢，而羍（卒）立之。　　　　　　　　（《上二・容成》13）

王徙處於坪漷（瀨），羍（卒）以大夫飲酒於坪漷（瀨）。

（《上四・昭王》5）

羍（卒）有長，三軍有帥，邦有君，此三者所以戰。

（《上四・曹沫》28）

羍（卒）欲少以多，少則易轄（?），屹成則易治。

（《上四・曹沫》46 下＋33）

　　隸卒之｛卒｝與終卒之｛卒｝關係如何，尚待研究，但楚簡中二者使用相同字形，則是與傳世文獻的情況一致的。

　　｛卒｝凡 30 餘見，僅在非楚色彩較濃的《郭店・唐虞》有 1 例作"卒"，餘皆作"羍"，可見楚人是把"羍"當作"卒"來使用的。這一點還可從下引簡文得到進一步的證明：

　　君子曰：孝子，父母有疾，冠不煥（綰）①，行不頌，不羍（卒—猝）
　　立，不庶語。　　　　　　　　　　　　　　　（《上四・内豊》8）

這裏"羍"記錄的是猝然之｛猝｝，顯然是由於"羍"字形在書手心目中就是"卒"，故可假借以表｛猝｝。

　　在楚系文字中，與以"羍"爲"卒"相類似的，還有以"豪"爲"家"、以"窒"爲"室"、以"寇"爲"寇"等。這裏邊的"爪"旁，很難說有什麼具體的音義功能，似可看作楚文字中一個獨特的羨符。當然，"卒"之作"羍"，還起到增強與"衣"相區別的特徵的作用②。

　　｛卒｝記作"羍"的直接後果，就是原本承擔｛卒｝的記錄任務的"卒"字形出現職能空缺。於是，它被分配去記錄另一個詞｛衣｝，達成代償。具體的文例我們在第五章中已經列舉過了，此處不贅。另外，從第五章的討論，我們還知道楚文字中作爲偏旁的"衣"也多作"卒"形。可見"卒"的職

①　"煥"字之釋，見田煒《讀上博竹書（四）瑣記》，"簡帛研究"網站，2005 年 4 月 3 日。

②　"羍"字多數寫作從"爪"、從"卒"，但也有一些寫成從"爪"、從"衣"，這是因爲有了"爪"這一區別性構件的存在，故下邊"卒"、"衣"可隨意而作，本書統一釋作"羍"，不作分開隸定。

能代償是全方位的,不僅是在記詞的層面上。

　　其次再看"牙"字。西周金文"牙"作█(十三年瘋壺,《集成》9723)、█(師克盨蓋,《集成》4468)、█(屍敖簋,《集成》4213)等形,《說文》云: "牙,牡齒也。象上下相錯之形。"當爲表牙齒之{牙}而造,在金文中正有明確表{牙}者,如師克盨之言"爪牙"等。楚簡"牙"作█(《郭店·唐虞》6)、█(《郭店·老乙》4)、█(《郭店·性自》6)、█(《郭店·語一》110)等形,皆承西周文字演變而成,但卻不用來表示{牙},而是多記錄{與}。例如:

> 唯與阿,相去幾何? 美牙(與)惡,相去何若? (《郭店·老乙》4)
>
> 先聖牙(與)後聖,考後而歸先,教民大順之道也。
>
> (《郭店·唐虞》5～6)
>
> 幣帛,所以爲信牙(與)證也。　　　　(《郭店·性自》22)
>
> 聖牙(與)智就矣,仁牙(與)義就矣,忠牙(與)信就【矣】。
>
> (《郭店·六德》1～2)
>
> 能(一)牙(與)之齊,終身弗改之矣。　　(《郭店·六德》19)
>
> 勢牙(與)聲爲可察也。　　　　　　(《郭店·語一》86)
>
> 牙(與)爲義者遊,益;牙(與)莊者處,益。(《郭店·語三》9～10)
>
> 偏斯吝矣,吝斯慮矣,慮斯莫牙(與)之結。　(《上一·性情》39)

　　在《郭店》一書的釋文中,"牙"字形一共有三種隸釋,一是"牙",一是"与",還有一種是直接作"與"。作"與"只見《老乙》4 的釋文,大概是偶然的疏忽。至於"牙"、"与"之別,大致是根據原字形下面一橫右端是否出頭來區分的,出頭者釋"与",不出頭者釋"牙"。這樣的處理,可能是想顧及後世文獻有"与"字的情況。但從楚簡本身來看,"牙"下面一橫右端出頭與否,並不具有區別意義①,楚簡中"牙"({牙})與"与"({与},即{與}②)之

────────────

① 秦漢文字{牙}作█或█,下橫右出與否亦無別。參看陳松長《馬王堆簡帛文字編》,80 頁,文物出版社,2001 年 6 月;駢宇騫《銀雀山漢簡文字編》,70 頁,文物出版社,2001 年 7 月。

② 在語言層面上,實際上並沒有分化出獨立於{與}的專表"賜予"義的{与}一詞。

間自有其區別方式(詳下),況且後來從"牙"分化出來的所謂"与"小篆作
,也不以下橫出頭爲區別特徵,所以無論下面是一橫抑或二橫,是否出
頭,還是統一作"牙"字形看待爲妥。也許有人會主張統一釋作"与",但如
結合底下馬上要舉到的"臿"字諸形來看,則仍以釋"牙"更爲允當。

"牙"還偶爾可用來表示{舉},如:

縱仁聖可牙(舉),時弗可及矣。　　　　　　(《郭店·唐虞》15)

通常用來記錄{與}的"與"字本即從"牙"得聲,通常記錄{舉}的"舉"
(楚文字多從"止"不從"手")與"與"同源,也以"牙"爲基本聲符,所以假借
"牙"來記錄{與}、{舉},在音理上完全沒有問題。

一方面,"牙"被假借用去表示{與}或{舉},另一方面,"牙"字形原來
的記錄任務{牙},則由另一字形"臿"來承擔,於是也達成代償的效果。
例如:

六五:豶豕之臿(牙),吉。　　　　　　　　(《上三·周易》23)

《君臿(牙)》云:日暑雨,小民佳日怨;晉冬旨寒,小民亦佳日怨。
　　　　　　　　　　　　　　　　　　　　(《郭店·緇衣》9~10)

《君臿(牙)》云:日暑雨,小民佳日怨;晉冬旨寒,小民亦佳日怨。
　　　　　　　　　　　　　　　　　　　　(《上一·緇衣》6)

鮑叔臿(牙)答曰:害將來,將有兵,有憂於公身。
　　　　　　　　　　　　　　　　　　　　(《上五·競建》5)

又以豎刀與易臿(牙)爲相。　　　　　　　(《上五·競建》10)

鮑叔臿(牙)答曰:齊邦至惡死,而上秋(稠?)其刑;至欲食,而上
厚其斂;至惡苛,而上不時使。　　　　　　(《上五·鮑叔》7)

"臿"原作如下諸形:(《曾侯》165)、(《上三·周易》23)、(《上
五·競建》10)、(《上五·鮑叔》6)、(《上五·競建》1)、(《郭店·緇
衣》9)、(《上一·緇衣》6)。所從"牙"之橫畫出頭與否無別,可與上文所
舉獨體之"牙"互證。而二橫或可省者,大概是因爲有了"白"形,足以區別
確認,故"牙"形在書寫上可稍隨意。

上引《周易》文例見於《大畜》卦,"臿",馬王堆帛書本和傳世本正作

"牙",從文意看,無疑表示牙齒之{牙}。《說文》"牙"字古文也作"䶒(㊟)",與楚簡同。"䶒"所從"臼"形實爲"齒"之象形初文,故"䶒"爲"牙"之繁構。《書》篇名"《君牙》",本於周穆王大司徒君牙之名,見《書》序及《漢書·古今人表》,"鮑叔䶒"、"易䶒",即傳世文獻常見之鮑叔牙和易牙(或作"狄牙"),這些用在人名中的"䶒(牙)",極可能也是取牙齒之義的。今本《禮記·緇衣》"君牙"作"君雅",反而可能是用了假借字。曾侯簡165還有一人名"夏䶒(牙)坪(平)",以"牙平"爲名,蓋取牙齒平齊之意,寄託美好願望。

　　下面再看另外一組代償的例子。增益、利益之{益},早期有一本用字形作㊟、㊟(參看《金文編》344頁),取象於血液溢出器皿,爲"益"之異構,即爲表{溢}、{益}等詞而造。此字歷來多直接釋作"益",在不需嚴格隸定的情況下,是可以接受的。但我們考慮到字從"血"作可能是有意讓"血"兼起表音作用,則在結構上已與從"水"、從"皿"的"益"字有所分別,故而傾向於獨立隸釋爲"盇"。新出西周中期的幽公盨銘有"盇□懿德"句,裘錫圭先生解釋爲"增益美德"[①],可信。西周金文"盇"字還大量用於人物名號,讀爲{益}也是合適的。但西周晚期已開始假借"嗌"的象形初文"㊟"來表示{益},如㲋叔簋蓋(《集成》4130)、夷伯簋(《集成》4975)均有"㊟(益)貝十朋"的文例。楚簡中{益}則更加普遍地用"㊟"記錄,或加"貝"旁作"賹",具體文例詳見第三章第一節,此不贅舉。而原本爲表{益}而造的"盇",楚簡也多見,卻從不讀{益},而是轉而被用來表示重量單位詞{鎰},因此也形成記詞功能的代償。例如:

　　鄴莫囂、左司馬昭、安陵莫敖縊獻爲鄴貞越異之黄金七盇(鎰)以
　羅種。　　　　　　　　　　　　　　　　　　　　(《包山》105)
　　兼陵攻尹怡[②]與喬尹黄驕爲兼陵貞越異之黄金三十盇(鎰)二盇
(鎰)以羅種。　　　　　　　　　　　　　　　　　(《包山》107)
　　正陽莫敖達、正陽陶公㬎、少攻尹哀爲正陽貞越異之黄金十盇

---

① 裘錫圭《中國出土古文獻十講》,62頁,復旦大學出版社,2004年12月。

② "怡"簡117作"快",或以爲抄寫之誤,但似不可排除二者爲一名一字的可能。

（鎰）一益（鎰）四兩以糶種。　　　　　　　　　　　　《包山》111）

　　大司馬昭陽敗晉師於襄陵之歲，夏柰之月庚午之日，令尹子士、大師子繡命冀陵公邡𪔀爲鄩郍貣越異之鉌金一百益（鎰）二益（鎰）四兩。　　　　　　　　　　　　　　　　　　　《包山》115）

　　所有責於寢戲五師，而不交於新客者，豕玟苛歈利之金一益（鎰）刖（間?）益（鎰）。　　　　　　　　　　　　　《包山》146）

　　鈞（?）□八益（鎰）簡（？　間?）益（鎰）一朱（銖）。　《信陽》2・16）

以"益"表{鎰}也多見於戰國時代楚系以外的文字資料，可見此一組字詞的代償運動具有一定的普遍性。

最後再看一組層次稍爲複雜一點的字詞代償。無論在傳世文獻還是出土文獻中，{則}這一音義通常就寫作"則"①。在古文字中，"則"本是一個從"鼎"、從"刀"的會意字，大概取義於對鼎彝作刻畫、修飾，引申之有規則、法則等意義，即爲表法則之{則}而造。按照漢字的結構原則，會意字的主要偏旁一般是不可省略的，但我們在楚簡中卻發現不少表{則}的"則"被省去"刀"旁，寫作𪔀（《郭店・性自》25）、𪔀（《六德》48），鼎足部分變作"火"形，或可以"〓"符代替，作𪔀（《老甲》35）。這些形體從來源上講，其實就是"鼎"。以"鼎"表{則}頗爲特別，特迻錄若干文例如下：

　　益生曰祥，心使氣曰強，物壯鼎（則）老，是謂不道。

　　　　　　　　　　　　　　　　　　　　　　（《郭店・老甲》35）

　　不克鼎（則）莫知其極，莫知其極可以有國。　（《郭店・老乙》1）

　　子曰：上人疑鼎（則）百姓惑，下難知鼎（則）君長勞。

　　　　　　　　　　　　　　　　　　　　　　（《郭店・緇衣》5～6）

　　故長民者，章志以昭百姓，鼎（則）民至行己以悅上。

　　　　　　　　　　　　　　　　　　　　　　（《郭店・緇衣》11）

　　和鼎（則）同，同鼎（則）善。　　　　（《郭店・五行》46）

---

① 這裏將表規則、法則等實義之{則}和起轉折或承接等作用的虛詞{則}當作一個音義看待，因爲後者很可能是由前者虛化、語法化而來。

上德鼎（則）天下有君而世明，授賢鼎（則）民舉效（效）而化乎道。

《郭店・唐虞》20～21）

忠積鼎（則）可親也，信積鼎（則）可信也。　　（《郭店・忠信》1）

喜怒哀悲之氣，性也。及其見於外，鼎（則）物取之也。

《郭店・性自》2）

聞笑聲，鼎（則）鮮如也斯喜；聞歌謠，鼎（則）舀如也斯奮。

《郭店・性自》24）

鄭衛之樂，鼎（則）非其聲而從之也。　　（《郭店・性自》27）

觀諸詩、書，鼎（則）亦在矣，觀諸禮、樂，鼎（則）亦在矣，觀諸易、春秋，鼎（則）亦在矣。　　（《郭店・六德》24～25）

得其人鼎（則）舉焉，不得其人鼎（則）止也。　（《郭店・六德》48）

　　“則”之省作“鼎”以表｛則｝，在形和音兩方面都不符合文字學一般法則，只能屬於一種約定俗成的做法。而這種做法之得以流行，有一個重要前提就是“鼎”字形通常已不用來表示｛鼎｝，或者說，｛鼎｝通常已不記作“鼎”，使得“鼎”字形職務空缺，這樣它才可以被當作“則”的省體來使用，而不產生混亂[1]。

　　古文字中“鼎”本象鼎形，爲表｛鼎｝而造。“鼎”上加“卜”即爲“貞”，“鼎”、“貞”形音義均有極密切的關係，常可通用，如殷墟甲骨文以“鼎”爲“貞”（｛貞｝），《說文》“鼎”字下亦云“籀文以鼎爲貞字”；而兩周金文中則可見不少以“貞”爲“鼎”（｛鼎｝）的情況（參《金文編》492～494頁），與小徐本《說文》“鼎”字下所謂“古文以貞爲鼎”相合。戰國楚系文字中以“貞”表｛鼎｝的現象表現得尤爲突出，在目前所見的楚簡中，｛鼎｝均作“貞”，而從不作“鼎”。例如：

　　□貞（鼎），一金匕，二醬白之膚，皆彫。　　　　（《包山》253）

---

[1]　新出西周獄簋銘“其日夙夕用厥馨香臺示于厥百神，無不鼎”，新出衛簋銘文例近同，而“鼎”作“則”，張光裕先生《樂從堂藏獄簋及新見衛簋三器銘文小記》（《中山大學學報（社會科學版）》2009年第5期）逕讀“鼎”爲“則”。然此爲西周時期孤例，似宜看作偶然漏掉“刀”旁所致。

一貞（鼎），一金匕，二刀，二醬白之膚，皆彤。　　　　（《包山》254）

□匜。二合盞，一迲缶，一湯貞（鼎）□　　　　　　（《望山》2・54）

一汲垪，一迲缶，一湯貞（鼎），純有蓋。　　　　　（《信陽》2・14）

二淺缶，二鑪，一□之麇貞（鼎），二銅，純有蓋。（《信陽》2・14）

貞（鼎）八。　　　　　　　　　　　　　　　　　（五里牌楚簡 1①）

這些表｛鼎｝的"貞"原形作![字形](《信陽》2・14）、![字形](《包山》254），鼎足部分
有時還未完全變成"火"形。不僅單獨的"貞"被當作"鼎"來用，而且作偏
旁時"貞"也起着"鼎"的功能，如表示鼎屬器名稱的即有"䵼"（《望山》2・
46）、"䰞"（《望山》2・47）、"䰞"（《望山》2・53）、"䶹"（《望山》2・55）等
字形。

　　這樣，我們可以說，由於記錄｛鼎｝的任務爲"貞"所取代，"鼎"的位置
空缺，所以可用去表示｛則｝，從而達成代償。

　　但另一方面，"貞"字形被用來表示｛鼎｝，則它原本所爲造的貞卜的
｛貞｝的記錄形式是否也出現缺位，而需要用其他字形來代償呢？確實如
此，不過這一次不是用完全不同的"字"，而是將原來的"貞"字形代表鼎足
部分去掉，寫作![字形](《上三・周易》24）、![字形](《包山》220）、![字形](《新蔡》乙四
122）。爲了與表｛鼎｝的完整"貞"字形相區別，不妨將表｛貞｝的"貞"之省
體獨立隸定作"𠁁"。茲舉若干文例如次：

　　苛光以長惻爲左尹卲�;𠁁（貞）：病腹疾，以少氣，尚毋有咎？占
之：𠁁（貞）吉，少未已。　　　　　　　　　　　　　　（《包山》207）

　　苛嘉以長䉍爲左尹�;𠁁（貞）：出入侍王，自夏厇之月以就集歲
之夏厇之月，盡集歲躬身尚毋有咎？占之：恆𠁁（貞）吉，少有慇於躬
身，且外有不順。　　　　　　　　　　　　　　　　（《包山》216～217）

　　觀綳以長𩁹爲左尹�;𠁁（貞）：既腹心疾，以上氣，不甘食，久不
瘥，尚速瘥？毋有祟？占之：恆𠁁（貞）吉，病遲瘥。

　　　　　　　　　　　　　　　　　　　　　　　　（《包山》242～243）

---

① 商承祚《戰國楚竹簡彙編》，123頁，齊魯書社，1995年11月。

登道以小歐爲悼固貞（貞）：旣瘥，以悶心，不納食，尚毋爲大慼？

（《望山》1·9）

☐貞（貞）：走趣事王、大夫，以其未有爵位，尚速得事？占之：
吉，將得事☐　　　　　　　　　　　　　　　　　　　（《望山》1·22）

恆貞（貞）吉。　　　　　　　　　　　　　　（秦家嘴楚簡13·14）

以大英爲邸陽君勝貞（貞）。　　　　　　　　　　　（天星觀楚簡）

以長龗爲君月貞（貞）。　　　　　　　　　　　　（天星觀楚簡）①

又爲君貞（貞）：以其遲出之故，尚毋有祟？嘉占之曰：無恆祟。

（《新蔡》甲三112）

郿嘉以衛侯之筮爲平夜君貞（貞）：旣有疾，尚速瘥，毋有☐

（《新蔡》甲三114、113）

☐長箅爲君辛歲貞（貞）：居郢，尚毋有咎？逸占☐

（《新蔡》乙四85）

六五：貞（貞）疾，恆不死。　　　　　　（《上三·周易》14～15）

九三：良馬由（逐），利艱貞（貞）。　　　　（《上三·周易》22）

恆：亨，利貞（貞），无咎。　　　　　　　　（《上三·周易》28）

　　{貞}在楚簡中是一個出現頻率極高的詞，基本上都寫作“貞”，可見確
實是有意專用省足之“貞”來頂替原本該由不省足之“貞”承當的職務。目
前所見，只有2處例外，一個是《新蔡》乙四35作☐，一個是《上四·柬大》1
作☐，雖然鼎足部分不省，但簡化成兩筆，仍與表{鼎}的☐、☐等形略有
區別。在☐、☐等形中，所從“鼎”形已訛同“貝”形，爲小篆“貞”字所本。

　　代價運動的最終達成，往往需要一個過程，其中究竟哪個環節發生在
前，哪個環節發生在後，有時也難以說得十分肯定。上文分析具體例子
時，不過是採取一種就現有資料看來可能性較大的講法，當然還應接受今
後更多新資料的檢驗。

————————————

① 秦家嘴、天星觀用例，見滕壬生《楚系簡帛文字編》，280頁，湖北教育出版社，1995年
7月。

第二節　字形與音義對應關係中的分工現象

楚系簡帛字形與音義對應關係中有一些值得注意的分工現象,現試分述之。

(一) 區別不同詞的分工現象

區別不同詞的分工現象又可分兩種情形來考察。首先是同源詞在使用字形上的分工。

我們知道,不少同源詞一開始是用相同的字形表示,後來才加以區別的。在楚簡中可以發現一些這方面的例子。比如{令}與{命}是一對同源詞,從文字的角度看,則"命"字乃由"令"字加"口"符分化而出,這一點前人頗多論及,已成共識①。《說文・卪部》:"令,發號也。"又《口部》:"命,使也。"但在實際使用上,二者有時很難截然區分。清儒朱駿聲說:"在事爲令,在言爲命。"②王力先生則着眼於詞性,認爲"令"一般用作動詞,"命"一般用作名詞③。似乎都不夠準確。從後世的文獻看,律令、令長、使令等義一般作"令",不作"命";天命、命運、性命、命名等義一般作"命",不作"令";而作命令義時則常通用不別。在西周金文中,{命}、{令}分化尚不明顯,"命"、"令"基本上還處於異體通用的狀態,既可讀{命},也可讀{令}。

在楚系簡帛中,{命}、{令}有較明顯的字形分工傾向,不過界域與傳世文獻所見情況不盡相同,主要表現在{命}和令長之{令}的分別。{命}有天命、命運、性命、命令、命名等義,都記作"命",例如:

> 子左尹屬之新造辻尹丹,命爲僕致典。　　　　　　　(《包山》16)
> 子司馬以王命命冀陵公䵼、宜陽司馬强貪越異之黃金,以貧鄠娜

---

① 參看洪家義《令、命的分化》,《古文字研究》第十輯,中華書局,1983 年 7 月;王力《同源字典》,329 頁,商務印書館,1982 年 10 月。

② 〔清〕朱駿聲《說文通訓定聲》,845 頁,中華書局,1984 年 6 月。

③ 王力《同源字典》,329 頁,商務印書館,1982 年 10 月。

以穮種。　　　　　　　　　　　　　　　　　　　　（《包山》103）

君命速爲之斷，夏柰之月，命一執事人以致命於郢。（《包山》135 反）

舉禱杜一犕，后土、司命各一牂。　　　　　　　　（《包山》237）

帝謂尔無事，命尔司兵死者。　　　　　　　　（《九店》五六 43）

下之事上也，不從其所以命，而從其所行。　（《郭店·緇衣》14）

養性命之正，安命而弗夭，養生而弗傷。　（《郭店·唐虞》11）

古者堯生爲天子而有天下，聖以遇命，仁以逢時。

　　　　　　　　　　　　　　　　　　　　（《郭店·唐虞》14）

有天有命，有物有命。　　　　　　　　　　（《郭店·語一》2）

一命一俯，是謂益愈；一命三俯，是謂自厚。　（《上三·彭祖》7）

上六：大君子有命，啓邦承家，小人勿用。　（《上三·周易》8）

若夫老老慈幼，旣聞命矣。　　　　　　　　（《上三·中弓》8）

柬大王泊旱，命龜尹羅貞於大夏。　　　　　（《上四·柬大》1）

故爲少必聽長之命，爲賤必聽貴之命。　　　（《上四·内豊》10）

乃命百有司，曰：有夏氏觀其容以使，及其喪也，皆爲其容。

　　　　　　　　　　　　　　　　　　　　（《上五·鮑叔》1）

敬之敬之，天命孔明。　　　　　　　　　　（《上五·三德》3）

景平王命王子木蹠城父。　　　　　　　　　（《上六·子木》1）

鄭人命以子良爲執命。　　　　　　　　　　（《上七·鄭甲》5）

山陵不衛，乃命山川四海。　　　　　　　　　（《帛書》甲篇）

炎帝乃命祝融以四神降，奠三天維(?)，使敦奠四極。

　　　　　　　　　　　　　　　　　　　　（《帛書》甲篇）

　　這裏所說的"命"字形實際上包含家、𤔔、㐬、𠂤等幾種變體（參《楚文字編》65～67 頁），這些變體可按是否有"="符歸爲兩類，有的學者認爲"="符有區別詞性作用，不從"="者爲動詞，從"="者爲名詞①。但根據

---

① 林素清《釋㐬——兼論楚簡的用字特徵》，《"中研院"歷史語言研究所集刊》第 74 本第
　2 分，2003 年 6 月；張新俊《上博楚簡文字研究》第七章第一節，吉林大學博士學位論
　文（導師：吳振武教授），2005 年 4 月。

我們的考察,只是個別篇章似乎存在這種分別,就楚系簡帛整體而言,其實看不出太明顯的分化傾向①。所以這裏不將這幾個變體分開處理,而都統一作"命"字形看待。

令長之{令}在楚系竹簡中則絕大多數寫作"敂",罕有例外。比如:

右敂(令)建所乘大旆:膊輪,弼,報,烔貼,畫秸,敂韌。

（《曾侯》1)

宮廄敂(令)型所馭乘輦:膊輪,畫輨,**彥**鎔,革韄,弼,報,烔貼。

（《曾侯》4)

新官敂(令)歆馭公左軒:鄺輪,革韋,紫組之綏。　　（《曾侯》57)

某綿之小騧爲左驂,牢敂(令)之黃爲左服。　　（《曾侯》146)

魯陽公以楚師後(厚)城鄭之歲,冬柰之月,刲敂(令)壹圍命之於王大子而以登刲人所幼未登。　　（《包山》2～3)

佯大敂(令)悚以爲刲敂(令)圍登刲人,其溺典,新官師瑗、新官敂(令)越、新官妻履犬、新官連教郙趄、犇得受之。　　（《包山》5～6)

八月辛未之日,司敗黃貴赳受旨,癸巳之日不將玉敂(令)廛、玉婁□以廷,阩門有敗。　　（《包山》25)

十月壬辰之日,仿敂(令)賢受旨,蠶月辛亥之日不量駐奉,阩門有敗。　　（《包山》73)

十月癸巳之日,迠大敂(令)珊之州加公周還、里公周戠受旨。

（《包山》74)

荊尿之月辛巳之日,簂缶公德訟宋鼉、宋庚、佐敂(令)慇……

（《包山》85)

九月戊申之日,造大戱六敂(令)周霰之人周雁訟付舉之關人周瑤、周敂。　　（《包山》91)

蠶月辛酉之日,邟陽之造篷篷公□、教敂(令)峕訟其信人番疊、番向、番期。　　（《包山》99)

---

① 就是在被林素清先生作爲重要立論依據的《上一‧詩論》中,界限也並不絕對,如簡2"文王受命"之"命"(〈命〉)爲名詞,即不從"〓"符。

左司馬适命左敏（令）戮定之，言謂戍有後。　　　　　　　（《包山》152）

左尹與鄴公賜、正妻窓、正敏（令）聖、王私司敗邊、少里喬與尹孚、郊路尹犀、發尹利之命謂……　　　　　　　　　　　　（《包山》128）

此外，包山簡中還有"郇敏（令）"（165）、"刌寢敏（令）"（166）、"鄘陵敏（令）"（166）、"平陵敏（令）"（184）、"鹽陽敏（令）"（186）、"鄴辻敏（令）"（178）、"夏敏（令）"（193）等職官名。這些｛令｝指的是地方或地方某職能部門的長官，此乃由"命令"義引申而來，蓋令長也者，發號施令者也①。既用爲專名，可以認爲在語言上已分化出有別於命令之｛命｝的獨立的｛令｝，於是在書寫形式上也加以較爲明確的區分，在"命"字形的基礎上加"攴"旁而作"敏"。

"敏"字原形作🈳或🈳，所從"命"加"〳"符與否無別，正可與單獨的"命"字的情形相印證。假如要說這裏面存在着動詞與名詞的分別的話，那麼區別的特徵與其說在於"〳"的有無，毋寧說是在於"攴"的有無。當然，"命"與"敏"所指的不同也不完全是詞性方面的。

需要指出的是，職官名"令尹"之｛令｝，楚系竹簡中則不作"敏"，而仍作"命"，見於《曾侯》63、202，《包山》115，《郭店·窮達》8 等處。也許在當時楚人的觀念中"令尹"之｛令｝與一般令長的｛令｝還是有區別的。

中間的｛中｝和伯仲的｛仲｝也是一對同源詞。《說文》："中，內也。從口、丨，上下通。屮（屮），古文中。屯（屯），籀文中。"又："仲，中也。從人、從中，中亦聲。""仲"字當爲"中"之孳乳。在傳世文獻中｛仲｝還常常可以寫作"中"，其例至夥，毋庸贅舉②。估計｛中｝、｛仲｝二詞在記錄形式上也經歷由合到分的過程。從字形來看，《說文》所謂籀文"中"，殷商西周作🈳、🈳、🈳（《甲骨文編》17 頁，《金文編》28～29 頁），其上下幾個筆畫基本上都是同向的，《說文》所錄之形已訛，隸定應當作"屯"爲妥。"中"與"屯"本應爲一字之異體，字中豎畫象旗杆，中部作一圓圈以示意，有時在旗杆上

---

① 許慎《說文·敘》把表令長義的"令"、"長"當作假借的代表，殊失其當。令長之"長"義也與尊長義相因。

② 參看高亨纂著，董治安整理《古字通假會典》，21～22 頁，齊魯書社，1989 年 7 月。

下端描畫出旗幟飄揚之形即成"𦫽"。但是就目前所見材料來看,這對異體字的記詞職能早在商周甲金文字中即呈現分工之勢,"𦫽"通常表{中},而"中"則一般表{仲}。

戰國楚系簡帛大體上承襲了這一分工,並有若干新的表現。具體來說,{中}在楚系簡帛中所用字形可分如下四類:

(1) 𦫽：[字形]（《包山》139 反）　　　[字形]（《郭店・唐虞》16）

[字形]（《郭店・語三》33）　　　[字形]（《上四・東大》3）

[字形]（《郭店・成之》26）

(2) 審：[字形]（曾侯 18）　　　[字形]（包山 221）

[字形]（《郭店・五行》5）　　　[字形]（《郭店・成之》24）

(3) 憲：[字形]（《郭店・尊德》30）

(4) 中：[字形]（《郭店・語一》19）

分別列舉文例如下:

(1) 𦫽

左尹以王命告子郙公,命瀘上之識獄爲会人舒勊盟,其所命於此書之𦫽(中)以爲證。　　　　　　　　　　　　（《包山》139 反）

二羿膚(𣪊),皆形𦫽(中)漆外。　　　　　　　（《包山》253）

大學之𦫽(中),天子親齒,教民悌也。　　　（《郭店・唐虞》5）

堯於是乎爲車十五乘,以三從舜於畎畝之𦫽(中)。

（《上二・容成》）

九三:豐其沛,日𦫽(中)見昧,折其右肱,无咎。

（《上三・周易》51）

旣戰,復舍,號令於軍𦫽(中)曰:繕甲利兵,明日將戰!

（《上四・曹沫》50~51）

君子在民之上,執民之𦫽(中),施教於百姓,而民不服焉,是君子

之恥也。　　　　　　　　　　　　　　　　　（《上五・季庚》2～3）

三邨申（中）立，以正上下之謿，強于公家。　　（《上五・姑成》6）

申（中）處而不顧，任德以竢，故曰靜。　　　（《上六・慎子》3）

楚邦之申（中）有食田五貞，竽瑟衡於前。　（《上七・君甲》2～3）

（2）宷

利以成事，利以入邦宷（中）。　　　　　　　（《九店》五六 41）

大工尹之駟爲左驂，宷（中）寚尹之黃爲左服，左登徒之黃爲
右服。　　　　　　　　　　　　　　　　　　　（《曾侯》152）

凡宫廐之馬與象十乘，入自此桿官之宷（中）。　（《曾侯》207）

占之：甚吉。旮宷（中）有喜。　　　　　　　　（《包山》198）

君子亡宷（中）心之憂，則亡宷（中）心之智。　（《郭店・五行》5）

宷（中）正之旗以熊，北方之旗以鳥。　　　（《上二・容成》21）

先有宷（中），焉有外；先有小，焉有大。　　（《上三・亙先》8）

日之始出，何故大而不燿（炎？）？ 其人宷（中），奚故小扈（？）暲
敔？　　　　　　　　　　　　　　　　　　（《上七・凡甲》10～11）

（3）憲

故爲政者，或論之，或羕（養）之，或由憲（中）出，或埶（設）之外。

　　　　　　　　　　　　　　　　　　　　　　（《郭店・尊德》30）

（4）中

人之道也，或由中出，或由外入。由中出者，仁、忠、信。

　　　　　　　　　　　　　　　　　　　　（《郭店・語一》18～21）

其中，"申"、"宷"二類均極常見，顯然是｛中｝的習用字形，"憲"僅 1
見，"中"僅 2 見，應作例外看待。此與後世文獻之以"中"爲習用字形
不同。"宷"由"申"加"宀"而成，"宀"旁可能用來彰示其義類與空間
有關。"憲"則復由"宷"增益"心"旁，可能是爲了突出內心之中一類
的意思。

而伯仲之｛仲｝則一律用"中"表示，未見用"申"系列者。例如：

季桓子使中（仲）弓爲宰，中（仲）弓以告孔子。（《上三・中弓》1）

中(仲)弓答曰：雍也弗聞也。　　　　　　　　　　　　(《上三·中弓》6)

中(仲)尼曰：夫民安舊而重遷……　　　　　　　　　(《上三·中弓》8)

中(仲)尼曰：夫賢才不可掩也。舉而所知。而所不知，人其捨之諸？　　　　　　　　　　　　　　　　　　　(《上三·中弓》10)

行子人子羽問於子貢曰：中(仲)尼與乎子產孰賢？

(《上五·君子》11)

且管中(仲)有言曰：君子恭則遂，驕則侮。　(《上五·季庚》4)

臧文中(仲)有言曰：君子强則遺，威則民不道。

(《上五·季庚》9～10)

《東方未明》有利詞，《將中(仲)》之言不可不畏也。

(《上一·詩論》17)

孔子曰：《蟋蟀》智難，《中(仲)氏》君子，《北風》不絕人之怨。

(《上一·詩論》27)

“仲弓”、“仲尼”、“管仲”、“臧文仲”都是我們熟悉的人名。《詩論》中的詩篇名《將中(仲)》即《詩·鄭風》的《將仲子》，“仲”或“仲子”爲詩中男子之字。又有詩篇名《中(仲)氏》，根據楊澤生、李學勤等先生的研究，實指今本《詩·邶風·燕燕》第四章原來所屬之詩，篇名取自首句“仲氏任只”①。以“中”爲{仲}正合乎古文字通例。

　　{中}習作“串”、“审”，{仲}習作“中”；“中”只有極個別表{中}，而“串”、“审”則未見可確定讀{仲}者，可見其間的分工是相當明確的。

　　我們再看看將持、將領、將帥之{將}(下稱{將₁})和將來、行將之{將}(下稱{將₂})的分工問題。它們也是一對同源詞，後者是由前者意義虛化而來。這兩個{將}在傳世文獻中都用“將”來表示。在楚系簡帛中，{將₁}

<hr>

① 楊澤生《試說〈孔子詩論〉中的篇名〈中氏〉》，《上博館藏戰國楚竹書研究》，上海書店出版社，2002年3月；李學勤《〈詩論〉與〈詩〉》，姜廣輝主編《經學今詮三編》(《中國哲學》第二十四輯)，遼寧教育出版社，2002年4月；又《〈詩論〉簡的編聯與復原》，《中國哲學史》2002年第1期；又《〈詩論〉說〈關雎〉等七篇釋義》，《齊魯學刊》2002年第2期。

一般寫作"遃"，例如：

八月乙亥之日不遃(將)龔倉以廷，阩門有敗。　　　　（《包山》19）

辛未之日不遃(將)集獸黃辱、黃蠆以廷，阩門有敗。（《包山》21）

八月癸巳之日不遃(將)鄝陽序大夫以廷，阩門有敗。

（《包山》26）

辛巳之日不遃(將)謷尹之鄘邑公忻、莫敖遠賏以廷，阩門有敗。

（《包山》28）

己丑之日不遃(將)佣舉之人周敓、周瑤以廷，阩門有敗。

（《包山》34）

旣發䇝，遃(將)以廷。　　　　　　　　（《包山》85 反）

大司馬悼滑遃(將)楚邦之師徒以救郙之歲，荊尿之月己卯之日，

盬吉以保家爲左尹舵貞。　　　　　　　（《包山》226）

大司馬悼滑遃(將)楚邦之師徒以救郙之歲，荊尿之月己卯之日，

五生以承惪爲左尹舵貞。　　（《包山》232；又 236、245、247、234 同）

三軍出，其遃(將)卑，父兄不膚(存)，由邦御之，此出師之幾

(忌)。　　　　　　　　　　　　　（《上四·曹沫》40＋42）

其遃(將)帥盡傷，車輦皆裁。　　　　　（《上四·曹沫》32）

是故長民者，毋攝爵，毋伙(從)軍，毋避罪，用都教於邦，毋詎

(誅)而賞，毋罪百姓而改其遃(將)。

（《上四·曹沫》28＋37 上＋27[①]）

"遃"字原作遃（《包山》75），或略省作遃（《上四·曹沫》27）、遃（《包山》236），這裏統一隸定作"遃"。黃德寬先生指出此字即由西周金文之遃（見於史頌簋、麥方尊等器銘）演變而來[②]，甚是。"遃"以"羊"爲聲符，金文之"遃命"，徐中舒先生早在二十世紀三十年代就已指出即古成語"將

---

① 此處簡文的編聯，參拙著《簡帛文獻與文學考論》，107 頁，中山大學出版社，2007 年12 月。【修訂本按：據安大簡，此編聯不確。】

② 黃德寬《說遃》，《古文字研究》第二十四輯，中華書局，2002 年 7 月。

命”(見於《論語·憲問》等),堪稱卓識①。“遳”字以“辵”爲意符,本當即爲表{將₁}而造。楚系簡帛中的{將₁}兼有動詞義和名詞義。

{將₂}在楚系簡帛則通常作“牁”。例如:

　　天地作祥,天梧(柱)牁(將)作蕩,降于其方。　　　(《帛書》乙篇)

　　民祀不悁,帝牁(將)縣以亂□之行。　　　　　(《帛書》乙篇)

　　慶逃,勁解拘,其餘執,牁(將)至時而斷之。　　(《包山》137 反)

　　小人逃至州巷,州人牁(將)捕小人,小人信以刀自傷,州人焉以小人告。　　　　　　　　　　　　　　　　　　　　(《包山》144)

　　五生占之曰:吉。三歲無咎,牁(將)有大喜,邦知之。

　　　　　　　　　　　　　　　　　　　　　　　　(《包山》211)

　　今日某牁(將)欲飤,某敢以其妻□妻(齋)女(汝)【聶】幣、芳糧,以量贖某于武夷之所。　　　(《九店》五六 43～44)

　　道恆無爲也,侯王若能守之,萬物,牁(將)自化;化而欲作,牁(將)鎮之以無名之樸。　　　　　　　　　(《郭店·老甲》13)

　　名亦既有,夫亦牁(將)知止,知止所以不殆。

　　　　　　　　　　　　　　　　　　　　(《郭店·老甲》19～20)

　　如牁(將)有敗,雄是爲害。　　　(《郭店·語四》16)

　　舉賤民而豫之,其用心也牁(將)何如? 曰:《邦風》是已。

　　　　　　　　　　　　　　　　　　　　　　(《上一·詩論》4)

　　孔子曰:善哉! 商也,牁(將)可學詩矣。　　(《上二·民之》8)

　　夫山,石以爲膚,木以爲民,如天不雨,石牁(將)焦,木牁(將)死,其欲雨或甚於我,或必待乎名乎?　　　(《上二·魯邦》4)

　　魯莊公牁(將)爲大鐘,型既成矣。　　(《上四·曹沫》1)

　　昭王爲室於死沮之滸,室既成,牁(將)落之。　(《上四·昭王》1)

　　三郤家厚(?)聚主君之衆以不聽命,牁(將)大害。

　　　　　　　　　　　　　　　　　　　　　　(《上五·姑成》8)

---

①　徐中舒《金文嘏辭釋例》,載《徐中舒歷史論文選輯》,中華書局,1998 年 9 月;原載《“中研院”歷史語言研究所集刊》第 6 本第 1 分,1936 年 3 月。

師未還,晉人涉,牁(將)救鄭,王牁(將)還。　　《上七·鄭甲》3)

牁(將)逾取蘭,還返尚毋有咎?　　　　　　《新蔡》甲一12)

可見,{將₁}習作"遅",{將₂}習作"牁",分工是相當明確的。當然,也有例外,主要是少數{將₁}也可寫作"牁",如《郭店·老丙》8～9:"是以偏牁(將)軍居左,上牁(將)軍居右。"《上四·曹沫》39:"人使士,我使大夫,人使大夫,我使牁(將)軍。"但{將₂}則從未見作"遅"者。

以"遅"表{將₁}屬於本用對應。而"牁"字,《說文》以爲"醬"字古文,字當分析爲從"酉"、"爿"聲,爲"醬"之簡體。然則無論以"牁"表{將₂}還是{將₁},都是一種假借用法。

以上討論的是同源詞記錄字形分工的例子。另外還有一些不存在語源關係的詞,原先約定俗成用同一個字形來表示的,在楚系簡帛也出現字形分工的現象。

比如,我們在第三章第三節中曾經討論過的有關文字分化的個案,即可作如是理解。{酒}和{酉}本都用"酉"字形表示,在楚系簡帛裏{酒}仍作"酉",而{酉}則多作"栖"或"酓";{母}和{毋}初均以"母"字形記錄,在楚系簡帛裏則開始出現以"母"表{母},以"毋"表{毋}的趨勢,這樣自然就形成了分工的現象。其中"栖"和"酓"是由"酉"分化出來的,"毋"是由"母"分化出來的。分化往往是通過對原來字形進行局部的改造,或者利用原來的異體字來實現的。第六章談到的以具鼎足形的"貞"表{鼎},以省鼎足形的"旨"表{貞},實際上也完全可以作爲分化字分工的現象來理解,即由"貞"分化出"旨"。再者,楚簡中表{鼎}的"貞"也有省去鼎足形者,但爲了不與表{貞}之"旨"相混,又對上部"卜"形加以改造,並省鼎腹部分二橫爲一橫,寫成 旨 (《包山》265),如給它一個獨立的隸定可作"旨",這又可看作"旨"的再分化、再分工了。

下面再舉一組實例予以說明。

天干詞{己}(下稱{己₁})和自己的{己}(下稱{己₂}),在傳世文獻中都記作"己"。"己"的造字本義不明,其表{己₁}和{己₂}大概都是一種假借用法。{己₁}和{己₂}在語源上並不存在聯繫,它們共用"己"形不過是

約定俗成。{己₁}在商周甲骨文金文中是一個出現頻率很高的詞,均用
"己"表示,據我們調查,楚系簡帛至今所見{己₁}有 100 餘例,無一例外地
作"己",略引若干文例如次:

　　　八月己巳之日,邔司馬之州加公李瑞、里公隋得受咠,辛未之日
不察陳疊之傷之故以告,阩門有敗。　　　　　　　　　　(《包山》22)

　　　東周之客鄩絽歸胙於蔵郢之歲,爨月己酉之日,苛光以長惻爲左
尹卲旎貞。　　　　　　　　　　　　　　　　　　　　(《包山》220)

　　　☐己未之日,賽禱王孫巢。　　　　　　　　　(《望山》1・89)

　　　王徙於鄩郢之歲,八月己巳之日,盬牯以騠靈爲平夜君貞。
　　　　　　　　　　　　　　　　　　　　　　　(《新蔡》甲三 215)

　　　夏杘之月,己丑以君不懌之故,就禱陳宗一豬。
　　　　　　　　　　　　　　　　(《新蔡》乙一 1＋10＋乙二 12)

　　　昔高宗祭,有雉雊於彝前,召祖己而問焉,曰:是何也?
　　　　　　　　　　　　　　　　　　　　　　(《上五・競建》2)

"祖己"之"己"爲日名,即取義於天干。

　　{己₂}雖然也有作"己"者,但所占比例極小,目前所見僅如下 3 例:

　　　不義而加諸己,弗受也。　　　　　　　　　(《郭店・語三》5)

　　　口不慎而戶之閉,惡言復己而死無日。　　　(《郭店・語四》4)

　　　聞道反己,修身者也。　　　　　　　　　　(《上一・性情》25)

　　{己₂}的習用字形不是"己",而是"呂",其例頗多:

　　　善否呂(己)也,窮達以時,德行一也。　　　(《郭店・窮達》14)

　　　窮達以時,幽明不再,故君子惇於反呂(己)。(《郭店・窮達》15)

　　　是故君子之求諸呂(己)也深。　　　　　　　(《郭店・成之》10)

　　　察反諸呂(己)而可以知人。　　　　　　　　(《郭店・成之》19)

　　　是故欲人之愛呂(己)也,則必先愛人。　　　(《郭店・成之》20)

　　　蓋言慎求之於呂(己)。　　　　　　　　　　(《郭店・成之》38)

　　　察諸出所以知₌呂₌(知己,知己)所以知人。
　　　　　　　　　　　　　　　　　　　　　　(《郭店・尊德》8～9)

有知吕（己）而不知命者，無知命而不知吕（己）者。

（《郭店・尊德》10）

凡見者之謂物，快於吕（己）者之謂悅。　　（《郭店・性自》12）

聞道反吕（己），修身者也。　　　　　　（《郭店・性自》56）

無物不物，皆至焉，而無非吕（己）取之者。

（《郭店・語一》71～72）

往言傷人，來言傷吕（己）。　　　　　（《郭店・語四》2）

故長民者，章志以昭百姓，則民致行吕（己）以悅上。

（《上一・緇衣》6～7）

不知吕（己）者不怨人。　　　　　（《上一・性情》殘 2）

善則從之，不善則止之；止之而不可，隱而任之，如從吕（己）起。

（《上四・内豊》6＋8）

吾聞爲臣者必思（使）君得志於吕（己）而有後請。

（《上五・姑成》5）

姑成家父乃寧百豫，不思（使）從吕（己）立（涖）於廷。

（《上五・姑成》5＋9）

“吕”爲“己”加“口”符而成。在戰國文字中，人們喜歡在一些字的下方隨意加上一個“口”旁，這個“口”旁通常沒有特別的含義，只是起到繁化裝飾的作用，加“口”旁後的字形，與原來的字形是繁簡異體的關係，在使用上多無區別。但也有個別字是通過加“口”符來達到分化目的的，“吕”即應屬此類。一方面是{己₂}多作“吕”，另一方面，據我們調查，現在所見的“吕”字形全部用以表示{己₂}，而從不表示{己₁}，可見“吕”和{己₂}之間是一種雙向的習用對應。同時，{己₁}均作“己”，而“己”也絕大多數用以表{己₁}，並同時逐漸退出{己₂}的記錄行列，所以“己”和{己₁}之間也是一種雙向的習用對應。這樣，{己₁}、{己₂}在書寫形式上的分工便得到基本的確立。

{己₂}在楚系簡帛中還有另外一些記錄形式。有作“异”者，如：

故長民者，章志以昭百姓，則民致行异（己）以悅上。

（《郭店・緇衣》11）

學非政倫也,學异(己)也。　　　　　　　　　(《郭店·尊德》5)

興邦家,治政教,從命則政不勞,弁戒先匿則自异(己)始。

(《上二·從乙》1)

□以爲异(己)名。夫子治詩書,亦以异(己)名。

(《上五·君子》13＋16＋14)

有作"丌"者,如:

豫(捨)丌(己)志,求養親之志,蓋無不已也。(《郭店·六德》33)

敎＝(學,學)丌(己)也[1]。　　　　　　　(《郭店·語一》61)

有作"其"者,如:

《伐木》【之□】,實咎於其(己)也。　　　(《上一·詩論》8～9)

凡見者之謂物,快於其(己)者之謂悅。　　(《上一·性情》6)

還有作"忌"者,如:

知忌(己)而後知人。　　　　　　　　　(《郭店·語一》26)

"异"當爲"異"之簡體,實爲一雙聲符字,"己"、"丌"皆聲[2]。用"异"、"丌"、"其"表示{己₂},都屬同音假借。至於作"忌",則既可理解成借用表"禁忌"義的"忌",也有可能是爲了強調"自己内心"這樣的語境義而給"己"加上"心"旁(這方面的討論參第八章)。無論如何,我們可以體會到,除了習用"吕"之外,{己₂}的其他一些記錄形式也都在有意識地避免與"己"雷同。【修訂本按:清華簡陸《管仲》15、16 有 3 處{己₂}寫作"侶",在分化字形"吕"的基礎上,再增益"人"旁,應該是爲了表示己身義的義類,可看作{己₂}的後起本字。】

---

① 此句的釋讀,參看拙文《郭店楚墓竹簡考釋補正》,《華學》第四輯,紫禁城出版社,2000年 8 月。

② 參陳偉武《雙聲字符綜論》,《中國古文字研究》第一輯,吉林大學出版社,1999 年6 月。

(二) 區別不同語境的分工現象

在楚系簡帛中,有時候同一個詞在不同的使用場合,也會在字形上表現出一定的分工傾向。

比如前後之{後},我們統計了它在楚系簡帛中的記錄字形,按頻度高低依次是:"逡"53 例,"句"45 例,"遑"7 例,"后"1 例,可見"逡"和"句"都是它的習用字形。但其實這兩個字形是有所分工的,"逡"的使用場合甚廣,可作名詞義,也可作動詞義,例如:

> 九月戊申之日,郿人軋紳訟軋駁,以其敓其逡(後)。 (《包山》93)
> 戍死,其子番憲逡(後)之。 (《包山》151)
> 舜有子七人,不以其子爲逡(後),見禹之賢也,而欲以爲逡(後)。
> 　　　　　　　　　　　　　　　　　　　　　　(《上二·容成》17)
> 聖人之在民前也,以身逡(後)之。 (《郭店·老甲》3)
> 音聲之相和也,先逡(後)之相隨也。 (《郭店·老甲》16)
> 子胥前多功,逡(後)戮死,非其智衰也。 (《郭店·窮達》9~10)
> 進,莫敢不進;逡(後),莫敢不逡(後)。 (《郭店·五行》46)
> 此貴爲天子,富有天下,長年有舉,逡(後)世遂之。
> 　　　　　　　　　　　　　　　　　　　　　　(《上五·鬼神》1~2)
> 凡貴人使處前位一行,逡(後)則見亡。 (《上四·曹沫》24)
> 三行之逡(後),苟見耑(短)兵,攻毋怠,毋使民疑。
> 　　　　　　　　　　　　　　　　　　　　　　(《上四·曹沫》30＋52)
> 既祭之逡(後),焉修先王之灋。 (《上五·競建》4)
> 視前顧逡(後),九惠是真。 (《上六·用日》5)
> 以此前逡(後)之,猶不能以牧民而反志。 (《上七·吳命》5)

而作"句"者在第二章第五節討論"句"字讀法時已舉過不少文例,讀者大概不難發現,{後}之用"句"者其實只出現在兩個特定場合,即固定結構"然後"、"而後"中,目前所見 45 例無一例外。這裏再分別增加兩條文例:

凡聲,其出於情也信,然句(後)其入拔人之心也敂。

(《郭店・性自》23)

再三,然句(後)並聽之。　　　　　　　　(《上二・昔者》1)

凡人雖有性,心無奠志,待物而句(後)作。　(《郭店・性自》1)

其言有所載而句(後)納,或前之而句(後)交。(《上一・詩論》20)

　　而反過來,"遚"則幾乎完全不出現在這兩個固定結構中。目前所見,似只有 2 處例外:

於今而遚(後),楚邦囟(使)爲諸侯正。

(《上七・鄭甲》2,《鄭乙》2 同文)

但細細品味,"於今而後"中的"而後"似乎與上舉那些用在句中的"而後"、"然後"仍有細微差別。用在句中的"而後"、"然後"凝固性要強得多,差不多應看作一個連詞了,"於今而後"似乎還可以轉換爲"於今之後",而前舉的那些"而後"、"然後"則是不允許變動的。如果這樣的分析符合事實,那麼"於今而後"之{後}仍是一般動詞義的{後},用"遚"表示並不悖上述分工慣例。【修訂本按:《鄭甲》、《鄭乙》此句,學者或將"於今"屬上讀,斷讀爲"天遚(厚)楚邦,使爲諸侯正"(參俞紹宏、張青松編著《上海博物館藏戰國楚簡集釋》第七冊,65—66 頁,社會科學文獻出版社,2019 年 12 月)。清華簡陸《管仲》25:"夫佞者之事君,必前敬與巧,而遚(後)晉(譖/僭)與譌。"雖然也是"而後"連用,但{而}爲轉折連詞,{後}則與上句之{前}相對,故此"而後"與固定短語"而後"結構和性質不同。所以,其{後}用"遚",而不用"句"。】

　　但是,"然後"、"而後"之{後}仍然是前後、先後的{後},而沒有獨立於一般的{後}的特殊語義。所以,在書寫形式上將"然後"、"而後"之{後}同其他場合的{後}區別開來,也許只是一種約定俗成的習慣,而與音義的分化無關①。

　　從字形記錄音義的理據來看,作"遚"屬於本用對應,作"句"屬於音近假借。本用對應字形"遚"較爲直觀明確,而假借字形"句"相對於"遚"而

---

① 　這種分工至馬王堆帛書尚有繼承。馬帛一般的{後}作"後","而後"之{後}作"句","然後"之{後}作"笱"。參陳松長《馬王堆簡帛文字編》,86 頁,文物出版社,2001 年 6 月。

言則有書寫簡便快捷的明顯優勢。所以我們不妨作一點推測，大概因爲在"然後"、"而後"這樣固定的結構中，語境的限制性比較明確，不易引起誤解，所以可借用"句"字形來表示，以達到書寫省便的目的。

再看一例。數詞{三}，在楚系簡帛中共有 3 個記錄字形，最常見的爲"三"，其次爲"厽"[1]，其次爲"參"。大體而言，三者所表示的{三}看不出語意差別。例如：

三吳甲，屯紫縢。　　　　　　　　　　　　　　　（《曾侯》43）

一月、二月、三月，是謂失終。　　　　　　　　　（《帛書》乙篇）

禹立三年，百姓以仁道。　　　　　　　　　　　　（《郭店·緇衣》12）

一出言，三軍皆勸，一出言，三軍皆往。　（《上四·曹沫》59～60）

堯於是乎爲車十有五乘，以三從舜於畎畝之中。

　　　　　　　　　　　　　　　　　　　　　　（《上二·容成》14）

厽（三）匹漆甲，黃紡之縢。　　　　　　　　　　（《曾侯》129）

左尹命漾陵大夫察造室人某瘤之典之在漾陵之厽（三）鈴。

　　　　　　　　　　　　　　　　　　　　　　（《包山》12）

其厽（三）術者，道之而已。　　　　　　　　　　（《郭店·性自》15）

人有六德，厽（三）親不斷。　　　　　　　　　　（《郭店·六德》30）

禹立厽（三）年，百姓以仁𩖕（道？）。　　　　　（《上一·緇衣》7）

上九：或賜鞶帶，終朝厽（三）褫之。　　　（《上三·周易》5～6）

名二，物參（三）。　　　　　　　　　　　　　　（《郭店·語三》67 上）

天共時，地共材，民共力，明王無思，是謂參（三）德。

　　　　　　　　　　　　　　　　　　　　　　（《上五·三德》1）

□教書厽（三）歲，教言三歲，教射與馭□[2]　　　（《信陽》1·3）

---

[1]　"厽"爲"參"之省體，原作𠫯（《上四·柬大》9）、𣊍（《上三·周易》52），後一種形體或隸定作"晶"，實屬趁隙加點，並無區別意義，正如其所從出的"參"之作𠫤（《上五·姑成》1），又作𪊨（《上五·三德》5），故這裏統一作"厽"字形處理。

[2]　此簡的釋讀，參看楊澤生《信陽楚簡第 1 組 38 號和 3 號研究》，《簡帛研究二〇〇一》，廣西師範大學出版社，2001 年 9 月。

厽(三)日,王有野色,逗者有![image]人。三日,大雨,邦賴之。

(《上四·柬大》16)

從文例看,這三個字形在表示數詞{三}時,其功能應是等同的。特別像郭店、上博《緇衣》的"三"、"厽"異文,信陽簡和《柬大》篇的同簡同文例之"三"、"厽"交替,都可以清楚地證明這一點。

　　但是,有一種場合,{三}卻只用"厽"字形來表示,那就是固定短語"二三子":

必聚群有司而告之:二厽(三)子勉之,過不在子。

(《上四·曹沫》23)

公曰:甚才(哉),吾不賴二厽(三)子!　　　(《上五·競建》6)

二厽(三)子勉之,寡人將迴佪。　　　　(《上五·鮑叔》2)

吾子皆能有待乎? 君子道朝,然則夫二厽(三)子者……

(《上五·弟子》14)

"二三子"中的{三},語義並無特別之處,按理說,應該用"三"或"厽"或"參"均無不可。在楚系簡帛中"參"爲{三}的偶用字形,可暫不考慮,但"三"卻是{三}的占絕對優勢的習用字形,在我們所統計的 280 例{三}中,作"三"者有 212 例,占 75.7%,而在"二三子"中卻從不用它,確實有點奇怪。【修訂本按:清華簡陸《鄭武夫人規孺子》16"二三子"用"三"字形,同篇"二三臣"、"二三老臣"、"二三大夫"也用"三"字形,可見此分工並不絕對。但此語境中仍以作"厽"占絕大多數。】而且像《曹沫》篇,除了"二三子"之外,還有 13 個{三},全都作"三",唯獨"二三子"之{三}作"厽",顯然是書手有意所爲。既然這種字形分工沒有太多語義上的依據,那麼其原因究竟何在? 我猜想,或許與視覺效果的考慮有關。因爲是緊跟着作兩橫畫的"二"字,所以若再用三橫畫的"三",便成了五個連續平行的橫畫,這不但會造成視覺上的單調重複之感,而且一旦寫得稍微靠近,便很容易使得二者之間界限不清,這無論對於書者還是對於讀者來說,都可能引起觀感上的不適,因而在這種場合,人們更傾向於選用與"二"對比明顯的"厽"。【修訂本按:張政烺先生在解釋早期數字卦中爲何不出現"二"、

"三"、"三"時，有過類似的意見。參其所著《試釋周初青銅器銘文中的易卦》(《張政烺論易叢稿》，12 頁，中華書局，2011 年 11 月)。】當然，這種猜想是否合乎事實，還有待今後更多材料的檢驗。

　　※　※　※　※　※　※　※　※　※　※　※

　　代償和分工都屬於漢字記詞功能系統內部的自我調節。代償和分工有一個共同的作用，就是有利於字形與音義對應關係的簡單化和明確化。所謂代償，主要是着眼於運動的過程來說的，假如從靜態的角度來看，實際上也是一種分工。通過代償和分工，字形記詞功能系統中形成一定的制衡力量，使得一字形表多音義和一音義用多字形的現象不至於無限度地膨脹和擴散。代償和分工的形成可能需要一個過程，而其結果也往往不是一成不變的，而是可能不斷被打破，然後再達成新的平衡。我們看到楚系簡帛中有些代償和分工的具體情形有別於前後時代或其他地域的文獻，原因就在於此。

第八章
楚系簡帛中的專造字

第一節　楚系簡帛中的專造字

據筆者管見所及，"專造字"的概念似乎是由裘錫圭先生首次提出的。2006 年，裘先生在《〈上博(二)·魯邦大旱〉釋文》(手稿本)中討論到楚簡讀{圖}的"悫"時說："'悫'當是表示'圖'的謀劃義的專造字。"而之前文字學界在談及類似現象時多用"專字"、"專用字"等提法，散見於各種論著中，不煩縷舉。較集中的論述如劉釗先生《古文字構形學》一書有專節"專字與'隨文改字'"，討論甲骨文中的相關現象①。又如陳偉武先生在其專著《簡帛兵學文獻探論》中辟專節"專用字及其特點"②，後復撰作專文《新出楚系竹簡中的專用字綜議》③，主要討論戰國秦漢文字中的類似問題。

"專字"的叫法較爲籠統，而"專造字"和"專用字"則主要是從不同的角度着眼。考慮到像"悫"這一類的所謂"專字"，在使用上未必真正做到專用(詳下節)，筆者認爲"專造字"的稱法可能要合適一些。

然而像"悫"這一類"專造字"，具體該如何界定，裘先生並未作進一步的討論。陳先生論述"專用字"時是這樣界說的："專用字，與通用字相對而言，或稱專字、分化字、區別字，屬異體字的一支。"④又說："專爲某一意義而造的字就是'專用字'。"這個定義應該說是比較寬泛的，從陳先生所

---

① 劉釗《古文字構形學》，64～67 頁，福建人民出版社，2006 年 1 月。
② 陳偉武《簡帛兵學文獻探論》，147～151 頁，中山大學出版社，1999 年 11 月。
③ 陳偉武《新出楚系竹簡中的專用字綜議》，載《華學》第六輯，紫禁城出版社，2003 年 6 月。本章引陳先生說，出此文者，不另出注。
④ 陳偉武《簡帛兵學文獻探論》，147 頁，中山大學出版社，1999 年 11 月。

舉的例子看，涉及也較廣，有與“煮”字的情形相同者，也有不盡同者。

本章準備壓縮在較小的範圍内來討論“專造字”的問題，所以嘗試給“專造字”下一個狹義的解說，即：某詞本已有較爲通用的記錄字形，但爲了表達或强調它的某種或某些固定義項或語境義，專門造出新的字形，這類字形就稱爲“專造字”。如果不强調“本已有較爲通用的記錄字形”，則容易與一些一般的本用字形糾纏不清，而且無可比較，則無以見其“專造”的特性；而所謂已有的記錄字形，應以古文字資料爲準，而不能單據後世字書或用字習慣爲說。之所以强調是專爲“某種或某些固定義項或語境義”而造，是爲了排除那些詞義較單一，另造新字不能體現語義偏向的情況。例如表兄弟之{兄}的“兄”加人旁作“倪”，歲月之{歲}之從“月”作“歲”或從“日”作“歲”之類，從廣義上講也可稱爲“專字”，但不屬於我們這裏所說的“專造字”的討論範圍。

仍以“煮”爲例，在漢字系統中本來已經爲{圖}造出本用字形“圖”來記錄它。西周金文膳夫山鼎（《集成》2825）“圖室”、散氏盤（《集成》10176）“受圖”等，均表圖籍、版圖義之{圖}無疑。圖謀義是{圖}的一個義項，本也應由“圖”記錄，秦系如睡虎地簡《爲吏之道》“私圖”等即是。但楚簡中卻爲{圖}的圖謀義專造“煮”字形來記錄，字以“心”爲意符，能更直接地表明此義關乎心計。這樣，我們就說“煮”是{圖}的圖謀義的專造字。在語言中，{圖}中的圖謀義並沒有真正分離出來，所以“煮”和原來的“圖”以及中間環節的“圖”（參看第三章第二節有關討論），都可看作是異體字的關係。

講到從“心”的專造字，還必須提到龐樸先生的《郢燕書說——郭店楚簡中山三器心旁文字試說》[①]。郭店楚簡的公布，讓大家見識了大量從“心”旁的新鮮字形，龐先生認爲從“心”之字別有意蘊，於是撰作此文闡發之，給人頗多啓迪。文中所論頗有一些即屬於我們所說的“專造字”。

底下試結合文例，對楚系簡帛中一些較典型的專造字集中加以述論。

─────────────────

① 龐樸《郢燕書說——郭店楚簡中山三器心旁文字試說》，載《郭店楚簡國際學術研討會論文集》，湖北人民出版社，2000 年 5 月。本章引龐先生說均出此文，不一一出注。

其中有一些字例是上述陳先生和龐先生的文章或其他學者的論著中提到過的，也不避重複。

例(1)　恿——{勇}

我們在第三章第六節已介紹過{勇}的記錄形式，不難發現它本已有較爲通用的"戜"字形，結合吳王光劍"戜(勇)人"作"戜"也從"戈"，《說文》正篆作"勇"從"力"等情況，可知表{勇}時取義於武力之勇是較具普遍性的。楚簡{勇}另有2例從心作"恿"，重引於此：

> 行欲恿(勇)而必至，貌欲壯而毋拔。　　　　（《郭店・性自》63）
> 不忠則不信，弗恿(勇)無復。　　　　（《郭店・尊德》33～34）

龐樸先生云："從心的恿字，表示的是一種心態，一種德行，是孔子所謂的'力行近乎仁，知恥近乎勇'的恿。"此說可信，"恿"即專爲強調内心之勇而造。蓋武力之勇爲表現於外者，易於感知，故一般用從"戈"之"戜"來表{勇}，心態之勇則是蘊涵於内者，需在人們理性認識進一步發展之後，方有意識地通過專造"恿"字形來體現。從"恿"的使用語境來看，也是切合的。

例(2)　忌——{反}

《說文》云："反，覆也。从又、厂，反形。"據此，"反"爲{反}之本字。殷周甲骨金文以來，均以"反"記{反}，楚系簡帛也不例外。用在"反求諸己"之類的具體語境中，也多如此：

> 古君子所復之不多，所求之不陵(?)，察反諸己而可以知人。
> 　　　　（《郭店・成之》19～20）
> 聞道反己，修身者也。　　（《郭店・性自》56，《上一・性情》25同）

但此語境下又偶作"忌"：

> 窮達以時，幽明不再，故君子惇於忌(反)己。（《郭店・窮達》15）

龐樸先生云："於反下加心符，則是強調反躬自問的意思。"反己是人心性上的修煉,故爲此義專造"㤪"字形。《玉篇·心部》有"恢"字,訓"惡心也"、"急性也",當與{反}之專造字"㤪"無關。

例(3)　㤠——{固}

"古"即堅固之{固}的表意初文。大概早期的{固}都用"古"來記錄的。楚簡中{固}仍有一部分記作"古"的,但普遍的是用"固"表示,與後世文獻同。例如:

骨弱筋柔而捉固。　　　　　　　　　　　　　(《郭店·老甲》34)

聞之曰:從政敦五德、固三制、除十怨。　　　　(《上二·從甲》5)

有固謀,而無固城。　　　　　　　　　　　　(《上四·曹沫》13)

民有寶,曰城,曰固,曰阻三者盡用不皆(匱),邦家以雄。

　　　　　　　　　　　　　　　　　　　　　(《上四·曹沫》56)

苟能固守而行之,民必服矣。　　　　　　　(《上五·季庚》22A＋13)

凡宅(度)官於人,是謂邦固;宅(度)人於官,是謂邦薦。

　　　　　　　　　　　　　　　　　　　　　(《上五·三德》6)

酓尹固辭。王固問之,酓尹子桱答曰:"四與五之間乎?"

　　　　　　　　　　　　　　　　　　　　　(《上六·莊王》2～3)

上揭《莊王》例中"固辭"、"固問"之{固},是執意、堅決的意思,此義是從堅固本義虛化引申出來的。楚簡中針對此語義專造了"㤠"字:

鄭壽辭不敢答,王㤠(固)詧之。答:"如毀新都、栽陵、臨陽,殺左尹宛,少師無忌。"　　　　　　　　　(《上六·鄭壽》2～3)

執意、堅決的意思與心情或意志有關,故在通用的"固"字基礎上加上"心"旁。

例(4)　忿、㤵——{病}

在第五章中我們介紹過楚簡{病}的記錄字形,其中最通用的字形是"疠",從"疒",和秦之"病"、晉之"痾"一樣取義於疾病。疾病的引申義憂病、憂患也仍可作"疠",如:

名與身孰親? 得與亡孰疠(病)?　　　　　(《郭店·老甲》35～36)

但另外有從"心"之"忞"、"悘",則應是專爲憂病、憂患之{病}而造,重錄文例於下:

《黃鳥》則困而欲反其故也,多恥者其忞(病)之乎?

(《上一·詩論》9)

不穀日欲以告大夫,以邦之悘(悷—病)以急。

(《上七·鄭甲》1～2,《鄭乙》2 同文)

雖邦之悘(悷—病),將必爲師。

(《上七·鄭甲》3,《鄭乙》3 同文)

在上揭語境中{病}均指憂病、憂患,而非疾病,只不過《詩論》之"忞(病)"用動詞義,《鄭甲》等之"悘(病)"用名詞義而已。"忞"可理解爲楚系通用之"疠"易"疒"爲"心"而成,"悘"則可理解成多見於晉系的"痞"易"疒"爲"心"而成。

例(5)　戁——{難}

難易之{難}從西周以來,通常即用"難"來記錄,如齊太宰歸父盤(《集成》10151)"靈命難老",弢季良父壺(《集成》9713)"其萬年靈終難老"等。楚系簡帛{難}頗多見,也以作"難"("難"下或加"土",此處不作區別)爲常,例如:

上不以其道,民之從之也難。　　　　(《郭店·成之》15)

聞之曰:行在己而名在人,名難爭也。　(《上二·從甲》18)

樂書欲作難,害三郤。　　　　　　　(《上五·姑成》6)

是以聖人猶難之,故終無難。　　　(《郭店·老甲》14～15)

{難}實際包含有多種義涵,其中有一種用法應理解爲"以……爲難",此義是艱難義的引申。比如上揭《老甲》例中"聖人猶難之"之{難}即是。此義又或可寫作"戁",如:

余告汝人倫。曰:戒之毋驕,慎終保勞。大(?)箸之數,戁(難)

易訧（遺）欲。 （《上三・彭祖》2）

所謂"難易"即以易爲難，對事物十分慎重警戒的意思。因爲是强調思想上的慎難保易，所以在通常所用的記錄形式"難"上益以"心"旁。《説文》有"懃"云："敬也。从心、難聲。"不必與此有關。

例（6）　愻、賜——{易}

難易、簡易、和易之{易}，古文字中一般同傳世文獻用"易"表示，如中山王鼎"此易言而難行也"等。楚系簡帛也多有作"易"者，例如：

其安也，易持也；其未兆也，易謀也；其脆也，易判也。

（《郭店・老甲》25）

位難得而易失，士難得而易間。 （《上七・武王》10）

子生於性，易生於子，肆生於易，容生於肆。

（《郭店・語二》23～24）

但也有寫作"愻"者，例如：

大，小之，多愻（易）必多難。是以聖人猶難之，故終無難。

（《郭店・老甲》14～15）

毋不能而爲之，毋能而愻（易）之。 （《上五・三德》15）

這裏的{易}應是以之爲易，掉以輕心的意思，此義是容易義的引申。《左傳》僖公二十二年："國無小，不可易也。無備，雖衆，不可恃也。"表此義的"愻"與文獻中表警惕義的"惕"應無關。

{易}又可寫作"賜"，如：

所曰聖人，其生賜（易）養也，其死賜（易）葬。去苛愻，是以爲名。

（《上二・容成》33）

郭永秉先生云："簡文兩次出現的'賜'字，都應當讀爲難易之'易'。'賜'从'易'聲，'賜'本就是在'易'字上加注形旁分化出來的一個形聲字，所以'賜'可讀爲'易'是没有問題的。"在説了這段話之後，郭先生又加一注云："簡文把難易之'易'寫作从'貝'的'賜'字，很可能表示的是不費財貨之

'易'。由此可以知道簡文所講的'易養'和'易葬',應當就是側重於不加財貨之'易'這一點而言的。"①筆者以爲,當以後一說法更符合實際。此處之{易}用簡易義,也是容易義的引申,因在具體語境("易養"和"易葬")中與財貨關係甚密,故加"貝"爲專造字"賜"。此"賜"與表賞賜之{賜}的"賜"應看作同形字②。

例(7)　貪、死、祍──{亡}

存亡之{亡},很早就用"亡"字形來記錄,西周銅器作册益卣(《集成》5427)有"征先盡死亡"可證。楚簡也用"亡"字,如:

> 故心以體存,君以【民】亡。　　　　　　　　　　　(《上一·緇衣》5)
> 當是時也,癘疫不至,妖祥不行,禍災去亡,禽獸肥大,卉木晉長。
> 　　　　　　　　　　　　　　　　　　　(《上二·容成》16)
> 以亡貨,不稱;以獻田邑,客。　　　　　　　　　　(《九店》五六 25)

上揭九店簡"亡貨"乃與"内(入)貨"相對言,九店簡"内(入)貨"一語多見,如簡 29:"以爲室家,祭,娶妻,嫁女,内(入)貨,吉。"簡 33:"利以祭,内(入)貨,吉。"可見"亡貨"猶言"出貨",{亡}有亡失義,此用於指貨物之輸出,爲詞義之進一步引申。

亡失義之{亡}還可記作"貪",例如:

> 名與身孰親? 身與貨孰多? 得與貪(亡)孰病? 甚愛必大費,厚藏必多貪(亡)。　　　　　　　　　　　(《郭店·老甲》35~36)

此二處之"貪",今本《老子》均作"亡"。董琨先生云:"此'亡'字从貝,本義指財物亡失,可能是一個帶有地方特色的專用字。"③從語境看,這裏的

---

① 郭永秉《從〈容成氏〉33 號簡看〈容成氏〉的學派歸屬》,《出土文獻與古文字研究》第二輯,189~190 頁,復旦大學出版社,2008 年 8 月。

② 讀{賜}之"賜"見於《上三·周易》5"或賜鞶帶",又 7"王三賜命",和《上二·魯邦》3、《上五·弟子》22 子貢之名。

③ 董琨《郭店楚簡〈老子〉異文的語法學考察》,《中國語文》2001 年第 4 期,348 頁。

{亡}正是指財貨之亡失,"貫"由通用字"亡"加"貝"而成,正是此類意義的{亡}的專造字。

{亡}由死亡義引申指亡靈,此義楚簡中有專造字"死"和"祧":

畱(荊)牢、酒食,夏死(亡)特☐   (《新蔡》甲三 86)

舉禱畱(荊)祧(亡)畱(荊)牢、酒食,夏祧(亡)特牛、食。

(《新蔡》甲三 243)

楊華先生讀"畱祧"爲"荊亡",讀"夏死"、"夏祧"爲"夏亡",認爲"'荊亡'當指平夜君家族中死於荊楚之地的亡魂,'夏亡'則指其家族中死於中原之地的亡魂",對於"死"和"祧"兩個字形,楊先生則指出從"歺"表示死亡,從"示"表示受祭①。這些意見都是可信的。

例(8) 槃——{行}

"行"本指道路,古人以爲道路也有神明,故道路之神也稱"行",於是路神的意思成了{行}這個詞的一個特殊義項。此義項本與{行}的其他用法一樣,都用"行"字來記錄。楚簡中有之,例如:

賽於行一白犬,酉食。   (《包山》208)

舉禱宮行一白犬,酒食,使攻除於宮室。   (《包山》229)

舉禱行一白犬,酒食;閒於大門一白犬。   (《包山》233)

舉禱宮行一白犬,酒食。   (《望山》1·28)

此種用法之{行}又寫作"槃",如:

舉禱宮槃(行)一白犬,酒食。   (《包山》210)

賽禱槃(行)一白犬,歸冠帶於二天子。   (《包山》219)

☐☐於東石公,社、北子、槃(行)☐☐☐。 (《望山》1·115)

舉禱槃(行)白犬。   (《望山》1·119)

以祭門、槃(行),享之。   (《九店》五六 27)

---

① 楊華《新蔡簡祭禱禮制雜疏(四則)》,《簡帛》第一輯,208～209 頁,上海古籍出版社,2006 年 10 月。

利以祭門、𣥠(行),除疾,以祭、大事、聚衆,必或亂之。

(《九店》五六 28)

朱德熙、裘錫圭、李家浩三位先生整理望山簡時即指出:"'𣥠'當是行神之專字。"①

例(9)　祑——{位}

在第二章第二節中,我們講到,楚系簡帛中{位}這個詞多數仍沿用商周以來的習慣,用"立"字形來表示,但後世通用的"位"字形也已出現,同時還出現一專爲祭祀之位這一特殊義項而造的"祑"。例不繁,重錄於此:

一禱於昭王戠牛,大罋饋之。卲吉爲祑(位),旣禱致福。

(《包山》205)

一禱於文平夜君、郚公子春、司馬子音、蔡公子家,各戠豢,饋之。卲吉爲祑(位),旣禱致福。

(《包山》206)

"位"蓋取義於一般人立之位,"祑"則專取義於祭祀之位,它旣可理解爲在"立"的基礎上加"示"而成,也可以理解爲在"位"的基礎上易"人"爲"示"而成。

例(10)　祦——{先}

先前之{先}通常都由其表意初文"先"記錄。先人、祖先等義是先前義的引申,自然也通用"先"字,商周以來均同。楚簡也多其例:

舉禱楚先老僮、祝融、媸熊各一羘,使攻解於不辜。(《包山》217)

舉禱楚先老僮、祝融、媸酓(熊),各兩䍽。　　　　(《包山》237)

罷禱先君東邸公戠牛,饋□□　　　　　　　　　(《望山》1·112)

□□垺旣禱,楚先旣禱□　　　　　　　　　　　(《望山》1·124)

□□就禱三楚先,屯一羘,纓之兆玉。　　　　　(《新蔡》甲三 214)

---

① 湖北省文物考古研究所、北京大學中文系編《望山楚簡》,101 頁,中華書局,1995 年 6 月。

先人之所善,亦善之。　　　　　　　　　　　(《上五·季庚》12)

吾先君莊王踙河雍之行。　　　　　　　　　　(《上六·子木》2～3)

既祭,爲命行先王之法。　　　　　　　　　　(《上五·競建》3)

但此義有時則寫作"祱":

是日就禱楚祱(先)老童、祝▢　　　　　　　(《新蔡》甲三 268)

舉禱於三楚祱(先)各一牂,縹之兆【玉】。　　　(《新蔡》乙三 41)

"祱"即{先}之祖先義的專造字。字益以"示"旁以示與祭祀崇拜有關。
【修訂本按:專造字"祱"也見戰國金文,參拙著《新見金文字編》(福建人
民出版社,2012 年 5 月)第 8 頁。】

例(11)　禋──{童}

楚人先祖老童名號,蓋取義於童子之{童},在楚簡中或作"老童"(《新
蔡》甲三 188、197),或作"老僮"(《包山》217、237)。"僮"爲"童"之分化
字,二者都可看作{童}的通用字形。但楚簡又有寫作"禋"者:

▢【楚】先老禋(童)、祝【融】▢　　　　　　(《望山》1·120)

▢【楚】先老禋(童)▢　　　　　　　　　　(《望山》1·122)

這個"禋"字也應看作專造字。不過它特從"示"旁倒不是爲了強調{童}的
哪一義項,而是僅僅因爲在此具體語境中"老童"這一稱呼是作爲一個祭
祀祈禱對象出現的,所以就專造一從"示"的"禋"來表示。

例(12)　走──{上}

在第三章第二節中,我們介紹過"上"有個繁體作"走",並且也指出
"走"多表動詞義,其實就可以把它看作{上}的動詞義的專造字,加"止"旁
來突出行爲動作的屬性。檢"走"共得 15 例,其中用爲動詞義的有 11 例,
從其使用上也能看出專造之意圖。除前文已舉外,再補 1 例於此:

如四與五之間,載之壞車以走(上)乎?　　　(《上六·莊王》3)

例(13) 叟、梩——{相}

同樣在第三章第二節中,我們也討論過{相}的用字問題。"相"、
"叟"、"梩"可以看作一組繁簡異體字,但其中"相"既是母字,又是通用字,
"叟"加"又","梩"加"止"都應是{相}的動詞義"輔相"的專造字。茲將能
反映其專造意圖的文例重錄如下:

☐☐釦☐釦☐人,可謂叟(相)邦矣。　　　　　　(《上四·相邦》2)
吾見於君,不問有邦之道,而問叟(相)邦之道。

(《上四·相邦》4)

日月得其甫(輔),梩(相)之以玉䒷,仇䲹戔(殘)亡。

(《上六·天甲》5～6,《天乙》5同文)

例(14) 桓——{豆}

《說文》:"豆,古食肉器也。从口,象形。"從古文字來看,"豆"確象豆
器之形,唯本非從"口"。西周銅器單臾生豆(《集成》4672)、周生豆(《集
成》4682)、大師虘豆(《集成》4692)等,自銘均作"豆"。"豆"即爲{豆}之通
用字形。楚簡中指稱豆器仍不乏用"豆"之例:

其木器:八方琦,二十豆,純……　　　　　　(《信陽》2·012)
其木器:杯豆三十,杯三十……　　　　　　　(《信陽》2·020)
其木器:十皇豆,純漆彫,……二斂豆……　　(《信陽》2·025)
一大房,四皇俎,四皇豆。　　　　　　　　　(《望山》2·45)

這些"豆"應該都是木製之豆,觀信陽簡更明言"木器"可知。{豆}在這種
專指木豆的語境中,有時又寫作"桓":

木器:……五皇俎;四合桓(豆),四皇桓(豆);一食樫,金足。

(《包山》266)
六☐杯,四☐杯,七桓(豆)。　　　　　(曹家崗楚簡5)

陳偉武先生云:"'豆'多木製,故加'木'旁。""桓"即爲木豆義的專造字。

《說文》給"梪"另立字頭，云："木豆謂之梪。从木、豆。"其實在語言中，並沒有真正從{豆}這個詞中分化出{梪}來。生活中豆可以由各種材料製成，而語言上{豆}仍具有音義的同一性。

例（15）　閏——{門}

"門"即{門}之象形字，從殷代甲骨文一直到後世，"門"都是{門}的通用記錄字形。戰國楚系文字中"門"（{門}）之用例至夥，不煩贅舉。但有一處作"閏"者，十分特別：

> 築爲璿室，飾爲瑤臺，立爲玉閏（門），其驕泰有如是狀。
>
> （《上二·容成》38～39）

"閏"字原形作🈁，從"門"、從"玉"甚明。此段簡文是講夏桀的。李零先生云："《竹書紀年》有桀'立玉門'之說。簡文'閏'很可能是表示玉門的專用字。"[1]此說可信。因爲此處語境中所言之門爲玉造之門，所以應景式地加上"玉"旁作"閏"，這是一個比較特別的專造字。其情形與例（11）之"襠"有些類似，它們的産生帶有較强的情景因素。

第二節　專造字在使用上的相對性

專造字從其製作動機來看，顯然是有很强的針對性的，但在使用上，雖然往往也能體現這一點，但卻並非絕對。

一方面，在一個詞的某一義項的專造字出現之後，該義項仍可用原來的通用字形表示。我們在上一節的討論中其實已很好地說明了這一點，比如造出"忑"後，反省自己之義仍可作"反"，造出"恩"之後，執意之義仍可作"固"，等等，而且一般而言，通用字形仍較專造字用得多。事實上，我們在操作程序上也正是通過通用字的存在來認定專造字的。這一方面的相對性是很好理解的。

---

① 　馬承源主編《上海博物館藏戰國楚竹書（二）》，280 頁，上海古籍出版社，2002 年 12 月。

　　另一方面的相對性是指專造字在使用上不一定用於其所爲造的專義，專造而未必專用。陳偉武先生已注意及此，他說："人們通常根據一個字的形體來分析判斷其是否專用字，這是就其字本義立說的，事實上在實際語境中這個字可能用的是引申義或假借義。"本節想重點說明的是，最初針對一個詞的某類義項而製的專造字，有時也可用來表示該詞的其他義項。至於是否還有假借用法，暫不討論。

　　比如"戁"、"悬"，分別爲内心以之爲難的{難}、以之爲易的{易}之專造字，但它們也可以用來表示一般意義上的{難}和{易}，例如：

　　　　戁（難）悬（易）之相成也，長短之相形也，高下之相盈也。

　　　　　　　　　　　　　　　　　　　　　　　　　　（《郭店・老甲》16）

　　　　是以【聖】人欲不欲，不貴戁（難）得之貨。

　　　　　　　　　　　　　　　　　　　　　　　　（《郭店・老丙》12～13）

　　　　今之君子，孚過攺析，戁（難）以納諫。　　　（《上三・中弓》20）

　　　　是以曰君子難得而悬（易）使也，其使人，器之。

　　　　　　　　　　　　　　　　　　　　　　　　　　（《上二・從甲》17）

　　　　是以曰小人悬（易）得而難使也，其使人，必求備焉。

　　　　　　　　　　　　　　　　　　　　　　　　　　（《上二・從甲》18）

　　　　卒欲少以多，少則悬（易）察。　　　　　（《上四・曹沫》46）

　　又如{亡}的財貨亡失義的專造字"頁"，也可用來表示{亡}的其他意思，例如：

　　　　生於丑即，生於寅衰，生於卯夬；頁於辰即，頁於巳衰，頁於午【夬】。　　　　　　　　　　　　　　　　　　　（《九店》五六 96）

　　　　凡頁日□辰少日必得，日少辰□□，歲之後□□其□不死☒

　　　　　　　　　　　　　　　　　　　　　　　　　　（《九店》五六 97）

　　　　☒如以行，必頁□又□。　　　　　　　（《九店》五六 99）

　　這幾個"頁"字，李家浩先生隸定作"寛"，以爲"盲"之異體[1]，現在看

<hr />

① 　湖北省文物考古研究所、北京大學中文系編《九店楚簡》，136 頁，中華書局，2000 年 5 月。

來是不對的。試與《老丙》"貟"字作一比較即可明瞭：

（《九店》五六 96）　（《郭店·老丙》36）

字下從"貝"不從"見"甚明，應釋"貟"無疑。

　　但李先生指出簡 96 之"貟"與"生"對言，應當讀爲死亡之{亡}，則是十分可信的。

　　對於簡 97、99 等處的"貟"，李先生未加解釋，我們認爲其實也應讀爲{亡}，其中簡 97 之{亡}用的是逃亡義。睡虎地秦簡《日書》乙種和孔家坡漢簡《日書》中有所謂《亡日》、《亡者》等篇，其内容是專講有關逃亡的時日選擇、宜忌吉凶的，在出土《日書》類文獻的其他篇章中也有不少類似的内容，其文例均與上揭簡 97、99 十分近似。如睡簡《亡日》篇云："亡日：……凡以此往亡必得，不得必死。"簡 97"凡貟（亡）日"云云，很可能就是九店簡《日書》中《亡日》篇的殘存。

　　簡 99 之{亡}則應理解爲走失。"如以行，必亡"意思是如果在某些特定日子出行，就會走失。這是講出行宜忌的。孔家坡漢簡《日書》18 號云："執日，不可以行，以是，不亡，必執入縣官。"意思是：如於執日出行，非自己走失，則必爲縣官所執①。其文例及{亡}之用義均可與本簡相印證。

　　再如，上文講到{病}的憂病義有專造字"忘"和"㥯"，其實楚簡還有一個"疖"字形，直接在通用字"疒"上加"心"，按理也應是憂病義的專造字。字目前僅 1 見：

　　　　身且有疖（病），惡菜與食。　　　　　　　　　　（《上五·三德》13）

在具體語境中用的卻是一般的疾病義。【修訂本按：清華簡玖《禱辭》14："㥯（病）者於我於（乎）思（息），飢者於我於（乎）飲（食）。""㥯"也可看作憂病義的專造字，但在具體語境中也表示{病}的疾病義。】

　　另外，像"𧺆"可表名詞義的{上}，"𢼳"可表名詞義的{相}等，文例參

---

① 參拙文《孔家坡漢簡補釋》，《中國歷史文物》2007 年第 6 期。

見第三章第二節，此不具錄。

最後想提一下"崇"字。在第五章中我們已介紹過，恆常、典常之｛常｝自西周以來，本有通用字形"尚"，楚帛書仍沿用之，但在楚簡中卻習慣用"崇"字形表示。"崇"字也見於楚國銅器，如鄝陵君豆（《集成》4694）："攸立歲崇，以祀皇祖。"楚王酓肯鼎（《集成》2624）："楚王酓肯作鑄鐈鼎，以供歲崇。"楚王酓忏鼎（《集成》2794）："窑鑄鐈鼎，以供歲崇。"郭沫若先生認爲"崇"爲嘗祭的專字①。其實從銘文語境看，不必局限於嘗祭之義，似理解爲歲常祭祀更妥。前文舉到過的甫人盨"用征用行，萬歲用尚（常）"、陳侯因資敦"世萬子孫，永爲典尚（常）"、秦駰玉牘"世萬子孫，以此爲尚（常）"中的｛常｝實也用此義。所以，應該說"崇"是專爲｛常｝的歲常祭祀義而造的字形，是由通用字"尚"增加表意的"示"符而造成的。然而，在楚簡中"崇"卻廣泛用於｛常｝的各種義項。文例可參上文。

可見專造字確實未必專用。正是基於這樣的事實，我們不採用"專用字"的稱法。

※　※　※　※　※　※　※　※　※　※　※

有關"專造字"問題的探討，是字形與音義關係研究的一個重要方面。討論"專造字"，首先必須有一個較爲明確的解說，我們所說的"專造字"，着重强調"本已有較爲通用的記錄字形"和"專爲某種或某些固定義項或語境義而造"兩點，庶幾較具可操作性。

專造字問題跟本書的其他專題是頗有關聯的。比如，當已有的通用字是該詞的本用字形時，專造字就與通用字構成異體關係，這就是本章有些例子與第三章講異體字造成的一音義用多字形時的例子有所交叉的原因。但從造字意圖考察，這類專造字具有不同於一般異體字的特質。又如，當專造字能較好地貫徹其專用原則時，其實又完全可以納入第七章第二節"區別不同語境的分工現象"的考察範圍。但這種情況下，專造字也

①　郭沫若《郭沫若全集・考古編》第五卷，416頁，科學出版社，2002年10月。

有其特點,就是用來分工的不同字形之間往往存在聯繫,因爲專造字往往是對通用字進行改造而成。

　　專造字在使用上的相對性是特別值得重視的現象。這種現象的普遍存在,說明在字形和音義的關係上,表意的明細化和音義的同一性這對矛盾規律一直在交互作用着。從總體來看,似乎後者更處於優勢地位。在特定時空背景下,人們爲了表意的明細化而造出專造字,絕大多數敵不過通用字而歸於消滅,極個別的則不斷擴大其使用範圍而成爲整個詞的新的通用字形,像楚文字中的"棠"。這都是音義同一性規律優勝的體現。

第九章
研究楚系簡帛中字形與音義關係的意義

第一節　有利於楚系簡帛本身及其他楚文字的釋讀

　　研究楚系簡帛中字形與音義的相互關係,熟悉其中某些用字記詞的習慣,掌握其中的某些特色和規律,這首先對於楚系簡帛本身的正確釋讀就很有幫助。

　　一方面,較早發表的一些材料中有些字形,究竟表示何詞,不易確定,但在較晚公布的材料裏面,由於有更明確的文例,它們所表示的詞明確了,這樣,舊材料中一些疑而未決的難題往往便可迎刃而解。特別是郭店簡和上博簡的陸續面世,因多屬古書性質,文義較易推定,甚至某些篇目還有傳世本子可供對讀,對於某些字形與音義對應關係的確定,幫助尤大。這方面的例子可謂俯拾皆是。

　　如包山簡有"戕"字,文云:

　　　　囟(使)勁之戕除於勁之所證。與其戕,有怨不可證。

(《包山》138 反)

"戕"字寫作 𢦏,整理者讀爲來至的{來},文意難通。後來"戕"又出現在郭店簡《緇衣》中:

　　　　《詩》云:彼求我則,如不我得;執我戕=(仇仇),亦不我力。

(《郭店·緇衣》18~19)

　　　　《詩》云:君子好戕(仇)。　　　　(《郭店·緇衣》43)

"戕"字寫作 𢦏、𢦏,與包山簡同。郭店簡二"戕"字今本均作"仇",後者顯然記錄的是仇匹之{仇}。黃德寬、徐在國先生據此指出，上引包山簡的"戠"也應該讀作仇讎、仇怨之{仇}①，驗諸文意，通暢無阻。仇讎義實爲仇匹義之引申，可作一詞看待。簡文大意是說，在訴訟過程中，當事人的仇敵因與其有怨隙，所以不宜作爲取證的對象，以免影響公正。

　　同樣是包山簡的這一段話，其中的{怨}本記作"悁"，原來也不得其解，等到郭店、上博等批竹書一出，其讀{怨}的事實已鐵定無疑（詳參第六章第一節），回過頭來看包山簡此例，讀{怨}正文從字順，根本不費考證了。

　　又如，楚帛書有一個上"之"下"止"的字，出現兩次：

> 晷天歨達，乃上下騰傳。　　　　　　　　　　《帛書》甲篇
> 未有日月，四神相代，乃歨以爲歲，是惟四時。　《帛書》甲篇

此字過去多釋爲"步"，以爲推步之意。其實單從字形上看，它與"步"之從上下二"止"即有小異。郭店簡、上博簡出來以後，我們發現此字可表示{止}、{之}、{等}、{待}等詞，而其中最常見的就是讀爲{止}（具體例子看第一章第四節）。楊澤生先生據此認爲，楚帛書"歨以爲歲"的"歨"也應讀爲{止}，特別是《郭店·太一》有"濕燥復相輔也，成歲而歨（止）"的文例，與帛書尤爲吻合②。但楊先生對前一例的釋讀暫採取存疑態度，筆者以爲實亦當讀{止}，"止達"屬同義連文，"晷天止達，乃上下騰傳"蓋謂規測天周而止達其至極，也即規天工作得以完成，從而造成天地的開闢③。

　　又如，楚帛書乙篇"日月星辰，亂達其行"等處的"達"字，原來也長期得不到正確的釋讀。及至新出楚簡資料的發表，大量文例證明它應讀{逸}或{失}，尤以讀{失}爲常見，據此返視帛書，讀{失}恰甚允當。本書

---

① 黃德寬、徐在國《郭店楚簡文字考釋》，《吉林大學古籍整理研究所建所十五周年紀念文集》，吉林大學出版社，1998 年 12 月。

② 楊澤生《戰國竹書研究》，84～86 頁，中山大學博士學位論文（導師：曾憲通教授），2002 年 4 月。

③ 參拙文《楚帛書甲篇的神話構成、性質及其神話學意義》，《文史哲》2006 年第 6 期，7 頁。

第二章第二節對此已有較詳細介紹,可以參看。實際上,細心的讀者不難從前面各章節中發現類似的情況,這裏就不再一一列舉了。

另一方面,通過及時梳理總結前期發表資料中的用字記詞現象,又有助於對新公布資料的正確釋讀。比如,自從陳偉先生懷疑包山簡"囟"字爲"使"字的假借,劉信芳先生明確讀楚帛書"思"字作"使",後復經大西克也、孟蓬生、裘錫圭、沈培等先生,以及筆者的反復論證,楚系簡帛中存在以"囟"和"思"記錄使令、致使之{使}的現象已得到普遍的承認。如我們在第五章中所指出,{使}還是"思"的習用讀法,文例已見前舉。而"囟"則更是絕大多數都應讀{使},例如:

占之:恆貞吉,少有憼於宮室。以其故敓之。舉禱宮行一白犬、酉飤;囟(使)攻敓於宮室。五生占之曰:吉。　　(《包山》228~229)

囟(使)攻敓,歸佩緅、冠帶於南方。　　　　　　　(《包山》231)

夏层之月己酉之日,囟(使)一職獄之主以致命;不致命,阼門有敗。　　　　　　　　　　　　　　　　　　(《包山》128)

子郚公屬之於會之戠客,囟(使)斷之。　　(《包山》134~135)

天地名字並立,古(故)忙(過?)其方,不囟(使)相【當。天不足】於西北,其下高以強;地不足于東南,其上【□□□】。

(《郭店‧太一》12~13)

君向受某之轟幣、芳糧,囟(使)某來歸飤故(?)□(?)。

(《九店》五六44)

至親父,苟囟(使)紫之疾速瘥,紫將擇良月良日將速賽。[1]

(秦家嘴楚簡1‧3)

□□疾,亙〈亟〉囟(使)郭亥敓於五世□　(《新蔡》乙四27)

囟(使)邦人皆見之。　　　　　　(《上四‧昭王》10)

凡貴人囟(使)處前位一行,後則見亡。　(《上四‧曹沫》24)

---

[1]　據滕壬生《楚系簡帛文字編》(湖北教育出版社,1995年7月)726頁"由"條和261頁"洒"條所引文例綴合。

　　筆者寫作《論周原甲骨和楚系簡帛中的"囟"與"思"》①一文修訂稿時，所考察的最新材料只到《上四》，但已有充分理由得出楚系簡帛"思"、"囟"常可讀{使}的認識。而此一認識對此後發表的材料中相關文字的正確釋讀便是一個重要的啓示和依據，所以後來《上五》、《上六》、《上七》中不少應讀{使}的"思"和"囟"，雖仍多被整理者誤釋誤讀，但學者們已能較快地加以糾正。關於"思（使）"的具體文例參看第五章，而"囟（使）"也有所見，例如：

　　　　禍敗因童（重）於楚邦，懼鬼神以取怒，囟（使）先王無所歸，吾何改而可？　　　　　　　　　　　　　　　　　（《上六·鄭壽》1～2）

　　　　余將必囟（使）子家毋以成名位於上。　　　（《上七·鄭甲》4）

"囟"字整理者旣誤釋爲"由"，又讀爲{思}，形音義俱乖。而讀{使}，作致使義理解，則十分順適。【修訂本按：新出清華簡用"思"、"囟"表{使}之例也頗多見，整理者均能正確釋讀，可見已成共識。】

　　又如，上面講到的"𢦏"字，在新近公布的《上六》中也出現了：

　　　　日月得其甫（輔），相之以玉衡，𢦏戠戔（殘）亡。

　　　　　　　　　　　　　（《上六·天甲》5～6，《天乙》5同文）

"𢦏"與包山簡、郭店簡所見者完全相合。但整理者卻誤釋作"戕"，讀爲"戕"，並誤釋"戠"爲"𢽥（陣）"。陳偉先生根據以往所知"𢦏"表{仇}的情況，將"𢦏戠"釋讀爲"仇讎"②，正確可信。"戠"的繁體"𢧢"已見於《郭店·尊德》26："弗愛，則𢧢也。"裘錫圭先生指出應讀{讎}，訓爲仇敵③，甚確。這也可作爲據已知用字習慣推證新材料之一例。

　　又如，筆者曾在《楚簡"圖"字補證》一文中，論證了楚簡所見"者"字形應讀作{圖}，當時所看到的是《郭店·緇衣》、《成之》及《上一·緇衣》的幾個例子。後來公布的《上四》、《上五》、《上六》、《上七》等材料中，"者"字形

①　拙文《論周原甲骨和楚系簡帛中的"囟"與"思"》，載《文史》2006年第1輯。

②　陳偉《〈天子建州〉校讀》，武漢大學"簡帛網"，2007年7月13日。

③　荊門市博物館《郭店楚墓竹簡》，175頁注釋〔一一〕"裘按"，文物出版社，1998年5月。

又多次出現,整理者的釋讀多不準確,而我們根據之前的釋讀經驗,將它們讀作{圖},絕大多數都是沒有問題的。具體的文例已見於第三章第二節,此不贅引。其實,類似的情況,在前面各章節也是隨處可見的,讀者自可體會。【修訂本按:新出清華簡"煑"字形多見,也都讀{圖},整理者均能正確釋讀,可見已成共識。】

在戰國文字資料中,楚系文字占有比較大的比重,除了最爲大宗的簡帛之外,其他種類亦復不少。由於地域和年代相接近,其中用字記詞必有相似之處,所以考察楚系簡帛字詞關係,對於其他楚系文字資料的釋讀也將具有直接的參考作用。實際上,這種作用已有不少成功的表現。

例如,鑄造於楚懷王六年的鄂君啓節有這樣的句子:

> 屯(純)三舟爲一航①,五十航,歲罷返。(舟節)
> 車五十乘,歲罷返。(車節)

其中的"罷"字過去聚訟紛紜,未得確詁。郭店簡出來以後,從文例可推定它必讀作{一},詳情可看第五章。郭店簡的整理者即據此十分中肯地指出,鄂君啓節的"罷"也應當讀{一},"歲一返"意思是在一年之中往返一次②。這樣不但文句疏通了,而且對於進一步研究鄂君啓節所反映的當時的商務、稅收、地理等方面的內容,都將有很大的幫助。

仍以鄂君啓節爲例,其車節中關於車隊運載物品有如下的規定:

> 毋載金、革、黽、箭,如馬、如牛、如德,屯(純)十以當一車。

"黽"爲黿黽之象形文,但這裏和"金"、"革"、"箭"並提,如果說是指黿黽,實在是不倫不類。或讀"黽"爲"簹",也不可信。過去因爲長期沒有相關資料可供比較,此一問題一直懸而未決。後來,我們從新出楚簡中看到,"黽"字形經常是表示{黿}的,例如:

---

① "航"字之釋,見陳劍《試說戰國文字中寫法特殊的"亢"和從"亢"諸字》,《出土文獻與古文字研究》第三輯,復旦大學出版社,2010 年 7 月。

② 荆門市博物館《郭店楚墓竹簡》126 頁注釋〔一一〕,文物出版社,1998 年 5 月。

黽〈龜〉筮猶弗知，而況於人乎。《詩》云：我黽〈龜〉既厭，不我
告猶。　　　　　　　　　　　　　　　　　　　　　　（《郭店·緇衣》46～47）

及尔黽〈龜〉筮皆曰"勅之"。　　　　　　　　　　　　（《上四·曹沫》52）

☐唯濠粜恐懼，用受縣元黽〈龜〉、巫筮，曰……

　　　　　　　　　　　　　　　　　　　　　　　（《新蔡》甲三 15、60）

䍿(?)、元黽〈龜〉、筮、犧牲、珪璧，唯☐……　　　（《新蔡》零 207）

柬(簡)大王泊旱，命黽〈龜〉尹羅貞於大夏。　　　（《上四·柬大》1）

☐復於藍郢之歲，冬柰之月，丁亥之日，黽〈龜〉尹☐

　　　　　　　　　　　　　　　　　（《新蔡》零 294、482、乙四 129）

☐東陵，黽〈龜〉尹丹以承國爲☐　　　　　　　　　（《新蔡》乙四 141）

故黽〈龜〉有五忌，臨城不言毀，觀邦不言喪。

　　　　　　　　　　　　　　（《上六·天甲》11～12，《天乙》11 同文）

　"黽"、"龜"古文字形體十分相近，"黽"表〈龜〉，是因訛混而被當作
"龜"字來使用的。不但如此，楚簡中有許多龜屬之名（用作占卜工具），字
形本應從"龜"作的，也都寫成從"黽"。而真正的"龜"字或"龜"旁卻迄未
一見。似乎在當時的楚地，"龜"形實際上已爲"黽"形所吞併。這些認識，
成爲鄂君啓節"黽"字正確解讀的一把鑰匙。對此，馮勝君先生有很好的
論述，他說：

　　　我們認爲鄂君啓車節銘文中的"黽"字也是用作"龜"的，"金革
　　黽箭"即"金革龜箭"。《周禮·天官·内府》："凡四方之幣獻之金
　　玉、齒革、兵器，凡良貨賄入焉。"疏引《覲禮》："一馬卓之，九馬隨
　　之，龜、金、竹、箭，分爲三享。"《儀禮·覲禮》："四享，皆束帛加璧，
　　庭實唯國所有。"鄭注："初享或用馬，或用虎豹之皮。其次享，三牲
　　魚腊，籩豆之實，龜也，金也，丹、漆、絲、纊、竹、箭也，其餘無常貨。"
　　從上引文獻可知，諸侯在覲見天子的時候，要用革、金、龜、箭等物
　　品爲摯，如果把鄂君啓車節銘文中的"黽"讀爲"龜"，則"金革龜箭"
　　恰好都是諸侯朝見天子時必備的貢品，這也證明我們把"黽"讀爲
　　"龜"是合理的。"金革龜箭"是當時諸侯國君經常要用到的珍貴禮

品,所以禁止自由買賣。①

此說從楚簡用字習慣入手,證以典籍,確鑿可信。

近年來不斷有新的楚地文字資料出土,有關資料正在陸續整理發表。而且可以預見,隨着考古工作的發展,將來可能還有更多新的楚文字資料被發現。研究和總結已發表的數量不算小的楚系簡帛文獻中的用字寫詞習慣和規律,必將在今後的楚文字釋讀工作中發揮極重要的作用。

第二節　有利於其他古文字資料的釋讀

年代和地域相近的文獻,在語言文字方面無疑會具有更多的共性,所以楚系簡帛內部或者整個楚系文字資料內部的相互參證,自然顯得富有成效,也較易取信於人。但另一方面,我們也不得不承認,在整個古文字階段,前後時代或不同地域之間,在用字記詞方面實際上共性仍是主要的,很多文字現象都具有傳承性、漸變性和普遍性。儘管戰國楚系文字表現出較大的特色,但它畢竟屬於古漢字系統的一個局部,其中很多文字現象,即使是那些就現有的材料和認識看來非常特殊的現象,在歷史上都未必是孤立存在的。我們經常借助其他古文字資料提供的信息來釋讀楚系簡帛,反過來,也可以借助楚系簡帛帶來的認識去研究其他古文字資料中遺留的疑難問題。在這方面,學術界已經作出不少成績,下面就舉幾個具體例子來說明。

第一個例子。楚簡中有"目"下從"卩"的字形,也有"目"下從"人"的字形,一開始都被釋爲"見"。但後來大家發現,這兩個字形在使用上是有所分工的。爲區別起見,我們不妨稱前者爲"見₁",稱後者爲"見₂"。"見₁"表示{見},而"見₂"則多記錄{視}。其實在殷墟甲骨文中也有"見₁"和"見₂"這兩個字形,過去多一併釋作"見"。但從文例看,"見₁"多表{見},或讀{獻}者,則屬音假;而"見₂"文例則頗與"見₁"相異,有的學者改

<hr>

① 馮勝君《戰國楚文字"電"字用作"黽"字補議》,《漢字研究》第一輯,478頁,學苑出版社,2005年6月。

釋爲"望"①。裘錫圭先生根據上述楚簡中"見₁"、"見₂"分用的綫索,指出殷墟甲骨文中"見₂"也應讀爲{視},字即"視"之表意初文,使有關文例均得到很好的解釋。特別是甲骨文中有"見₂ 屮師"的說法,正好與文獻所記載的"視師"相印證,確鑿可信②。

第二個例子,是關於我們在第七章第二節中討論到的"遟"的。"遟"在楚簡中基本上都讀作將持、將領的{將},這是爲大量文例所證明了的。其實"遟"字在西周金文中早就出現過,例如:

> 頌其萬年無疆,日遟天子覭令。
>
> 　　　　　　（史頌鼎,《集成》2787;《集成》4229 史頌簋同文)
>
> 唯歸,遟天子休告,亡又(愍)③。　　　　　（麥方尊,《集成》6015)
>
> 用作寶尊彝,用瓚(贊)侯逆舟,遟明令。　　　（麥方尊,《集成》6015)
>
> 用作尊彝,用瓚(贊)井侯出入遟令。　　　　　（麥方彝,《集成》9893)

此字早期學者如徐同柏、孫詒讓等釋爲"匡"。後來,雖然有徐中舒先生提出讀{將}的觀點,但似乎並沒有得到公認。不少學者,如李孝定先生等仍主張從舊說釋"匡",而唐蘭先生則以爲《說文》"迁"字而讀"皇"或"眶",訓爲"美"。近年黃德寬先生《說遟》一文,正是利用楚簡以"遟"表{將}這一重要綫索,重新對金文"遟"字用例加以檢討,大體肯定了徐先生的觀點,並作了較深入的補充論證,終於使讀{將}之說得以肯定下來。不過他改訓麥方尊銘"遟(將)天子休告"之{將}爲"大"或"美",則恐不可從。此{將}實仍用"將奉"之義。

第三個例子,是與上一節講到的以"凶"表{使}有關的。二十世紀七

---

① 見張桂光《古文字考釋四則》、《甲骨文"🦅"字形義再釋》,均收入所著《古文字論集》,中華書局,2004 年 10 月。

② 裘錫圭《甲骨文中的見與視》,《甲骨文發現一百周年學術研討會論文集》,文史哲出版社,1998 年 5 月。

③ "又"字的考釋,見陳劍《甲骨金文舊釋"尤"之字及相關諸字新釋》,載其所著《甲骨金文考釋論集》,綫裝書局,2007 年 4 月。

十年代在陝西周原一帶發現的甲骨卜辭中常見"囟"字①。例如：

> 癸巳彝文武帝乙宗，貞：王其卲囗成唐，犧禦，服二女，其彝：血
> 牡三豚三，囟有正？　　　　　　　　　　　　　　　　　（H11：1）

> 【囗囗】囗文武【囗囗】王其卲帝【囗】天囗，典册周方白【囗囗】，囟
> 正、亡左【囗囗】王受有祐　　　　　　　　　　　　　　（H11：82）

> 一戠，囟亡咎？　　　　　　　　　　　　　　　　　　　（H11：28）

> 囗囗告于天，囟亡咎？　　　　　　　　　　　　　　　　（H11：96）

> 祠自萬于壴，囟亡省？　　　　　　　　　　　　　　　　（H11：20）

> 貞：王其囗用胄，叀囗胄乎棄囗，囟不每（悔）王囗（?）？

> 　　　　　　　　　　　　　　　　　　　　　　　　　　（H11：174）

> 自三月至於三月＝唯五月，囟尚？　　　　　　　　　　　（H11：2）

過去較有影響的有兩類意見，一類是讀爲"思"或"斯"，作語詞理解②；一類是讀爲"思"，訓爲"願"③。語詞說中還有不少差別。但諸說都多少存在一些問題，筆者曾在《論周原甲骨和楚系簡帛中的"囟"與"思"》一文中作過詳細的辯議，此不贅述。在該文中，筆者根據楚系簡帛中以"囟"或表｛使｝的用字習慣，推論上舉周原甲骨中的"囟"也應讀爲｛使｝，表示使成某種結果。"囟（使）有正"、"囟（使）亡咎"、"囟（使）亡省"、"囟（使）不悔王"等，文例與《包山》238 的"囟（使）左尹㡾踐復處"、秦家嘴楚簡 1・3 的"囟（使）紫之疾速瘥"、《周易・損》六四爻辭的"損其疾，使遄有喜，无咎"等尤爲吻合。

2002 至 2003 年，陝西扶風齊家村又有卜骨出土，其中 H90：79 刻辭

---

① 材料據曹瑋編著《周原甲骨文》，世界圖書出版公司北京公司，2002 年 12 月。

② 李學勤、王宇信《周原卜辭選釋》，《古文字研究》第四輯，中華書局，1980 年 12 月；李學勤《續論西周甲骨》，《中國語文研究》第七期，1985 年 3 月；又《竹簡卜辭與商周甲骨》，《鄭州大學學報》1989 年第 2 期；張玉金《關於周原甲骨文的"囟"字及其命辭語言本質問題》，載所著《甲骨卜辭語法研究》，70～76 頁，廣東高等教育出版社，2002 年 6 月。

③ 夏含夷《試論周原卜辭△字──兼論周代貞卜之性質》，《古文字研究》第十七輯，中華書局，1989 年 6 月。

也有"凶"字。其文如下①：

> a. 翌日甲寅其尼，凶瘥？（筮數略，下同）
>
> b. 其神，凶又(有)瘥？
>
> c. 我旣尼、神，凶又(有)【瘥】？

何琳儀、程燕兩位先生已據拙說讀"凶"爲{使}，並釋出"尼"字②，這些都是筆者所贊同的。不過，他們將 a 意譯爲："第二天甲寅，災難使其患疾病？"又推測 b 句意爲"其神靈使(巫)治療疾病"，則似有可商。按，此卜辭中的"瘥"字，也見於殷墟甲骨文，裘錫圭先生指出，它就是當疾愈講的{慧}的專字，可看作是爲了表示{慧}的疾愈這一引申義加"疒"旁而成的分化字。這一音義在古書中記作"慧"，如《方言》卷三："南楚病愈者謂之差，或爲之間……或爲之慧。"《黄帝内經·素問·藏氣法時論》："心病者，日中慧，夜半甚，平旦靜。"③上揭卜辭顯然是主人有病而卜。其中，a 和 b 爲一組，記錄癸丑日所卜内容。"尼"和"神"應是兩種祭禱之類的活動，其含義待考。卜者分別提出這兩種方案，卜問在翌日甲寅執行之，神明是否會使其病有慧。c 所記錄的則應是進行過"尼"和"神"之後的又一次卜問。大概是前一卜問得到的是肯定的回答，於是將"尼"和"神"的方案付諸實施了，但仍恐其所爲未達神聽，或心存疑惑，所以特明告神明"我旣尼、神"，卜問神明是否使其病愈。

2003 年底，陝西岐山周公廟遺址又發現龜甲刻辭，在已披露的少量材料中也可見到"凶"字：

> □五月𢿛(哉)死霸壬午，衍祭巂、繁事？ 缶(繇)：者(諸)□……來。厽(厥)至，王凶克逸(?)于宵(?)。　　　　　　　　(2-1)
>
> 曰：□□□□□凶妹克逸(?)于宵(?)。　　　　　　　　　　　(1-2)

---

① 摹本見曹瑋《周原新出甲骨文研究》，《考古與文物》2003 年第 4 期。

② 何琳儀、程燕《釋尼——兼釋齊家村 H90 西周甲骨》，《2004 年安陽殷商文明國際學術研討會論文集》，社會科學文獻出版社，2004 年 9 月。

③ 裘錫圭《殷墟甲骨文"慧"字補說》，《華學》第二輯，中山大學出版社，1996 年 12 月。

　　覎馬，衛于馬自，勿乎(呼)人于逆它，終囟亡咎。　　　　　(2－2)

"囟"所在句子似均屬占辭，其中2－1和1－2所涉應是同一事件。雖然
還有一些字不能確釋，文意還不是十分清楚，但馮時先生和董珊先生從拙
說讀"囟"爲{使}①，總的來說應該還是合適的。董珊先生認爲"囟(使)"
後省略了兼語成分，是一個很值得重視的見解。從文例看，2－2"囟亡咎"
可用副詞{終}修飾，顯然對於將"囟"理解成句首語詞的意見是很不利的。
又如1－2言"囟妹克逸(?)于宵(?)"，"妹"在甲骨文和早期金文中表示一
個否定詞②，結合2－1考慮，"克逸(?)于宵(?)"似應是一種積極的正面的
結果，然則作爲其否定形式的"妹克逸(?)于宵(?)"應表示消極的負面的
情況，這對於將"囟"理解成"思願"義之{思}的意見也是很不利的。而我
們讀{使}則都能較好地講通。這些都得益於楚簡以"囟"爲{使}的啓示和
佐證。

　　以上幾個例子，都屬於直接根據楚簡某些用字現象去釋讀其他古文
字的情況。此外，在許多時候，由於楚系簡帛中某些"字形—音義"對應關
係的確定，使得某些字形或部件的音讀也得以確定，從而爲其他古文字資
料中相關字形的考釋提供有力的支撐點，甚至起到決定性的作用。這方
面學界也已作出不少實績，例如陳劍先生根據楚簡中仇匹、仇讎之{仇}常
作"栽"(栽)，推論西周金文與"栽"聲符相同，也應讀爲{仇}③。又如，
趙平安先生根據楚系簡帛"達"讀{失}或{逸}，推論甲骨文"奉"(奉)從
"止"在"牽"(桎梏之形)外會意，爲逃逸之{逸}的本字④。又如，劉釗先生
根據楚簡中{淺}、{察}、{竊}等詞常用以"艸"爲聲符的字形來記錄，推論
"艸"古讀爲齒音元部、月部，特別是聯繫{淺}通常作"淺"，從"戔"，推論西

---

① 馮時《陝西岐山周公廟出土甲骨文的初步研究》、董珊《試論周公廟龜甲卜辭及其相關
問題》，《古代文明》第五卷，文物出版社，2006年12月。

② 參上注董珊文。

③ 陳劍《據郭店簡釋讀西周金文一例》，載其所著《甲骨金文考釋論集》，綫裝書局，2007
年4月。

④ 趙平安《戰國文字的"遊"與甲骨文"奉"爲一字說》，《古文字研究》第二十二輯，中華書
局，2000年7月。

周金文從"草"聲的、、，相當於文獻中的"踐"或"剗"，也即"翦伐"之{翦}①。【修訂本按：劉先生此說尚可討論，參看林澐先生《究竟是"翦伐"還是"撲伐"》（《古文字研究》第二十五輯，中華書局，2004 年 10 月）。】再如，陳偉武先生、陳劍先生都曾從楚簡{慎}作"訢"、"𧩾"、"𣂪"等形的事實出發，對金文、璽印中相關字形的釋讀作了一番新的檢討，得出不少新認識②。類似的研究還有不少，儘管某些具體觀點還不一定可以馬上視爲定論，但無疑都是近年來古文字疑難問題研究上的新突破。當然，這一類的研究不僅僅涉及用字記詞習慣問題，分析過程也比較曲折複雜，但楚系簡帛中某些明確的"字形—音義"對應關係確實起到很關鍵的作用。

第三節　有利於先秦秦漢古籍的校讀

我們釋讀出土文獻，首先離不開傳世文獻的參照；反過來，出土文獻又爲傳世先秦秦漢古書的校讀提供新的依據。關於出土文獻對於校讀古籍的作用，裘錫圭先生曾先後幾次著文加以總結和論述，主要有《考古發現的秦漢文字資料對於校讀古籍的重要性》、《談談地下材料在先秦秦漢古籍整理工作中的作用》、《閱讀古籍要重視考古資料》、《簡帛古籍的用字方法是校讀先秦秦漢古籍的重要根據》等文③。從裘先生所論來看，地下材料無論從內容，還是字形、用字方法，都對於古籍的校讀多有裨益，其中用字方法一項，尤爲先生所着力強調。

裘先生在上述諸文中，舉了不少秦漢簡帛的例子，但由於爲文稍早的緣故，對楚系簡帛則較少涉及。不過其中的某些論述，在後來發表的楚簡資料中又可得到進一步印證。例如先生曾根據武威漢簡《儀禮》和馬王堆帛書《繆和》中設置的{設}記作"執"的現象，正確地指出傳世古書中有些

---

① 劉釗《利用郭店楚簡字形考釋金文一例》，《古文字研究》第二十四輯，中華書局，2002年 7 月。

② 陳偉武《舊釋"折"及從"折"之字平議》，《古文字研究》第二十二輯，中華書局，2000 年 7 月；陳劍《說慎》，《簡帛研究二〇〇一》，廣西師範大學出版社，2001 年 9 月。

③ 俱收入裘錫圭《中國出土古文獻十講》，復旦大學出版社，2004 年 12 月。

"埶"也應讀作{設},如《荀子‧儒效》的"人主用之則埶(設)在本朝而宜"等;更進一步糾正一些因不明此一用字習慣而造成的訛誤,如《淮南子‧泰族》的"輪圓輿方,轅從衡橫,勢〈埶(設)〉施便也",《禮記‧內則》的"少者執〈埶(設)〉牀與坐"等①。後來在郭店簡、上博簡中,也可以看到以"埶"表{設}的情況,如:

> 故爲政者,或論之,或養之,或由中出,或埶(設)之外。②
>
> 　　　　　　　　　　　　　　　　　　　　　　(《郭店‧尊德》30)
>
> □諸父兄,任諸子弟。大材,埶(設)諸大官,小材,埶(設)諸小官,因而施祿焉。③　　　　　　　　(《郭店‧六德》13～14)
>
> 埶(設)立師長,建樹之政。　　　　　　　(《上六‧用日》18)

這進一步將{設}用"埶"字形表示的實物證據明確提前到了先秦時代,裘先生據以校證古書的依據也更加充分了。

　　這裏想再介紹幾個利用楚系簡帛用字習慣校讀古籍的例子。

　　首先仍看以"思"爲{使}的問題。戰國時代的楚簡帛書中用"思"來記錄{使}的現象如此普遍,那麼在傳世的先秦秦漢古書中會不會也有類似情況呢?沈培先生正是在這樣的認識背景下,成功地對古書中一些以往被忽視或誤解的實應讀{使}的"思"字作出正確的釋讀④。現特將沈先生所討論到的我們認爲比較確定的文例轉錄如下:

> 昔武王克商,通道九夷、百蠻,使各以其方賄來貢,思(使)無忘職業。　　　　　　　　　　　　　　(《說苑‧辨物》)
>
> 赤帝大懾,乃說于黃帝,執蚩尤殺之于中冀,以甲兵釋怒,用大正

---

① 見《簡帛古籍的用字方法是校讀先秦秦漢古籍的重要根據》。

② 參看荊門市博物館《郭店楚墓竹簡》,175 頁注釋〔一六〕,文物出版社,1998 年 5 月。

③ 此文的考釋,見郭永秉《讀〈六德〉、〈子羔〉、〈容成氏〉札記三則》,武漢大學"簡帛網",2006 年 5 月 26 日。

④ 沈培《周原甲骨文裏的"囟"和楚墓竹簡裏的"囟"或"思"》,《漢字研究》第一輯,學苑出版社,2005 年 6 月。

順天，思（使）序紀于大帝。①　　　　　　　　（《逸周書·嘗麥》）

其在殷之五子，伯禹之命，假國無正，用胥興作亂，遂凶厥國，皇天衰禹，賜以彭壽，思（使）正夏略。　　　　　　（《逸周書·嘗麥》）

欽之哉，諸正敬功，爾頌審三節，無思（使）民因〈困〉。

（《逸周書·嘗麥》）

乃命百姓，遂享于富，無思（使）民疾。　　　（《逸周書·嘗麥》）

祈招之愔愔，式昭德音。思（使）我王度，式如玉，式如金。形民之力，而無醉飽之心。　　　　　　　　　　（《左傳》昭公十二年）

沈培先生認爲這些“思”應該讀作｛使｝，從文意看，都是十分合適的。其中《說苑·辨物》之“思”，《國語·魯語下》和《史記·孔子世家》異文正作“使”。《逸周書·嘗麥》的“無思（使）民困”、“無思（使）民疾”，與《上二·容成》的“思（使）民毋惑”、“思（使）民不疾”正可合證。

其實，《說苑·辨物》“思”異文作“使”，王叔岷先生《古籍虛字廣義》一書已經注意到了。該書以前在臺灣出版，最近才有了大陸版。先前討論楚系簡帛以“思”爲｛使｝的幾位學者，包括沈培先生，似都未嘗注意及之。王先生不但認爲《辨物》篇“‘思’猶‘使’也”，而且還指出《孟子》中下引“三‘思’字，亦皆與‘使’同義”②：

北宮黝之養勇也，不膚撓，不目逃，思以一豪挫於人，若撻之於市朝。　　　　　　　　　　　　　　　　　（《公孫丑上》）

伯夷……推惡惡之心，思與鄉人立，其冠不正，望望然去之，若將浼焉。　　　　　　　　　　　　　　　　　（《公孫丑上》）

伯夷……思與鄉人處，如以朝衣朝冠坐於塗炭也。　（《萬章下》）

王先生的眼光是敏銳的。不過，他所用的表述似乎容易讓人理解成“思”爲“使”義。準確地說，應該是“思”字被假借來表示｛使｝。

《嘗麥》篇的幾個“思”字，清儒孫詒讓在其《周書斠補》中已從文意推

---

① 　此處句讀從沈培先生文調整。

② 　王叔岷《古籍虛字廣義》，416 頁，中華書局，2007 年 6 月。

知彼等位置應爲一“俾使”義的詞，只是他沒想到直接讀“思”爲{使}，而是認爲“思”爲“卑”之誤，而“卑”又爲“俾”之省①。可謂與正確解釋失之交臂。

此外，《詩·大雅·文王有聲》云：

鎬京辟廱，自西自東，自南自北，無思不服。皇王烝哉！

“無思不服”鄭箋釋爲“心無不歸服者”，以“心思”義釋“思”字。後世學者或以“思”爲句中語助，或訓“斯”，或訓“有”②。筆者頗疑也應讀作{使}。“無使不服”，蓋言無使四方之人有不服者。

又《詩·魯頌·駉》云：

駉駉牡馬，在坰之野。薄言駉者，有驈有皇，有驪有黃，以車彭彭。思無疆，思馬斯臧。

駉駉牡馬，在坰之野。薄言駉者，有騅有駓，有騂有騏，以車伾伾。思無期，思馬斯才。

駉駉牡馬，在坰之野。薄言駉者，有驒有駱，有騮有雒。以車繹繹。思無斁，思馬斯作。

駉駉牡馬，在坰之野。薄言駉者，有駰有騢，有驔有魚，以車祛祛。思無邪，思馬斯徂。

沈培先生認爲“思無疆”、“思無期”、“思無斁”、“思無邪”之“思”讀爲虛詞{式}（表示“應、當”義），“思馬斯臧”、“思馬斯才”、“思馬斯作”、“思馬斯徂”之“思”讀爲{使}，“使馬”即御馬之意。但筆者倒是懷疑這些“思”字都可讀作{使}，作“使令”理解。

清儒汪梧鳳曾指出《駉》是祭馬祖之詩，最近韓高年先生將之同睡虎地秦簡祀先牧祝辭相比較，指出二者在主題、功能、禮俗背景以及文體特徵等方面有着相似性，《駉》詩的“文體來源，就是巫馬掌握的用以祈禱馬

---

① 〔清〕孫詒讓著，雪克點校《大戴禮記斠補（外四種）》，256、260頁，中華書局，2010年4月。

② 王叔岷《古籍虛字廣義》，416頁，中華書局，2007年6月。

祖先牧的祝辭"①。竊謂此說甚有道理。先牧祝辭云：

> 大夫先牧兇席，今日良日，肥豚清酒美白粱，到主君所。主君苟
> 屏詷馬，驅其殃，去其不祥。令其□者□，□者飲，律律弗御自行，弗
> 驅自出，令其鼻能糅（嗅）鄉（香？ 嚮？），令耳聰目明，令頭爲身衡，脊
> 爲身剛，脚爲身□（强？），尾善驅□，腹爲百草囊，四足善行。

（睡虎地秦簡《日書》甲種 157 背～159 背）

其中連用幾個"令"字句，正可與《駉》詩中的一系列"使"字句相互印證。
這些"使/令"領起的句子，都是在祈請神靈使得馬匹如何如何的祝禱
之辭。

第二個例子。我們知道，楚系簡帛中{焉}、{安}都可用"女"字形來表
示。誠如陳劍先生所指出，"女"字形"跟'女'字只爭一筆之有無，顯然很
容易發生訛誤"②。在楚簡中確實存在"女"誤作"女"的現象，例如：

> 子曰：私惠不懷德，君子不自留女〈女（焉）〉。

（《郭店·緇衣》41）

類似情況也見於馬王堆帛書：

> 濁而静之徐清，女〈女（安）〉以動之徐生。　　（馬帛《老子》乙本）

認識到這一點，可以幫助我們正確解讀古書中一些以往未得其解的
"女"字。如《禮記·樂記》有如下文字：

> 文侯曰："敢問溺音何從出也？"子夏對曰："鄭音好濫淫志，宋音
> 燕女溺志，衛音趨數煩志，齊音敖辟喬志；此四者皆淫於色而害於德，
> 是以祭祀弗用也。……"

"宋音燕女溺志"句，孔疏云："燕，安也。溺沒也。言宋音所安唯女子，所
以使人意志沒也。""女"理解成女子義。陳劍先生指出此解難通，"燕女"
在結構上應與"好濫"、"趨數"、"敖辟"相一致，爲聯合式，而所謂的"女"

---

① 韓高年《禮俗儀式與先秦詩歌演變》，270 頁，中華書局，2006 年 9 月。

② 陳劍《說"安"字》，載所著《甲骨金文考釋論集》，綫裝書局，2007 年 4 月。

字，實際上是"女"字之誤，讀爲安樂之｛安｝。按，陳說可從。之所以能作此解，正是受了包括楚簡在内的出土文獻用字現象啓發之故。

再看看第三個例子。《楚辭·天問》問殷代之事有如下一段：

> 該秉季德，厥父是臧。胡終弊于有扈，牧夫牛羊？干協時舞，何以懷之？平脅曼膚，何以肥之？有扈牧豎，云何而逢？擊牀先出，其命何從？恆秉季德，焉得夫朴牛？何往營班祿，不但還來？昏微遵迹，有狄不寧。何繁鳥萃棘，負子肆情？

其中"昏微遵迹，有狄不寧"一句，王逸注云："昏，闇也；遵，循也；迹，道也。言人有循闇微之道，爲婬妷之行者，不可以安其生也，謂晉大夫解居父也。"不顧上文之義，不明"有狄"所指，且以牽合解居父之事，殊不可從。孫詒讓爲之彌縫，讀"狄"爲"惕"①，終覺未安。後王國維著《殷卜辭所見先公先王考》，對《天問》篇上引一段文字所涉之人物、史事有極精辟的考證。王氏指出"有狄"即殺王亥之"有易"，謂"昏微"指王亥子上甲微。他說："所云'昏微遵迹，有狄不寧'者，謂上甲微能率循其先人之迹，有易與之有殺父之讎，故爲之不寧也。"②此說大體切合，故近人如臺靜農、湯炳正等多從之。然上甲微之名何以冠"昏"而稱"昏微"，則不無可疑。對此，王氏並未作進一步的解釋。臺靜農先生認爲，這與王氏所提出的殷人以日辰朝暮明晦命名之俗有關③。但終究文獻無徵，恐未足憑信。

筆者以爲"昏"字實當讀作｛聞｝。楚簡中習慣假借"昏"字來記錄｛聞｝，其例至夥，具體文例可參第一章第四節。"昏（聞）微遵迹，有狄不寧"蓋言：聞知上甲微"遵迹"，有狄氏乃恐懼不寧。所謂"遵迹"當然可以像王氏那樣理解爲能率循其先人之迹，但似乎還可更具體一點地理解爲繼承其先人擴張疆土的路綫。如果聯繫事情的前因後果來看，甚至可以認爲"遵迹"直接含有從其先人足迹往有狄之地復仇的意思。於是，有狄聞之自然不能寧處。這樣的解釋，不但化解了不須有的"昏微"的釋名問

---

① 孫詒讓《札迻》，400 頁，中華書局，1989 年 1 月。

② 見王國維《觀堂集林》，第二册，418～422 頁，中華書局，1959 年 6 月。

③ 臺靜農《〈楚辭·天問〉新箋》，76 頁，藝文印書館，1972 年 5 月。

題,而且文意也更顯順洽了。《天問》也是戰國楚地的作品,其中保留與楚簡相同的用字現象,是完全可以理解的。

第四節　有利於漢語上古音的研究

古文字資料對於漢語上古音研究的作用,已越來越受到音韻學界的重視。研究上古音所依據的材料最主要的有三個方面,即押韻、諧聲、通假。其中後兩項都與本書所探討的字形與音義之對應關係直接相關。不言而喻,楚系簡帛所見字形與音義之對應關係,是研究戰國楚地語音的重要依據,也給整個漢語上古音的研究提供了新的基本素材。

利用楚系簡帛作音韻學研究,近年來陸續有一些成果出現,其中最主要的當數趙彤先生的《戰國楚方言音系》①。該書主要根據《楚辭》、《莊子》和楚簡的材料,全面研究戰國楚方言的聲、韻、調系統,創獲良多。例如,書中指出某些中古讀舌根音的字在戰國楚方言中讀雙唇音,並對其來源及演變軌跡提出較爲合理的解釋;又如,指出一部分脂部字在戰國楚方言中轉入微部,等等,都是很有價值的觀點。而這些觀點的提出,正是很大程度上基於對楚簡用字表詞習慣的考察。類似的例子,在該書中隨處可見,詳細的情形這裏不想作過多的引述。

我們想着重就自己注意所及,提出另外一些值得注意的語音現象。

第一,歌類韻、魚類韻、宵類韻之間接觸較多。

1.｛瘥｝記作"瘥"、"瘀"、"瘦"

病愈義之｛瘥｝在楚簡中是一個常見詞,在卜筮祭禱類簡文中尤爲多見。用得最多的記錄字形是"瘥",例如:

盬吉以保家爲左尹舵貞:旣腹心疾,以上氣,不甘食,久不瘥(瘥),尚速瘥(瘥),毋有祟? 占之:恆貞吉,疾難瘥(瘥)。

(《包山》236)

---

① 趙彤《戰國楚方言音系》,中國戲劇出版社,2006 年 5 月。

占之：恆吉，病遅瘻(瘥)。 (《包山》243)

☐速瘻(瘥)，毋以其故有咎？占之：恆貞吉，疾少遅瘻(瘥)，又(有)☐ (《望山》1·44～45)

☐□之，速□其膾(禽)禱之：速瘻(瘥)，賽☐[①] (《望山》1·52)

☐無大咎，疾遅瘻(瘥)，有祟，以其故敚之，賽禱☐ (《望山》1·61)

☐疾，尚速瘻(瘥)？定占之：恆貞無咎，疾遅瘻(瘥)，有瘖。 (《新蔡》甲三24)

☐君貞：既有疾，尚速瘻(瘥)，毋有咎？占之：難瘻(瘥)。 (《新蔡》甲三194)

太宰謂陵尹："君入而語僕之言於君王：君王之癃從今日以瘻(瘥)。" (《上四·柬大》20)

或作"瘧"，如：

☐無咎。疾遅瘧(瘥)。 (《新蔡》甲三173)

☐無咎。疾遅瘧(瘥)，有瘖。 (《新蔡》乙三39)

還有作"痄"者：

☐【占之】：吉。宜小痄(瘥)。 (《新蔡》甲三12)

"瘻"、"瘧"以"且"爲基本聲符，"痄"以"乍"爲基本聲符。"且"爲魚部字，"乍"爲鐸部字。{瘥}這個詞文獻作"瘥"，以"差"爲聲符，古音應歸歌部。

2. {格}、{略}記作"迲"、"陛"

郭店楚簡《緇衣》二見"迲"字形，分别讀作法式義之{格}和約略

---

① 此簡的理解，參看拙著《簡帛文獻與文學考論》，111頁、129頁注釋〔2〕，中山大學出版社，2007年12月。

之{略}：

> 子曰：君子言又物，行有迭（格），此以生不可敓志，死不可敓名。
>
> （《郭店·緇衣》37～38）
>
> 精智，迭（略）而行之。 （《郭店·緇衣》39）

此二處傳世本分別作"格"和"略"。上博簡相應的位置則作"陞"字形：

> 子曰：君子言又物，行有陞（格），此以生不可敓志，死不可敓名。
>
> （《上一·緇衣》19）
>
> 精智，陞（略）而行之。 （《上一·緇衣》19）

後來，在《上五》中又出現"迭"，筆者曾指出應讀{略}[①]：

> "☐者，可迭（略）而告也。"子曰："小子，來，聖（聽）余言：登年不
> 恆至，耆老不復壯……" （《上五·弟子》5）

{格}、{略}傳世文獻寫作"格"、"略"，都以"各"爲聲符，古音在鐸部。
而楚簡用"迭"、"陞"來表示這兩個詞，都以"釆"爲聲符，"釆"的古音屬月
部。"各"、"釆"二聲系相通的文字學證據，前已有所發現，如戰國文字中
的"戟"既可以"釆"爲聲符，又可以"各"爲聲符。裘錫圭先生並據以指出
《說文》"袼"字爲雙聲字[②]，是很有道理的。"迭"、"陞"都可看作"迭"的
異體[③]。

3. {繕}記作"縫"、"繐"

修繕的{繕}楚簡寫作"縫"和"繐"：

> 城郭必修，縫（繕）甲利兵，必有戰心以守，所以爲長也。
>
> （《上四·曹沫》18）

---

① 拙稿《讀〈上博竹書（五）〉小記》，武漢大學"簡帛網"，2006 年 4 月 1 日。
② 參看裘錫圭《談談隨縣曾侯乙墓的文字資料》，所著《古文字論集》，中華書局，1992 年
8 月，417 頁；原載《文物》1979 年第 7 期。
③ 詳拙文《上博館藏楚簡文字考釋四則》，《江漢考古》2008 年第 2 期。

既戰,復舍,號令於軍中曰：緟(繕)甲利兵,明日將戰!

(《上四·曹沫》50～51)

"緟"和"纏"從"庶"得聲,"庶"爲魚部字。{繕}傳世文獻作"繕",從"善"聲,歸元部。陳劍先生改釋"緟"爲"纏",從字形來源看,是很有道理的。若"緟"確由"纏"變出,則應是有意的變形聲化,即將原聲符"廛"的上部改造成"庶"以表聲。"纏"和"繕"一樣也是元部字,所以這仍然是魚部與元部相通的例證①。

4. {徙}作"遄"、"屗"

遷徙之{徙}楚系簡帛寫作"遄"("遄"有時也省作"遏")、"屗"。例如：

命攻解於漸木位,且遄(徙)其處而樹之。　　　(《包山》250)

王遄(徙)於鄩郢之歲,八月己巳之日,鹽糈以馺靈爲平夜君貞。

(《新蔡》甲三 215)

爨月、獻馬、秋,不可以西遄(徙)。　　　(《九店》五六 90)

凡窋日,利以取妻,入人,屗(徙)家室。　　(《九店》五六 17 下)

"徙"({徙})古音在歌部②,而"遄"、"屗"以"少"爲聲符,"少"屬宵部。

5. {沙}作"塻"

《上三·周易》2云：

九二：乳(需)于塻(沙)。小有言,終吉。

{沙}古音在歌部,"塻"從"土"、"屗"聲,基本聲符爲宵部的"少"。

---

① 關於此問題的詳細討論,參看拙著《簡帛文獻與文學考論》,98 頁,中山大學出版社,
2007 年 12 月。

② 也有音韻學家歸支部,此從曾憲通先生說。關於"徙"、"遄"、"屗"諸字的釋讀,詳見曾
憲通《楚文字釋叢》,載所著《古文字與出土文獻叢考》,中山大學出版社,2005 年 1
月;又《秦至漢初簡帛篆隸的整理和研究》,《中國文字研究》第三輯,廣西教育出版社,
2002 年 10 月。

6. {衛}作"戔"、"戳"

楚系簡帛護衛之{衛}作"戔"：

> 九三：良馬由，利艱貞。曰：班（閑）車戔（衛），利有攸往。
>
> （《上三·周易》22）
>
> 君子相好，以自爲戔（衛）。豈媺是好，佳心是賴。
>
> （《上四·逸詩·交交》4）

字或加"止"旁作"戳"：

> 山陵不戳（衛），乃命山川四海。□□熱氣寒氣，以爲其戳（衛），以涉山陵，瀧汩凼瀨。　（《帛書》甲篇）

"衛"（{衛}）古音在月部。"戔"當分析爲從"戈"、"爻"聲，"戳"則爲"戔"之繁構。"爻"古音在宵部。楚簡另有一從"日"、"戔"聲的"晷"字，則讀爲{暴}[①]：

> 天加禍於楚邦，怕（霸）君吳王身至於郢。楚邦之良臣所晷（暴）骨，吾未有以憂其子。　（《上四·昭王》9～10）

"暴"（{暴}）古音屬藥部。可見，"戔"同時有宵類韻和歌類韻的讀音。

7. {者}作"敤"

《郭店·緇衣》16～17云：

> 子曰：長民敤（者）衣服不改，適容有常，則民德一。

"敤"原形作🔸，原整理者認爲是"者"字的訛變，有學者則認爲是"者"的壞字（《楚文字編》223頁）。其實，只要對比"者"之作🔸（《上一·緇衣》22），即可知🔸是由"者"、"少"兩個部件組成，故可隸定作"敤"，"少"應是"者"的累增聲符。"者"屬魚部，"少"屬宵部。

---

① 說詳陳劍《上博竹書〈昭王與龔之脽〉和〈柬大王泊旱〉讀後記》，"簡帛研究"網站，2005年2月15日。

8. “唬”表{乎}、{號}、{虐}

楚系簡帛“唬”字形極常見，多表示助詞{乎}或介詞{乎}。表助詞{乎}之例已見第五章，這裏補幾個介詞{乎}的用例：

> 罪莫厚唬(乎)甚欲，咎莫憯唬(乎)欲得，禍莫大唬(乎)不知足。
>
> （《郭店・老甲》5～6）
>
> 是故亡乎其身而存唬(乎)其詞，雖厚其命，民弗從之矣。
>
> （《郭店・成之》5）
>
> 尊德義，明唬(乎)民倫，可以爲君。　（《郭店・尊德》1）
>
> 德者，且莫大唬(乎)禮樂。　（《郭店・尊德》29）
>
> 莫親唬(乎)父母，死不顧，生何言乎？　（《上五・弟子》8）

“唬”又可記錄呼號、號令之{號}：

> □□是襄，天域是格，參化唬(號)呎，爲禹爲离，以司堵壤。
>
> （《帛書》甲篇）
>
> 終日唬(號)而不嚘，和之至也，和曰常，知和曰明。
>
> （《郭店・老甲》34）
>
> 禹然後始爲之唬(號)旗，以辨其左右，使民毋惑。
>
> （《上二・容成》20）
>
> □惕唬(號)，暮夜有戎，勿恤。　（《上三・周易》38）
>
> 初六：有孚不終，乃亂乃萃，若唬(號)，一斛(握)于笑，勿恤，往无咎。　（《上三・周易》42）
>
> 九五：渙其大唬(號)，渙其處，无咎。　（《上三・周易》55）

“唬”又可記錄暴虐、險虐之{虐}：

> 民乃宜怨，唬(虐)疾始生。　（《上二・容成》36）
>
> 屬公無道，唬(虐)於百豫，百豫反之。　（《上五・姑成》1）

“唬”字形顯然以“虎”爲聲，古音應屬魚部，它所記錄的虛詞{乎}也屬魚部。而“號”({號})在宵部，“虐”({虐})則在宵部對應的入聲藥部。

9.〔虐〕作"瘧"

楚簡〔虐〕又記作"瘧"：

> 《呂刑》云：非甬珏，制以刑，惟作五瘧（虐）之刑曰法。

（《郭店·緇衣》26～27）

"瘧"從"疒"、"虍"聲，基本聲符仍是魚部字"虎"。"瘧"蓋相當於藥部字"瘧"，此讀爲〔虐〕。

10.〔虐〕作"禤"

《上二·從甲》15 云：

> 毋暴，毋禤（虐），毋賊，毋貪。不修不武，謂之必成則暴，不教而殺則禤（虐），……

"禤"從"示"、"虍"聲，基本聲符也是"虎"。

11.〔虐〕作"戲"

《新蔡》甲三 64 云：

> □小臣成逢害戲（虐）

"戲"從"戈"、"虍"聲，基本聲符也是"虎"。

12."虡"表〔乎〕和〔虐〕

"虡"從"示"、"虎"省聲。旣可表魚部的〔乎〕，也可表藥部之〔虐〕。前者如：

> 其四章則喻矣，以琴瑟之悅擬好色之願，以鐘鼓之樂【擬□□之】好，反納於禮，不亦能改虡（乎）？　　（《上一·詩論》14＋12）
> 《鵲巢》出以百兩，不亦有邐（將）虡（乎）？　　（《上一·詩論》13）
> 《鹿鳴》以樂始而會以道，交見善而學，終虡（乎）不厭人。

（《上一·詩論》23）

後者如：

> 《吕刑》云：苗民非用靈，制以刑，惟作五虐（瘧）之刑曰法。
>
> （《上一·緇衣》14）

13. "虖"表｛乎｝、｛號｝

"虖"爲"虎"的衍生字。既可記錄魚部的｛乎｝，也可記錄宵部的｛號｝。"虖"表｛乎｝之文例已見於第五章。其表｛號｝者如：

> 旣戰，復舍，虖（號）令於軍中曰：繕甲利兵，明日將戰！
>
> （《上四·曹沫》50～51）

以上例 8～13 實質上是相通的，可概括爲從"虎"聲的系列字形，同時與魚類韻和宵類韻的詞發生對應關係。

從上面所列舉的材料可見，楚系簡帛中歌、魚、宵這三類韻部之間存在着相當密切的關係。這一點可以印證多數音韻學家關於上古此三類韻擁有相同主元音的擬測。趙彤先生在《戰國楚方言音系》中，把此三類區分爲兩系，魚類主元音構擬爲 ɔ，歌、宵主元音構擬爲 a，似乎不利於解釋上舉現象。

第二，之類韻和脂類韻也有較多接觸。

這一現象已引起一些學者的注意，如黄人二先生《從戰國之脂、中侵通押現象論之脂支、冬（中）東分部問題》一文曾有專門討論①。以下例 1～4 是黄文所涉及過的。

1. 以"寺"表｛夷｝

見於《郭店·窮達》6"管寺（夷）吾"，｛夷｝古音屬脂部，"寺"則爲之部字。楚系簡帛中，"寺"又記錄｛時｝、｛詩｝、｛侍｝、｛待｝，參看本書第一章第四節。

---

① 載黄人二《出土文獻論文集》，高文出版社，2005 年 8 月。

2. 以"㠯"表{夷}

《上三·周易》54～55 云：

六四：渙其羣，元吉。渙其丘，非㠯(夷)所思。

楚簡本之"㠯"，傳世本作"夷"，一般理解爲夷常之{常}。不少學者主張讀"㠯"爲第一人稱代詞{台}[1]，此暫不取。"㠯"可看作"司"增益聲符"呂"，也可看作"台"("呂"之繁文)增益聲符"㠯"("司"之省體)，無論如何，古音本應屬之部。楚簡中"㠯"多用來記錄開始之{始}，或言辭、辭讓之{辭}，例如：

有與㠯(始)，有與終也。　　　　　　　　　（《郭店·五行》18）

興邦家，治政教，從命則政不勞，弇戒先匿，則自己㠯(始)。

（《上二·從乙》1）

禹然後㠯(始)行以儉。　　　　　　（《上二·容成》21）

言以㠯(辭)，靜以久；非言不酬，非德無復。　（《郭店·語四》1）

《君奭》曰："襄我二人，毋有合在音。"蓋道不悅之㠯(辭)也。

（《郭店·成之》29）

擊鼓，禹必速出，冬不敢以寒㠯(辭)，夏不敢以暑㠯(辭)。

（《上二·容成》22）

{始}、{辭}古音也都在之部。

3. {一}作"羆"

具體文例見本書第五章，此不贅引。"羆"字過去出現在鄂君啓節中，學者們多分析爲從"羽"、"能"聲，並按之類韻的方向提出讀{能}、{盈}、

---

[1] 黃人二《從戰國之脂、中侵通押現象論之脂支、冬(中)東分部問題》，《出土文獻論文集》，高文出版社，2005年8月；陳英傑《楚簡札記五種》，《漢字研究》第一輯，學苑出版社，2005年6月；吳辛丑《楚竹書〈周易〉訓詁札記》，《古文字研究》第二十六輯，中華書局，2006年11月。

{代}等方案①。在新出楚簡證明"罷"應讀{一}之後,從"能"聲的說法似少見重提。但下引文例顯示這種結構分析仍有其合理性:

> 貴而罷(能)讓,則民欲其貴之上也。　　　　　(《郭店·成之》18)
> 能(一)與之齊,終身弗改之矣。　　　　　　(《郭店·六德》19)

前一句可對照《上五·君子》9:"貴而能讓,斯人欲其長貴也。"②後一句可對照《禮記·郊特牲》:"壹與之齊,終身不改。"③"罷"可讀作{能},也即"罷"讀若"能";而"能"又可讀作{一},也即"能"也可讀若"罷",所以"罷"所從的"能"確是充當聲符的。"能"({能})屬之部,而{一}屬脂部對應的入聲質部,這正是之、脂二類相通之證④。

4. {泥}作"圯"

《上三·周易》2云:

> 九三:乳(需)于圯(泥),至(致)寇至。

"圯"當分析爲從"土"、"匚"聲。"匚"實爲藏匿之{匿}的表意初文⑤。"匚"({匿})屬職部,{泥}脂部。

5. {尼}作"尼"

孔子字仲尼之{尼}(據《史記·孔子世家》,仲尼之"尼"取自山名"尼丘"),楚簡寫作"尼":

---

① 參看朱德熙、李家浩《鄂君啓節考釋(八篇)》,《朱德熙文集》第五卷,商務印書館,1999年9月。

② 參看周波《讀〈容城氏〉、〈君子爲禮〉劄記(二則)》,《出土文獻與古文字研究》第一輯,復旦大學出版社,2006年12月。

③ 參看陳偉《郭店竹書別釋》,120頁,湖北教育出版社,2003年1月。

④ "能"、"一"相通的音理解釋,可參王志平《"罷"字的讀音及相關問題》,《古文字研究》第二十七輯,中華書局,2008年9月。

⑤ 說詳黃德寬《戰國楚竹書(二)釋文補正》,"簡帛研究"網站,2003年1月21日;宋華强《郭店簡拾遺(二則)》,"簡帛研究"網站,2004年6月13日。

仲尼（尼）曰：夫賢才不可掩也。舉而所知；而所不知，人其捨之諸？

（《上三·中弓》10）

行人子羽問於子貢曰：仲尼（尼）與乎子產孰賢？

（《上五·君子》11）

"尼"應分析爲從"尸"、"匸"聲。"匸"（{匿}）職部，{尼}脂部。

6. {柅}作"柅"

《上三·周易》40云：

初六：繫于金柅（柅），貞吉。有攸往，見凶。

車柅之{柅}作"柅"，從"木"、"尼"聲，基本聲符爲"匸"。傳世文獻作"柅"，從"尼"聲，屬脂部。

7. {遲}作"迡"

近遲之{遲}楚簡記作"迡"：

因恆則固，察迡（遲）則無避，不黨則無怨。

（《郭店·尊德》17～18）

聞之曰：君子之相就也，不必才近迡（遲），樂☐

（《上二·從甲》13）

乃因迡（遲）以知遠，去苛而行簡，因民之欲，會天地之利。

（《上二·容成》9）

關於"迡"字的釋讀，周波先生有較詳細的討論[1]，可以參看。"迡"從"辵"、"匸"聲。而傳世文獻{遲}作"遲"，從"尼"聲，屬脂部。

以上例4～7是密切相關的，實質上就是傳世文獻中用"尼"聲系字表示的詞，楚簡多用以職部字"匿"之初文"匸"作聲符的字形來表示。類似的現象在傳世文獻中也有遺留，如"昵"之異體作"暱"等。

---

[1] 周波《讀〈容城氏〉〈君子爲禮〉劄記（二則）》，《出土文獻與古文字研究》第一輯，復旦大學出版社，2006年12月。

8. "囟"讀作｛使｝

具體文例見本章第一節。"囟"古音在脂部相應的陽聲真部，而｛使｝屬之部。

從上舉材料，可以看出之、脂兩類韻在楚系簡帛中存在較爲密切的關係，這究竟說明某些字或詞的讀音在這兩類韻之間産生流動轉變，還是說明在當時的楚方音裏這兩類韻確實存在較大的相似性，是值得我們作更進一步探索的。

當然，通過對楚系簡帛中字形與音義對應關係的考察，我們能夠獲得的有價值的語音現象還有不少。比如新蔡簡｛亥｝寫作"睘"、"還"、"嬛"，｛亥｝屬之部，而"睘"聲系的字在元部，似可推測當時一部分之部韻的詞，其元音已發生裂變而出現-i韻尾，因而變得與-n韻尾的詞讀音相近。筆者於古音之學知之甚少，不敢作過多的妄測，但略揭示其例於此，旨在引起有關專家更多的注意。相信這對於上古音系及其演變的研究將會大有裨益。

※　※　※　※　※　※　※　※　※　※　※

研究楚系簡帛中字形與音義的相互關係，其最本體的意義，應當是在於幫助我們細緻地認識此一特定語料中的種種用字記詞現象及其規律，從而增進我們對漢語字詞關係史的認識。這一意義顯然已體現在本項研究的過程本身。所以，本章所論述的是此本體意義之外的另外幾項實用的意義。至於對其本體意義的進一步提煉升華，並放到整個漢語字詞關係史的大框架內作更多的闡發，並進而促進"歷史漢字學"的學科建構，則將是筆者今後所要努力的一個方向。

參考文獻

一、材料來源類(略以出版時間爲序,下同)

《長沙仰天湖出土楚簡研究》,史樹青著,群聯出版社,1955 年 6 月。

《楚帛書》,饒宗頤、曾憲通編著,中華書局香港分局,1985 年 9 月。

《信陽楚墓》,河南省文物研究所編,文物出版社,1986 年 3 月。

《曾侯乙墓》,湖北省博物館編,文物出版社,1989 年 7 月。

《包山楚簡》,湖北省荆沙鐵路考古隊編,文物出版社,1991 年 10 月。

《望山楚簡》,湖北省文物考古研究所、北京大學中文系編,中華書局,1995 年
　　6 月。

《楚系簡帛文字編》,滕壬生,湖北教育出版社,1995 年 7 月。

《戰國楚竹簡匯編》,商承祚,齊魯書社,1995 年 11 月。

《郭店楚墓竹簡》,荆門市博物館編,文物出版社,1998 年 5 月。

《九店楚簡》,湖北省文物考古研究所、北京大學中文系編,中華書局,2000 年
　　5 月。

《上海博物館藏戰國楚竹書(一)》,馬承源主編,上海古籍出版社,2001 年 11 月。

《上海博物館藏戰國楚竹書(二)》,馬承源主編,上海古籍出版社,2002 年 12 月。

《新蔡葛陵楚墓》,河南省文物考古研究所編,大象出版社,2003 年 10 月。

《上海博物館藏戰國楚竹書(三)》,馬承源主編,上海古籍出版社,2003 年 12 月。

《上海博物館藏戰國楚竹書(四)》,馬承源主編,上海古籍出版社,2004 年 12 月。

《上海博物館藏戰國楚竹書(五)》,馬承源主編,上海古籍出版社,2005 年 12 月。

《上海博物館藏戰國楚竹書(六)》,馬承源主編,上海古籍出版社,2007 年 7 月。

《上海博物館藏戰國楚竹書(七)》,馬承源主編,上海古籍出版社,2008 年 12 月。

二、專書類

《觀堂集林》,王國維,中華書局,1959 年 6 月。

《雙劍誃諸子新證》，于省吾，中華書局，1962 年 8 月。

《甲骨文編》，中國科學院考古研究所編輯，中華書局，1965 年 9 月。

《〈楚辭·天問〉新箋》，臺靜農，藝文印書館，1972 年 5 月。

《金文詁林》，周法高主編，香港中文大學，1975 年。

《古漢語虛詞》，楊伯峻，中華書局，1981 年 2 月。

《上古音手冊》，唐作藩，江蘇人民出版社，1982 年 9 月。

《同源字典》，王力，商務印書館，1982 年 10 月。

《說文通訓定聲》，〔清〕朱駿聲，中華書局，1984 年 6 月。

《金文編》，容庚編著，張振林、馬國權摹補，中華書局，1985 年 7 月。

《金文常用字典》，陳初生，陝西人民出版社，1987 年。

《說文解字注》，〔清〕段玉裁，上海古籍出版社，1988 年 2 月。

《說文解字詁林》，丁福保，中華書局，1988 年 4 月。

《文字學概要》，裘錫圭，商務印書館，1988 年 8 月。

《殷墟甲骨刻辭類纂》，姚孝遂主編，中華書局，1989 年 1 月。

《札迻》，〔清〕孫詒讓，中華書局，1989 年 1 月。

《古字通假會典》，高亨纂著，董治安整理，齊魯書社，1989 年 7 月。

《古文字論集》，裘錫圭，中華書局，1992 年 8 月。

《包山楚簡文字編》，張光裕、袁國華，藝文印書館，1992 年 11 月。

《睡虎地秦簡文字編》，陳振裕、劉信芳，湖北人民出版社，1993 年 12 月。

《周易義證類纂》，《聞一多全集》（10），聞一多，湖北人民出版社，1993 年 12 月。

《周易集解纂疏》，〔清〕李道平撰，潘玉廷點校，中華書局，1994 年 3 月。

《裘錫圭自選集》，裘錫圭，河南教育出版社，1994 年 7 月。

《漢語大字典》三卷本，漢語大字典編輯委員會，四川辭書出版社、湖北辭書出版
　　社，1995 年 5 月。

《唐蘭先生金文論集》，唐蘭，紫禁城出版社，1995 年 10 月。

《金文形義通解》，張世超、孫凌安、金國泰、馬如森，中文出版社，1996 年 3 月。

《古璽通論》，曹錦炎，上海書畫出版社，1996 年 3 月。

《甲骨文字詁林》，于省吾主編，中華書局，1996 年 5 月。

《曾侯乙墓竹簡文字編》，張光裕、黃錫全、滕壬生主編，藝文印書館，1997 年
　　1 月。

《楚國簡帛文字構形系統研究》,李運富,嶽麓書社,1997 年 10 月。

《包山楚簡所見楚官制研究》,文炳淳,臺灣大學碩士學位論文(導師:葉國良教授),1998 年 1 月。

《徐中舒歷史論文選輯》,徐中舒,中華書局,1998 年 9 月。

《戰國古文字典》,何琳儀,中華書局,1998 年 9 月。

《郭店楚簡研究第一卷:文字編》,張光裕主編、袁國華合編,藝文印書館,1999 年 1 月。

《簡帛兵學文獻探論》,陳偉武,中山大學出版社,1999 年 11 月。

《古漢語詞義論》,張聯榮,北京大學出版社,2000 年 5 月。

《讀書雜志》,〔清〕王念孫,江蘇古籍出版社影印,2000 年 9 月。

《馬王堆簡帛文字編》,陳松長,文物出版社,2001 年 6 月。

《銀雀山漢簡文字編》,駢宇騫,文物出版社,2001 年 7 月。

《殷周金文集成引得》,張亞初,中華書局,2001 年 7 月。

《郭店楚簡校讀記(增訂本)》,李零,北京大學出版社,2002 年 3 月。

《漢字構形學講座》,王寧,上海教育出版社,2002 年 3 月。

《戰國竹書研究》,楊澤生,中山大學博士學位論文(導師:曾憲通教授),2002 年 4 月。

《甲骨卜辭語法研究》,張玉金,廣東高等教育出版社,2002 年 6 月。

《金文引得(春秋戰國卷)》,華東師範大學中國文字研究與應用中心編,廣西教育出版社,2002 年 10 月。

《郭沫若全集・考古編》第五卷,郭沫若,科學出版社,2002 年 10 月。

《周原甲骨文》,曹瑋編著,世界圖書出版公司北京公司,2002 年 10 月。

《孔子詩論述學》,劉信芳,安徽大學出版社,2003 年 1 月。

《戰國文字通論(訂補)》,何琳儀,江蘇教育出版社,2003 年 1 月。

《郭店竹書別釋》,陳偉,湖北教育出版社,2003 年 1 月。

《郭店竹簡〈性自命出〉研究》,李天虹,湖北教育出版社,2003 年 1 月。

《古本〈尚書〉文字研究》,林志強,中山大學博士學位論文(導師:曾憲通教授),2003 年 4 月。

《楚喪葬簡牘集釋》,劉國勝,武漢大學博士學位論文(導師:陳偉教授),2003 年 5 月。

《郭店楚簡老子校釋》，廖名春，清華大學出版社，2003 年 6 月。

《故訓匯纂》，宗福邦、陳世鐃、蕭海波主編，商務印書館，2003 年 7 月。

《上博楚簡〈容成氏〉注釋考證》，邱德修，臺灣古籍出版有限公司，2003 年 10 月。

《郭店楚簡校釋》，劉釗，福建人民出版社，2003 年 12 月。

《楚文字編》，李守奎，華東師範大學出版社，2003 年 12 月。

《出土簡帛叢考》，廖名春，湖北教育出版社，2004 年 2 月。

《楚簡道家文獻辨證》，鄭剛，汕頭大學出版社，2004 年 3 月。

《論郭店簡〈唐虞之道〉、〈忠信之道〉、〈語叢〉一～三以及上博簡〈緇衣〉爲具有齊
　系文字特點的抄本》，馮勝君，北京大學博士後工作報告（導師：裘錫圭教授），
　2004 年 7 月。

《古文字論集》，張桂光，中華書局，2004 年 10 月。

《中國出土古文獻十講》，裘錫圭，復旦大學出版社，2004 年 12 月。

《古文字與出土文獻叢考》，曾憲通，中山大學出版社，2005 年 1 月。

《〈大戴禮記〉彙校集注》，黃懷信主撰，孔德立、周海生參撰，三秦出版社，2005 年
　1 月。

《尚書校釋譯論》，顧頡剛、劉起釪，中華書局，2005 年 4 月。

《中國古代文明研究》，李學勤，華東師範大學出版社，2005 年 4 月。

《上博楚簡文字研究》，張新俊，吉林大學博士學位論文（導師：吳振武教授），
　2005 年 4 月。

《出土文獻論文集》，黃人二，高文出版社，2005 年 8 月。

《古漢語詞彙綱要》，蔣紹愚，商務印書館，2005 年 9 月。

《簡帛文獻〈五行〉箋證》，魏啓鵬，中華書局，2005 年 12 月。

《古文字構形學》，劉釗，福建人民出版社，2006 年 1 月。

《新蔡葛陵楚墓竹簡文字編》，張勝波，吉林大學碩士學位論文（導師：吳振武教
　授），2006 年 4 月。

《戰國楚方言音系》，趙彤，中國戲劇出版社，2006 年 5 月。

《禮俗儀式與先秦詩歌演變》，韓高年，中華書局，2006 年 9 月。

《〈上海博物館藏戰國楚竹書（四）〉讀本》，季旭昇主編，萬卷樓圖書股份有限公
　司，2007 年 3 月。

《甲骨金文考釋論集》，陳劍，綫裝書局，2007 年 4 月。

《新蔡楚簡的初步研究》，宋華强，北京大學博士學位論文（導師：李家浩教授），
　　2007 年 5 月。

《古籍虛字廣義》，王叔岷，中華書局，2007 年 6 月。

《簡帛文獻與文學考論》，陳斯鵬，中山大學出版社，2007 年 12 月。

《漢字漢語論稿》，李運富，學苑出版社，2008 年 1 月。

《戰國時代各系文字間的用字差異現象研究》，周波，復旦大學博士學位論文（導
　　師：裘錫圭教授），2008 年 4 月。

《郭店簡與上博簡對比研究》，馮勝君，綫裝書局，2008 年 7 月。

《文物中的古文明》，李學勤，商務印書館，2008 年 10 月。

《戰國竹書研究》，楊澤生，中山大學出版社，2009 年 12 月。

《新蔡葛陵楚簡初探》，宋華强，武漢大學出版社，2010 年 3 月。

《大戴禮記斠補（外四種）》，〔清〕孫詒讓著，雪克點校，中華書局，2010 年 4 月。

三、論文類

《釋吕》，金祥恆，《中國文字》第 8 册，藝文印書館，1962 年 6 月。

《〈中山壺〉〈中山鼎〉銘文試釋》，趙誠，《古文字研究》第一輯，中華書局，1979 年
　　8 月。

《釋“弁”》，李家浩，出處同上。

《琱生毀新釋》，林澐，《古文字研究》第三輯，中華書局，1980 年 11 月。

《周原卜辭選釋》，李學勤、王宇信，《古文字研究》第四輯，中華書局，1980 年
　　12 月。

《令、命的分化》，洪家義，《古文字研究》第十輯，中華書局，1983 年 7 月。

《楚國官印考釋（四篇）》，李家浩，《江漢考古》1984 年第 2 期。

《續論西周甲骨》，李學勤，《中國語文研究》第 7 期，1985 年 3 月。

《豊豐辨》，林澐，《古文字研究》第十二輯，中華書局，1985 年 12 月。

《從戰國“忠信”印談古文字中的異讀現象》，李家浩，《北京大學學報（哲學社會科
　　學版）》1987 年第 2 期。

《釋卪》，陸錫興，《考古》1987 年第 12 期。

《竹簡卜辭與商周甲骨》，李學勤，《鄭州大學學報》1989 年第 2 期。

《試論周原卜辭△字——兼論周代貞卜之性質》，夏含夷，《古文字研究》第十七

輯，中華書局，1989 年 6 月。

《說戚、我》，林澐，出處同上。

《多友鼎的"卒"字及其他》，李學勤，所著《新出青銅器研究》，文物出版社，1990
　　年 6 月。

《釋殷墟卜辭中的"卒"和"裨"》，裘錫圭，《中原文物》1990 年第 3 期。

《"包山楚簡"文字考釋》，袁國華，《第二屆國際中國古文字學研討會論文集》，香
　　港中文大學中文系，1993 年 10 月。

《釋〈說文〉古文慎字》，劉樂賢，《考古與文物》1993 年第 4 期。

《釋"鏊"》，施謝捷，《南京師大學報》1994 年第 4 期。

《戰國秦漢同形字論綱》，陳偉武，《于省吾教授百年誕辰紀念文集》，吉林大學出
　　版社，1996 年 9 月。

《幽脂通轉舉例》，何琳儀，《古漢語研究》第一輯，中華書局，1996 年 11 月。

《殷墟甲骨文"彗"字補說》，裘錫圭，《華學》第二輯，中山大學出版社，1996 年
　　12 月。

《戰國文字"地域特點"質疑》，李運富，《中國社會科學》1997 年第 3 期。

《論漢語字詞形義關係的表述》，李運富，《湖北民族學院學報》1997 年第 4 期。

《甲骨文中的見與視》，裘錫圭，《甲骨文發現一百周年學術研討會論文集》，文史
　　哲出版社，1998 年 5 月。

《郭店楚簡〈天降大常〉（〈成之聞之〉）篇疏證》，郭沂，《孔子研究》1998 年第 3 期。

《郭店楚簡別釋》，陳偉，《江漢考古》1998 年第 4 期。

《關於郭店〈老子〉乙組一支殘簡的拼讀》，李家浩，《中國文物報》（總 649 期），
　　1998 年 10 月 28 日，第 3 版。

《郭店楚簡文字考釋》，黃德寬、徐在國，《吉林大學古籍整理研究所建所十五周年
　　紀念文集》，吉林大學出版社，1998 年 12 月。

《讀郭店楚墓竹簡札記：卞、絕爲棄作、民復季子》，季旭昇，《中國文字》新廿四
　　期，藝文印書館，1998 年 12 月。

《讀〈郭店楚墓竹簡〉瑣議》，李家浩，《郭店楚簡研究》（《中國哲學》第二十輯），遼
　　寧教育出版社，1999 年 1 月。

《雙聲字符綜論》，陳偉武，《中國古文字研究》第一輯，吉林大學出版社，1999 年
　　6 月。

《〈郭店楚墓竹簡〉讀後記》，白於藍，出處同上。

《郭店楚簡〈唐虞之道〉新釋》，周鳳五，《“中研院”歷史語言研究所集刊》第 70 本第 3 分，1999 年 9 月。

《鄂君啓節考釋（八篇）》，朱德熙、李家浩，《朱德熙文集》第五卷，商務印書館，1999 年 9 月。

《郭店楚簡〈六德〉諸篇零釋》，陳偉，《武漢大學學報》1999 年第 5 期。

《郭店竹簡選釋》，何琳儀，《文物研究》總第 12 輯，1999 年 12 月。

《讀郭店楚墓竹簡札記（10 則）》，陳斯鵬，《中山大學學報論叢》1999 年第 6 期。

《郳燕書說——郭店楚簡中山三器心旁文字試說》，龐樸，《郭店楚簡國際學術研討會論文集》，湖北人民出版社，2000 年 5 月。

《郭店竹簡的形體特徵及其分類意義》，周鳳五，出處同上。

《郭店楚簡散論（一）》，顏世鉉，出處同上。

《郭店楚簡〈性自命出〉篇箋釋》，劉昕嵐，出處同上。

《試說郭店簡〈成之聞之〉兩章》，李學勤，《煙臺大學學報》2000 年第 4 期。

《說干、盾》，林澐，《古文字研究》第二十二輯，中華書局，2000 年 7 月。

《戰國文字的“遊”與甲骨文“奉”爲一字說》，趙平安，出處同上。

《舊釋“折”及從“折”之字平議》，陳偉武，出處同上。

《出土簡策中的“軒”和“圓軒”考》，李守奎，出處同上。

《釋郭店竹簡〈成之聞之〉篇中的“肘”》，李天虹，出處同上。

《郭店楚墓識小錄》，陳偉武，《華學》第四輯，紫禁城出版社，2000 年 8 月。

《郭店楚墓竹簡考釋補正》，陳斯鵬，出處同上。

《郭店楚簡〈老子〉異文的語法學考察》，董琨，《中國語文》2001 年第 4 期。

《包山祭禱簡研究》，李家浩，《簡帛研究二○○一》，廣西師範大學出版社，2001 年 9 月。

《信陽楚簡第 1 組 38 號和 3 號研究》，楊澤生，出處同上。

《說慎》，陳劍，出處同上。

《讀郭店楚簡〈成之聞之〉與〈老子〉札記》，崔永東，出處同上。

《定州漢簡〈論語〉校讀舉例》，陳斯鵬，出處同上。

《論漢字職能的變化》，李運富，《古漢語研究》2001 年第 4 期。

《說郭店楚簡中的“肆”》，沈培，《語言》第二卷，首都師範大學出版社，2001 年

12 月。

《郭店簡幾個字詞的考釋》，楊澤生，《中國文字》新廿七期，藝文印書館，2001 年
　　12 月。

《〈詩論〉字義疏證》，孟蓬生，廖名春編《新出楚簡與儒學思想國際學術研討會論
　　文集》，2002 年 3 月。

《〈孔子詩論〉新釋文及注解》，周鳳五，《上博館藏戰國楚竹書研究》，上海書店出
　　版社，2002 年 3 月。

《讀〈上海博物館藏戰國竹書（一）〉劄記》，劉釗，出處同上。

《試說〈孔子詩論〉中的篇名〈中氏〉》，楊澤生，出處同上。

《〈詩論〉與〈詩〉》，李學勤，姜廣輝主編《經學今詮三編》（《中國哲學》第二十四
　　輯），遼寧教育出版社，2002 年 4 月。

《曾姬無卹壺銘文新釋》，黃德寬，《古文字研究》第二十三輯，中華書局、安徽大學
　　出版社，2002 年 6 月。

《郭店楚墓竹簡考釋一則》，郝士宏，出處同上。

《上海博物館藏〈詩論〉第二簡的釋讀問題》，范毓周，《東南文化》2002 年第 7 期。

《利用郭店楚簡字形考釋金文一例》，劉釗，《古文字研究》第二十四輯，中華書局，
　　2002 年 7 月。

《說遘》，黃德寬，出處同上。

《楚系簡帛釋讀掇瑣》，陳偉武，出處同上。

《〈說文〉古文與楚文字互證三則》，李守奎，出處同上。

《"谷"及相關諸字考辨》，黃文傑，出處同上。

《秦至漢初簡帛篆隸的整理和研究》，曾憲通，《中國文字研究》第三輯，廣西教育
　　出版社，2002 年 10 月。

《釋包山楚簡中的"阞門有敗"——兼釋"司敗"》，蘇傑，出處同上。

《郭店楚簡字詞考釋（續）》，孟蓬生，《簡帛語言文字研究》第一輯，巴蜀書社，2002
　　年 11 月。

《說"屮"及其相關諸字》，陳斯鵬，《中國文字》新廿八期，藝文印書館，2002 年
　　12 月。

《上博簡〈容成氏〉的拼合與編連問題》，陳劍，"簡帛研究"網站，2003 年 1 月 9 日。

《上海博物館藏〈戰國楚竹書·緇衣〉所引〈尚書〉文字考》，臧克和，《古籍整理研

究學刊》2003 年第 1 期。

《讀上博楚簡(二)札記(壹)》,黃錫全,"簡帛研究"網站,2003 年 2 月 25 日。

《郭店楚墓竹簡从"匕"諸字以及與此相關的詞語考釋》,袁國華,《"中研院"歷史語言研究所集刊》第 74 本第 1 分,2003 年 3 月。

《滬簡二册選釋》,何琳儀,《學術界》2003 年第 1 期。

《論漢字的記錄功能(上、下)》,李運富,《徐州師範大學學報》2003 年第 1、4 期。

《新出楚系竹簡中的專用字綜議》,陳偉武,《華學》第六輯,紫禁城出版社,2003 年 6 月。

《上博簡〈緇衣〉篇"悉"字解》,沈培,出處同上。

《戰國竹簡〈民之父母〉中的"才辯"》,李家浩,《第四屆國際中國古文字學研討會論文集》,香港中文大學中文系,2003 年 10 月。

《戰國竹簡與傳世子書字詞合證》,陳偉武,出處同上。

《讀包山楚簡札記》,劉樂賢,出處同上。

《新蔡楚簡所見的"顓頊"與"雎漳"》,董珊,"簡帛研究"網站,2003 年 12 月 7 日。

《新蔡葛陵楚簡札記》,徐在國,"簡帛研究"網站,2003 年 12 月 7 日。

《上博楚簡〈容成氏〉與古史傳說》,陳劍,"'中國南方文明'學術研討會——慶祝'中研院'歷史語言研究所成立七十五周年"論文,臺北,2003 年 12 月。

《郭店、上博〈緇衣〉簡之比較——兼論戰國文字的國別問題》,林素清,謝維揚、朱淵清主編《新出土文獻與古代文明研究》,上海大學出版社,2004 年 1 月。

《上博竹書〈仲弓〉篇新編釋文(稿)》,陳劍,"簡帛研究"網站,2004 年 4 月 18 日。

《楚簡〈周易〉初讀記》,陳斯鵬,"孔子 2000"網站,2004 年 4 月 25 日。

《楚文字中的"雫"》,周波,"簡帛研究"網站,2004 年 4 月 29 日。

《新蔡竹簡選釋(上、下)》,何琳儀,《安徽大學學報(哲學社會科學版)》2004 年第 3 期。

《〈恆先〉淺釋》,李銳,"簡帛研究"網站,2004 年 5 月 12 日。

《郭店簡補遺(二則)》,宋華強,"簡帛研究"網站,2004 年 6 月 13 日。

《論包山楚簡魯陽公城鄭》,李學勤,《清華大學學報》2004 年第 3 期。

《戰國楚竹書(二)釋文補正》,黃德寬,《上海博物館藏戰國楚竹書研究續編》,上海書店出版社,2004 年 7 月。

《釋尻——兼釋齊家村 H90 西周甲骨》,何琳儀、程燕,《2004 年安陽殷商文明國

　　際學術研討會論文集》,社會科學文獻出版社,2004 年 9 月。

《讀上博簡〈容成氏〉札記二則》,裘錫圭,《古文字研究》第二十五輯,中華書局,
　　2004 年 10 月。

《說"貘"及其相關諸字》,陳偉武,出處同上。

《釋楚簡"敱"兼及相關字》,徐在國,出處同上。

《釋戰國文字中的"夗"》,馮勝君,出處同上。

《讀上博楚竹書〈容成氏〉札記(十則)》,王輝,出處同上。

《郭店楚簡〈老子〉"絕智棄卞"解》,郭鵬飛,《華學》第七輯,中山大學出版社,2004
　　年 12 月。

《上博竹書〈曹沫之陳〉新編釋文(稿)》,陳劍,"簡帛研究"網站,2005 年 2 月
　　12 日。

《上博竹書〈昭王與龔之脽〉和〈柬大王泊旱〉讀後記》,陳劍,"簡帛研究"網站,
　　2005 年 2 月 15 日。

《讀〈上博藏戰國楚竹書(四)〉雜記》,董珊,"簡帛研究"網站,2005 年 2 月 20 日。

《〈曹劌之陣〉釋文新編》,李銳,"孔子 2000"網站,2005 年 2 月 22 日。

《初讀上博竹書(四)文字小記》,陳斯鵬,"簡帛研究"網站,2005 年 3 月 6 日。

《讀上博楚簡(四)札記》,魏宜輝,"簡帛研究"網站,2005 年 3 月 10 日。

《讀〈上博四〉札記四則》,范常喜,"簡帛研究"網站,2005 年 3 月 31 日。

《讀上博竹書(四)瑣記》,田煒,"簡帛研究"網站,2005 年 4 月 3 日。

《論出土文本字詞關係的考證與表述》,李運富,《古漢語研究》2005 年第 2 期。

《周原甲骨文裏的"囟"和楚墓竹簡裏的"囟"或"思"》,沈培,《漢字研究》第一輯,
　　學苑出版社,2005 年 6 月。

《戰國楚文字"電"字用作"靁"字補議》,馮勝君,出處同上。

《楚簡札記五種》,陳英傑,出處同上。

《新蔡葛陵楚墓竹簡文字補正》,張新俊,《中原文物》2005 年第 4 期。

《楚簡文字形體混同、混訛舉例》,李天虹,《江漢考古》2005 年第 3 期。

《楚系簡帛文字形用問題》,董琨,《康樂集——曾憲通教授七十壽慶論文集》,中
　　山大學出版社,2006 年 1 月。

《郭店楚簡古本〈老子〉所反映的語言現象》,張連航,出處同上。

《讀新蔡簡札記(四則)》,陳偉,出處同上。

《楚簡"圖"字補釋》,陳斯鵬,出處同上。

《論周原甲骨和楚系簡帛中的"凶"與"思"——兼論卜辭命辭的性質》,陳斯鵬,
　《文史》2006 年第 1 輯。

《上博五芻議上》,季旭昇,武漢大學"簡帛網",2006 年 2 月 18 日。

《〈季庚子問于孔子〉與〈姑成家父〉試讀》,何有祖,武漢大學"簡帛網",2006 年 2
　月 18 日。

《談談〈上博(五)〉的竹簡分篇、拼合與編聯問題》,陳劍,武漢大學"簡帛網",2006
　年 2 月 19 日。

《讀上博五札記》,李銳,"簡帛研究"網站,2006 年 2 月 20 日。

《〈上博(五)〉零札兩則》,陳劍,武漢大學"簡帛網",2006 年 2 月 21 日。

《上博簡〈姑成家父〉一個編聯組位置的調整》,沈培,武漢大學"簡帛網",2006 年
　2 月 22 日。

《上博五〈弟子問〉"登年"小考》,田煒,武漢大學"簡帛網",2006 年 2 月 23 日。

《讀〈上博竹書(五)〉小記》,陳斯鵬,武漢大學"簡帛網",2006 年 4 月 1 日。

《柞伯鼎與周公南征》,朱鳳瀚,《文物》2006 年第 5 期。

《讀〈六德〉、〈子羔〉、〈容成氏〉札記三則》,郭永秉,武漢大學"簡帛網",2006 年 5
　月 26 日。

《從〈容成氏〉33 號簡看〈容成氏〉的學派歸屬》,郭永秉,武漢大學"簡帛網",2006
　年 10 月 7 日;又載《出土文獻與古文字研究》第二輯,復旦大學出版社,2008 年
　8 月。

《〈上博竹書(四)〉閒詁》,孟蓬生,《簡帛研究二○○四》,廣西師範大學出版社,
　2006 年 10 月。

《新蔡簡祭禱禮制雜疏(四則)》,楊華,《簡帛》第一輯,上海古籍出版社,2006 年
　10 月。

《讀上博藏簡第四册零札》,陳偉武,《古文字研究》第二十六輯,中華書局,2006
　年 11 月。

《楚竹書〈周易〉訓詁札記》,吳辛丑,出處同上。

《有關戰國竹簡國別問題的一些前提性討論》,馮勝君,出處同上。

《說"矣"》,張富海,出處同上。

《釋〈仲弓〉第 16 簡的"小人"》,程鵬萬,出處同上。

《楚簡文字叢釋(二則)》,林素清,"中國古文字研究會第十六屆年會暨國際學術研討會"論文,廣州,2006 年 11 月。

《〈上博三‧周易‧訟卦〉二題:憿、其邑三四戶》,季旭昇,《中國文字》新三十一期,2006 年 11 月。

《〈簡大王泊旱〉新研》,陳偉,"中國簡帛學國際論壇 2006"論文,武漢,2006 年 11 月。

《上博簡〈相邦之道〉1 號簡考釋》,裘錫圭,《中國文字學報》第一輯,商務印書館,2006 年 12 月。

《戰國楚簡所見病名輯證》,張光裕、陳偉武,出處同上。

《讀〈容城氏〉、〈君子爲禮〉札記(二則)》,周波,《出土文獻與古文字研究》第一輯,復旦大學出版社,2006 年 12 月。

《陝西岐山周公廟出土甲骨文的初步研究》,馮時,《古代文明》第 5 卷,文物出版社,2006 年 12 月。

《試論周公廟龜甲卜辭及其相關問題》,董珊,出處同上。

《〈上博(二)‧魯邦大旱〉釋文》,裘錫圭,2006 年手稿本。

《〈慎子曰恭儉〉札記》,何有祖,武漢大學"簡帛網",2007 年 7 月 5 日。

《上博六〈景公瘧〉初探》,何有祖,武漢大學"簡帛網",2007 年 7 月 11 日。

《〈天子建州〉校讀》,陳偉,武漢大學"簡帛網",2007 年 7 月 13 日。

《〈上博五‧君子爲禮〉釋字一則》,劉釗,武漢大學"簡帛網",2007 年 7 月 23 日。

《從柞伯鼎銘談〈世俘〉文例》,李學勤,《江海學刊》2007 年 5 期。

《是"恆先"還是"極先"?》,裘錫圭,"中國簡帛學國際論壇 2007"論文,臺北,2007 年 11 月。

《孔家坡漢簡補釋》,陳斯鵬,《中國歷史文物》2007 年第 6 期。

《上博館藏楚簡文字考釋四則》,陳斯鵬,《江漢考古》2008 年第 2 期。

《"罷"字的讀音及相關問題》,王志平,《古文字研究》第二十七輯,中華書局,2008 年 9 月。

《〈上博(七)‧凡物流形〉重編釋文》,復旦大學出土文獻與古文字研究中心研究生讀書會,復旦大學出土文獻與古文字研究中心網站,2008 年 12 月 31 日。

《由〈凡物流形〉"鳶"字寫法推測郭店〈老子〉甲組與"朘"相當之字應爲"鳶"字變體》,郭永秉,復旦大學出土文獻與古文字研究中心網站,2008 年 12 月 31 日。

《"美"字的歸部問題》，鄭張尚芳，《語言學論叢》第三十八輯，商務印書館，2008年12月。

《郭店簡〈六德〉用爲"柔"之字考釋》，陳劍，《中國文字學報》第二輯，商務印書館，2008年12月。

《讀簡雜記·上博七》，劉剛，復旦大學出土文獻與古文字研究中心網站，2009年1月5日。

《西周史牆盤銘解詁》，陳斯鵬，"鳳鳴岐山——周文化國際學術研討會"論文，岐山，2009年4月。

《樂從堂藏獄簋及新見衛簋三器銘文小記》，張光裕，《中山大學學報（社會科學版）》2009年第5期。

《試說戰國文字中寫法特殊的"亢"和从"亢"諸字》，陳劍，《出土文獻與古文字研究》第三輯，復旦大學出版社，2010年7月。

郭店楚簡、上博楚簡篇名簡稱表

本書稱	原稱	本書稱	原稱
（郭店）		子羔	子羔
老甲	老子甲本	魯邦	魯邦大旱
老乙	老子乙本	從甲	從政甲本
老丙	老子丙本	從乙	從政乙本
太一	太一生水	昔者	昔者君老
緇衣	緇衣	容成	容成氏
窮達	窮達以時	（上三）	
唐虞	唐虞之道	周易	周易
忠信	忠信之道	中弓	中弓
成之	成之聞之	亙先	亙先
尊德	尊德義	彭祖	彭祖
性自	性自命出	（上四）	
六德	六德	采風	采風曲目
語一	語叢一	逸詩	逸詩
語二	語叢二	昭王	昭王毀室、昭王與龔之脾
語三	語叢三	柬大	柬大王泊旱
語四	語叢四	內豊	內豊
（上一）		相邦	相邦之道
詩論	孔子詩論	曹沬	曹沬之陳
緇衣	紂衣	（上五）	
性情	性情論	競建	競建內之
（上二）		鮑叔	鮑叔牙與隰朋之諫
民之	民之父母	季庚	季庚子問於孔子

本書稱	原稱	本書稱	原稱
姑成	姑成家父	用曰	用曰
君子	君子爲禮	天甲	天子建州（甲本）
弟子	弟子問	天乙	天子建州（乙本）
三德	三德	（上七）	
鬼神	鬼神之明、融師有成氏	武王	武王踐阼
（上六）		鄭甲	鄭子家喪（甲本）
競公	競公瘧	鄭乙	鄭子家喪（乙本）
季趄	孔子見季趄子	君甲	君人者何必安哉（甲本）
莊王	莊王既成、申公臣靈王	君乙	君人者何必安哉（乙本）
鄭壽	平王問鄭壽	凡甲	凡物流形（甲本）
子木	平王與王子木	凡乙	凡物流形（乙本）
慎子	慎子曰恭儉	吳命	吳命

後　記

　　2005年9月，我有幸進入復旦大學中國語言文學博士後流動站，師從裘錫圭教授研習古文字學。入站不久，裘先生即根據我的基礎和興趣，幫我確定了選題，讓我對楚系簡帛中字形與音義的關係作些研究。該選題很快又得到2006年度國家社科基金項目的立項資助（批准號：06CYY009）。2008年4月，該項研究的初步成果作爲本人的博士後出站報告提交答辯，順利通過，成績評定爲"優秀"。報告經修改後，於2009年下半年作爲國家社科項目最終成果申請結項鑒定，也幸獲"優秀"等級。後又結合評審專家的意見，作了較大的充實和調整，於2010年上半年申報"國家哲學社會科學優秀成果文庫"，榮幸入選。嗣後，我又對書稿作了一番修訂和加工，於是有了呈現在諸位面前的這本小書。

　　前些年，在拙著《簡帛文獻與文學考論》付梓時，我曾說過這樣的話："此刻更强烈的願望是，我的第二部個人專著可以寫得更如意，出得更從容。"（見該書"出版後記"）然而，本書自最初撰作以來，歷時逾五載，屢易其稿，讓我再一次深味爲學之不易、著述之不易，所謂"如意"、"從容"云者，仍然不過是"願望"罷了。友人對我說："任何作品都只是階段性的，莫過高要求自己。"所以也就有些釋然了。學力有限，疏繆必多，敬請學界同仁不吝賜教。

　　如果說這本小書還略有可取之處的話，最主要是得益於裘先生的指導。從選題到研究思路、研究方法的確立，再到結構綱目的安排，以至具體的寫作、修改，始終都是在先生的指導下進行的。從先生問學過程中，我還得到許多深刻的教誨，足可令人受益終生。裘師母一直對我的學習、工作和生活多予關心。謹借此機會向老師和師母致以深深的謝意！

　　在流動站求學期間和後續工作過程中，復旦的許多師友給我以指教或幫助，如沈培、劉釗、施謝捷、陳劍、郭永秉、周波、程少軒、吳金華、龔群虎、陳思和、傅傑、張兵、顧美娟、李玉珍、張業松等先生，於此統致謝忱。應該接受我的謝意的，還有給了我許多美好回憶的那幫復旦園的朋友，特別是老孟、小謝、守柔、鄒怡、大學諸君。

感謝國家社科項目的評審專家們，他們的寶貴意見使本書避免了不少錯誤。

感謝我的博士導師曾憲通先生和陳偉武先生。我之得從裘先生問學，最初即由於兩位先生的引薦。對本書的寫作，他們也一直十分關心。陳先生曾仔細審讀書稿，並是正多處，曾先生則同裘先生一道，為書稿的申報"文庫"，作了大力的推薦，這些都是我所銘感的。研究生石小力君幫助校讀全稿，應嘉其勞。

古文字著作圖片多，造字多，出版社的同志在為本書作編輯、排版和校對時，必定要付出比一般著作多很多的勞動，理當記上一筆。

陳斯鵬

2011 年 2 月 24 日記於卓廬

索 引

附錄一
清華大學所藏竹書《邦家之政》校證

去年冬天，筆者有幸參加紀念清華簡入藏暨清華大學出土文獻研究與保護中心成立十周年的盛會，《清華大學藏戰國竹簡（捌）》[①]一書首發式同時進行，承主辦方惠贈一套，即於旅次挑燈夜讀，奇文奧義，引人入勝，信可樂也。間有所獲，隨手筆記，未暇董理。近因師友邀稿，查閱相關資料，見網站上已有諸多討論，其中頗多會心之見，然猶有未盡者。今特就《邦家之政》一篇，綜合諸家之說，參以己意，略事補苴校證，以就正於同好。

《邦家之政》是一篇重要的先秦佚籍。其行文假於孔子之口，而有節用、尚賢、薄喪等主張，論者以爲反映了先秦儒墨二家的交融[②]。竹書全篇原有 13 支簡，第 1、2 號簡未見，現存第 3 至 13 號共 11 支簡，簡背均寫有序號，其中第 3 號簡首尾殘缺。因有缺簡，原來是否有篇題不可知，此沿用整理者所擬篇名。

爲便省覽，先將校訂過的全篇釋文抄出，再逐句加以校證。着重討論若干有疑議之處，詳人所略而略人所詳，不求面面俱到也。

"……□□□□□□□□□宫室少（小）宭（庫/卑）以塼（迫），亓（其）器少（小）而縗（衰），亓（其）豊（禮）肥（菲），□□□□□□□□□，[3]亓（其）未（味）不歇（旨），亓（其）政坪（平）而不亜（苛），亓（其）

---

① 清華大學出土文獻研究與保護中心編，李學勤主編《清華大學藏戰國竹簡（捌）》，中西書局，2018 年 11 月。

② 李均明《清華簡〈邦家之政〉所反映的儒墨交融》，"紀念清華簡入藏暨清華大學出土文獻研究與保護中心成立十周年國際學術研討會"論文，2018 年 11 月 17～18 日。

立(位)受(授)能而不坒(間),亓(其)分也均而不念(貪),亓(其)型(刑)隍(易),邦募(寡)纛(廩—禁),亓(其)【4】[民]志傢(遂)而植(直),亓(其)君子曼(文)而請(情),亓(其)龏(喪)専(薄)而悳(哀),亓(其)槀(鬼)神募(寡),亓(其)祭時而戠(敬),亓(其)君執柬,父兄【5】與於条(終)要,弟子不敢(搏)遠人,不内(納)詞(謀)夫。女(如)是,則貝(視)亓(其)民必女(如)腸矣,下賠(瞻)亓(其)上女(如)父母,上下【6】相數(孚)也,女(如)是者丞(恆)興。

邦豪(家)牆(將)毀,亓(其)君聖(聽)訩(讒)而棘(速)弁(變),亓(其)宮室悪(坦)大以高,亓(其)器大,亓(其)曼(文)【7】璋(章)靈(纚),亓(其)豊(禮)菜(采),亓(其)樂蘇(繁)而訐(變),亓(其)未(味)竄(雜)而獻(旨),亓(其)槀(鬼)神庶多,亓(其)祭弼(費)以不時以妻(數),亓(其)【8】政囂(苛)而不達,亓(其)型(刑)整(濫)而枳(枝),亓(其)立(位)用悉(愁/瞀)民,衆讀(悴)女(焉)悬(告)? 亓(其)民志悪(憂),亓(其)君子専(薄)於斅(教)【9】而行慝(詐),弟子敢(搏)遠人而爭眭(竊)於詞(謀)夫。女(如)是,則貝(視)亓(其)民女(如)帅(草)薊(芥)矣,下賠(瞻)亓(其)上女(如)寇(寇)【10】戲(讎)矣,上下＝讎(絕)悳(德)。女(如)是,亓(其)頪(類)不長虐(乎)。"

公曰:"然,邦豪(家)之政,可(何)厚可(何)専(薄),可(何)燮(威—減)可(何)璋(彰),而邦豪(家)【11】昃(得)長?"孔＝(孔子)諮(答)曰:"坙(丘)矗(聞)之曰:新則靭(折),者(故)則縛(縛)。勹(始)记(起)昃(得)曲,悳(直)者虘(皆)曲;勹(始)记(起)昃(得)植(直),曲者虘(皆)悳(直)。莽(前)人【12】□□□亓(其)則。無燮(威—減)無璋(彰),具(俱)尻(處)亓(其)卿(鄉),悠(改)人之事,豈(當)時爲常。"【13】

……□□□□□□□□□宮室少(小)寏(庫/卑)以塼(迫),亓(其)器少(小)而絲(粹),亓(其)豊(禮)肥(菲),□□□□□□□□,亓(其)未(味)不獻(旨)

從下文"公曰……孔子答曰……"可推知,自此以下至"其類不長乎",亦當爲孔子答某公之語。其言從正反兩方面立論,前缺部分可擬補"邦家將興,其君……"一類的表述。

庳,整理者讀"卑",蕭旭先生認爲即房屋卑小之專字"庳",不必改讀[①]。蕭說誠有理,唯"卑"、"庳"爲同源孳乳,且文獻中言房屋之卑小,"卑"、"庳"並用,故讀"卑"亦無不可。且古文字中"庳(庳)"亦有不用於特指房屋卑小者,如清華簡貳《繫年》簡 15"周室即〈既〉庳(卑)",近出曾侯與鐘銘文"周室之既庳(卑)",卑爲卑微、衰微義[②]。可見"庳"字專造而不專用[③]。埔,整理者讀"迫",訓窄迫,可從;子居先生讀"薄",訓儉,似稍曲折,且本篇簡 5、簡 9、簡 11 三處"薄"均以"尃"爲之,在用字習慣上也不一致。䋎,從"帛"、"豙"聲,整理者讀"粹",訓純素。音固可通,但誠如子居先生所指出,"粹"有純義而無素義,故此說可疑。子居先生讀爲"脆",蕭旭先生讀爲狹長義之"橢",俱可備一說。筆者則疑可讀"衰",當削減講。《淮南子・道應》:"將衰楚國之爵而平其制祿,損其有餘而綏其不足。"即其例。肥,整理者讀"菲",可從。

未,整理者讀"味",是。同樣的用字方法又見於上博簡《凡物流形》甲 19 和乙 13 等。㱏,整理者初讀"齊",訓調和。海天游蹤先生則解釋爲齊全、齊備,後來整理者李均明先生和復旦讀書會都接受此意見。然而,"其味不㱏"下文相對的表述是"其味雜而㱏",雜者,繁多也,既言雜,復言齊,似嫌重複。頗疑"㱏"可讀爲"旨",古音齊屬從母脂部,旨屬章母脂部,音近可通。《詩・小雅・魚麗》:"君子有酒,旨且多。"《禮記・學記》:"雖有嘉肴,弗食,不知其旨也。""其味不旨"言飲食不求甘旨,"其味雜而旨"言飲食之繁雜而美味,"雜而旨"正猶《魚麗》篇之"旨且多"也。

---

① 本文引用諸家之說,如無另外出注,均見復旦大學出土文獻與古文字研究中心讀書會《〈邦家之政〉集釋》,復旦大學出土文獻與古文字研究中心網站,2019 年 3 月 24 日。引用該文作者意見,則簡稱"復旦讀書會"。

② 凡國棟《曾侯與編鐘銘文柬釋》,《江漢考古》2014 年第 4 期,62 頁。

③ 關於"專造字",參拙著《楚系簡帛中字形與音義關係研究》第八章"楚系簡帛中的專造字",中國社會科學出版社,2011 年 3 月。

　　"歆"字也見於張光裕先生不久前披露的一件新出的春秋銅俎銘文①,出現在自名"歆俎"中,很容易讓人聯想到西周金文的"齊鬲"(伯姜鬲,《集成》605;帛女鬲,《集成》535)、"齋鬲"(榮有司再鬲,《集成》679)、"齋鼎"(鼄鼎,《集成》2067;羌鼎,《集成》2204)等文例。但是,一般認爲西周金文中這些"齊"、"齋"應讀爲"齍",言用盛黍稷以祀。所以,張先生雖然將二者作了一番聯繫比較,卻不得不承認"與盛肉之俎用途有別,兩者自然又未可完全相提並論也"。張先生後來又援引胡寧先生說,謂"歆"當爲"嚌"字異構②。然"嚌"訓嘗,於義似亦不合。今疑此"歆"亦宜讀爲"旨","旨俎"謂此俎用承甘旨之嘉肴也。

亓(其)政坪(平)而不亞(苛),亓(其)立(位)受(授)能而不坔(間)

　　"苛"作"亞",楚簡習見。《新序·雜事》記哀婦之言云:"其政平,其吏不苛,吾以是不能去也。"可與簡文相參。

　　坔,整理者以爲即"外",義爲疏遠。石小力君舉《荀子·王霸》"人主則外賢而偏舉"等文例申其說。然既言"其位授能",即是不外矣,再言"不外",似涉語迻。王寧先生疑所從"外"是"閒(間)"之省寫,分析"坔"爲從"止"、"閒"省聲,讀若"閒",訓"代","授能而不閒"即"受能而不代",謂授予賢能而不是傳位代立。復旦讀書會指出,楚簡中用作"間"的"閒"省寫時往往從"刀"而不從"卜",從而否定王說。今按,王氏分析字形或欠精確,但將此字同"間"聯繫起來卻是有道理的。字可分析爲從"外"從"止"、"外"亦聲,而讀爲"間"。不過,不應理解爲傳位代立,因爲從下文相對立的表述作"其位用慈民"來看,此處所講的只是授位於賢能與否的問題,而不是授位與傳位的問題。本篇所言"位"恐非特指王侯之位,而應指官位、職位而言。其實此"間"應是離間之意。《論語·先進》:"孝哉閔子騫!人不間於其父母昆弟之言。"《韓詩外傳》卷三:"卑不謀尊,疏不間親。"《史

① 張光裕《跋新見無嬰俎銘》,復旦大學出土文獻與古文字研究中心網站,2018 年 5 月 17 日。

② 清華大學出土文獻研究與保護中心網站報導《張光裕教授做客王國維學術講座第二十七講》,2018 年 12 月 18 日。後據張光裕先生面告,他並不同意胡寧先生的說法。

記·陳丞相世家》："間其君臣，以疑其心。"均是其例。簡文"其位授能而不間"，意謂授官位於賢能之士而不爲人所離間也。上博簡《武王踐阼》10："士難得而易犨（間）。"[①]正可與本簡相參。

亓（其）分也均而不貪（貪），亓（其）型（刑）墬（易），邦募（寡）稟（廩—禁）

蕭旭先生指出此"易"當訓簡易不繁雜，"刑易"猶《管子·八觀》之"刑省罰寡"，其説甚是。

稟，即"廩"字，已見於清華簡貳《繫年》123地名"稟（廩）丘"。整理者讀此"廩"爲懍懼之"懍"，文意不佳。石小力君讀爲法禁之"禁"，於義較長。"禁"從"林"聲，而"林"、"廩"古音聲韻俱同，故可通。"亩"聲字之讀"禁"者，清華簡中亦有其證。清華簡陸《子産》篇中數見作形之字，徐在國先生指出即由金文"斅"（）演變而來，"亩"旁與"泉"旁共用部分筆畫，於簡文中讀爲"禁"[②]。驗之文例，如云"乃斅（禁）辛道、飤（爽）語、虛言亡實〈實〉"，"乃聿三邦之命，以爲奠命、埜命，道之以教，乃㤀天地、逆順、强柔，以咸斅（禁）禦"，均頗順適，知其説可從。又清華簡柒《越公其事》55、58亦有"斅（禁）禦"一語。均可與本簡用"廩"爲"禁"合證[③]。過去大家較熟知的是用"欽"爲"禁"的現象，清華簡大大豐富了我們對於楚簡用字方法的認識，此即是一例。

亓（其）[民]志傢（遂）而植（直），亓（其）君子曼（文）而請（情），亓（其）喪（喪）尃（薄）而悉（哀），亓（其）槼（鬼）神募（寡），亓（其）祭時而戠（敬），亓（其）君執楝，父兄與於条（終）要，弟子不敎（摶）遠人，不内（納）誨（謀）夫。

傢，寫作，復旦讀書會認爲可隸定作"徻"，"彳"與"㒸"上部八形共用一撇，也是可能的。《子産》14"此之謂因前徻（遂）故"，"徻"字作，可參。整理者釋"志遂"爲得志，近是；訓"直"爲正直，則嫌不相類。子居先

---

① "間"字之讀，參陳偉、何有祖先生説，見侯乃峰《上博楚簡儒學文獻校理》，325頁，上海古籍出版社，2018年6月。

② 徐在國《談清華六〈子産〉中的三個字》，武漢大學"簡帛網"，2016年4月19日。

③ 清華簡捌《攝命》24有"斅"字，即"斅"之異體，文云："汝毋斅。"整理者讀"婪"。"婪"亦從"林"聲。

生舉古書中“遂”、“直”連言之例爲釋，如《穀梁傳》襄公十年：“遂，直遂也。”郭店簡《五行》：“直而遂之，肆也。”於義甚合。“其民志遂而直”者，謂民得以遂其志肆其志也。

棟，整理者如字釋爲棟樑，可從。“其君執棟”謂國君秉執國之棟樑，甚是形象。羅小虎先生改讀“執中”，蕭旭先生、復旦讀書會改讀“執重”，反失之。終，羅小虎先生讀“沖”，蕭旭先生讀“中”，似不若如字讀。“終”訓終極，“父兄與於終要”，謂父兄與於終極要害，意自可通。

敷，整理者讀“轉”，訓避，哇那先生讀“斷”，訓斷棄，文意似均難通。蕭旭先生讀“搏”，蔣陳唯先生補其書證，訓爲集聚、聚合，於義甚當，今從之。

女（如）是，則貝（視）亓（其）民必女（如）腸矣，下矏（瞻）亓（其）上女（如）父母，上下相敻（孚）也，女（如）是者丞（恆）興。

腸，整理者讀“傷”，訓傷病，引《左傳》哀公元年“臣聞國之興也，視民如傷，是其福也”爲證。陳民鎮先生、紫竹道人先生及復旦讀書會均主張“腸”如字讀，筆者亦久畜此疑。陳氏指出，一方面，用“腸”爲“傷”不符合楚簡用字習慣；另一方面，從古書文例看，這類正面的“視民如某”的表述，所帶出的通常應是“心腹”、“手足”等身體部位，或者“子”、“嬰兒”、“父母”等親屬稱謂，作“傷”則不相類，其說可信。整理者引《左傳》文，看似有所依據，其實正如陳氏所言，該處連同《孟子·離婁下》的“文王視民如傷”的“傷”，都應是誤讀的結果。

敻，即“復”字異體，整理者引《荀子·臣道》“以德復君而化之”，楊注：“報也。”蕭旭先生云：“敻，讀爲孚，信也。或讀作附，親附。上下相附，猶言上下相親，與下文‘上下絕德’對文。”子居先生指出，“上下相復”又見於上博簡三《仲弓》22：“上下相復以忠，則民歡承教。”主張讀“報”。今按，讀《仲弓》篇“復”字爲“報”，前已由陳劍先生提出①，義自可通。其實，復、報、孚音義俱相近，蕭旭先生讀“孚”之說或許更優。《周易》中“孚”字多見，在馬王堆帛書本中都寫作“復”，可見“復”讀“孚”之可行。《左傳》莊公

---

① 　陳劍《上博竹書〈仲弓〉篇新編釋文（稿）》，“簡帛研究”網站，2004 年 4 月 18 日。

十年：“小信未孚，神弗福也。”杜預注：“孚，大信也。”《周易·睽》卦：“九四，睽孤，遇元夫，交孚，厲，无咎。”《象》曰：“交孚，無咎，志行也。”“交孚”正猶“上下相孚”也。《象》傳言“交孚”的結果是“志行也”，正猶簡文所言“志遂而直”也。當然，得遂行其志者，自不限於“民”或“下”的一方，而是上下交互的，是以能夠興邦恆久。

邦豪（家）牀（將）毀，元（其）君聖（聽）訫（讒）而棘（速）弁（變）

訫，原形作![字形]，整理者讀“佞”，但未說明理由。海天游蹤先生初釋爲“謣”的異體（從“宷”省）而讀爲“佞”，繼而又否定前說，謂字實不從“宀”，而可能是“夊”（古文“終”字，因爲空間位置關係省兩短橫），讀爲“讒”。今按，海氏前說以爲字從“宷”省聲而讀“佞”，“宷”、“佞”同屬泥母耕部，音理上固甚合適，唯楚文字“宷”從“穴”不從“宀”，且如復旦讀書會所指出，“戰國文字中未見宷省去皿者”，故字形上卻有未安。海氏後說讀“讒”，義固甚佳，唯以字從“夊（終）”得聲，字形上愈不可信。其實此字從“宀”可以無疑，試比較同篇“室”之作![字形]（簡3）、![字形]（簡7），“家”之作![字形]（簡7）、![字形]（簡11），“宮”之作![字形]（簡7），即可知整理者隸定作“訫”是正確的。頗疑此字以“心”爲聲符而可讀爲“讒”。“心”、“讒”都是齒音侵部字[1]，古音極近。古書“聽讒”之例極多，如《逸周書·銓法》：“聽讒自亂，聽諛自欺，近憝自惡，三不近也。”《管子·宙合》：“毋聽讒，聽讒則失士。”《戰國策·秦策五》：“桀聽讒而誅其良將。”

弁，原寫作![字形]，上部有兩對稱短筆斜出，是典型的“弁”字。整理者隸定作“叀”，不能體現其特徵，反而合乎楚文字“史”的寫法，而“史”字在本輯清華簡整理報告中則被釋爲“吏”，這都是有問題的。關於“史”、“弁”二字的糾葛，筆者曾有考辨[2]，敬請參看，此不贅述。

元（其）宮室墨（坦）大以高，元（其）器大，元（其）曼（文）璋（章）霝（緟），元（其）豐（禮）菜（采），元（其）樂蘇（繁）而訢（變），元（其）未（味）竊（雜）而歓

---

① 有的古音學家將“讒”歸談部。侵、談二部關係密切。

② 拙文《楚簡“史”、“弁”續辨》，《古文字研究》第二十七輯，中華書局，2008年9月；又收入拙著《卓廬古文字學叢稿》，中西書局，2018年5月。

（旨），亓（其）橐（鬼）神庶多，亓（其）祭弼（費）以不時以妻（數）

訷，原寫作⿰，從典型的“弁”，整理者隸定作“諛”，欠準確，但讀“變”則是。上文“聽讒而速變”之“變”以“弁”爲之，楚文字習見，而此處則特意加“言”旁，值得注意。其實此“訷”字應是特爲音樂之變而造的專造字，有特殊的含義，即所謂變風變雅、變宮變徵之“變”也。曾侯乙編鐘銘文已見樂變之專造字，作“䚍”，從“音”爲小異，實與“訷”爲一字之變體。

歟，讀“旨”，説詳上文。弼，整理者讀“拂”，王寧先生讀“悖”，均可通，唯意義稍嫌寬泛，蓋其後之“不時”和“數”皆屬拂悖之具體表現，故三者在邏輯上似難構成並列的關係。哇那先生讀“費”，子居先生申其説。按，此説甚是。哇那先生提到清華簡《湯在啻門》16“起役不時，大弼（費）於邦，此謂惡役”，是很直接的例證。另外，郭店簡《老子》甲36“甚愛必大費”之“費”作“䝿”，從“貝”、“弼”聲，亦可參證。哇那先生另懷疑《子産》8、23原釋“駢”之字從“弼”省聲而讀爲“費”，也是很有道理的。所謂“駢”實應釋“賆”，與郭店簡之“䝿”爲一字之簡繁，均爲“費”之異體。“賆”從“弜”聲，不必謂從“弼”省聲。另，同輯《治邦之道》18：“如無能於一官，則亦毋弼焉。”“弼”疑亦當讀爲“費”。

亓（其）政矗（苛）而不達，亓（其）型（刑）墊（濫）而枳（枝），亓（其）立（位）用悉（愁／瘁）民，衆讓（悴）女（焉）悥（告）？亓（其）民志悥（憂），亓（其）君子尃（薄）於敎（教）而行惡（詐），弟子敄（懋）遠人而爭䞾（窺）於誨（謀）夫。

墊，諸家意見頗有分歧，整理者讀“陷”，石小力君讀“恐”，哇那先生讀“險”，王寧先生謂“險”乃“嚴”之通假字，林少平先生釋“坎”而讀“濫”，各有道理。不過，從古書中的搭配習慣來看，可能讀“濫”較爲合適，林文已有舉證，不贅。枳，整理者讀“枝”，石小力君指出乃樹枝之“枝”的異體，甚是。郭店簡《語叢四》16“利木陰者，不折其枳（枝）”，上博簡八《李頌》1背“亂本層枳（枝）”，清華簡陸《管仲》3～4“趾則心之本，手則心之枳（枝）”等，均是其例。然石君復疑讀爲苟伎之“伎”，似不若整理者理解爲以分枝形容刑罰的繁複更爲直接。林少平先生引及《孔叢子·刑論》“率過以小罪謂之枳”，正可與簡文合觀，彼處之“枳”亦應逕讀爲“枝”，舊注如宋咸謂

"一作'痕'，猶傷也"，姜兆錫謂"枳，棘類，多刺"①，俱失之。

悉，整理者讀"愁"，訓愚。陳民鎮先生以"愁"字罕見而改讀"瞀"。石小力君讀"侮"，謂"侮民"即上博簡《容成氏》53"絕種悉（侮）姓"之"侮姓"。羅小虎先生則讀"擾"。陳氏對簡文的理解，實與整理者無異，在愚愁、闇瞀這一意義上，甚至可以把"愁"、"瞀"當作一對異體字。整理者和陳氏視"悉民"爲偏正結構，石、羅二氏則視爲動賓結構，這是一個較大的差別。結合上文"其位授能"來考慮，恐怕還是前一種理解較爲合理，"用悉民"與"授能"相對而言，"用"爲任用義，較用以義爲好。另有子居先生以"悉"爲"忸"字異體，通"狃"字，訓貪，從與"能"相對來看，亦不若"愁"、"瞀"合適。

讟，整理者讀"脆"，訓脆弱，似不恰當。王寧先生認爲即《說文·心部》訓"精戇也"的"毳"字或體，並於"焉"字斷句，文意亦嫌窒礙。子居先生讀爲"毳"，訓爲細，謂此處的"毳"即"細民"、"細人"的省稱，似亦嫌證據不足。唯羅小虎先生讀"悴"，謂"眾悴"指"人民憔悴困苦"，最爲近是。然而，不必訓"悴"爲憔悴，蓋憔悴偏重於形容，《說文》本字作"顦顇"，字俱從"頁"以表意。"悴"當爲憂悴、勞悴之意，《說文·心部》："悴，憂也。"《大戴禮記·五帝德》："舜之少也，惡悴勞苦。"《韓詩外傳》卷四："愁悴哀憂，哀經之色也。"字或通作"誶"，《墨子·非命上》："覆天下之義者，是立命者也，百姓之誶也。說百姓之誶者，是滅天下之人也。"俞樾《諸子平議》云："誶讀爲悴……猶曰百姓之憂也。"簡文"眾悴"正猶"百姓之悴"也。"讟"以"毳"爲聲，屬清母月部，"悴"在從母物部，聲韻俱近，故可通。本輯清華簡《治邦之道》11另有"憲"字，疑與"讟"爲一字之異體，其文云："貧癃勿廢，毋咎毋憲，教以舉之，則無怨。"整理者讀"輟"，似不若讀爲"誶"，《說文·言部》："誶，讓也。"與"咎"相類。又《治邦之道》3："則或恥自縈毳□。""縈毳"疑可讀作"榮悴"，唯末字不識，整句話的意思尚不夠明確，附志於此，以俟後考。

焉，整理者訓乃；慁，則讀爲謹諮之"諮"，文意難通。王寧先生以"悂其民志，憂其君子"爲句，"悂"訓驚懼，亦欠佳。其語法上之困難，復旦讀

---

① 見傅亞庶《孔叢子校釋》，92頁，中華書局，2011年6月。

書會已有分析。子居先生以"愳"爲"戚"字異體,亦不無可商①。羅小虎先生以"焉"爲疑問代詞,讀"愳"爲告訴之"告",文從而句順,最可信從。懇,從"且"聲,即"詐"之異構。或有疑之者,海天游蹤、羅小虎先生均有精詳的論證,可以參看。

女(如)是,則貝(視)亓(其)民女(如)荴(草)薊(芥)矣,下貶(瞻)亓(其)上女(如)宼(寇)戁(讎)矣,上下=讕(絕)惪(德)。女(如)是,亓(其)頪(類)不長虖(乎)。

　　薊,整理者讀"芥",是。字從"艸"、"割(害)"聲,實即草芥之"芥"的異體。"下"字下有"="符,子居先生認爲是"抄手所抄寫的底本'上下'原作'卡'合文,下有重文符號,抄手抄寫時直接把'卡'書爲了'上下',重文符號照抄",其說甚是,唯"重文符號"應改爲"合文符號"。關於"上下絕德",子居先生舉《荀子·王霸》"上詐其下,下詐其上,則是上下析也"爲比證,亦極是。"上下絕德"猶言"上下析"也,而其相對立的意思,即上文所言"上下相孚",實即上不詐其下,下不詐其上之謂也。

　　王寧先生以"上下絕德如是"爲句,哇那先生以"如是其類"爲句,均不可從。

公曰:"然,邦豪(家)之政,可(何)厚可(何)尃(薄),可(何)燬(烕—滅)可(何)璋(彰),而邦豪(家)旻(得)長?"

　　燬,整理者以爲"滅"字之誤,其實應是"烕"字加"口"旁的繁體,讀爲"滅",古書"滅"與"彰"的對舉,子居先生已有舉證,可參。彰、長爲韻,陽部。

孔=(孔子)誻(答)曰:"坙(丘)霝(聞)之曰:新則翿(折),耂(故)則轉(縛)。句(始)记(起)旻(得)曲,悳(直)者虗(皆)曲;句(始)记(起)旻(得)植(直),曲者虗(皆)悳(直)。旹(前)人□□□亓(其)則。無燬(烕—滅)

---

① 比如子居先生舉古書中"造""戚"相通爲證,即有問題。因爲本簡"愳"字從典型的"告",與"造"字所從實不同字。參陳劍《釋造》,載氏著《甲骨金文考釋論集》,綫裝書局,2007年4月。

無瘇（彰），具（俱）尻（處）元（其）卿（鄉），愆（改）人之事，堂（當）時爲常。”

靭，原形作 ![字]，右從“刀”，與清華簡伍《厚父》簡3和簡6從“刀”之作 ![字]、![字]者同，爲“折”字異體，整理者逕釋爲“折”，欠準確。轉，原形作 ![字]，前已見於曾侯乙墓竹簡53，字從“市”。整理者隸定作“轉”，亦欠準確。

對於“新則折，故則轉”的解釋，諸家之說極爲紛紜。“折”字多讀“制”；或如字讀，訓折迭、彎曲，或訓折斷；或讀“悊”，訓敬。“轉”字或讀“傅”，訓依附；或讀“縛”，訓纏繞；或讀“附”、“薄”、“補”、“固”，等等。在整句話的理解上，華師大工作室認爲是以新衣故衣爲喻，林少平先生謂以絲織事爲喻，羅小虎先生謂指對待新吏故吏之態度，子居先生則認爲與《管子·小問》所言傅馬棧之事有關。詳參復旦讀書會《集釋》，此不具引。

竊謂孔子答語乃針對某公問“邦家之政，何厚何薄，何滅何彰”而發，故“新則折，故則轉”等語理解爲直接就政治制度而言，或許更爲合理，諸家之說或求之過深過遠也。“新則折”蓋謂一味地追求新創制度，則容易遭受挫折。《左傳》襄公七年：“衡而委蛇，必折。”杜注：“橫不順道，必毀折。”“轉”即是束縛之“縛”字異體①。《韓非子·備內》：“縛於勢而不得不事也。”“故則縛”意謂，一味地保守故制，則又容易爲所束縛。

“始起得曲，直者皆曲；始起得直，曲者皆直”云云，可能是對“新則折”的推闡。正因爲新創制度往往存在較大風險，所以務必慎之又慎，在始起之初，即須保證其正直的方向，苟能如此，則向之曲者亦將以就直，否則，向之直者亦將遂曲矣。“前人□□□其則”一句，則很可能是對“故則縛”的呼應，可惜殘失數字，難知其詳。似可推測，大概是講對前人的治道亦宜有所揚棄。

卿，原形作 ![字]，整理者隸定作“翟”，讀爲“昭”，訓明，義嫌迂曲。心包先生謂此字“實乃‘鄉’字也，本爲相對而坐（或立）的人形之左邊的人形調

---

① 曾侯乙墓竹簡之“轉”，或讀爲《說文》訓“車下索”的“𨏔”（何琳儀《戰國古文字典》，600頁，中華書局，1998年9月；蕭聖中《曾侯乙墓竹簡釋文補正暨車馬制度研究》，81頁，科學出版社，2011年7月），於義不合。文云“轉組之緄”，“轉”爲“組”之修飾語，亦應讀“縛”爲好。

換了方向而已”，並指出“彰”、“鄉”、“常”爲韻，其說甚是。更準確地說，此字應釋“卿”，“卿”本象二人跪踞相向而食之形，中間的食器或作“皀”，或作“食”，如清華簡肆《筮法》簡2之。本簡“卿”字左旁跪踞之人形變爲直立人形（同類現象古文字中常見），並轉爲左向，蓋受一般“人”旁之類化。“卿”後來孳乳出“鄉”、“饗”。從已知資料來看，由“卿”字分化出“鄉”字，要到秦代才出現①，所以就字形而言，此字仍應釋“卿”爲確。“卿”讀爲“鄉”。心包先生解釋爲區域、位置，子居先生更舉《詩》毛傳“鄉，所也”爲證，指出“俱處其鄉”猶言“俱居其所”，頗可信據。其實，古書亦見“處其鄉”之例，《越絕書》卷四：“日月、星辰、刑德，變爲吉凶，金木水火土更勝，月朔更建，莫主其常。順之有德，逆之有殃。是故聖人能明其刑而處其鄉，從其德而避其衡。”李步嘉先生釋“鄉”爲“順着的方向”②，蓋讀爲“向”，其實同本簡“鄉”字一樣訓所即可，“處其鄉”言處其所當處之所。《越絕書》緊接着又有“衆人容容，盡欲富貴，莫知其鄉”云云，“鄉”字顯然亦應同解，“莫知其鄉”即莫知其所在也。此語又見於《孟子·告子上》引孔子語：“操則存，舍則亡；出入無時，莫知其鄉。”趙岐注：“鄉猶里，以喻居也。”得之。王寧先生主張讀簡文“卿（鄉）”爲“向”，引北京大學藏漢簡伍《揕輿》簡24“昔者既建歲日，辰星終有其鄉”爲證。其實，彼處“鄉”字亦應訓處所，北大漢簡整理者讀“向”不確。“處其鄉”、“有其鄉”、“莫知其鄉”俱古時成語也。

恳，整理者讀“改”，是。唯諸家解說多從改動政事人事立論，似未達一間。改者，化也。《戰國策·燕策二》：“子胥不蚤見主之不同量，故入江而不改。”《史記·樂毅傳》和《新序·雜事》“改”作“化”，知二字義近可互作。然則“改人”正猶古書習見之“化人”、“化民”也。《荀子·性惡》：“是以爲之起禮義，制法度，以矯飾人之情性而正之，以擾化人之情性而導之也，始皆出於治，合於道者也。”《禮記·學記》：“就賢體遠，足以動衆，未足以化民。君子如欲化民成俗，其必由學乎！”《管子·君臣上》：“身立而民

---

① 參翁明鵬《秦簡牘中“吏如故更事”與“卿如故更鄉”推行時間的再考察》，待刊。

② 李步嘉校釋《越絕書校釋》，124頁，中華書局，2013年5月。

化,德正而官治,治官化民,其要在上。"上博簡《詩論》評論《關雎》,亦拈出一"改"字,云"以琴瑟之悅擬好色之願,以鐘鼓之樂【擬□□之】好,反納於禮,不亦能改乎?"此"改"亦猶《禮記·樂記》所謂"移風易俗"①。《治邦之道》7~8:"故求善人,必從身始,詰其行,𢆶(辨)②其政,則民改。"《史記·秦始皇本紀》載二十九年東觀刻石有云:"黔首改化,遠邇同度。""民改"、"黔首改化",文例正可與"改人"合證。本簡"改"字益以心旁作"愍"者,蓋意在強調變化民心之義涵。《潛夫論·德化》:"夫化變民心也,猶政變民體也。"

恆常之"常",楚文字中一般作"甞",此作"常"似屬首見,值得注意。《治邦之道》則"常"(簡 23)、"甞"(簡 24)並用。過去已知假借衣裳字"常"表恆常的現象始出現於秦簡③,現在又可將此用字現象上推到戰國了。

"無滅無彰,俱處其鄉,改人之事,當時爲常",意思是說,在治理邦家、化治人民方面,不必刻意去強調削減什麼或者彰顯什麼(實際和上面講的不一味創新或守舊的意思相近),而是要具體得當,合應時勢,方是常法。

己亥清明前一日寫竟於康樂園

附記:石小力、李美辰、翁明鵬、陳哲諸君通讀本文初稿,並提出有益的意見,特致謝忱!

原刊《中山大學學報(社會科學版)》2019 年第 6 期

---

① 參廖名春《上博簡〈關雎〉七篇詩論研究》,《中州學刊》2002 年第 1 期。

② "𢆶"字整理者讀"變",劉國忠、海天游蹤先生讀"辨"(劉國忠《清華簡〈治邦之道〉初探》,《文物》2018 年第 9 期,43 頁;簡帛網簡帛論壇《清華八〈治邦之道〉初讀》第 63 樓海天游蹤發言,2018 年 11 月 20 日),是。"辨"此訓治。

③ 參拙著《楚系簡帛中字形與音義關係研究》,248 頁,中國社會科學出版社,2011 年3 月。

附錄二

舊釋"燹"字及相關問題新解

一、清華簡《攝命》和西周金文中舊釋
"燹"系之字諸家意見及其問題

清華簡第八輯有《攝命》一篇，爲"王"册命王子"攝"（原作"奭"）的記錄，整理者推測"攝"即懿王太子"燮"，也就是後來的周夷王①。應該是可信的。其文體與西周中期册命類金文相近似，文辭古奧，可信爲自西周時代流傳下來的可靠文獻。篇中文字可與早期古文字相印證者頗多，其中很突出的一個例子便是一般釋爲"燹"之字。

此字在《攝命》篇中作如下諸形：

A1. （簡 22）

A2. （簡 10）　（簡 23）

A3. （簡 4）

此字在簡文中有兩種用法，一種是跟"告"或"獄"字連用，蓋與獄訟事有關，一是與"明"字組合成詞，用以言賢臣之德性。前一類文例爲：

（1）粵四方小大邦，粵御事庶百有告有 A3。　　　　　　（簡 4）

（2）凡人有獄有 A1，汝毋受幣。　　　　　　　　　（簡 21～22）

---

① 清華大學出土文獻研究與保護中心編，李學勤主編《清華大學藏戰國竹簡（捌）》，下册，109 頁"說明"、112 頁注釋〔一〕，中西書局，2018 年 11 月。按，"奭"爲"聶"字異體，音近通"燮"，實際上不必轉讀爲"攝"，相關問題擬另文討論，此暫從衆。

（3）凡人無獄無 A2，廼唯德享。　　　　　　　　　（簡 22～23）

後一類文例爲：

（4）敬學 A2 明。　　　　　　　　　　　　　　　（簡 10）

整理者敏銳地將此字與西周金文中舊釋爲"舜"或從"舜"之字聯繫起來①，是很有道理的。金文中此系列的字的寫法可歸納爲如下幾種類型：

B1. （逨盤，《銘圖》14543）

B2. （四十三年逨鼎甲，《銘圖》02503）

（史牆盤，《集成》10175）

（逨鐘四，《銘圖》15636）

（毛公鼎，《集成》2841B）

（虎簋蓋甲，《銘圖》12 卷 205 頁）

B3. （尹姞鬲，《集成》754）

（親簋，《中國歷史文物》2006－3 封 2）

B4. （牧簋，《集成》4343）

B5. （趞簋，《集成》4266）

（師觀鼎，《集成》2830）

上列諸形的典型語境，正好與《攝命》篇 A 字相對應，分屬兩種情形。與獄訟事有關者有：

（5）粵乃訊庶有 B2，毋敢不中不型，毋龏＝橐＝，唯有宥從，廼救鰥寡。

　　　　　　　　　　　　　　　　　　　　　　　（四十三年逨鼎甲）

---

① 清華大學出土文獻研究與保護中心編，李學勤主編《清華大學藏戰國竹簡（捌）》，下册，113—114 頁注釋〔九〕，中西書局，2018 年 11 月。

（6）勿離逮庶有 B2，毋敢龏＝橐＝，乃救鰥寡。　　　　　　　　（毛公鼎）

（7）更乃祖服作冢司馬，汝廼諫訊有 B3，取徵十鋝。　　　　　　（親簋）

（8）辵訊庶有 B4，不型不中，……雩乃訊庶有 B4，毋敢不明不中

　　　不型。　　　　　　　　　　　　　　　　　　　　　　（牧簋）

（9）命汝……訊小大有 B5，取徵五鋝。　　　　　　　　　　　　（趞簋）

與"明"字組合言賢臣德性者有：

（10）粵朕皇高祖零伯，B1 明厥心，不象□服，用辟恭王、懿王。

　　　　　　　　　　　　　　　　　　　　　　　　　　　　　（逨盤）

（11）丕顯朕皇考，克 B2 明厥心，帥用厥先祖考政德，享辟先王。

　　　　　　　　　　　　　　　　　　　　　　　　　　　　（逨鐘四）

（12）[圖]惠乙祖逑匹厥辟，遠猷腹心，子鳳 B2 明。　　　　（史牆盤）

（13）丕顯朕烈祖考 B2 明，克事先王。　　　　　　　　　（虎簋蓋甲）

（14）天君弗忘穆公聖 B3 明訰事先王。　　　　　　　　　　（尹姞鬲）

（15）用型乃聖祖考，B5 明㦰辟前王，事余一人。　　　　　　（師觀鼎）

結合字形和辭例兩個方面來看，不難將 A、B 二系列字形加以認同。這其中，B1 是最原始的寫法，從"大"形加四點。B2 主要是在 B1 基礎上加"口"符而成繁體，"口"符或中加一橫作"甘"形，毛公鼎所見即是，此類現象古文字中極多見；"大"形或訛變作"矢"形，史牆盤、逨鐘四、毛公鼎所見均是，古文字中此二形訛混之例甚多；虎簋蓋甲中"大"形則訛同"夭"。B3 是較 B1 多出人的兩足形，也是 B1 的繁體。B4 出自宋人摹寫轉刻，已頗走樣，我懷疑本來是 B2、B3 二體的結合，只不過本附着於"大"的兩足形被割裂開來，訛變成兩"口"形，"大"形中間也被斷開了。B5 是 B2 加上"阜"旁而成，應是 B2 的繁化或是以 B2 爲聲的字。

反觀 A 系列，A1 顯然由 B2 演變而來，其下部作"甘"形與毛公鼎正同，唯"大"作[圖]，中間斷開，爲戰國楚文字的典型寫法，故與四點合觀則同上下二"火"之"炎"字無別了。至於 A2、A3，則均爲 A1 的小變而已。

以前將金文 A 系列同"粦"聯繫起來，蓋起於陳夢家先生之釋 B3 爲

"羉"。所謂"羉明"的"羉",陳先生讀爲《說文》訓"目精也"的"瞵",謂指耳目聰明①。負責清華簡《攝命》篇整理工作的馬楠先生即沿着釋"羉"的思路,認爲"羉與從羉得聲的燐、粼都有明的意思",蓋欲讀爲"燐"若"粼"。至於與獄訟有關的所謂"有羉"、"無羉",向無善解,馬先生則主張讀爲悔吝之"吝",謂於此指爭訟②。

李學勤先生最近也有專文討論此問題,他將 A 和 B1～B4 都統釋作"㕚",B5 則釋"階",對其構形及音義作如下的解釋:

> 㕚爲會意字,從口,炎聲,其異形主要體現在下面"口"形的變化,如金文的㕚、𤓪,簡文的㕚、㕚、㕚,其省形作"炎"。㕚,在"有獄有㕚"、"無獄無㕚"、"有告有㕚"中可讀爲"嫌",訓作"嫌疑"、"嫌犯";在"㕚明"中,可讀爲"廉",訓作"察"。③

其讀"㕚明"爲"廉明"的意見,在以前考釋逑盤時就提出來過④。

陳劍先生近撰《試爲西周金文和清華簡〈攝命〉所謂"羉"字進一解》,則認爲從"大"加四點的"㕚"是"洒身"義之"浴"字表意初文,在與獄訟有關的文例中讀爲"訟",在與"明"連用的文例中則讀爲"崇"⑤。

以上三種意見各有優點,但也各有缺點。釋爲"羉"系的字,最大的優勢是能夠梳理出一個比較清楚的字形演變序列(詳下第四節),缺點是字義解釋不夠貼切。尤其是訓"吝"爲爭訟,頗感勉强;"瞵"、"燐"、"粼"等雖然都能同某種光明(目光、火光、水光)聯想起來,但實際上在文獻中並沒有直接訓爲"明"的例證。李先生的釋法,在文意的理解上顯然要好得多,

---

① 陳夢家《西周銅器斷代》,上册,135 頁,中華書局,2004 年 4 月。

② 馬楠《釋"羉明"與"有吝"》,《古文字研究》第三十二輯,469—471 頁,中華書局,2018 年 8 月。

③ 李學勤《清華簡〈攝命〉篇"羉"字質疑》,《文物》2018 年第 9 期,52 頁。

④ 李學勤《眉縣楊家村新出青銅器研究》,《新出青銅器研究(增訂版)》,310 頁,人民美術出版社,2016 年 2 月。

⑤ 陳劍《試爲西周金文和清華簡〈攝命〉所謂"羉"字進一解》,《出土文獻》第十三輯,29—39 頁,中西書局,2018 年 10 月。筆者撰寫本文初稿時,該期《出土文獻》尚未正式印出,蒙陳先生賜示電子本,並允予引用,謹此致謝!

但在字形分析上卻不能令人信服。特別是以從"炎"聲立說,最多只能適合戰國竹書的字形,上溯西周金文就行不通了,據轉刻訛變之本把兩足形當作兩"口",也不可信。對此,陳劍先生已有所辨析。陳說讀"訊有訟"、"有獄有訟"等,在文意上當然更爲合理,因爲"訟"是表示此類意思最常見的詞之一,較"嫌"更能與"獄"構成並列關係,讀"崇明"也是成詞可通。問題在於,儘管陳先生用了不少材料論證了讀"浴"(喻母屋部)爲"訟"(邪母東部)、"崇"(崇母冬部)的可能性,但從用字習慣的角度考慮,仍然不能說十分放心。正如陳文所指出,西周金文已多見獄訟之{訟}的本字"訟",儘管我們也能找出一些類似的例子來作旁證,但尋求其他可能的解釋仍是值得嘗試的。再者,陳文在一些字形論證的環節上,也還有可以討論的餘地。

二、舊釋"粦"系字讀法新探

陳劍先生的文章有一個很重要的貢獻,就是在傳抄古文中找到一系列與舊釋"粦"系字相關的形體。茲轉引如下:

督:(《隸續》4.3《尚書·大誥》殘石)

(《汗簡》44 引《朱育集字》①)

僭:(《汗簡》16)

潛:(《集篆古文韻海》2.28)

(《古文四聲韻》2.27 引雲臺碑)

(《汗簡》61 引《義雲章》)

(《古文四聲韻》2.27 引《義雲章》)

---

① 楷字頭訛作"替"。

　　這些用爲"曆"聲系字的古文形體，一直沒有得到很好的解釋。其核心部件即〔古文字形〕、〔古文字形〕、〔古文字形〕、〔古文字形〕，陳先生將它們和舊釋"羴"之字加以認同，特別是〔古文字形〕與《攝命》的〔古文字形〕，可謂密合無間。顯然，舊釋"羴"之字應有"曆"系讀音。陳先生以此作爲語音"定點"來考慮相關諸字的讀法，方向當然是對的。不過，"曆"聲系古音在侵部，和陳先生所讀破的東部字"訟"和冬部字"崇"，仍有些不同；再加上他又把其字源解釋爲屋部字"浴"，就難免顯得有些曲折了。

　　我的意見是，不如尊重傳抄古文的用字習慣，試從"曆"聲系來求解。那麼，在與獄訟有關的語境中，舊釋"羴"系之字恐怕應該讀爲"譖"。《說文·言部》："譖，愬也。从言、曆聲。"又："訴，告也。从言、庐省聲。《論語》曰：訴子路於季孫。愬，訴或从言、朔。愬，訴或从朔、心。"可見"譖"與"訴"是一對同義詞。古書或"譖訴"連用，如《論語·顏淵》云："浸潤之譖、膚受之愬不行焉，可謂明也已矣。"《逸周書·謚法》云："譖訴不行曰明。"《漢書·楚元王傳附劉向傳》："未白而語泄，遂爲許、史及恭、顯所譖訴，堪、更生下獄。"譖訴、告訴與"訟"義涵也極近，故也可"譖訟"並稱，如《後漢書·魏霸傳》云："霸輒稱它吏之長，終不及人短，言者懷慚，譖訟遂息。"這樣看來，西周金文"訊庶有譖"、"訊小大有譖"，清華簡《攝命》"有告有譖"、"有獄有譖"等，"譖"作訴告、訴訟義來理解，均能文從字順。

　　但熟悉古書的朋友肯定還會發出一個疑問。傳世先秦秦漢古書"譖"極多見，基本上都是讒譖、誣毀的意思，不勝枚舉，就是上文所舉"譖訴"、"譖訟"的幾個文例中的"譖"，從具體語境看，也不無這種意味。《說文·言部》緊次"譖"條後的正是"讒"，云："讒，譖也。"而西周金文及清華簡的"訊庶有譖"、"訊小大有譖"、"有告有譖"、"有獄有譖"中的"譖"，從語境可知應理解爲中性的訴告，因爲那都是獄訟訴告的泛稱，不應該是特指已經定性的讒譖。《說文》以"訴"釋"譖"，指向一般中性的訴告；以"譖"釋"讒"，則又指向不實、惡意的訴告。後者文獻實例繁夥，而前者除了《說文》，實例幾乎難得一見，是否可靠呢？

　　這個疑問，可用秦漢簡牘司法文書中"譖"字的用法來解答。茲略引其例如下：

（16）令獄史……狀。及譖訊居處，薄（簿）宿所。

（嶽麓秦簡叁 142～143）

（17）譖訊同歸義狀及邑里居處狀。　　　　（嶽麓秦簡叁 143）

（18）復譖謂同：同爲吏，人見同，巫從同，畏不敢捕同而……

（嶽麓秦簡叁 145）

（19）即各日夜別薄（簿）譖訊都官旁縣、縣中城旦及牒書其亡者……

（嶽麓秦簡叁 153）

（20）觸等盡別譖訊安旁田人。皆曰：不□可（何）人。

（嶽麓秦簡叁 154～155）

（21）諸治從人者，具書未得者名、族、年、長、物色、疵瑕，移讀縣道，
　　縣道官謹以讀窮求，得輒以智巧譖訊。　（嶽麓秦簡伍 19～20）

（22）南郡復吏乃以智巧令攸誘召聚城中，譖訊傳先後以別，捕繋戰
　　北者。　　　　　　　（張家山漢簡《奏讞書》152～153）

這些"譖"字，學者們多讀爲"潛"，或訓爲"暗中"，或訓爲"深"等，均難
圓通。陳偉武先生主要針對例（21），主張"譖"如字，並從《說文》"愬（訴）
也"的本訓出發，不爲傳世文獻"讒譖"義所囿，認爲"譖"指起訴，顯然較其
他諸說爲合理①。

　　從語境的同一性考量，上引文例中無論是"譖訊"還是"譖謂"中的
"譖"，應該作統一的解釋爲妥。例（21）的"譖訊"確如陳說，可以理解爲起
訴審訊。不過，"起訴"義同樣不能切合所有用例。從簡文看，"譖訊"、"譖
謂"都是並列結構，而不是偏正結構。"譖訊"作爲一個司法用語，其涉及
的對象甚廣，可以是較明顯的嫌疑人，如例（21）、（22），也可以是可能的知
情方或證人等，如例（16）、（17）、（20），還可以是鄰近的政府機構，如例
（19），其語義指向顯然是比較中性的。其中的"譖"，均可以"愬（訴）也"之
訓代入，但不宜一概理解爲起訴。針對嫌疑人者，固然可以說起訴，但涉
及其他對象時，則應解釋爲一般的告訴或者通報。這和"訴"、"告"之兼有

----

① 陳偉武《秦漢文字釋讀散札》，"海峽兩岸漢字與中華文化研討會暨澳門漢字學會第五
　屆學術年會"論文，陝西師範大學，2018 年 10 月 20～23 日。

起訴控告與訴說告知二義,是平行的現象。同理,"訊"針對嫌疑人時固然可以理解爲審訊,對知情方或證人審訊就勉强一些,對鄰近的政府機構審訊則明顯不合適了,而應該解釋爲問訊查詢。所以,"譖訊"一詞應該用一個比較寬泛的義域來界定,即統指訴告並訊問,而起訴審訊等具體義位自然也已涵蓋其中。至於"譖謂",實即告謂的意思,特別使用"譖"字,蓋以强調這個談話活動的正式感和司法意味①。

既從秦漢簡中確認"譖"的訴告義,則西周金文及清華簡的"訊庶有譖"、"訊小大有譖"、"有告有譖"、"有獄有譖"等,庶幾可以無疑了。當然,這些"譖"的具體義位是起訴、訴訟。

西周金文中另有兩例舊釋"舜"的字,一見於中瓿(《集成》949),字形作,屬上文所歸納 B2 類,文云:"厥賈 B2 言曰:賈□貝……"一見於九年衛鼎(《集成》2831),字形作,屬上文所歸納 B3 類,文云:"矩廼眔B3 令壽商眔嗇曰:講。"或以爲人名。我懷疑此兩處也可讀爲告訴義的"譖","譖言"、"譖令"正與秦簡"譖謂"相類,是一種用於正式場合的含有司法或契約等嚴肅意味的告知。

此外,逋盂(《集成》10321)有字作,過去多隸定爲"隘",馬楠先生將之與舊釋"舜"系字加以認同,是有道理的。其所從四點與"大"形粘連,和毛公鼎 B2 相同,所以此字其實就屬於上文所歸納 B5 類,文云:"君在潦旣宮,命逋使于述土,B5 其各厶司寮女寮奘。"此處 B5 也可能用讀爲告謂義的"譖"。

至於舊釋"舜"系之字與"明"字連用者,結合傳抄古文的用字習慣,最直接的當然是讀爲"潛"。"潛"有淵深沉潛之義,"潛明"與金文"幽明"(逨盤等)、"淵哲"(史牆盤)義涵相類,用以稱頌賢人的德性。古書中雖未檢見"潛明"的組合,但有成詞"淵明","淵"猶"潛"也,皆深遠明達之意。大詩人陶潛字淵明。《華陽國志·劉後主志》:"非淵明弘鑒,則中興之業,何容易哉?"《南齊書·高帝本紀》:"惟王聖哲淵明,榮鏡宇宙。"均是其例。

---

① 關於秦漢竹簡"譖"的討論,另參拙文《從秦漢竹簡看"譖"的詞義問題》,"古代漢語大型辭書編纂問題研討會"論文,復旦大學,2018 年 11 月 24～25 日。

金文“潛明厥心”，則可理解爲使動用法，謂自使厥心潛明也。“潛明厥心”與大克鼎（《集成》2836）“淑慎厥德”相似。

三、由甲骨文看舊釋“粦”字之造字本義

根據傳抄古文提供的語音信息和用字習慣綫索，把西周金文和戰國竹簡中舊釋“粦”字及從“粦”之字讀爲“譖”或“潛”，音義可以得到較好的解釋。然則所謂“粦”字記錄這些音義的理據何在，其造字本義爲何？ 便是我們需要進一步探尋的。

所謂“粦”字可以追溯到殷墟甲骨文，作如下諸形：

C. （《合集》22258）　（《合集》261）　（《合集》33040）

顯然，C 與上文歸納的西周金文 B1 類寫法完全一致，所以自然地也都被普遍釋作“粦”。陳劍先生則認爲字象人淋浴之形，四點代表自上而下的水，應是“浴”之表意初文。單從這一字形看，自然是可能的。但是，如果再結合甲骨文中另外一個字形來考慮，也許就可以有不一樣的理解：

D. （《合集》30354）

現在一般的古文字書都把 D 釋爲“潾”，如《古文字譜系疏證》云：“潾，從水、粦聲。《玉篇》‘潾，力真、力刃二切，水清貌。’”[①]認爲其中間部件與舊釋“粦”的字相同，應是可信的。只不過它不僅像 B3 類那樣刻畫出人的雙足，連人的雙手也表現出來了。但是，把 D 看成一個形聲字，並把它同《玉篇》“潾”字聯繫起來，卻不一定可靠。試比較甲骨文中下列字形：

（《合集》780）　（《合集》32308）　（《合集》16186）

---

① 黃德寬主編《古文字譜系疏證》，3543 頁，商務印書館，2007 年 5 月。

整個字象沉牛或羊於水中之形，一般釋爲"沈"，後世俗體作"沉"，《說文》本字作"湛"。甲骨文中類似的還有沉玉之形作：

（《屯》2232）

沉小牢之形作：

（《合集》14588 正）

楚簡中又有象沉禾於水之形的字：

（《新蔡》甲三 414、412）　　（《上八·蘭賦》2）

（《清壹·楚居》8）

黃德寬先生指出，新出安徽大學藏楚簡《詩經》也有此字，對應《鄘風·柏舟》"髧彼兩髦"之"髧"，故此字也應是"湛"（"沈"）的一種異體①。其說可信。

我認爲 D 的構形方式與這些字相似，應作爲一個整體表意字來看待。字象人在水中之形，外圍的 $\backslash\backslash$ 本已足可象水，但還要在人體邊上加幾個水點以爲強調，或許有象徵水中動態的意味。這人體邊上所加的幾個水點，正好同沉牛沉羊沉玉的字形相印證。D 字形儼然是一人手足並用，潛游於水中的寫照，實當爲"潛"字的表意初文。《說文·水部》："潛，涉水也。"《莊子·達生》："至人潛行不窒，蹈火不熱。"郭注："潛行水中亦爲游也。"正是"潛"之本義。、等形則可視爲 D 的簡體，雖然省去了代表水流的 $\backslash\backslash$，但始終保留幾個象水的小點，故仍不失其初意。

既然所謂"舛"字實是"潛"之本字，則其衍生諸體在金文和楚簡中讀"潛"讀"譖"，便皆順理成章了。

在《合集》30354 中該字似用爲人名。《合集》261"潛竹"，《合集》22258"潛屮"、"其亡潛"，《合集》33040"潛夷"，應該是用爲動詞，其所涉

---

① 　黃德寬《釋新出戰國楚簡中的"湛"字》，《中山大學學報》2018 年第 1 期。

對象"竹"、"甴"、"夷"可能是地名或國族名,這些地方直接釋讀爲"潛",推測爲潛入敵境或潛襲敵人之意,似乎也沒有明顯的障礙。

四、是"粦"還是非"粦"

爲什麼本文所釋的"潛"字初文過去會一直被信爲"粦"字呢? 有個不爭的事實就是,它們同後來明確的"粦"字在字形上的關係實在太密切了。試列簡表比較對照如下:

	殷商	西周	春秋	戰國	秦
"潛"初文 系列					
"粦"系列			石鼓文《吳人》"憐"		《說文》"粦" 睡簡《法律答問》98"鄰" 睡簡《日書》乙21"鄰" 嶽麓壹《爲吏》62"鄰" 嶽麓肆177"鄰(? 一遴)"

《說文·炎部》:"粦(粦),兵死及牛馬之血爲粦。粦,鬼火也。从炎、舛。"根據已發生裂變的篆文形體立說,實不可靠。石鼓文"憐"所從"粦"上部顯然並不是"炎",而是正面人形(即"大")加四點,後來中間豎畫斷開才與"炎"相混的;而所謂"舛"本來應該與正面人形聯成一體的。嶽麓壹《爲吏》62"鄰"字中"粦"下之"舛"尚保留不分離的寫法。實際上,在殷商西周古文字中並不存在獨立成字或作偏旁的"舛",後來的所謂"舛"應是從繁化的"大"形上分離出來而成的。《說文》分析爲從"舛"的"舞"字,篆文的形實由(燕侯舞銅炮,《新收》948 頁)、(宗人簠,《銘續》461)

變來，便是明證。所以，如果要再向上追溯"舜"的字形，它幾乎必定是一類的寫法。反過來說，一類的字形，按照一般的演變規律，也很自然地也會出現與"舜"字完全相同的寫法。因此，誠如陳劍先生所指出，要從字形上將"舜"同等形分開，是很難說服人的。

既然如此，我們就無法回避這樣一個問題：形及其相關諸字與"舜"究竟是什麼關係？理論上存在兩種可能：一是與"舜"本來就是一字；二是與"舜"只是偶然的同形。

陳劍先生主張後者。他推衍趙平安先生在《〈說文〉小篆研究》中的說法，認爲"舜"字本象人走路大汗淋漓之形，爲"遴"或"躪"之初文，四點代表汗滴，雙足形强調行進或踐踏義。而他釋爲"浴"之初文的"尖"字本不從"舛"，但受"無（舞）"、"乘"一類字形變化的影響，偶可繁化添加兩腳形，遂造成個別字形與"舜"同形。

對於真正的"舜"的源頭，陳先生則追溯到字所從，這一點上跟以往一般的看法並無不同。但如上文所論，此字構形較原始，圖畫性較强，應該與、、、等相類似，爲表意字的可能性要比形聲字大得多。所以，即使將其中部釋爲"舜"，也不利於將人形邊上的小點理解爲汗滴。

此外，陳先生還接受周忠兵、程少軒、董珊等先生的意見，認爲下列幾個早期字形也從"舜"：

（《合集》33087）

（《合集》31030）

（禽舻，《首陽吉金》22）

（禽鐴，《首陽吉金》23）

（禽簋，《首陽吉金》26）

這些字中的正面人形除第一例加兩小點於腋下外，其餘均不加點。加兩小點者，實同於"亦"，而有別於典型"舜"字之加四點。陳先生認爲其表意重點在雙足，故代表汗滴的四點可省爲兩點，進一步則可完全省去，並援瀕史鬲(《集成》643)用爲人名的所謂"隣"字作 爲證。其實,這些字在文例上均未能提供積極的音義綫索,瀕史鬲那個字釋"隣"並無確證,單從字形簡省的角度來解釋這些字所從跟典型"粦"字的關係,似欠充分。目前所見的確定的"粦",如上表所列,沒有一例省去四點的,且設若"粦"可省去四點,則何以區別於"乘"、"舞"等字之所從,也不無問題。

　　把這些可疑的字形排除之後,我們會發現一個有趣的情形,即 系列的字與"粦"系列的字在時代上似乎形成一種相承互補的態勢,前者在殷商、西周和戰國都有實例,戰國之後就幾乎絕迹了①。而後者在春秋之前並未見到確定無疑的實例,卻大行於秦及其後。如果說它們只是一對不同來源、不同造字理據的同形字,似乎過於巧合。

　　陳劍先生之所以否定釋 等爲"粦",很重要的一個原因,恐怕就是從傳抄古文確定了古文字中 系列的語音綫索,從而發現它跟"粦"之間的語音差異。用偶然同形的解釋來切割此二系列的關聯,無論如陳文之釋 爲"浴",還是如本文之釋爲"潛",都可以免除語音解釋上的麻煩,固然是最乾脆快便的做法,然而字形上的糾纏,卻始終給人欲斷難斷之感。

　　因此,我更傾向於認爲這二系列的字本即一脈相承, 確實還應該就是後來的"粦"字。問題的關鍵在於語音上的溝通。

　　本文釋 系列爲"潛",或讀爲"譖",上古韻部屬侵部,聲母爲齒音從母、精母。而"粦"聲系的字古音一般歸真部來母。表面看來,距離不小。不過,《史記·貨殖列傳》:"北鄰烏桓、夫餘。"《索隱》云:"鄰一作臨。""鄰"、"臨"雙聲,一在真部,一在侵部,似可看作音近義通的一對親屬詞。又《禮記·檀弓下》:"與其鄰童汪踦往,皆死焉。"鄭玄注云:"鄰或爲談。""鄰"或誤作"談"者,蓋與形和音兩方面因素都有關。"談"在談部,與侵部關係密切,均收-m韻尾。這兩處異文提示"粦"聲系與侵、談部相通的

----

① 馬楠先生《釋"粦明"與"有育"》一文提到馬王堆帛書《春秋事語》85行有"昝"字。按,該字作 ,略有殘缺,目前學者們對此字尚有不同意見(參看湖南省博物館、復旦大學出土文獻與古文字研究中心編纂,裘錫圭主編《長沙馬王堆漢墓簡帛集成》,第叄册,194頁注釋〔七〕,中華書局,2014年6月),是否可認定爲 系列在漢初的遺存,待考。

可能。

真部字與侵部字發生關係的例子還有一些。比如《說文》“讀若囟”的“丨”，據裘錫圭先生的研究，實是“針”之象形初文（“十”字由它分化而來），“針”屬侵部，“囟”屬真部。楚簡中有多種“慎”字異體是以“丨”爲聲符的，“慎”也是真部字[①]。古音真、文二部極近，所以這個侵部“針”的初文“丨”又與不少文部字相通，如以它爲基本聲符的“㐱”《說文》謂“古文以爲訓字”，“灷”在信陽楚簡和上博簡《凡物流形》中讀爲“寸”，從“酉”、“灷”聲的字在郭店楚簡《尊德義》和上博簡《天子建州》中讀爲“尊”，從“辵”、“灷”聲的字在上博簡《慎子》中讀爲“遵”，從“心”、“灷”聲的字在上博簡《緇衣》和《仲弓》中讀爲“遜”[②]，“訓”、“寸”、“尊”、“遵”、“遜”都是文部字。而“粦”聲系與文部的“文”、“全”等聲系相通，如“鄰”字古文“𠈌”或加聲符“文”，古書“憐”、“遴”通“吝”，“驎”通“駩”等[③]。“全”聲系的“全”復通“遵”[④]，“荃”又通“蓀”[⑤]。從這個角度看，“粦”聲與侵部字也算輾轉可通。

聲母方面，齒音字與來母發生關係雖然不算很多，但也有一些。諧聲方面如“僉簽（清母）—斂籢（來母）”，“數（生母）—婁廔漊艛摟縷螻塿鏤蔞遱（來母）”，“灑曬釃躧簏纚（生母）—麗儷邐驪（來母）”等；同源字如“事（崇母）—吏（來母）”等；異文通假如清華簡《祭公》、《繫年》等篇“卿士”之“士”（崇母）寫作“李”（來母）等，均可作爲旁證。

總之，儘管“潛”與“粦”聲韻均不相同，但它們之間實存在相溝通的可能。

其實，這裏應該特別補充一條可以溝通此二系讀音的更直接的證據。綫索的發現者是趙平安先生。石小力君在看過本文初稿之後，來信告知：“趙平安老師在課上也討論過舊釋‘粦’之字，他認爲該字即《說文》中的

---

① 裘錫圭《釋郭店〈緇衣〉“出言有丨，黎民所訁”——兼說“丨”爲“針”之初文》，《古墓新知》，國際炎黃文化出版社，2003年11月。

② 參沈培《上博簡〈緇衣〉篇“恙”字解》，《華學》第六輯，紫禁城出版社，2003年6月。

③ 高亨纂著，董治安整理《古字通假會典》，97、98頁，齊魯書社，1989年7月。

④ 高亨纂著，董治安整理《古字通假會典》，137頁，齊魯書社，1989年7月。

⑤ 高亨纂著，董治安整理《古字通假會典》，142頁，齊魯書社，1989年7月。

‘㷗’字,《説文》:‘㷗,侵火也。从炎、㐭聲。讀若桑葚之葚。’㐭,爲後演變出來的聲符,把金文和楚簡中與獄訟事有關的字讀爲‘訟’。”①我覺得趙先生將舊釋“粦”字同《説文》“㷗”字聯繫起來,是極具創見的,儘管本文不同意將之讀爲“訟”。《説文》“㷗”字及以之爲聲的“𨛭”(訓“地名”)、“顲”(訓“面顑顲皃”),古書均未見,其形音義來源一直都不清楚。趙先生認爲它同《攝命》中之、一樣,所從的“炎”形是由變來的,而其聲符“㐭”,推測爲由一類字形的下半部分變形聲化而成,從字形演變規律看,實甚合理。“㷗”字既從“㐭”聲,又讀若“葚”,這給我們提供了極重要的語音綫索。一方面,“葚”是船母侵部字,與傳抄古文反映的、系字的“朁”系讀音極近,正可相互印證。《説文·米部》“糂”籀文作“糣”,也可供繫聯佐證。另一方面,字以“㐭”爲聲符,“㐭”爲來母侵部字,這本身就是來母和舌、齒音相通的明證②。這個來母的音讀便可作爲與“粦”溝通的橋梁。至於字義,大徐本《説文》訓“㑴(侵)火也”,“侵火”本身即頗不可解,段玉裁云:“疊韻爲訓也。近火者有畏意。”③“疊韻爲訓”固是,但“近火者有畏意”仍不知所云。小徐本作“侵也”,並無“火”字,意思則較明白,疑當有所本。而“侵”、“潛”都有浸漸、暗中進入一類意思,以“侵”訓“潛”正甚合適。大徐本作“侵火”者,蓋以牽合訛變來的“炎”形,實不可據。

也就是説,保留在《説文》中的“㷗”字,其實和“粦”字一樣,都來源於“潛”之表意初文。由於字形的裂變和語音的分化,並由此而引起的理據重構,終於在《説文》系統裏成爲兩個不同的字。他們之間的關係,可用下面的簡圖來表示:

---

① 石小力2018年11月2日致筆者信。蒙趙平安先生惠允引述其未正式發表的意見,謹致謝意!

② “朁”系字既然與“甚”系字通,而“甚”系字多讀舌音聲母(“糂”爲齒音心母,但“甚”、“葚”、“媅”、“斟”、“䫖”、“煁”、“諶”、“黮”等都屬舌音),又“潛”與“沈”音近義通,古書或爲異文(《大戴禮記·勸學》“沈魚出聽”,《韓詩外傳》卷六作“潛”),或同訓、互訓(詳參《故訓匯纂》“沈”、“潛”二條),很可能屬同源詞,“沈”也是舌音字,故似可擬測“潛”存在更早的舌音來源。如此,則“潛”與來母相諧便顯得更加自然了。

③ 〔清〕段玉裁《説文解字注》,487頁,上海古籍出版社,1988年2月。

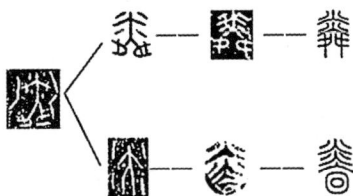

五、初步的結論

綜上所論,可以得出幾點初步的認識:一、甲骨、金文及清華簡《攝命》中舊釋"燊"的字,象人潛泳水中之形,爲"潛"字表意初文。二、甲骨文"潛"字後接地名或國族名,可能爲潛入敵境或潛襲敵人之意;在西周金文和清華簡中,由"潛"字初文衍生諸字,與"明"連用而讀爲"潛明",用以稱揚賢人德性,"潛明厥心"則爲使動用法,謂自使其心潛明;在與獄訟有關的"訊庶有~"、"訊小大有~"、"有告有~"、"有獄有~"等文例中,則當讀爲"譖",爲起訴、訴訟之義;另外一些讀"譖"的用例,則當告訴、告謂講,用於帶有司法或契約等嚴肅意味的正式場合。三、"潛"字初文與後世"燊"字形體不容切分,實屬一脈相承;《說文》"𤓯"字也當來源於"潛"字初文,它們之間的語音關係也可以得到相當程度的解釋。

原刊《文史》2019 年第 4 輯

附錄三
金文"蔑曆"及相關問題試解

商周金文常見的"蔑曆"組合的釋讀,是一個長期吸引並困擾研究者的疑難問題。不同的解釋方案,至今無慮數十種。近二十年,特別是近十年來,由於新出西周金文和戰國竹簡中出現了一些與之相關的新材料,引發了新一輪的研討熱潮,取得一些十分可喜的突破,但意見尚頗分歧。本文試圖在吸收已有意見合理成分的基礎上,略陳一得之愚,以助同仁討論之興。

一

金文"蔑曆"組合出現在上級對下級的勉勵、嘉獎的語境中(包括客觀描述和主觀願望兩種情形,而以前者爲主),這一點歷來是有共識的。我們以 A 代表上級,B 代表下級,可將其典型結構歸納爲如下幾種。

一式:A 蔑 B 曆(包含承前省 A 形式)

子曰:貝唯丁蔑汝曆。	(小子裔卣,《集成》05417)
王蔑庚嬴曆,錫祼靣、貝十朋。	(庚嬴鼎,《集成》02748)
天君蔑公姞曆,使錫公姞魚三百。	(公姞鬲,《集成》00753)
侯蔑遇曆,錫遇金。	(遇甗,《集成》00948)
王蔑友曆,錫牛三。	(友簋,《集成》04194)
(穆王)蔑苟曆,錫鬱鬯。	(苟盤,《銘三》3 卷 367 頁)

二式:A 蔑曆

王使孟聯父蔑曆,錫艇、牲大牢。	(任鼎,《新收》1554)

王使榮蔑曆,令趞邦。　　　　　　　　　(辪簋,《集成》04192)

王用弗忘聖人之後,多蔑曆錫休。　　　　(師望鼎,《集成》02812)

三式：B 蔑曆 A

馭蔑曆伯大師。　　　　　　　　　　　　(師馭鼎,《集成》02830)

馭蔑曆仲競父,錫赤金。　　　　　　　　(馭尊,《集成》06008)

四式：B 蔑曆于 A

五侯誕既六品,蔑曆于保。　　　　　　　(保尊,《集成》06003)

壽曻蔑曆于侯氏,錫馬馬卅四。　　　(壽曻尊,《銘三》3 卷 84 頁)

屯蔑曆于亢衛。　　　　　　　　　　　　(屯鼎,《集成》02509)

五式：B 蔑曆(包含承前省 B 形式)

小臣謎蔑曆,眔錫貝。　　　　　　　　　(小臣謎簋,《集成》04238)

次蔑曆,錫馬、錫裘。　　　　　　　　　(次尊,《集成》05994)

俞其蔑曆,日錫魯休。　　　　　　　　　(師俞簋蓋,《集成》04277)

孝友史牆,夙夜不豖,其日蔑曆,牆弗敢沮,對揚天子不顯休命。

　　　　　　　　　　　　　　　　　　　(史牆盤,《集成》10175)

(穬)蔑曆,錫貝卅鋝。　　　　　　　　　(穬卣,《集成》05411)

其中"蔑"字或加"禾"旁作"穢",或加"木"旁作"㯸",或加"人"旁作"儝"。這裏統一以"蔑"代表之。"曆"字也有多種不同寫法,特予揭示於下,並略梳理其間之關係。

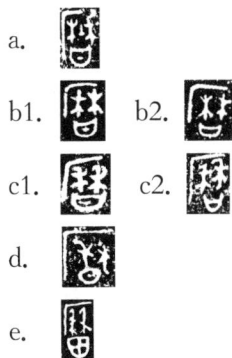

a. 　

b1. 　b2.

c1. 　c2.

d. 　

e.

f.

g.

h.

i.

　　就已有材料來看，以上諸形以 a 類出現最早，從“厂”、從“林”、從“甘”。b 類由 a 類省“⊥”符而成，“甘”形或作“口”。古文字中位於字的下方的“甘”形或“口”形，往往通用無別，所以此二形實可合併。理論上 a 類也應可有從“口”的亞類，只是目前尚未出現而已。c 類由 b 類變二“木”爲二“禾”而成。其“甘”形訛變爲“日”即成 d 類，遂與後來的“曆”字同形（金文未見確定的用爲曆日義的“曆”字），古文字中類似的“甘”、“日”訛混可參“晉”、“習”等字。e 類爲 d 類的進一步訛變，“日”形變爲“田”。f 類是 c 類省“厂”而成。g 類則由 b 類省“甘”或“口”而成。g 類易其一“木”爲“水”即成 h 類。i 類可看作 h 類加“口”繁化，也可看作 b 類易其一“木”爲“水”。

　　此外，庚嬴鼎“曆”字作，或隸釋爲“厤”，但該銘文係翻刻，從“厂”旁豎畫向下長引，字之下部空虛來看，原銘當有“甘”或“口”符，或爲鏽掩，致使翻刻時未能體現。故此例應歸於 c 類。即目前尚不能確定西周“曆”有作“厤”形者，儘管這是可能的。

　　諸形中以 b、c 二類最爲常見。而 c 類正可與《說文·甘部》的“曆”認同（詳見第四節的討論），所以本文統一用“曆”來表示之。

　　在上面歸納的幾種“蔑曆”組合中，一式“A 蔑 B 曆”爲最常見。二式“A 蔑曆”不出現 B，理論上存在兩種可能：（一）爲“A 蔑曆 B”之省；（二）爲“A 蔑 B 曆”之省。如任鼎的“孟聯父蔑曆”可理解爲“孟聯父蔑曆任”，也可理解爲“孟聯父蔑任曆”。三式“B 蔑曆 A”實際上是一種不出現形式標志的被動句式，如師虤鼎的“虤蔑曆伯大師”即“虤蔑曆于伯大師”。此式加上被動標志“于”，便形成四式“B 蔑曆于 A”。五式“B 蔑曆”則爲受事主語句，這種結構中的“蔑曆”結合緊密，中間不容插入其他成分。

二

關於"蔑曆"的早期諸說,孫稚雛先生《保卣銘文彙釋》附錄二①、邱德修先生《商周金文蔑曆初探》②都有較集中的引述。最近的比較深入討論此問題的文章,如陳劍先生的《簡談對金文"蔑懋"問題的一些新認識》③和王志平先生的《"蔑曆"新解》④等,對新舊諸說也多有述評。讀者可以參看。這裏不準備作全面的介紹和檢討,只就若干我認爲較爲關鍵之點展開論述。

首先,從上節所列"蔑曆"諸式看,二字可離可合,故釋讀的方案必須能同時滿足離、合兩種情況。清人吳雲《兩罍軒彝器圖釋》和孫詒讓《古籀拾遺》早已明確此點,並指出讀爲"矗沒"、"密勿"、"黽勉"等連綿詞的說法不可信。王志平先生也重申了這一點。其實不獨連綿詞,凡不可拆分的組合都是不合適的。所以,像李零先生近年提出的"伐矜"說⑤,也是不能考慮的了,因爲"伐矜"無法離析而代入"A 蔑 B 曆"的結構之中。

其次,"蔑曆"諸式的語法構成需要作進一步的分析,這有利於確定釋讀的方向。

過去最爲流行的意見,是把"曆"讀爲"歷",把一式"A 蔑 B 曆"理解爲A 嘉勉 B 的行歷功績,這就意味着把"A 蔑 B 曆"看作"A 蔑 B 之厤",其中"蔑 B 曆"是動賓結構,"B"爲領格。近年王志平先生的"伐勞"說,季旭

---

① 孫稚雛《保卣銘文彙釋》附錄二,《古文字研究》第五輯,中華書局,1981 年 1 月;又收入《孫稚雛學術叢稿》,中山大學出版社,2018 年 12 月。

② 邱德修《商周金文蔑曆初探》,五南出版社,1987 年 2 月。

③ 陳劍《簡談對金文"蔑懋"問題的一些新認識》,《出土文獻與古文字研究》第七輯,上海古籍出版社,2018 年 5 月。本文引用陳劍先生意見,均見此文。

④ 王志平《"蔑曆"新解》,即刊陳斯鵬主編《漢語字詞關係研究(二)》(中西書局,2021 年 10 月)。本文引用王志平先生意見,均見此及其《"飛廉"的音讀及其他》(李守奎主編《清華簡〈繫年〉與古史新探》,中西書局,2016 年 12 月)二文。

⑤ 李零《西周金文中的"蔑曆"即古書中的"伐矜"》,《出土文獻》第八輯,中西書局,2016 年 4 月。

昇、黃錫全等先生之"蔑廉"說①,在語法理解上也同此。于省吾先生之
"厲翼"說②,李零先生之"伐矜"說,則只着眼於連用的"蔑曆",將之理解
爲並列式結構,此說自難以推及"A蔑B曆"式。管燮初先生則認爲各種
組合中的"蔑曆"都是動補式,"曆"表結果,讀爲"函"③。朱其智、張延俊、
呂曉薇等先生則認爲"蔑B曆"是雙賓語結構④,張、呂二氏還將"蔑曆"解
釋爲"賞賜佳餚"。陳劍先生也同意將"蔑B曆"分析爲雙賓語結構,認爲
"蔑"與"被"義近,"曆"應讀爲"勵","A蔑B勵"意爲"A覆被B以勉勵",
"B蔑勵"或"B蔑勵(于)A",則爲"B受到(A的)勉勵"。諸家的語法分析
頗爲分歧,這也是釋讀難以得出共識的一個主要原因。

　　我認爲下引一則材料有助於評判以上諸種語法分析的優劣:

　　　　唯三月,<u>王使伯考蔑尚曆</u>,歸柔鬱、旁邕、臧,尚拜稽首。旣稽首,
　　延賓,贊,賓用虎皮稱,毀(饋?),用璋,奉(?)。翌日,命賓曰:"拜稽首,
　　<u>天子蔑其亡(無)曆</u>,敢敏。"用璋。(尚盂,《考古》2011年第7期17頁)

開頭的"王使伯考蔑尚曆"是普通的"A蔑B曆"格式,但後面與此相呼應
的"天子蔑其亡(無)曆"卻特別值得注意。李學勤先生說:"這是尚自謙的
話,說實際上沒有什麼功勛。"⑤是非常準確的理解。前後二句相勘合,至
少可以得出兩點確定的認識:(一)在"A蔑B曆"中,"曆"是名詞性的,
充當"蔑"的賓語;(二)在"A蔑B曆"中,"曆"的主體歸屬只能是B,因爲
如果"曆"是由A發出的,這裏不可能用"無"予以否定。據此可以斷定,
將一式"A蔑B曆"看作"A蔑B之曆"是最合理的。換言之,"蔑B曆"爲

---

① 季旭昇《從〈清華貳·繫年〉談金文的"蔑曆(廉)"》,李守奎主編《清華簡〈繫年〉與古史
　　新探》,中西書局,2016年12月;黃錫全《由清華簡〈繫年〉的"廉"字說到金文的"蔑
　　廉"》,"紀念徐中舒先生誕辰120周年國際學術研討會"論文,2018年10月。

② 于省吾《釋"蔑曆"》,《東北人民大學人文科學學報》1956年第2期。

③ 管燮初《西周金文語法研究》,63頁,商務印書館,1981年10月。

④ 朱其智《"蔑曆(歷)"新說》,《中山大學學報》2010年第6期;張延俊、呂曉薇《殷周金
　　文"蔑曆"的語法結構和意義》,《長江學術》2013年第4期。

⑤ 李學勤《翼城大河口尚盂銘文試釋》,《夏商周文明研究》,116頁,商務印書館,2015年
　　1月;原刊《文物》2011年第8期。盂銘"亡"字作 ,毫無問題;或疑之,完全不必。

"動＋定＋中"結構。

　　然而，如果將"蔑"和"曆"之間的動賓關係直接套用到"蔑曆"連用諸式中去，除了二式"A蔑曆"理解成"A蔑B曆"之省尚可講通外，三式、四式、五式中的"B蔑曆"理解成"B被蔑B之曆"，都難免有邏輯套疊累贅之感，顯得不太自然。爲什麼這麼說？也許換一個角度來看，就會更加明白。被動式的"B蔑曆于A"，理論上應可轉換成主動式的"A蔑曆B"，設若"蔑曆"爲動賓結構，那麼，就變成動賓結構再帶賓語了，這顯然不符合古漢語的一般規則。

　　上述主張"A蔑B曆"爲雙賓語式的觀點，似乎有一個好處，即"B蔑曆"中的"蔑曆"可比較自然地分析爲動賓結構，以保持所有"蔑曆"組合的解釋一致性。但其不能成立，已從上舉尚盂銘文的文例得以證明。持那種觀點的學者往往拿"A錫B金—B錫金"等辭例來同"A蔑B曆—B蔑曆"作比擬，現在看來也是有問題的，因爲"金"是由A向B發出的，而"A蔑B曆"中的"曆"則是歸屬於B的，二者同形而不同質。主張"A蔑B曆"和"蔑曆"爲動補式的觀點，實際上也基於二者爲同類語法結構的預設，而同樣被尚盂銘文所否定。那麼，這似乎也給了我們一個提示："蔑"、"曆"二字在離和合的組合形式中，其語法關係可能是不一樣的，拋開語法同構的預設的束縛，或許能夠得出更好的答案。

　　因此，不妨試作一個假設，像以往不少學者那樣，仍將不被B間開的"蔑曆"假定爲並列結構。這樣可以避免將之視爲動賓結構帶來的邏輯和語法問題。然後，嘗試看看能否和已經確定的"動＋定＋中"結構"蔑B曆"取得協調的解釋。結果發現，將"曆"讀爲"勞"是一個最佳的方案。因爲"勞"既有動詞義慰勞、勞問、勞賞等，又有名詞義辛勞、勞績、功勞等，前者適可與大多數學者認同具有嘉獎、嘉勉一類意義的"蔑"組合成一個近義並列結構"蔑勞"，而後者代入"蔑B勞"中，理解爲嘉獎某人的辛勞、勞績、功勞，顯然也是再通順不過了。

　　回頭看二、三、四、五式中的文例，將"蔑勞"當作一個結合緊密的並列式動詞看待，確實要比視爲動賓結構自然許多。前面在分析二式"A蔑勞"時，提出兩種可能，即可補足爲"A蔑勞B"或"A蔑B勞"，現在看來，應以前者更爲近是。像任鼎的“王使孟聯父蔑勞”和𤱿簋的“王使榮蔑勞”那樣，以第三人稱口吻作客觀敘述者，補足爲“王使孟聯父蔑任勞”和“王使榮蔑𤱿勞”，固無不可；但師望鼎的“王用弗忘聖人之後，多蔑勞錫休”，出自作器者師望自述，如將“多蔑勞”理解爲王多蔑我之功勞，便有自誇之嫌，實不合宜；而理解爲王多蔑勞我，只强調王蔑勞的行爲，而不突出我之有功勞，顯然更得臣下之體。屬於五式的史牆盤文例“孝友史牆，夙夜不象，其日蔑勞”，正可相參。然則，從“蔑勞”結合的固定性考慮，任鼎、𤱿簋那種文例的“蔑勞”，似也理解爲並列動詞“蔑勞”的賓語不出現即可，而沒有必要認爲是省了“蔑”的賓語或“勞”的修飾成分。

據我陋見所及，最先公開提出讀“曆”爲“勞”意見的是王志平先生的《“飛廉”的音讀及其他》，但此說似未引起學界的注意。王先生又作長文《“蔑曆”新解》申論其說。王先生讀“曆”爲“勞”，是以清華簡《繫年》“飛廉”之“廉”寫作“曆”（𤏻）爲語音綫索的。其說略謂：“曆”字即“陳”之異體，所從“甘”、“埜（野）”、“土”、“林”均有表音功能，可讀爲“廉”，又可讀爲“勞”，屬於音韻學上的“宵談對轉”的類例。他從“宵談對轉”的角度來溝通“曆”字的“廉”、“勞”二讀，我很贊同。他指出所謂“宵談對轉”的實質是唇音韻尾-w 和-m 的交替，也是很正確的。所謂“幽侵對轉”的原理也是如此。但我不同意他對“曆”字結構的分析。這裏只提一點，王先生將“曆”字早期寫法𤏻中的𡈼看成“埜（野）”（還有其他一些學者也持此觀點），是不可信的。陳劍先生已結合陳夢家、張亞初、周忠兵等先生的研究，正確地指出這個部件是“楙”的異體，其所從之“丄”非“土”，而是“牡”之初文。陳先生從“曆”字本以“枺（楙）”爲聲符出發，讀“曆”爲“懋”，頗覺直捷。唯其說在語法上的困難，已見前述，故也不可取。“曆”之造字本義，現在尚難以論定，但從其最早形體看，本從“枺（楙）”聲應屬可信。而據此，實正有可與“勞”音相溝通之綫索。上古“矛”聲系與“卯”聲系通，如郭店楚簡《六德》12 以“茆”爲“茅”①；“卯”聲系又常通“牢”，如楚簡用

<hr />

① 參馮勝君《讀〈郭店楚墓竹簡〉札記（四則）》，《古文字研究》第二十二輯，中華書局，2000 年 7 月。

"留"、"榴"、"瘤"等字爲"牢"①;而"牢"復通"勞",《後漢書·應劭傳》"多其牢賞"李賢注:"牢,或作勞。"所以,"曆"直接讀爲"勞"應是可行的。

　　現在再來看"蔑"字的讀法。王志平先生申陳小松、黄公渚、徐中舒、唐蘭諸前輩讀"伐"之說,將所有的"伐勞"組合都視爲動賓結構。"伐"有夸美之義,古書且有"伐勞"、"伐其勞"一類說法,似均對此說有利。但上文已說到,"蔑 B 勞"確屬動賓結構,但"B 蔑勞"中的"蔑勞"如果也理解爲動賓結構,則有邏輯與語法上的困難。那麽,如按我的理解略修正王說,將不插入"勞"的修飾語之"伐勞"分析爲並列結構的動詞,豈不是就可以消弭這一層疑慮了嗎? 然而,讀"伐"之說實際還存在明顯的障礙。試看下舉文例:

　　　　唯十又一月初吉辛亥,公令繁伐于戛伯,戛伯蔑繁曆(勞),賓披廿、貝十朋,繁對揚公休,用作祖戍寶尊彝。　　　(繁簋,《集成》04146)

　　　　隹十又一月,邢叔來奉鹽,蔑霸伯曆(勞),使伐用昌(幬)二百,丹二糧,虎皮二。霸伯拜稽首,對揚邢叔休,用作寶簋,其萬年子子孫孫其永寶用。　　　　　　　　　　(霸伯簋,《考古學報》2018 年第 1 期 102 頁)

謝明文先生和黄益飛先生都曾指出繁簋、霸伯簋的"伐"爲伐美義②,李愛民君對繁簋"伐"也有同樣的看法③。此說自屬可信④。但黄、李二氏據此以支持讀"蔑"爲"伐"之說,而謝氏則相反地,據此認爲"蔑"不能讀"伐"。顯然,當以謝說爲是。"伐"、"蔑"均爲金文常見字,用字上從不交叉,不但

① 參陳斯鵬《戰國楚系簡帛中字形與音義研究》,182—184 頁,中國社會科學出版社,2011 年 3 月。

② 謝明文《金文叢考(三)》,鄒芙都主編《商周青銅器與先秦史研究論叢》,49～51 頁,科學出版社,2017 年 6 月;黄益飛《西周金文禮制研究》,210～211 頁,中國社會科學出版社,2019 年 5 月。

③ 李愛民《2010 年以來新出商周金文的整理與研究》,322～325 頁,中山大學博士學位論文(導師:陳斯鵬教授),2019 年 6 月。

④ 但黄先生解釋"使伐用幬二百,丹二糧,虎皮二"一句爲使霸伯以諸物"稱美己功",則不確。實應如謝明文先生所理解的,是邢叔使人用諸物來伐美霸伯。"使"後省略了兼語,其句式可參公姑冟:"天君蔑公姑曆,使錫公姑魚三百。"

“葳勞”結構之“葳”不作“伐”，攻伐義之“伐”不作“葳”，現在更確定了伐美義之“伐”也不作“葳”，而且與“葳勞”結構同見於一篇銘文之中，足證二者的區分是十分明晰的。

檢視以往“葳”字諸說，應該承認，“厲”、“勵”、“勵”、“勉”一類讀法實屬最佳。主此說者以于省吾先生爲代表。近年，范常喜先生依據新出戰國竹書中“葳”、“萬”二聲系多相通的現象，重申此說，認爲：“可以證明金文‘葳曆’中的‘葳’可讀作‘厲’或‘勵’，訓爲勉勵。‘勵’與‘勉’音義俱近，有同源關係。”①其說甚是。由於“勵”字不多見，從與後世文獻對應的角度考慮，不妨就直接讀爲“勉”。這樣，將“勉”、“勞”代入“葳曆”的各種組合，“勉某勞”即勉某人之勞，“勉勞”則爲並列動詞，無不文從字順。

並列動詞“勉勞”在古書中不乏其例，或倒其語序作“勞勉”，可爲佐證：

> （禹）勸率吏民，假與種糧，親自<u>勉勞</u>，遂大收穀實。
>
> （《後漢書·張禹傳》）
>
> 天子以爲然而憐之，數<u>勞勉</u>顯。　　　　（《漢書·石顯傳》）
>
> 宣因移書<u>勞勉</u>之曰……　　　　　　　（《漢書·薛宣傳》）
>
> 朝廷嘉之，數璽書<u>勞勉</u>，委以西方事，令爲諸軍節度。
>
> （《後漢書·梁慬傳》）

陳劍先生指出，“勉勵、鼓勵”一類詞義可用於事後，也可用於事前；用於事前者係勉勵、鼓勵某人去做某事。所言甚是。今觀“勉勞”一詞，正不必全用於既有成績之後。如上引《後漢書·張禹傳》文，便是先勉勞吏民，然後吏民積極從事，才終於有大收成。金文“B 葳（勉）曆（勞）”，很多是不明言前後事因的，還有一些接言 B 做某事的，其中不排除包含有事前勉勞某人去做某事的情況。

金文“葳（勉）B 曆（勞）”之“勉”還可與“寵”連用，例如：

---

① 范常喜《金文“葳曆”補釋——兼談楚簡中兩處“葳”相關的簡文》，陳偉武主編《古文字論壇》第二輯，中西書局，2016 年 11 月。

　　用天子寵蔑（勉）梁其曆（勞），梁其敢對天子丕顯休揚，用作朕皇

祖考穌鐘。　　　　　　　　　　　　　　　（梁其鐘，《集成》00189）

諸家釋文多於"寵"下點斷，不確，當從陳劍先生意見連下讀爲是。優寵義

與嘉勉義相類，故可聯合爲用。對於下屬之"勞"，既可"勉"之，也可"寵"

之。《後漢紀·光武皇帝紀》："上新即位，欲崇引親賢，優寵大臣，乃以山

林之勞，封太尉喜爲節鄉侯，司徒訢爲安鄉侯，司空魴爲楊邑侯。"其中"優

寵大臣，乃以山林之勞"云云，換言之，就是說優寵大臣們之勞。蔡邕《讓

高陽鄉侯章》："臣得微勞，被受爵邑，光寵榮華，耀熠祖禰。"（《全後漢文》

卷七十一）則是說以微勞而受到光寵。雖然不直接以動賓結構"寵某勞"

出現，但至少也可以說明"寵"與"勞"的搭配是很自然的。

三

　　除了"蔑曆"組合之外，金文中另外一些"蔑"或"曆"，分別讀"勉"、

"勞"，也是十分順適的。

　　先看"蔑"字單用的例子：

　　　唯朕又（有）蔑（勉），每（敏）啟（肇）王休于尊白（皀—簋）。

　　　　　　　　　　　　　　　　　　　　（天亡簋，《集成》04261）

　　　壬寅，州子曰：僕麻，余錫帛、齎貝，蔑（勉）汝王休二朋。

　　　　　　　　　　（僕麻卣，《考古與文物》1990 年第 5 期 38 頁）

　　　唯五月初吉，王在周，令作册内史錫免鹵百隥。免蔑（勉）靜女王

休，用作盤盉，其萬年寶用。　　　　　　（免盤，《集成》10161）

　　　告曰：王令盂以□□伐鬼方……盂又告曰：□□□□，乎（呼）蔑

（勉）我征。　　　　　　　　　　　　　　（小盂鼎，《集成》02839）

　　　唯三月初吉丁亥，穆王在下減应。穆王饗醴，即邢伯、大祝射。

穆王蔑（勉）長囟以逨即邢伯。邢伯氏彊不姦，長囟蔑（勉）曆（勞）。

敢對揚天子丕杯休，用肇作尊彝。　　　　（長囟盉，《集成》09455）

　　　嗚呼，乃沈（沖）子妹克蔑（勉）、見厭于公休。

　　　　　　　　　　　　　　　　　　　　（它簋蓋，《集成》04330）

伯碩父、申姜其受萬福無疆，<u>蔑</u>（勉）天子光。[1]

（伯碩父鼎，《銘圖》5 卷 267 頁）

天亡簋的"有蔑"，李學勤先生指出意思即有嘉，甚是[2]。實即可讀"有勉"，謂受到（王的）嘉勉。僕麻卣"勉汝王休二朋"，意謂"我以王所休賜之貝二朋嘉勉你"。免盤"免勉靜女王休"，意謂"免以王所休賜嘉勉靜女"。嘉勉往往包含物質獎勵。郭沫若先生雖曾讀免盤之"蔑"爲"勉"，但訓爲勉力，並在"勉"字下斷句，實際上仍不得其解[3]。

小盂鼎"呼勉我征"，意即"（王）呼令勉勵我去征戰"，正與銘文前面所言"王令盂以□□伐鬼方"相呼應。長囟盉"穆王勉長囟以述即邢伯"，意謂"穆王勉勵長囟去執行'述即邢伯'這項任務"。

還有一些"勉"應理解爲被動義的受勉勵、受勸勉。如它簋蓋的"妹克勉、見厭于公休"，是作器者它的謙辭，意思是"我不能夠受勉勵、受勸勉於公的休美，也不能夠稱副於公的休美"。伯碩父鼎的"勉天子光"，即"勉於天子之光"，意思是"受勉勵、受勸勉於天子之光賞"。我說這類"勉"屬被動義，是從其語法意義來講的。袁金平、孟臻先生說伯碩父鼎的"蔑"是自勉，則是從其詞彙意義講的[4]。相對於以上諸例"蔑（勉）"之勉人，說這裏的"蔑（勉）"是自勉，當然也無不可。至於不少研究者將伯碩父鼎"蔑天子光"看作與"蔑 B 曆"同樣的結構，則是難以講通的。

再來看不與"蔑"搭配的"曆"字。

叔朕父加智曆，用赤金一鈞。

（智簋，《文物》2000 年第 6 期 87 頁）

---

[1] "光"字之釋，參袁金平、孟臻《新出伯碩父鼎銘考釋》，《出土文獻》第十輯，中西書局，2017 年 4 月；鞠煥文、付强《說伯碩父鼎銘中所謂的"六"及相關問題》，復旦大學出土文獻與古文字研究中心網站，2017 年 8 月 15 日。

[2] 李學勤《"天亡"簋試釋及有關推測》，87 頁，《三代文明研究》，商務印書館，2011 年 11 月；原刊《中國史研究》2009 年第 4 期。

[3] 郭沫若《兩周金文辭大系圖錄考釋》，下冊，91 頁，上海書店出版社，1999 年 7 月。

[4] 袁金平、孟臻《新出伯碩父鼎銘考釋》，《出土文獻》第十輯，中西書局，2017 年 4 月。

　　此銘在通常出現"蔑"字的位置上,用了"加"字。張光裕先生讀爲
"嘉",並據此肯定"蔑"屬嘉獎一類意義的觀點①。這種認識得到多數研
究者的接受。現在,我們讀"蔑"爲"勉",正可相互支持。而"曆"讀爲
"勞",文例尤爲允洽。"加"、"嘉"實爲同源詞,加贈、嘉獎,義實相通,故字
作"加"作"嘉"均無不可。古書正有"加"或"嘉"與"勞"搭配之例,如:

> 以伯舅耋老,<u>加勞</u>,賜一級。　　　　　　　　　　　(《左傳》僖公九年)
> <u>加勞三皇</u>,勖勤五帝,不亦至乎!　　　　　　　　　(《漢書·揚雄傳》)
> 漢<u>嘉其勤勞</u>,拜爲光祿大夫。　　　　　　　　　　(《漢書·常惠傳》)

"加(嘉)"與"勞"可離可合,"加勞"又可用於被動式,凡此皆與金文"勉勞"
如出一轍。

　　與"勞"意義相近的詞,也多可言"嘉"。比如"績",張光裕先生曾舉
《尚書·大禹謨》"嘉乃丕績"。又如"功":

> <u>王嘉季歷之功</u>。　　　　　　　　　　　　　　　　(《竹書紀年》)
> <u>於是上嘉去病之功</u>。　　　　　　　　　　　　　(《漢書·霍去病傳》)

可見,呂簋"加呂曆"讀"加呂勞"或"嘉呂勞",是非常合適的。

四

　　近年新公布的清華簡中有幾個字跟金文"曆"字有關,不少關於"蔑
曆"的新討論即由此引發。但諸家對這幾個字及其與金文"曆"字之關係
的認識,並不一致,有必要在此略作考辨。

　　首先看最引人關注的清華簡貳《繫年》篇中用爲"飛廉"之"廉"的那個
字。此字見於《繫年》第 14 號簡,凡 2 見,寫作[圖]、[圖]。字形與本文第一
節所列"曆"的 c_1 類寫法毫無二致。因此,多數研究者即將之與金文"曆"
字加以認同,並嘗試以此爲語音綫索來解讀金文之"蔑曆"組合。但也有
學者持不同意見,如陳劍先生認爲,"此形上所從應即'廉'或'廉'字省體,

① 張光裕《新見呂簋銘文對金文研究的意義》,《文物》2000 年第 6 期。

並以之爲聲符",從而否認它與金文"厤"字的聯繫。對此,黃錫全先生有辯駁,可參看①。我同意將 與"厤"字認同。陳先生指出楚簡文字中"兼"字中間穿插的"又"可省變爲二橫,寫作 ,當然沒有問題。但要說並此二橫也可省去,則顯然缺乏有力的證據。"兼"字所從之"又"本承擔較重要的會意功能,其省變爲二橫者,實仍不失其示意作用(可與"并"寫作 相類比),若但作二"禾",則喪失了原本的造字理據了。如無確證,恐難信從。至於陳文用來支持其說的清華簡陸《鄭武夫人規孺子》的"厤"字,其實也有疑問(詳下)。

大徐本《說文·甘部》:"厤,和也。从甘、从麻,麻,調也。甘亦聲。讀若函。"小徐本徐鍇曰:"麻音歷,稀疏勻調也。"即認爲所從的所謂"麻"實際上是"厤"。後段玉裁《說文解字注》從而改篆作"厤"。過去由於缺乏可靠綫索,研究者對於金文"蔑厤"之"厤"是否即同於《說文》此字,長期不能達成共識。現在,一個與金文"蔑厤"之厤"完全相同而且有明確讀音的字例出現了,正可對此予以檢驗。《繫年》"厤"讀爲"廉",古音屬來母談部,《說文》"厤"讀若"函",古音當在匣母談部(也有音韻學家歸侵部),還是比較接近的。所以,《繫年》"厤"字出來之後,多數研究者主張它與金文之"厤"和《說文》之"厤",三者爲同一個字。這應可信。當然,《說文》(包括徐鍇)對"厤"字的形和義的解釋均不可靠。比如從金文字形看,其所從"甘"或作"口",此類構件在古文字中多無音義功能,《說文》將"甘"解釋成義兼聲,當然是不對的。但儘管如此,《說文》保留其"讀若函"的古音,應是相傳有據的,相當寶貴。

這些新認識,爲金文"蔑厤"之"厤"的釋讀提供比較可靠的語音綫索,具有重要的意義。據此,我們可以擺脫過去多往"麻"聲的"歷"那個方向求解的思維慣性②,而是應該從-m 一類唇音韻尾的方向去考慮。不少學

① 黃錫全《由清華簡〈繫年〉的"廉"字說到金文的"蔑廉"》,"紀念徐中舒先生誕辰 120 周年國際學術研討會"論文,2018 年 10 月。

② 當然,"厤"的形體來源與"厤"是否有關,尚可研究。從"厤"通"廉"和"勞"看,顯然有來母一讀,然則與"厤"雖韻部差別較大,但畢竟雙聲,二者存在流變關係的可能性似不能排除。姑志此以俟後考。

者想到像《繫年》那樣直接讀爲“廉”，理解爲廉明。其語法上的問題，本文第二節已講過。我曾設想將“蔑廉”中的“廉”解釋爲動詞義廉察，這樣雖然可以避免語法上的問題，但廉察義與勉勵義也嫌不太相類。而更主要的是，“蔑 B 廉”在詞義上尤爲不理想，因爲從“蔑曆”組合的語境看，絕大部分應關乎事功，而非關乎德行，通通歸之於廉明，極不合理。我們主張讀“勞”，從“曆”以“秝”爲聲的方向已可給出合理的解釋。如從“廉”音的角度考慮，“勞”、“廉”同屬來母，韻部爲宵談對轉，即唇音韻尾-w 和-m 的交替（參王志平先生說），同樣沒有障礙。

再來看看清華簡柒《越公其事》中的“歷”字。

> 乃以熟食脂醢脯臕多從。其見農夫老弱堇歷者，王必飲食之。其見農夫𤞤顡足見，顔色訓必而將耕者，王亦飲食之。
>
> （《越公其事》31～33）
>
> 凡邊縣之民及有官師之人或告于王廷，曰：“初日政（征）勿（物）若某，今政（征）重，弗果。”凡此勿（物）也，王必親見而聽之。察之而信，其在邑司事及官師之人則廢也。凡城邑之司事及官師之人，乃無敢增歷其政（征）以爲獻於王。　　　　（《越公其事》39～41）

“歷”字原形作🐾（簡 32）、歷（簡 41）。整理者以爲從“秝”聲，讀“堇歷”爲“勤秝”，引《說文》“秝，治也”爲說；讀“增歷”爲“增益”[1]。劉剛先生認爲字從“兼”省聲，從而讀“堇歷”爲“饉歉”，讀“增歷”爲“增歉”，謂係偏義複詞，語義偏向於“增”[2]。侯瑞華先生同意劉氏的字形分析，而讀二“歷”字爲“斂”[3]。陳偉先生贊成侯氏讀“增歷”爲“增斂”之說，而改讀“堇

① 清華大學出土文獻研究與保護中心編，李學勤主編《清華大學藏戰國竹簡（柒）》，131、135 頁，中西書局，2017 年 4 月。

② 劉剛《試說〈清華柒・越公其事〉中的“歷”字》，復旦大學出土文獻與古文字研究中心網站，2017 年 4 月 26 日。

③ 侯瑞華《清華柒〈越公其事〉“歷”字補釋》，復旦大學出土文獻與古文字研究中心網站，2017 年 7 月 25 日。

歷”爲“勤儉”①。陳劍先生則將簡文“歷”字同金文“曆”字的類寫法聯繫起來，認爲是後者之省變，即二“木”變爲二“禾”，“上”訛同“土”，省去“甘”形。從而讀“菫歷”爲“勤戀”，讀“增歷”爲“增貿”，理解爲或增加或改換。

　　陳劍先生對“歷”字來源的分析是合理的。讀“菫歷”爲“勤戀”，文義固然也很通。但我們讀金文“曆”字爲“勞”，移以讀簡文“菫歷”爲“勤勞”，似乎更勝，蓋“勤勞”爲上古以來之成詞，書證甚多。略舉數例如下：

> 厥父母勤勞稼穡，厥子乃不知稼穡之艱難。　　（《尚書·無逸》）
>
> 昔公勤勞王家，惟予沖人弗及知。　　（《尚書·金縢》）
>
> 君之惠也，敢憚勤勞？　　（《左傳》襄公三十一年）
>
> 不明臣之所言，雖節儉勤勞，布衣惡食，國猶自亡也。
>
> 　　　　　　　　　　　　　　　　　　　　（《韓非子·說疑》）

簡文“勤勞”正是《無逸》篇所謂“勤勞稼穡”。簡文意謂：越王見農夫之老弱而猶勤勞於稼穡者，必飲之食之，以慰其勞。

　　至於“增歷”，也自可讀“增勞”，而無需別尋他解。《管子·小匡》：“無奪民時，則百姓富；犧牲不勞，則牛馬育。”尹知章注：“過用謂之勞。”正可爲簡文“增勞其征”作注腳。

　　“歷”字又見於清華簡捌《邦家處位》，其文例如下：

> 夫不啟（度）政者，印（抑）歷無訨，宔（主）賃（任）百殳（役），乃敓（敝）於亡。　　　　　　　　　（《邦家處位》4）

整理者讀“歷”爲“歷”，謂指任職，並謂“無訨”即“無訾”，指未經過“訾相其質”的考察過程②。陳民鎮先生也讀“歷”爲“歷”，但訓“察”，又讀“訨”爲“疵”，將“歷無疵”理解爲“無從發現缺失”③。陳偉先生則讀“歷”爲“兼”，

---

① 陳偉《清華簡〈邦家處位〉零釋》，《中國文字》2019 年夏季號，萬卷樓圖書股份有限公司，2019 年 6 月。

② 清華大學出土文獻研究與保護中心編，李學勤主編《清華大學藏戰國竹簡（捌）》，131 頁，中西書局，2018 年 11 月。

③ 陳民鎮《清華簡（捌）讀札》，清華大學出土文獻研究與保護中心網站，2018 年 11 月 17 日。

釋"無算"爲不可數計,謂"兼無算,是說不將政務交付給下屬,同時掌管無數職事"①。

今按,"無算"爲古書成詞,陳偉先生之釋於文獻有據,可以信從。而"歷"字則仍可讀"勞"。"勞無算"猶言"勞無度",簡文意謂,爲政者如不善於統籌,而是親任百役,勞碌無度,則將歸於敝亡。這樣的君主,便是"勞主"。《管子·七臣七主》云:"勞主不明分職,上下相干。"而"賢主"、"明主"則異於是。《吕氏春秋·士節》云:"賢主勞於求人,而佚於治事。"《韓非子·外儲說右下》云:"聖人不親細民,明主不躬小事。"

接着,我們來看看《鄭武夫人規孺子》的"厤"字。

> 君答邊父曰:"二三大夫不尚毋然,二三大夫皆吾先君之所付孫也。吾先君知二三子之不二心,用厤受(授)之邦。"

> (《鄭武夫人規孺子》15～17)

"厤"字寫作,整理者釋讀爲"歷",訓"盡"②。李守奎先生讀爲"兼"而未作解說③。陳劍先生然其說,並認爲此字所從"厤"形與《繫年》字所從一樣,是"廉"或"廉"之省體,"厤"以之爲聲。但是,此字讀"兼",在文意上其實並不見得很好。陳先生的解釋是,"授邦"的對象"二三子"爲多數名詞,故用總括副詞"兼"來修飾。此說似可商。蓋以一人而統諸政事乃可謂"兼",而以邦政授之多人按理恐不宜言"兼",相反地,應言"分"爲是。《後漢紀·光武皇帝紀》云:"以公之威德,應民之望,收天下英雄而分授之。"言"分授",不言"兼授",可供參證。

今按,"厤"字可分析爲從"又",從"曆"的省體"厤"爲聲。"曆"既常讀爲"勞",此益以意符"又",正可視爲"勞"之後起本字。而簡文"厤"讀

---

① 陳偉《清華簡〈邦家處位〉零釋》,《中國文字》2019 年夏季號,萬卷樓圖書股份有限公司,2019 年 6 月。

② 清華大學出土文獻研究與保護中心編,李學勤主編《清華大學藏戰國竹簡(陸)》,109 頁,中西書局,2016 年 4 月。

③ 李守奎《〈鄭武夫人規孺子〉中的喪禮用語與相關的禮制問題》,《中國史研究》2016 年第 1 期,13 頁。

"勞",訓"煩勞",爲敬辭,"勞授之邦"謂以邦政相勞煩,語體色彩正甚恰當。

　　清華簡捌《治邦之道》13 還見一"厲"字。文例如下:

　　　古(故)毋慎甚敤(勤),服毋慎甚美,食毋慎甚羹(? 費?),故資裕以易足,用是以有餘,是以專(敷)均於百姓之溓(兼)厲而愍者,故四封之中無堇(勤)袈(勞)懂(瘽)病之人,萬民斯樂其道以彰其德。

(《治邦之道》13＋15①)

整理者讀"溓"爲"兼",讀"厲"爲"利",讀"愍"爲"愛",訓"者"爲"之",引《墨子·法儀》"兼而愛之、兼而利之"爲釋②。於語法恐不合。"溓厲而愍者"當是"百姓"之後置定語。

　　"厲"字寫作,結構與"歷"字極爲相似,只是意符"又"、"力"的交替,應可視爲一字之異體。倘上面對"歷"字的分析不誤,則"厲"自是"勞"字的另一寫法。整理者讀"溓"爲"兼"之說可從。兼者,重也。古書成語"衣不兼采"又作"衣不重采","食不兼肉"又作"食不重肉",可證。然則簡文"兼勞"猶言"重勞"也。同篇簡 26:"故萬民溓病,其粟米六擾損竭。"整理者讀"溓"爲"慊"③,實則也應讀"兼","兼病"與"兼勞"義近。《詩經·小雅·節南山》:"不自爲政,卒勞百姓。"陳奐《傳疏》:"勞,猶病也。""愍"與"兼勞"並列,其記錄的詞義也應相類,然以其在楚簡中常見的讀法"愛"或"氣"代入均不適合。我懷疑此應讀爲"饑"或"飢"。古"旣"、"幾"二聲系相通④。范常喜先生看過本文初稿後告訴我,此"愍"可能即憤慨之"慨"字,古書或作"愾",這樣可與後面的"萬民斯樂其道以彰其德"相呼應。此

---

① 該篇 13、15 號簡內容相連屬,14 號簡爲衍簡,參清華大學出土文獻研究與保護中心編,李學勤主編《清華大學藏戰國竹簡(捌)》,143 頁注釋〔五七〕,中西書局,2018 年 11 月。

② 清華大學出土文獻研究與保護中心編,李學勤主編《清華大學藏戰國竹簡(捌)》,142～143 頁,中西書局,2018 年 11 月。

③ 清華大學出土文獻研究與保護中心編,李學勤主編《清華大學藏戰國竹簡(捌)》,147 頁,中西書局,2018 年 11 月。

④ 參張儒、劉毓慶《漢字通用聲素研究》,890 頁,山西古籍出版社,2002 年 4 月。

說也有道理,特志此存參。

同篇又用"袋"字表"勞",這不能成爲我們讀"勵"爲"勞"的障礙。戰國竹簡同篇中用不同字形記錄一詞的現象非常普遍,不足爲異。如上博簡四《曹沫之陣》36:"陳功上賢,能治百人,史(使)長百人;能治三軍,思(使)帥。"一句之中"使"用兩個完全無關聯的字形"史"和"思"來表示,就是和本篇用"勵"和"袋"表"勞"一樣的情況。這樣的例子尚多,無需贅舉。

過去大家熟知的以"袋"系列的字形記錄"勞",最早見於春秋時期的黔鎛、叔夷鐘等,戰國文字所見尤多①。而西周以上,則以"曆"系列字形表"勞"。二者在時代上恰有承接關係。現在,戰國竹簡中又出現用"曆"系列的"歷"來表"勞",是一種存古現象;又在"曆"聲系的基礎上,另造出意符明顯的"歷"、"勵"。諸字形與東周時代主流的"袋"系列共存共用,體現出字詞關係的複雜性。

附記:王志平先生賜讀其大作《"蔑曆"新解》並惠允引用,范常喜、石小力、王輝、任家賢、蔡一峰、陳哲諸友審讀初稿並提出寶貴意見,謹志謝於此!

原刊《出土文獻》2021 年第 3 期

---

① 甲骨文中有一作、等形的字,近出一些文字編將之歸在"勞"字條下(參李宗焜編著《甲骨文字編》,730 頁,中華書局,2012 年 3 月;劉釗主編《新甲骨文編〔增訂本〕》,772～773 頁,福建人民出版社,2014 年 12 月)。該字一般用於地名,它與春秋戰國用爲"勞"的"袋"字是否有關,尚待研究。

圖書在版編目(CIP)數據

楚系簡帛中字形與音義關係研究 / 陳斯鵬著. 一修
訂本.一上海：中西書局，2022
　　ISBN 978-7-5475-2052-9

Ⅰ.①楚…　Ⅱ.①陳…　Ⅲ.①竹簡文-研究-中國-
楚國(？-前 223)②帛書文字-研究-中國-楚國(？-前
223)　Ⅳ.①K877.54②K877.94

中國版本圖書館 CIP 數據核字(2022)第 239692 號

楚系簡帛中字形與音義關係研究（修訂本）

陳斯鵬　著

責任編輯	徐　衍
裝幀設計	梁業禮
責任印製	朱人傑

出版發行	上海世紀出版集團 中西書局（www.zxpress.com.cn）
地　　址	上海市閔行區號景路 159 弄 B 座（郵政編碼：201101）
印　　刷	上海盛通時代印刷有限公司
開　　本	700 毫米×1000 毫米　1/16
印　　張	26.5
字　　數	378 000
版　　次	2022 年 12 月第 1 版　2022 年 12 月第 1 次印刷
書　　號	ISBN 978-7-5475-2052-9/K・416
定　　價	148.00 元

本書如有質量問題，請與承印廠聯繫。電話：021-37910000